消費税法の考え方・読み方

〈五訂版〉

大島隆夫
木村剛志 共著

税務経理協会

は　し　が　き

1　この小書は，税務経理協会発行の「税経セミナー」に，平成元年5月号から2年7月号にわたって連載した対談に加筆・補正したものである。
2　この対談は，「高齢化社会を迎えての消費税の意義」とか「税体系中にしめる消費税の地位」あるいは「消費税法制定の経緯」とかについては一切触れず，もっぱら実定法にそって，ほぼ逐条的に，その意味と立法趣旨，つまり「考え方」と，細部にわたっての字句解釈，つまり「読み方」とを探究しようとしたものである。ただ一読すれば意味・内容が明らかで問題点もない箇所についてはこれに触れることを省略した。
3　この小書は，これだけ見れば一通り消費税の概要が分かるという，いわゆる早分かり本ではないから，法律・政省令・取扱通達を傍らにして，労をいとわずに両者を対照しながら読んでいただきたい。対談はそのような前提で進められている。また例えば第4，第5の合併，分割の箇所は，一々頁をひっくり返して参照する必要がないように，基礎になる4－2図，5－1図をコピーして読み進むなどの用意をお願いしたい。
4　この対談は，消費税のより深い理解の手助けとなることを目的としているので，内容的には相当難解な部分もあるが，一方では対談形式の利点を活かして，極力法律的・文語体的な表現を避け，日常会話的・口語体的な表現をすることに努めた。この点からすれば，本書は，合併・分割，国・地方公共団体等に対する特例などに触れた，第4，第5，第10の一部，第12，第13など，特に難解であるが比較的一般性に乏しい箇所を飛ばして読めば，初心者向きの側面をも備えていると考えている。
5　表現の平明さの一環として，例えば施行令24条が，「株主等」という用語に「株主又は合名会社，合資会社若しくは合同会社の社員その他法人の出資者」の意味を与えているところを，「株主」の一言で代表させている。不正確かもしれないがその方がずっと読みやすいからである。その辺は法律を片手

に，補いながらお読みいただきたい。
6　この小書の上梓に当たっては，税務経理協会の大坪嘉春社長はじめ，木田元子，加藤勝彦外の皆様に一方ならぬお世話になった。心から御礼申し上げる次第である。

平成3年7月

木村　剛志
大島　隆夫

五訂版　はしがき

　この版は平成22年4月1日現在の法令，通達によっている。
　本書の構成上，五訂版の内容においても，便宜，大島・木村の対談形式とした。

凡　例

　本文中「法」とは消費税法の，「施行令」とは消費税法施行令の，「施行規則」とは消費税法施行規則の，「通達」とは平成7年12月課消2－25「消費税法基本通達」の略称である。

目　　次

はしがき

第1　課税範囲

Ⅰ　課税範囲の概要（法4条1・2項） …………………………………………1
Ⅱ　資産の譲渡等（法2条1項8号，施行令2条） ……………………2
　1　範　　囲 ………………………………………………………………2
　2　事業として（法2条1項8号） …………………………………20
　3　消費税の課税の対象外取引 ………………………………………23
Ⅲ　輸入取引（法4条2項） ………………………………………………27
Ⅳ　国内取引（法4条3項） ………………………………………………28
Ⅴ　みなし譲渡（法4条4項） ……………………………………………31
Ⅵ　保税地域からのみなし引取り（法4条5項） ……………………33

第2　非課税規定

Ⅰ　非課税の考え方……………………………………………………………35
Ⅱ　土地等の譲渡及び貸付け（法別表―1号） ………………………36
Ⅲ　有価証券及び支払手段の譲渡（法別表―2号） …………………40
　1　有価証券の譲渡 ……………………………………………………40
　2　支払手段の譲渡 ……………………………………………………44
Ⅳ　利子を対価とする貸付金等（法別表―3号） ……………………45
　1　信用保証，信託報酬を対価とする役務の提供 …………………45
　2　保険料を対価とする役務の提供・預貯金の預入 ………………47
　3　国債等取得・手形割引 ……………………………………………49
　4　金銭債権承継 ………………………………………………………52
　5　割賦販売に伴う役務の提供など …………………………………53

V	物品切手等（法別表一4号）	55
Ⅵ	行政手数料等（法別表一5号）	60
1	行政手数料等	60
2	外国為替業務等関係	63
Ⅶ	医療の給付等（法別表一6号）	68
Ⅷ	介護サービス・社会福祉事業（法別表一7号）	69
Ⅸ	助　　産（法別表一8号）	69
Ⅹ	身体障害者用物品（法別表一10号）	70
Ⅺ	教　　育（法別表一11号）	71
Ⅻ	教科用図書（法別表一12号）	72
ⅩⅢ	住宅の貸付け（法別表一13号）	72
ⅩⅣ	非課税となる輸入取引（法別表二）	75

第3　輸出免税・小規模事業者免税

Ⅰ	輸出免税等（法7条）	77
1	規定の趣旨・免税方法	77
2	輸出免税の適用範囲	79
3	輸出・内国貨物・外国貨物	80
4	国内・国外にわたる旅客・貨物の輸送・通信	82
5	外航船舶等の譲渡・貸付け・修理	84
6	輸出物品の下請加工等	86
7	国外で購入した貨物を国内の保税地域を経由して国外へ譲渡した場合	87
8	旅行業者が主催する海外パック旅行	88
9	船舶運航事業を営む者等の意義	89
10	国内に支店等を有する非居住者に対する役務の提供	91
11	外航船等への積込物品の輸出免税	92
12	海外旅行者が出国に際して携帯する物品の輸出免税	93
13	金融取引の輸出扱い	94

Ⅱ　輸出物品販売場における輸出物品の譲渡の免税（法8条）……………96
　　1　規定の趣旨・要件……………………………………………………………96
　　2　非居住者の意義………………………………………………………………97
　Ⅲ　小規模事業者の納税義務の免除（法9条）…………………………………98
　　1　規定の趣旨・基準期間………………………………………………………98
　　2　課税売上高……………………………………………………………………103
　　3　課税売上高が1,000万円以下の課税期間……………………………………107
　　4　原材料等の支給による加工等の場合の課税売上高の計算………………108
　　5　課税事業者となることの選択………………………………………………109

第4　相続・合併があった場合の納税義務の免除の特例

　Ⅰ　相続があった場合の納税義務の免除の特例（法10条）……………………117
　Ⅱ　合併があった場合の納税義務の免除の特例（法11条）……………………121
　　1　法11条1項……………………………………………………………………123
　　2　法11条2項……………………………………………………………………129
　　3　法11条3項……………………………………………………………………137
　　4　法11条4項……………………………………………………………………141

第5　分割等があった場合の納税義務の免除の特例

　Ⅰ　規定の趣旨・概要……………………………………………………………149
　Ⅱ　免除の特例の計算……………………………………………………………153
　　1　法12条1項……………………………………………………………………153
　　2　法12条2項……………………………………………………………………157
　　3　法12条3項……………………………………………………………………159
　　4　法12条4項……………………………………………………………………167
　　5　法12条5項……………………………………………………………………175
　　6　法12条6項……………………………………………………………………178

Ⅲ　特殊関係者 ……………………………………………………180
　　1　施行令24条1項1号 …………………………………………181
　　2　施行令24条1項2号 …………………………………………183
　　3　施行令24条1項3号 …………………………………………187
　　4　施行令24条1項4号 …………………………………………191
　　5　施行令24条4項 ………………………………………………193

第6　課税時期の特例・課税期間・実質課税

　Ⅰ　長期割賦販売等（法16条）……………………………………195
　　1　課税時期繰延べの原則（法16条1・2項）…………………195
　　2　延払基準の経理をしなかった場合・延払基準によらない場合
　　　　（施行令32条）…………………………………………………199
　　3　免税事業者になった場合・課税事業者になった場合（施行令33条）………204
　　4　相続・事業譲渡・合併・分割などの場合（施行令34〜36条）……………205
　　5　リース取引・リース延払基準とリース譲渡・その他（施行令
　　　　32条の2，36条の2，37条）…………………………………212
　　6　長期割賦販売等についての通達………………………………213
　Ⅱ　工事進行基準（法17条，施行令38条）………………………217
　Ⅲ　小規模事業者による資産の譲渡等（法18条，施行令40条，
　　　施行規則12条）……………………………………………………223
　Ⅳ　課税時期についての通達 ………………………………………226
　Ⅴ　課税期間・実質課税（法19条・13条・14条）………………229

第7　課税標準と税率

　Ⅰ　課税標準 …………………………………………………………237
　　1　対価の額の意味（法28条1項）………………………………237
　　2　受取対価そのものが課税標準の額……………………………239
　　3　代物弁済の場合の対価の額（施行令45条2項1号）………240

4	負担付き贈与の場合の対価の額（施行令45条2項2号）	241
5	資産の交換の場合の対価の額（施行令45条2項4号）	241
6	印紙税等に充てるために受け取る金銭等	243
7	外貨建取引の対価・資産の貸付けに伴う共益費	244
8	返品，値引き等の場合の処理	246
9	役員に対する著しく低い価額の譲渡・贈与，自家消費 （法28条1・2項）	248
10	保税地域から引き取られる課税貨物（法28条3項）	249
Ⅱ	税　　率	250

第8　税額控除等（その1）

Ⅰ	仕入税額控除（法30条1項）	251
1	規定の趣旨	251
2	課税仕入れの対価の額	254
3	給　　料	256
4	仕入先が輸出免税の適用を受ける場合	257
5	家事共用資産の取得	258
6	不課税収入などからの課税仕入れ	259
7	返品，値引き等の処理	259
Ⅱ	課税売上げ対応の仕入控除税額の計算	260
1	規定の概要（法30条2項）	260
2	個別対応方式と一括比例配分方式の選択適用（法30条4項）	262
3	課税売上割合の定義（法30条6項，施行令48条）	263
4	課税売上割合に準ずる割合（法30条3項）	274
5	一括比例配分方式の2年間継続適用（法30条5項）	275
6	仕入税額控除の要件（法30条7項）	278
7	課税仕入れの範囲・時期・対価	283
8	課税売上割合の細目	292

第9 税額控除等（その2）

- I 非課税資産の輸出等の場合の仕入税額控除 ……………………………297
  - 1 非課税資産の輸出取引（法31条1項） …………………………297
  - 2 非課税資産の輸出と課税売上割合の計算（施行令51条2項）………298
  - 3 有価証券・金銭債権等の輸出（施行令51条1項）………………299
  - 4 みなし輸出取引（法31条2項） …………………………………300
  - 5 みなし輸出取引の課税売上割合の計算（施行令51条3・4項）……301
- II 対価の返還等を受けた場合の仕入税額控除の特例 ……………………303
  - 1 調整の原則（法32条1項） ………………………………………303
  - 2 返還を受けた税額が控除しきれない場合（法32条2項，施行令52条1・2項）……………………………………………………305
  - 3 相続・合併・分割の場合の計算（法32条3項）…………………306
  - 4 保税地域からの引取り課税貨物の消費税額の還付（法32条4項）………306
  - 5 対価の返還の範囲 …………………………………………………307
- III 課税売上割合の著変に伴う調整対象固定資産の仕入控除税額の調整 ………………………………………………………309
  - 1 調整の原則（法33条1項，施行令53条1・2項）…………………309
  - 2 調整対象固定資産（法2条1項16号）……………………………312
  - 3 第3年度の仕入控除税額から控除しきれない場合（法33条3項）………313
  - 4 比例配分法の意味（法33条1・2項）……………………………314
  - 5 課税売上割合が95％以上の場合（法33条1項）…………………314
  - 6 免税期間が挟まれている場合・簡易課税制度によっている場合 ……315
  - 7 みなし規定の意味（法33条1項）…………………………………316
  - 8 通算課税売上割合の求め方（法33条2項，施行令53条3・5・6項）……317
  - 9 調整対象固定資産の支払対価 ……………………………………321
- IV 調整対象固定資産を課税業務用から非課税業務用に転用した場合の仕入控除税額の調整（法34条）………………………………321

Ⅴ　調整対象固定資産を非課税業務用から課税業務用に転用し
　　　　た場合の仕入控除税額の調整（法35条）……………………………325
　　　Ⅵ　課税事業者となった場合・免税事業者となった場合の調整
　　　　（法36条）……………………………………………………………327

第10　税額控除等（その3）

　　　Ⅰ　簡易課税制度……………………………………………………………335
　　　　1　規定の趣旨（法37条）………………………………………………335
　　　　2　事業の区分ごとのみなし仕入率（施行令57条1・4・5・6項）…………338
　　　　3　兼業者のみなし仕入率——原則規定（施行令57条2項）……………343
　　　　4　兼業者のみなし仕入率——簡便計算規定（施行令57条3項）………345
　　　　5　適用される課税期間（施行令56条）………………………………351
　　　　6　分割等があった場合（施行令55条）………………………………355
　　　　7　簡易課税制度の適用の制限………………………………………357
　　　　8　災害などがあった場合の簡易課税制度の適用の変更（法37条の2）………357
　　　Ⅱ　売上対価を返還した場合の控除（法38条）……………………………358
　　　Ⅲ　貸倒れの場合の控除（法39条）…………………………………………361

第11　申告・納付・還付

　　　Ⅰ　中間申告………………………………………………………………363
　　　　1　前年実績による中間申告（法42条）………………………………363
　　　　2　合併の場合の特例…………………………………………………369
　　　　3　仮決算による中間申告（法43条）…………………………………376
　　　　4　中間申告義務の承継（法59条）……………………………………379
　　　　5　中間申告がない場合のみなし規定（法44条）……………………381
　　　Ⅱ　確定申告・還付申告……………………………………………………383
　　　　1　確定申告（法45条）…………………………………………………383
　　　　2　還付申告（法46条）…………………………………………………392

3　引取り課税貨物についての申告・納付・延納（法47・51条）…………393
　Ⅲ　還　　付 ………………………………………………………………395
　　1　仕入控除税額等の控除不足額の還付（法52条，施行令65条）………395
　　2　中間納付額の控除不足額の還付 ……………………………………401
　　3　法52条と同53条が競合する場合 ……………………………………414
　　4　更正・決定による還付 ………………………………………………418
　Ⅳ　前課税期間の更正に伴う更正請求（法56条）…………………………420
　Ⅴ　届出・記帳の義務，申告義務等の承継（法57～59条）………………421

第12　国，地方公共団体等に対する特例（その1）

　Ⅰ　国・地方公共団体の納税単位（法60条1項）…………………………423
　　1　施行令72条1項 ………………………………………………………423
　　2　施行令72条2項 ………………………………………………………424
　　3　施行令72条3・4項 …………………………………………………426
　Ⅱ　国・地方公共団体の取引期日の特例（法60条2・3項）………………428
　Ⅲ　特定収入による課税仕入れについての仕入税額控除の制限
　　　（法60条4項）……………………………………………………………432
　　1　規定の趣旨 ……………………………………………………………432
　　2　特定収入の範囲（施行令75条1項）…………………………………433
　　3　「借入金等」の債務免除（施行令75条2項）…………………………441
　　4　特定収入割合が僅少でない場合（施行令75条3項）…………………442
　　5　仕入税額全額控除の場合の計算の1（施行令75条4項1号柱書
　　　かっこ外）………………………………………………………………443
　　6　仕入税額全額控除の場合の計算の2（施行令75条4項1号柱書
　　　かっこ内）………………………………………………………………448
　　7　一括比例配分方式の場合の計算（施行令75条4項3号）……………456
　　8　個別対応方式の場合の計算（施行令75条4項2号）…………………460

第13　国，地方公共団体等に対する特例（その2）・価格の表示

Ⅰ　通算調整割合による調整（施行令75条5項） ……………………465
　1　規定の概要 ………………………………………………………465
　2　施行令75条5項1号（イ＞ロの場合） ……………………………468
　3　施行令75条5項2号（イ＜ロの場合） ……………………………474
Ⅱ　法60条5項以下 ………………………………………………………483
Ⅲ　価格の表示（法63条の2） …………………………………………484

第14　消費税額等の経理処理

Ⅰ　税抜経理・税込経理 …………………………………………………487
Ⅱ　控除対象外消費税額等 ………………………………………………488
Ⅲ　税抜経理・税込経理の具体例 ………………………………………494
　1　税抜経理方式――都度税抜き …………………………………495
　2　税抜経理方式――一括税抜き …………………………………501
　3　税込経理 …………………………………………………………503
　4　控除対象外消費税額等の配賦 …………………………………505
Ⅳ　税抜経理・税込経理方式の比較 ……………………………………506
Ⅴ　混合方式 ………………………………………………………………511
Ⅵ　一括繰延べと取得価額算入 …………………………………………515

第15　経　過　措　置

Ⅰ　平成元年4月1日からの適用関係 …………………………………519
　1　旅客運賃など（法附則2・25・26条） …………………………519
　2　工事の請負など（法附則3条） …………………………………525
　3　予約販売の書籍など（施行令附則4条） ………………………535
　4　工事進行基準の適用（法附則8条，施行令附則9条） ………536
　5　小規模事業者についての現金主義の適用・基準期間の採り方

         (法附則9・5条) ……………………………………………536
　　6　各種の届出期限（法附則5・13条，施行令附則16・13条）……538
　　7　仕入税額控除に関する要件の緩和など（施行令附則14・17・12条）………538
　　8　最初の中間申告（法附則17条）……………………………541
　Ⅱ　平成3年10月1日からの適用関係 ……………………………542
　　1　経過措置の原則（改正法附則2条）………………………542
　　2　基準期間の課税売上高の計算（改正法附則3条）…………544
　　3　相続等があった場合（改正法附則4条）…………………546
　　4　割賦販売等があった場合その他（改正法附則5～10・12・13条）………548
　　5　簡易課税制度など（改正法附則11・14・15条）……………549
　　6　各種の届出など（改正施行令附則3・5・6条）…………551
　Ⅲ　平成9年4月1日からの適用関係 ……………………………551
　　1　改正内容……………………………………………………551
　　2　経過措置の原則など（改正法附則7・10条，改正施行令附則5
　　　条）……………………………………………………………552
　　3　新設法人の事業者免税点制度の不適用などの適用日（改正法附則
　　　9・17・20条）………………………………………………553
　　4　限界控除制度の廃止（改正法附則20条）…………………554
　Ⅳ　平成10年4月1日及び平成11年4月1日からの適用関係 ……555
　　1　改正内容……………………………………………………555
　　2　経過措置の原則（改正法附則1，28条1・2・5項，改正施
　　　行令附則1条）………………………………………………556
　　3　削除される割賦販売等の経過措置（改正法附則28条3・4項，
　　　改正施行令附則2条）………………………………………557
　Ⅴ　平成13年4月1日からの適用関係 ……………………………557
　　1　改正内容……………………………………………………557
　　2　経過措置……………………………………………………558
　Ⅵ　平成16年4月1日からの適用関係 ……………………………558

- 1 改正内容 …………………………………………………………558
- 2 経過措置 …………………………………………………………559
- Ⅶ 平成18年4月1日からの適用関係 ………………………………561
  - 1 改正内容 …………………………………………………………561
  - 2 経過措置 …………………………………………………………561
- Ⅷ 平成19年4月1日からの適用関係 ………………………………562
  - 1 改正内容 …………………………………………………………562
  - 2 経過措置 …………………………………………………………562
- Ⅸ 平成20年4月1日からの適用関係 ………………………………563
  - 1 改正内容 …………………………………………………………563
  - 2 経過措置 …………………………………………………………563
- Ⅹ 平成21年4月1日からの適用関係 ………………………………563
  - 1 改正内容 …………………………………………………………563
  - 2 経過措置 …………………………………………………………564
- Ⅺ 平成22年4月1日からの適用関係 ………………………………564
  - 1 改正内容 …………………………………………………………564
  - 2 経過措置 …………………………………………………………566

第1 課税範囲

I 課税範囲の概要 (法4条1・2項)

 大島 それでは，まず一番初めに，課税範囲について，消費税というのはいったいどういうもの，あるいは，どういうことに対して課税されるのかという基本的なところからお話を願います。
 木村 課税の対象については，法4条の1項と2項があって，1項では国内取引について，2項では輸入取引について，それぞれ課税するということになっています。
 具体的には，法4条1項は国内取引について，国内において事業者が行った資産の譲渡等に課税すること，法4条2項は輸入取引について，保税地域から引き取られる外国貨物に課税することを規定しています。
 大島 まず，1項は，国内においてということ，事業者が行ったということ，それから資産の譲渡等ということ，こういうことが要件になるわけですね。
 資産の譲渡等については，法2条1項8号に規定されていて，事業として対価を得て行われることが要件になっているわけですね。
 逆にいいますと，国外で行われた取引，あるいは，対価のない取引，それから事業として行われたものでない取引，こういうものはそもそも消費税の課税の対象外ということですね。
 木村 そういうことになります。
 今いわれたような取引は課税の対象とする資産の譲渡等ではありませんから，個々の除外規定がなくても課税にはならないし，支払った方も仕入税額控除はできない，そもそも消費税の世界に入ってこない取引で，法律用語ではないんですが，これを不課税取引と呼んでいます。

不課税と似ているようで全然違うのが非課税です。これは消費税の世界の中での概念で、課税要件を備えているが、消費税法で特に課税しないことを規定しているものです。ただ課税されないといっても、非課税というのはあくまで消費税法上の概念で、消費税の計算の中にも顔を出してきます。こうしたことはこれからおいおいお話をしていくことになります。

大島 ここでは「資産の譲渡等」をした個人なり法人なりが、居住者あるいは内国法人であるかどうかということは別に問題にしないわけですね。

木村 そうです。法4条1項はそんな制限を付けていませんから、非居住者であっても、国内で事業として資産の譲渡等をすれば課税になります。

Ⅱ 資産の譲渡等（法2条1項8号、施行令2条）

1 範囲

(1) 代物弁済

大島 今お話が出た法2条1項8号では、「資産の譲渡等」には代物弁済による資産の譲渡その他を含むといっていて、これは資産の譲渡になるわけですが、反対に、弁済を受けた方の人はどういうことになりましょうか。つまり代物弁済によって債権が消滅するわけですけれども、その消滅する債権を対価として代物弁済された資産を取得したということですか。

木村 譲渡を受けたということになるわけですね。

大島 その分は課税仕入れとして仕入税額控除をすることができるわけですね。

木村 そういうことになります。事業者であれば課税仕入れとして仕入税額控除ができるということです。弁済する側には消費税が課税されるので相手からその分を上乗せで受け取る、弁済を受ける側はその分を負担する一方で仕入税額控除をすることになります。

（注）この項についてはなお240頁参照

それから法2条1項8号が出た機会にいっておきますと、この法2条は定義

規定ですね。

　法令の定義規定としては，その法令の初めの方に一括して定義づけが行われているものと，法令の条項の中で，例えば法34条1項の中ほどの「(以下この項において「調整対象税額」という。)」というようなものがあります。この区分は明確にこういうときにはこうだという決めはありませんが，一般に登場回数が多く，また登場する部分が比較的広い範囲に及ぶときには前者の方法が，また登場回数が少なくある一つの条文だけのような場合は後者の方法が採られています。

　いずれにせよ条文を読む場合にどこにどんな定義規定があるかをあらかじめ知っておくことが大事ですが，探すのに手間取ることもありますね。

　(2)　現物給与

　大島　代物弁済に絡んでは，通達の5－1－4で現物給与のことをいっていますが，現物給付が給与の支払に代えて行われるのではなくて，単に現物を給付するという場合には，これは代物弁済には該当しない，つまり課税の対象ではないという趣旨だと思いますけれども，これを逆にいいますと，現物の給付が給与の支払に代えて行われる場合には代物弁済だということですか。

　木村　結論的にはそういうことですが，今お話のあった，給与の支払に代えて現物を給付するということに当たるかどうかについては非常に難しい面があるかと思います。

　本来40万円なら40万円という給料を支払うのに，それを払うことができないので現物で払いますという場合には，これは代物弁済に該当することになります。

　大島　このごろはめったにないでしょうが，終戦当時はよくあったことですね。この場合には，給料が現物で支払われるということですが，やはり課税になるんですか。課税になるとすると給与の支払者は納税義務があり，消費税を上乗せして譲渡することになるわけですか。

　木村　基本的には，課税になることにしているんですけれども，先ほどいいましたように，それが給与の支払に代わるものかどうかということになると，

非常に難しいところがありますね。

　結果からいうと、いわゆる現物給与は、基本的には課税の対象にしないという考え方をしています。給与を払うべきところを、それに代えてこれを支払うということがあれば、それは代物弁済として課税になるということですけれども、現実に給与に代えてということが果たしてあるかどうかということになると、代物弁済になるという決め手はなかなか難しいのではないかと考えられます。

　ここのところは、給与の場合には、課税になることは具体的にはないというのが常識ではないかと思います。

　大島　この通達はいわばぎりぎりの理論的なことを書いたので、このうち現物の給付が給与の支払に代えて行われるというような事態は、現実にはまず予想していないと考えてよろしいわけですね。

　（注）　この項についてはなお284頁参照

　(3)　**負担付き贈与（施行令2条1項1号）**

　大島　それから、法2条1項8号のかっこ書の、資産の譲渡等に「類する行為として政令で定めるもの」については、施行令の2条に規定されているわけですが、その1号の負担付き贈与、これについての通達5－1－5についてお話し願います。

　木村　負担付き贈与とは、その受贈者に、一定の給付をする義務を負担させる贈与のことですが、通達のなお書でも書いていますけれども、広告・宣伝用の資産の贈与などは、この負担付き贈与には該当しないという考え方をしています。

　大島　広告・宣伝用の資産を贈与しても、それによって負担を課したわけではないんだという考え方ですね。

　木村　そうです。贈与者の広告・宣伝を目的とする自動車とか、看板とか、ネオンサイン、こういうものに仮にメーカーの名前が入っていても、受贈者としてはそれを普通に使っていれば自然に広告になるということで、別に負担を負っているわけのものでもありませんから、そこまでは負担付き贈与に当たる

ことにはしていないわけです。

(注) この項についてはなお241頁参照

(4) 金銭以外の資産の出資・法人課税信託に係る資産の移転など（施行令2条1項2・3号）

大島 施行令2条1項2号は，金銭以外の資産の出資。これに似て非なるものに事後設立（法12条7項3号）がありますが，この事後設立はここにいう金銭以外の資産の出資に含まないことを通達5－1－6でいっていますね。

木村 そうです。現物出資と事後設立を資産の譲渡という観点からみると，現物出資が金銭以外の資産そのものを出資の目的物としているのに対し，事後設立では金銭の出資によって法人を設立した後に行われる金銭以外の資産の引継ぎが売買として行われるわけですから，性格が違います。

大島 金銭以外の出資だと施行令45条2項3号によって取得する株式の時価が譲渡の対価の額になりますが，金銭出資で法人を設立しその後現物出資に見合う資産を売買すれば，現実の売買金額が譲渡の対価の額となるわけですね。

この2号のかっこ書はどういうことですか。

木村 行政改革で特殊法人等が独立行政法人になるとき，現物出資の形をとることが多いのですが，2号の規定によって課税することは実情に合わないのでこれを除外したものです。

大島 次に施行令2条1項3号についてお話し願います。

木村 施行令2条1項3号は，特定受益証券発行信託や法人課税信託の委託者がその有する資産の信託をした場合におけるその資産の移転，そして，受益者等課税信託が法人課税信託に該当することとなった場合につき法人税法第4条の7第9号の規定により出資があったものとみなされるものについて，資産の譲渡等に類する行為として課税の対象としているわけです。

大島 この受益者等課税信託というのは，法14条1項の受益者，この受益者には同条2項の受益者が含まれますが，その受益者がその信託財産に属する資産を有するものとみなされた信託，いわゆる本文信託をいいますね。

木村 そうです。そして，その有する資産は金銭以外の資産に限られ，ま

た，出資があったものとみなされるものは金銭以外の資産につき出資があったものにみなされるものに限られます。このことは，同号においてそれぞれかっこ書によって限られています。

このように，資産の譲渡等に類するものとされるものは，金銭以外の資産の移転などに限られ，その対価の額は，施行令45条2項5号において，資産の移転の時あるいは受益者等課税信託が法人課税信託となった時のその資産の価額ということになるとされています。

大島 それでは次にこの施行令2条1項3号と法14条との関連についてお話しください。

木村 法14条1項は，本文信託では信託財産は受益者が所有するものとみなされますが，ただし書信託は信託の法理に従って受託者が所有するものとしていますから，特定受益証券発行信託や法人課税信託について委託者から受託者に金銭以外の資産を信託する場合の資産の移転などが資産の譲渡に当たるとした施行令2条1項3号の規定と平仄が合っているわけです。通達4－2－1，4－2－2もこのことをいっているわけです。

大島 そうすると信託関係の課税は本文方式とただし書方式との二つに分かれるわけですが，信託の段階で所有権が移転するただし書信託でも，(1)集団投資信託などのように信託財産が金銭の場合はこの段階での課税はない，信託財産について生じた収益は受託者に帰属した上分配によって受益者に帰属する，(2)施行令2条1項3号のように，信託財産が金銭以外の資産である場合は当初信託の段階で課税，信託財産について生じた収益については(1)に同じ，と二つに分かれる，本文信託を入れると三つに分かれることになりますね。

(5) **金銭債権の譲受け等（施行令2条1項4号）**

大島 それでは，施行令2条1項4号にいきましょう。4号は貸付金その他の金銭債権の譲受けその他の承継ですね。譲受けが譲渡等だということになって頭がこんがらがるんですけれども，この4号についてご説明願います。

木村 今お話があったように，貸付金その他の金銭債権の譲受けと書いていますから，何か反対側を書いているのではないかという感じになりますけれど

も，「資産の譲渡等」といった場合には，その中に貸付けも入っていますから，債権の譲受けがあった場合には，その譲り受けた金銭債権を債務者に貸し付けていると認識するということです。

　ここに債権者がいて，その債権者から第三者である私がその債権を譲り受けるといった場合は，その譲受けによって前の債権者が貸し付けていたその譲受けの債権を私が債務者に対して貸し付けたということになるわけです。

　大島　そうしますと，例えば，国債をAからBに譲渡したとして，Aの方は国債の譲渡ということでそこに資産の譲渡があった。譲り受けたBの方は，国に対する貸付けということでそこに「資産の譲渡等」があった，双方に「資産の譲渡等」があったと考えるわけですか。

　木村　そうですが，国債の話だとちょっと難しいんで身近な例を出すと，月賦で買物をした人は店に対して債務を負っているわけです。月賦販売した店から私が客に対する債権を買い取った場合には，月賦債権を譲り受けたわけですけれども，そこに資産の譲渡等，即ち私から客に対する資産の貸付けがあったとみることになります。

　大島　その場合誰に対する譲渡等（貸付け）かというと，客に月賦販売をした店に対する貸付けではなくて，買物をした客に対する「資産の譲渡等」，即ち資産の貸付けということになるわけですね。

　木村　譲渡等と理解するから混乱しますけれども，初めから貸付けと考えれば分かりやすい。商品の販売店があります，そこから月賦である人が物を買いました，買ったわけですからその店が債権を持っている，その債権を私が譲り受けたときには私が月賦で買った人にお金を貸したことになるということです。

　大島　施行令2条1項4号の金銭債権というのは，どういうものをいうのですか。

　木村　ここに挙がっている貸付金のほか，典型的なものは売掛債権ですね。

　大島　国債とか社債を取得するということもここに入るわけですか。

　木村　入ります。国債等（国債等の定義は施行令1条2項4号）については，施

行令9条1項の前文と4号が，金銭債権の譲渡を有価証券に類するものの譲渡としていることからみると，金銭債権と国債等とは別のもののようにもとれますが，実態論として，金銭貸借による金銭債権の譲受けが資産の譲渡等で国債等の譲受けはそうではない，という理由はないので，ここでは4号の金銭債権の譲受けに国債等の譲受けも含まれていると解しておきます（270頁参照）。しかし貸借による金銭債権が有価証券でないことは当然で，施行令9条1項4号の金銭債権は，こういった有価証券でない債権を指すものと解すべきでしょう。

　大島　預金はどうですか。

　木村　預金も入ります。

　預金の場合だと分かりやすいと思いますけれども，Aさんが銀行に預金しています，AさんからBさんが預金を譲り受けました，これはBさんが銀行に預金していることになります。譲受けによって預金していることになります。

　大島　譲渡性預金に出てくることですね。

　施行令2条1項4号のかっこ書で包括承継を除いているのはどんな意味がありますか。

　相続の場合は事業としての譲渡ではないのでもともとここで除くまでもないし，一方，法人の合併の場合は合併法人の包括承継は除外する必要はないようにも思えますが……。

　木村　包括承継は相続，合併などによって財産を一括して取得することで承継の一つですが，当然にその地位も承継することになるので，その譲受けを特に課税の対象となる資産の貸付けとみる必要がないものとして除くことにしたわけです。

　したがって，包括承継によって貸付金その他の金銭債権を取得した場合，貸付者としての地位を承継し，引き続き貸付けを行っていることはもちろんですが，承継自体は資産の貸付けに入らないということです。

　大島　そうすると合併・分割によって権利義務を包括的に承継させる場合も資産の譲渡等には入らないわけですか。

　木村　そういうことになります。

大島　今の施行令2条1項4号は，譲受けの場合を規定しているわけですけれども，譲受けということではなくて，原始取得の場合，また国債，社債が出てきますけれども，これを原始取得することも国なり，発行会社なりに対する貸付けであって，やはり資産の譲渡等に入るということですか。

木村　それは入ります。

ただ，施行令2条1項4号には入りません。

大島　資産の譲渡等の定義として，先ほどの法2条1項8号があり，それを受けて施行令2条があるわけですけれども，ここがかなり限定されていて，今いったような原始取得のことには触れていない。譲受けのことについてだけ触れている。書き方としてアンバランスのような気がしますが，これはどういうわけですか。

木村　もともと原始取得の場合には，本則の方の貸付けのところに入るわけですから，特にこれを類似する行為として捉える必要はなかろうかと思います。

大島　金銭による貸付けは当然「資産の貸付け」に入るわけですね。

木村　そのとおりです。

先ほどの国債の取得も，金銭による貸付けも非課税を規定した施行令10条1項，3項6号に挙がっていますが，これはこうした取引が資産の譲渡等であることが前提になっているわけです。

大島　貸付金の回収はどうですか。

木村　債権の回収は，課税関係は生じません。

大島　分かりました。繰り返しますと，今の譲受けの場合の譲渡等の相手方は，前の債権者ではなくて，その債権の債務者である。つまり国債を譲り受けた場合には，この国債を売った人に対して金融をしたことにもなるわけですけれども，これは売買であってもちろん貸付けではない，貸付けは国に対して行われたということですね。

それから，この場合の対価は何になるのでしょうか。

木村　この場合の対価は，貸付金の場合には利息，利子ということになりま

す。

大島 施行令48条4項ですね。

木村 それはもともと譲受けを貸付けとみたわけですから、貸付けの対価は何かというと、利息になってきます。施行令48条の方は課税売上割合の分母に何を入れるかということですから……。

大島 なるほど施行令48条は課税売上割合の話なんで、対価は何かというのは施行令48条までいかないで、貸付けの対価は利子であるという、そもそも論に帰っていくということですね。

そうしますと、国債を取得する、あるいは先ほどの国債を譲り受けるという場合、利子なりあるいは施行令10条3項6号にいう償還差益なりが対価だとすると、対価を受け取る時期は、国債を取得するなり、承継するなりした時期とは一致しないわけですね。普通の場合には、物を買えばすぐに対価を払う、あるいは売掛金として金額が確定する、ところがこの場合には、対価の受取りが時期的に大変遅れることが有り得るわけですけれども、そのことは課税実務上差し支えはないわけですか。

木村 そこは譲渡と貸付けの違いですね。貸付けについては貸付けの時期と対価である利子の受取りの時期は食い違うのが普通ですし、もちろんそれで差し支えありません。典型的には、例えば銀行預金についてはその対価は利息となっていますけれども、これは今預金すれば例えば半年後にしか利息はくれない、これは貸付けですから普通のリースやレンタルと全く同じことになります。

大島 なるほど。ところで今まで話をしてきたような貸付債権の譲受けあるいは原始取得は、資産の譲渡等に入るけれども、結局は非課税になるわけですね（施行令10条）。したがって、譲受け・原始取得が行われたときに課税があるわけではない。その意味では、譲受け・原始取得がいつの課税期間にあったかということは余り問題ではないので、問題は利子などを受け取った課税期間の課税売上割合の計算に関係するということですね。

木村 そういうことです。それからやや別の話になりますけれども、事業年

度ごとの課税期間を採っている場合には，1年に1回利息の支払を受けるということであればコンスタントにいきますけれども，課税期間を短く採る，3か月単位に採っている場合には，ある利息の支払時期に当たりますと，課税売上割合が違ってくるということが起こり得ます。

　大島　これで施行令2条1項4号まで済んで，次に施行令2条1項5号ですが，長々と書いてありますが，結局NHKの受信料ということですね。

　木村　そういうことです。

　(6)　**資産の消滅・補償金・損害賠償金（施行令2条2項）**

　大島　それから，施行令2条2項にいきますと，土地収用法その他の法律の規定によって収用され，その権利の取得者から権利の消滅に対する補償金をもらったら，それは対価を得て資産の譲渡を行ったものとするという趣旨のようですが，このことと，通達の5－2－1の，資産の譲渡とは資産についてその同一性を保持しながら他人に移転させることをいう，ということとは矛盾するのではないか。つまり，施行令2条2項の場合には，資産が消滅していますから同一性を保持しているとはいえないのではないか。もう一つ，通達5－2－10の(注)，公有水面埋立法の規定によって公有水面を埋め立てた，それによって漁業権，入漁権が消滅した，あるいは価値が減少した，その対価補償は資産の譲渡に対する対価には該当しない，という解釈は通達の5－2－1とはよくマッチしているが，施行令2条2項とはやはり矛盾するのではないかという感じがするんですが，どうでしょうか。

　木村　まず，第1点の通達の5－2－1ですけれども，これは資産の譲渡について一般的に規定したものです。

　施行令2条2項は土地収用法等に基づく特殊な場合に，例外的に課税しようということで特に規定を設けたわけで，一般規定は当てはまらないということです。つまり土地収用法では，収用の場合，所有権などの権利はいったん消滅し，収用者が原始取得をするという法律構成を採っています。したがって通達5－2－1の趣旨からすると譲渡ではありませんが，法律構成はともかく，収用者が権利を取得してそのまま使用する場合は，実態は譲渡と変わらないので

課税の対象にするわけです。施行令2条2項でいっている消滅とはこのような消滅を指しています。ですから同じ収用でもその収用の対象物を収用者が使用するわけではなく，権利がそのまま消滅してしまう場合にはもともと譲渡でないのはもちろん，実質譲渡ともいえないので課税の対象になりません。このような場合は，施行令2条2項の「当該権利を取得する者から……補償金を取得……」という文言にも該当しないわけです。

　大島　しかし施行令2条2項は広く「権利の消滅に係る補償金」といっていて消滅の態様による区別は考えていないように思われますが……。

　木村　そこは「譲渡」ということの本質（通達5－2－1）を踏まえてこれと実態的に同じ性質のものに対してだけ課税するという趣旨で，制限的な解釈をしているわけです。

　それから，お尋ねの第2点の，通達の5－2－10の(注)ですけれども，これは通達5－2－1からみてもともと資産の譲渡等に当たらないし，また実質譲渡ともいえない，加えてこの場合，漁業権は収用によって消滅するというわけではありませんので，ここにいう資産の譲渡には当たりません。

　大島　通達5－2－1にいう，同一性を保持しつつ他人に移転するということが法の考えている譲渡の本質であって，施行令2条2項は収用の法律構成にかかわらず，実態に着目し，この本質に即して例外的に資産の譲渡とするということですね。

　したがって，施行令2条2項については，要件を厳密に解釈して，これに当たらなければ資産の譲渡ではないと考えてよろしいわけですか。

　木村　ええ。

　大島　資産の消滅の対価として補償金をもらうということは，その資産を譲渡したことと等しいと考えることもできそうですけれども，一般的にはそうは考えないわけですね。

　木村　お話のように，補償金をもらったということと消滅資産とは対価関係に立つということから考えれば，補償金をもらうということについて，広く課税の対象に取り込むという一つの考え方も有り得るかと思いますけれども，そ

うなると，あらゆる補償金が課税の対象になってきてしまいますので，実質的に資産の譲渡である場合の収用だけに限定して課税範囲に挙げているということです。

例えば，道路を改修するため，店を半年休むというので補償金をもらった場合にも補償金を課税するということになると，資産の譲渡は一切行われていないのに，その補償金に課税される，というようにだんだん広くなってきますから，譲渡と全く同じような状態にある収用だけを捉えて，特に課税の対象に取り入れていると理解してほしいと思います。

大島 今いわれたように，通達5－2－10をみると，事業収益の減少に対する収益補償金，これは課税の対象に当たらないことになっているわけですけれども，いわゆる収益補償というのは，「資産の譲渡等」の正に代替として受けるわけですから，性質的には資産の譲渡と同じものだと考えてもいいと思うのですけれども，ここはやはり今いわれたような消費税の本質的な考え方から，資産の譲渡から外すという考えですね。ところで，分からないのは，通達の5－2－5の(2)，(3)，ここでは無体財産権の侵害を受けたことによって受ける損害賠償金，あるいは，不動産の明渡し遅滞によって加害者から賃貸人が受け取る損害賠償金，こういったものは資産の譲渡等の対価に該当するというわけでしょう。

木村 譲渡等というか，貸付けのね。

大島 譲渡等のうちの貸付けの対価に該当するという考え方ですね。この通達5－2－5と5－2－10とは，やや矛盾するような感じがするんですが，どういう区別があるんでしょうか。

木村 通達5－2－5の(2)と(3)については，この実質は本来的には使用料に該当するものであるという認識の下に書いてあるわけです。これは例示ですが，この例のようにその実質が資産の譲渡等に該当すると認められる場合には，資産の譲渡等の対価になるということです。無体財産権，例えば特許権の侵害を受けたという場合の損害賠償金については，使用料に相当するといっているんですが，侵害があったのに使用料として受け取るわけにはいかないの

で，それが損害賠償金という格好になっている。

　(3)についても同じように，例えば家屋を貸していて，これについて退去しないという場合に受け取るのは，事実上は賃料と全く同じということです。一方資産の譲渡については，譲渡という現実がない限りは課税の対象にしないということです。(1)をみてみますと，(1)は棚卸資産に損害を与えて迷惑をかけたわけですけれども，その棚卸資産がつぶれちゃったということですと，資産の譲渡はありませんので，課税の対象にはならないという区分をしているということです。

　大島　ということは，譲渡と貸付けの違いだと考えてよろしいんですか。

　木村　譲渡と貸付けの違いというよりは，もともと損害賠償金については，心身又は資産について加えられた損害の発生に伴って，その損害を補てんするものとして受け取るものは，資産の譲渡等の対価にはなりませんが，資産の譲渡等の対価になるかどうかは，その名称で判断するのではなく，その実質によって判断するということです。譲渡の場合にも，実質的に譲渡が行われているときは，仮に損害賠償金という形で受け取っていても，実質に着目して譲渡の対価として課税ということになります。

　大島　それは(1)ですね。

　木村　そうです，もともと店を半年休むとか，あるいは，物に損害を受けたということは「資産の譲渡等」ではありませんので，課税の対象にはならないということです。

　一方(2)・(3)は，使用・貸付けという状態の継続になるということです。

　ただ，特許権の侵害を受けた場合に，その侵害を受けた期間に応じて，特許権の使用料だといって取ることになりますと，それは無断使用を認めたということになりますから，それで損害賠償金として取っているのが世の中の常識になっているのではないか。そういう意味でこれを使用料として，貸付けの対価として課税するということです。

　大島　そうしますと，5－2－5の(1)は，やはり資産の譲渡の場合ですよね。この場合には要件が厳しい，つまり損害賠償金を払って，その代わりに損

傷をした棚卸資産は自分が譲り受ける。そういう場合に課税になるのは，譲渡の実質が備わっているとき，つまり，棚卸資産に軽微な修理を加えれば使用できるというように，譲渡の実質が備わっている場合に限って資産の譲渡とするというように，要件が厳しいわけですね。

木村　それは(2)，(3)も同じです。いずれも，もともと形式的にみれば，(1)も(2)も(3)も譲渡，あるいは貸付けということではないんですが，実態的にみていくと，(2)，(3)は貸付けということになる。(1)も，例えば損害を受けた物品について，相手方に渡しているという場合は，本来の譲渡ではないとみる見方もありましょうけれども，実質的には譲渡だという見方をしているわけで，考え方としては同じことです。

大島　私，先ほどのご説明を聞いて考えたのは，譲渡の場合にはかなり実質譲渡に近いことが要求される。したがって，5－2－10の収益補償という場合も，譲渡の実態がないから課税の対象としない。一方，貸付けの場合には，5－2－5の(2)と(3)のように，必ずしも貸付けの実態が備わっていなくても課税の対象になり得ると理解したんですが，あくまでもそうでなくて，5－2－5の(2)と(3)というのは，実態上も貸付けの要件を備えているという考え方に立っているわけですね。

木村　5－2－10の課税しないという事態も，譲渡だけの話でなくて，実態がなければ貸付けの場合も起こり得るわけです。譲渡と貸付けで考え方が違うということはありません。

大島　ところで，この損害賠償金に関して，具体的な判断基準として，通達5－2－6で容器保証金等について，また，5－2－7で借家などの立退料についての取扱いが定められていますね。

木村　容器保証金等についてはなかなかその判断が難しいところがあり，この通達で実務的な解決はできるのではないかと思います。

(7) 交　換

大島　それから，交換の場合，これも課税の対象になるわけですね。Aの品物を渡して，交換にBの品物を受け取った場合に，Bの品物の時価がAの対価

ということになるわけですか。

　木村　そういうことになります。法28条で，対価の額ということを規定していますけれども，対価には金銭以外の物や権利なども入るんだといっていますからね。施行令45条2項4号では，資産の交換の場合の対価の額は，その「交換により取得する資産の取得の時における価額に相当する金額」であるといっています。

　大島　この人は同時に，Aを対価としてBを仕入れたんだということになるわけですね。

　ということは，非課税売上げ対応の課税仕入れがない限りは，売上げの税額と控除される課税仕入れの税額とが同額になる，この点は相手方も同様ですね。

　木村　等価交換ならばそういうことになります。

　大島　ところで，AとBと時価が違っていたらどうなりますか。例えばAが1,000，Bが700とすると……。

　木村　通達10－1－8では，「交換の当事者が交換に係る資産の価額を定め，相互に等価であるとして交換した場合において，その定めた価額が通常の取引価額と異なるときであっても，その交換がその交換をするに至った事情に照らし正常な取引条件に従って行われたものであると認められるときは，」「これらの資産の価額は当事者間において合意されたところによる」といっています。

　この場合を別にして，交換によって受け取った資産の時価が引き渡した資産の対価となりますから，Aを引き渡してBを受け取る側は700が対価となり，Bを引き渡してAを受け取る側は1,000が対価ということになりますが，現実にはちょっと考えられないでしょう。通常は差金の授受があるでしょう。

　大島　差金300の授受があるとどうなりますか。

　木村　甲は1,000のものを譲渡して乙から700のものと差金300を受け取った，という場合，施行令45条2項4号かっこ書によって譲渡対価は700＋300＝1,000，課税仕入れは1,000－300＝700，したがって非課税売上割合が5％以下とすると消費税の納税額は300に税率を掛けたものになります。

乙は700のものを譲渡し，300の交換差金を払って1,000のものを仕入れたということで，さっきと同じかっこ書で譲渡対価は，1,000－300＝700，課税仕入れは700＋300＝1,000，したがって同じく非課税売上割合が５％以下とすると，300に税率を掛けたものの還付を受けることになり，甲乙合わせると税額は相殺されます。この計算は700を等価交換し，甲が300の資産を300で売った場合と同じことになります。

（注）　この項についてはなお241頁参照

(8) **解約手数料**

大島　その次に，通達の５－５－２をみると，キャンセル料や解約損害金などは損害賠償金であって資産の譲渡等の対価にはならないといっていますが，一方，解約手数料，払戻手数料などについては，役務の提供の対価に該当するといっているわけなんですけれども，こうしたものも損害賠償金として不課税ということにはならないんですか。

木村　解約手数料は，解約事務という役務の提供に対する対価ということで課税の対象になります。一方キャンセル料というのは，一種の損害賠償金として課税の対象にはならないという区分をしています。

大島　航空機の予約の取消しがあった場合に利用者から支払われる金銭，これも課税になる場合とならない場合とがあるわけですね。

木村　解約手数料とキャンセル料と区分されている場合には，前の方が役務の提供の対価，後の方が損害賠償金です。

旅行をやめるときには切符を発売している旅行会社へキャンセルに行ってその切符の取消手続をすることになりますが，それについて，300円とか500円というお金を払う。これは役務の提供の対価です。それが航空会社にいきますと，航空会社も取消しという手続をしなければならない。これはやはり役務の提供ですけど，一方航空会社は座席を予約していたのが乗らなくなったわけですから，それの損害賠償金としてのキャンセル料を取らなければ合わないということです。

大島　航空会社も取消しに伴っていろいろな手続がある。その役務の提供に

ついては課税である。それから、予定していたお客が乗らなくなった、これに伴って受ける金銭は損害賠償金ということになるということですね。JRなども同じですか。

　木村　同じです。JRでも、例えば座席の指定がないものとか、期日指定のないものについてはキャンセル料は取れないので、取消手数料だと思います。

　例えば、座席指定のない演劇公演などの前売入場券を取り消す場合には公演の開始前であれば取消手数料しか取らない。キャンセル料とはいいますけれども、意味が違ってきます。このことについては、通達の第二段で例示しています。

　大島　ゴルフ場の予約キャンセル料などは損害賠償金か手数料か区分は難しいですね。

　木村　通達の第三段は、ゴルフ場に限ったことではありませんが、損害賠償金としてのキャンセル料と役務の提供の対価としての解約手数料などが一緒になっている場合は、役務の提供の対価としての部分が課税の対象となるわけですが、それを区分しないで全部を一括して損害賠償金として授受していたら、それを認めて全額不課税扱いにして差し支えないということで、実務上の処理の簡便化を図っています。

　(9)　**会　費　等**

　大島　通達の5－5－3と4と6、これはどれも似たような規定かと思いますが、結局、対価性の濃淡によって決まるという柱が一つ。

　もう一つは、受取側と支払側との平仄が合っていれば、それを認めてもよろしい、と三つともそういう2本の柱から成っていると考えてよろしいんでしょうね。

　木村　そうですね。そのために、受取側と支払側に不一致が生じないよう、対価関係の判定が困難な会費などについて不課税とする場合には受取側（団体・組合など）が支払側（構成員）にそのことを通知をすべきものとしています。

　ただ、この通知は不課税となる必須要件ではありませんから、その通知がないからといって直ちに役務の対価となるというものではなく、その実質によっ

て対価関係の判定を行うことになります。

このことは，通達の5−5−4，5−5−6も同じことです。

大島 通達5−5−4と同じような入会金でも，5−5−5でゴルフクラブ等の入会金は課税だといい切っていますね。

木村 通達の5−5−4の同業者団体に限らず，そのほかの団体の入会金についても，対価性の濃淡によることになりますが，通達5−5−5は明白な対価関係があって課税となるものの具体的な事例としてゴルフクラブなどの入会金を示しているわけです。

大島 それから，通達の5−5−7にいって，これは通達の11−2−9と裏腹になっていると思いますが，結局，各構成員に分解して課税をするという趣旨ですね。

木村 一種の共同事業だと考えたのと同じことです。

大島 そこで，共同事業とは認め難いような場合には，これを適用しないということになる……。

木村 共同事業にならなくても，通過勘定になっておれば実務的にはこの規定を適用してもいいのではないかという考えをしています。逆に，例えば共益費について，いったん主催者のところに入ってその共同行事の主催者が支出した負担金とか，その行事によって生じた剰余金が出てくるという場合には，この取扱いは適用されないということになろうと思います。

というのは，出の方と入りの方が関係がないということになってきますと，こういう負担割合でいくわけにはいかないということです。

大島 つまり，各人ごとに分解するのではなくて……。

木村 独立した団体としてみていく感じになってきますね。

大島 責任者の方でそういう事業をやったんだということになるわけですね。

（注）　この項についてはなお285頁参照

　⑽　賞　　金

大島 それから，通達の5−5−8です。賞金などについてですけれども，

ここに書いてあることは分かるんですけれども，これに絡んで，冠大会が最近流行になっているようですが，これについての課税関係はどんなことになりますか。

木村 冠大会については，広告・宣伝等の役務の提供の対価として冠大会に支出する金銭については，課税の対象になります。

大島 冠というのは，協賛者が主催者に対して何がしかの金銭を払うわけですね。

木村 主催者は協賛者のための広告を出す。だから，広告・宣伝という役務の提供の対価として課税するということです。

大島 主催者が協賛者に対して広告・宣伝という役務を提供する，そこに資産の譲渡等があるとして課税をするわけですね。

(11) 滞船料・早出料

大島 それから，通達5－5－9ですが，滞船料とか早出料について，言葉の解説をお願いしたいんですが。

木村 船が本来1日泊まって荷物の積卸しができればいいんですが，積み込む荷物が間に合わないというので，2日か3日そこに泊まってしまうという場合には，荷主から船賃を割増してもらわないといけないですね。その割増運賃を滞船料というんです。

反対に，荷物の積込みがスムーズにいって，早く出られる場合には運送賃から減額する，この割戻運賃が早出料ということです。

荷主の都合で，10日も20日も滞留されたのではやりきれないわけです。だから滞船料としてもらう。いわば，タクシーの待ち賃と考えればよろしいですね。

2 事業として（法2条1項8号）

大島 課税範囲の最後に，「事業者が事業として」対価を得てという点です。事業者の定義は，法2条1項3号と4号にあるようですが，国内に住居所を持っていることは要件ではないということはさっき出ましたね。

木村　そうです。したがってまた法5条の納税義務者の規定でも本店所在地とか住所地には触れていません。もちろん資産の譲渡等が国内で行われたかどうかの判定に本店所在地や住所地が影響することはありますが(29頁参照)……。

　大島　問題は，所得税の世界でも同じ悩みがあるようですが，事業所得者と給与所得者，これがはっきり分かれているようでいて実は請負による報酬と給与との区別が難しい場合が多いわけですね。これについて，通達の1－1－1で説明をしています。基本的にはどんな考え方なんでしょうか。

　木村　事業者というのは，自己の計算において独立した事業を行うということですが，雇用関係と請負とか委任という関係は隣合わせになっていて，やや区分が明らかでないものがあります。

　そういうものについては，その役務の提供について他人の代替を容れられるかどうか。

　大島　代替を容れられれば……。

　木村　代替を容れられれば請負なり委任ということになります。

　それから，事業者の指揮・監督を受けているかどうか。

　大島　受けていれば給与ですね。

　木村　受けていなければ，請負，あるいは委任。

　製造とか加工などの場合は，その完成物が不可抗力のためになくなったという場合には，それに対する対価・報酬を請求できるかどうか。

　大島　請求できれば給与ということですね。大工が家を建てたが台風で倒れたというような場合もこれに当たりますね。

　木村　できなければ請負ということです。そういう区分になります。

　材料や用具を供与されているかどうか。供与されていれば給与，自分持ちであれば請負です。

　大島　四つの要素が挙がっていますけれども，四つの要素が互いに矛盾することもあるし，しょせんは色彩の濃淡によって総合的に判断するしかないということになりましょうね。

木村　基本的には，指揮・監督を受けているかどうかということによって大方は決められるんじゃないかと思います。
　例えば，出勤時間が決まっている，従属性があるというようなことによって決まるんじゃないでしょうか。
　大島　こうした区分が問題になる事業者は，免税事業者になることが多いんでしょうね。
　木村　課税売上げ1,000万円以下が免税ということですからね。
　大島　それから，通達の5－1－7で，事業の付随行為もその事業のうちに入るということをいっているわけでして，そのこと自体は分かるんですが，(4)に，利子を対価とする事業資金の預入れ，これも付随行為として事業の一環だといっているわけです。
　しかし，個人の場合には，事業資金の預入れなのか，奥の金の預入れなのか，そこの区分は非常に難しいと思います。そこはどんな判断をしたらいいでしょうか。
　木村　理屈としては，事業資金として預けておれば，それは付随的なものとして資産の譲渡等（ただし非課税）になるということです。しかし現実的にそういうことは少ないんじゃないか，あるいはないんじゃないかと思います。
　大島　なるほど。それから，通達の5－1－8では，事業用資金の取得のための家庭用資産の譲渡であっても，あるいは，事業用の債務の代物弁済としての家庭用資産の譲渡であっても，これは付随行為には入らないということになっていますけれども，これも考え方によっては，目的が事業用資金のためですから，事業用の付随行為に含めるべき場合もあるんじゃないかと思いますが，そのような例外は考えていないわけですか。
　木村　これは先ほどのものよりも，むしろ事業用でないということがはっきりしているんじゃないかと思います。本来，個人で使っているものを事業用として繰り入れ使用して売却したという場合には，事業用資産の売却ということになると思いますけれども，個人の住宅として使用していた家屋を売却した場合には，その家屋は事業用として使用していないわけですから，そのお金がど

こに使われようとも，仮に事業用に使われるとしても，その家屋の売却行為が事業ということにはなりません。もちろんいわれるように，そういう疑問もわいてくるものですから，念のため規定しているということです。

　大島　売却の動機・目的ではなく，売却資産が事業用でないということがポイントですね。

　事業用固定資産を譲渡した場合は所得税法上は譲渡所得ですが，消費税法上は事業としての譲渡になりますか。

　木村　所得税法上の所得の種類が事業所得でなくても，事業としての譲渡として消費税の課税の対象になります。

3　消費税の課税の対象外取引

　大島　次にいきましょう。対談の冒頭で，そもそも消費税の課税範囲に入らない，不課税という概念があるんだという話がありましたが，通達の5－2－8で配当についてそのことが出てきているわけですね。これが出てきたついでに，いわゆるアウト・オブ・スコープ——不課税——といわれている取引についてもう少しお話し願いたいんですが。

　まず，身近なものとしては，宝くじとか，馬券の売上げも不課税だと考えてよろしいですね。

　木村　おっしゃる不課税とはさっきいった消費税の世界の外，即ち不課税ということですね。ご質問の宝くじ，馬券などの売上げは不課税です。消費税の課税の対象は対価を得て行う資産の譲渡，資産の貸付け，役務の提供ですから，対価を得て行うということと，資産の譲渡，資産の貸付け，役務の提供が関係しているということですね。ところで，対価を得てというのは，平たくいえばお金のやり取りということになろうかと思います。そのお金のやり取りの原因が資産の譲渡か，貸付けか，役務の提供なんだと理解すると，利益の配当金とか，あるいはこれ以外には，通達5－2－4で保険金が例示してありますけれども，こうしたものはお金のやり取りはありますけれども，その原因が何かというと，利益の配当は株主という地位に基づくものだし，保険金の支払は

保険事故に基づくわけですから、資産の譲渡でも貸付けでも役務の提供でもない。

そのように考えていきますと、宝くじや馬券についても、お金は払いますけどそれは投票券というものを購入しているわけで、そのもの自体は資産の譲渡というわけにはいかない。単に投票券という用紙、票券をもらっているというんでしょうか、その宝くじ券や馬券は投票した証拠としてのものであり、不課税ということになるわけです。

大島 それから通達5-2-9。法人が自己株式を取得する場合、法人の自己株式の取得に応じた株主からその法人の株式の引渡しがそうですね。

木村 これは、法人の設立の際の株主の出資の払込みによる株式の取得と逆で、自社の株式を取得するという行為は、かつてその株式の発行によって調達した資金を払い戻す行為であり、その法人が自己株式を取得すると株主の権利は消滅することから、自己株式の取得は資産につきその同一性を保持しつつ他人に移転させることによるものとはいえ、この場合の株主からの株式の引渡しは資産の譲渡に該当しないということですね。

ただ、同じように法人が自己株式を取得する場合であっても、証券市場を通じて取得する場合の株主からの株式の引渡しについては、その株式を譲渡する者は、通常の株式の売却として証券会社などに引き渡すものであり、この場合には非課税となる有価証券の譲渡（法別表第一の2号）になります（通達5-2-9かっこ書）。

大島 いわゆる先物取引も不課税ということになりましょうね。通達の9-1-24ですか。

木村 先物取引も、資産の譲渡がありませんので不課税ということになります。

ただ、後日現物の引渡しによって決済が行われれば、そのときに資産の譲渡があったことになります。

大島 いわゆる現引きする場合ですね。

そうしますと、最近の指数取引のように、現引決済ということがない、あく

までも反対売買で決済するものについては,全部不課税ですね。

木村 ただ,株式の場合には,この先物取引と混同しやすいものに信用取引がありますが,この信用取引は現物取引ですからその都度,株券の売買があったことになります。

大島 それから,オプション取引の場合,オプション権の設定自体は,権利の設定であって,資産の譲渡ではないと考えてよろしいわけですか。

木村 そうです。一種の期待権という取扱いになります。

大島 オプション権を行使して,有価証券を売買するという段階では不課税ではなく消費税の世界に入ってくるということですね。

寄附金,慶弔金というものは,当然不課税ということになりますね。

それから不課税になるもののうち,通達の5-2-15の(注)は一般にはやや分かりにくい言葉が並んでいますので説明をお願いします。

木村 これは国や地方公共団体から出される助成金の話です。雇用保険法とか,雇用対策法の規定によって会社に支給される金銭です。一方的に支給されるわけですから,不課税になるということです。

大島 「あらかじめ……補てんを前提として所定の手続をとり,その手続のもとに経費の支出がなされることになるものであっても」といっていますが,どうもその辺の意味がよく分からないんですが。

木村 例えば会社が従業員に給与を払う,そこをいっているわけです。

大島 例えば,身体障害者を雇って,助成金をもらうんですね。

木村 そうです。そういうことを前提にして渡しているわけです。

大島 障害者に対して会社が給料を払う,そういうことを前提にして助成金がくる……。

木村 一見,従業員に対して何かしたことによって,国などから助成金をもらっているようですけれども,そこには対価性がない,不課税だ,正に助成金の話だということです。

大島 障害者を雇用して給料を払っている,そういうことの対価として国から助成金を受けていると思うかもしれないけれども,それはそうじゃないんだ

よ，そういうものは課税の対象外だということを注意したということですね。

資産の譲渡等の問題につきまして，通達の5－2－16，ここでは外注先に原材料を支給しているような場合，その支給の対価を受け取ることにしていればそれは資産の譲渡に該当するんだということで，ここまではよく分かるんですけれども，その次に，しかし，有償支給であっても事業者がその原材料を自己の資産として管理していれば，これは資産の譲渡には該当しないんだというくだりについて補足説明をお願いします。

木村 外注先に対して原材料を支給する場合にその支給原材料について売買を行い，外注先の原材料の使用について一切親元が関知しないというのであれば，それはもう資産の譲渡になることに疑問の余地はありません。

ただ現実の取引をみると品質管理あるいは歩留管理のために，例えば外注先に原材料を払い出したときにその原材料代を仕入原価でいったん売上げに計上して未収金とし，加工商品の納入を受けたらその加工商品代のうちの原材料代に見合う未収金を消却するという方法が採られることがあります。これは原材料を払い出したときにいったん売上げに計上しているので，その払出しが資産の譲渡に当たるかどうかの判断がなかなか難しいところです。このように原材料の支給を仕入原価で売上げ・未収とし，納品によって未収を消却する，という経理処理を通じて原材料の受払いをチェックする，そして最終的に未使用の原材料は返却を受け——売上戻り——たり，あるいは減耗処理（雑損）をして未収金を消却する，というような場合には，当事者間で原材料の売買をしているという認識があるときは格別ですが，そうでない限り，親元が直接的に原材料の数量管理をすることに代えて，金額的数値によって実質的に原材料の受払い，数量管理をしているものと考えられるので，形の上で外注先に対する売上げを計上していても，また外注先でもその原材料代を含めて外注加工賃としていても，実質的には「預け在庫」あるいは「預り在庫」であり，その段階では消費税を課さなくてもいいということです。この場合，このこととは別に，未使用の原材料について返却を受けず，未使用分の対価を受ければそれは課税売上げになりますがね。ただこうした取扱いと離れていえば，実態的に売上げで

ないものを形の上で売上処理するような経理は好ましくないでしょうね。

大島 しかし親元としては発注の段階で売上げとしての消費税課税を受けないで済んでも、その結果下請先から納品を受けた段階で下請加工賃部分しか仕入税額控除ができなければ実益がない、子の方も丁度その逆で、これまた実益がないのではないですか。

木村 この取扱いの狙いは、課税売上高の規模を小さくして、零細な下請加工業者が簡易課税制度を選択し、場合によっては免税事業者にもなる機会を広げようということです。

大島 なるほど分かりました。そうしたケースからもう少し進んで、原材料を支給したときに売上げに計上して対価も受け取っている、しかし実質的にはその受取額は保証金の性格を持っている、というような場合もあるんじゃないでしょうか。

木村 対価を受け取っているということになると、通達が予想している場合とはいえないでしょうね。後は個別の事実認定の問題として実質判断をどうするかということでしょう。

大島 通達にありませんが、合併・分割による権利・義務を包括的に移転する場合も不課税でしたね（8頁）。

木村 そうです。

Ⅲ 輸入取引（法4条2項）

大島 これで法4条1項を終わって、次に法4条の2項に入りましょう。これは法別表第二（75頁参照）の非課税の物品を除いて（法6条2項）外国貨物の保税地域からの引取りに課税するということですが、ここでは事業者としてとか、あるいは、対価を得てというような制限がないので、無償であっても、また事業者としての引取りでなくても課税になるわけですね。

無償の場合の課税標準は何になるんですか。

木村 その前に、外国貨物の保税地域からの引取りでも、関税法3条の信書

は法2条11号かっこ書によって外国貨物から除かれていて課税になりませんのでご注意ください。

　そこでお尋ねの無償の場合の課税標準ですが，法28条3項に書いてあって，関税定率法4条から4条の8までの規定に準じて算出した価格に酒税などの個別消費税と関税の額を加えたものということになっていて，この準じて算出した価格は，関税が課税されるとした場合の，その課税標準となる価格の計算に準じて計算することになります。

　大島　関税法の内容としては，関税法独自の評価方法があるわけですか。

　木村　具体的には，今のような無償で輸入された場合には時価ということになります。

　通常の場合には，取引価格ということですけれども，ただ，非常に規定がやゃこしくなっている，というのは，国内の広告・宣伝費等もみんな含めて価格を計算しているかどうかで値段が違ってきます。

　つまり1万円で輸入された品物について，外国の人が日本の国内で宣伝していれば，その1万円の中に宣伝費も含まれているであろうということになります。

　ところが買い手がすべて広告することになっていると，宣伝費国外持ちの場合には1万円である品物を8,000円で買い取って2,000円の広告料を出す，その結果1万円となって平仄が合います。そういうことがあるので，規定としては，広告とか，国内における支出一切合切を含めて，つまりこの場合1万円で評価するという規定になっています。

　そうしないと，向こうからいえば，輸出者が広告料を持っている場合と，輸入者が広告料を持つ場合で課税標準が違ってくるので，おかしいということでこのようなことを調整するわけです。それが関税定率法の4条の規定です。

IV　国内取引（法4条3項）

　大島　その次の法4条3項は，国内取引の判定についての規定ですけれど

も，その内容に入る前に，そもそも国内取引だけを課税の対象にしたというのは，消費税の基本的な性格から出ているんでしょうが，その基本的な考え方からお話しください。

　木村　消費税は，国内で消費するものについて課税するという，いわゆる消費地課税主義という考え方を採っていて，輸入品については，消費地は日本ですから輸入されるときに課税するということです。

　大島　ということが日本の消費税，あるいはヨーロッパ諸国の付加価値税を通じてのいわば広い意味の消費税の大きな原則になるわけですね。

　ところで国内取引に絡んで，後から出てくる輸出免税についてですが，輸出が免税であるためには，輸出も国内取引であるということが前提になります。輸出が国内取引だというのは素人考えではちょっとのみ込みにくい，ごく常識的には輸出というのは正に国外取引じゃないかと考えられるんですが，法律的にはどういうことなんですか。

　木村　国内取引の定義は法4条3項ですが，譲渡・貸付けが行われるときの資産の在り場所が国内であれば国内取引ということです。輸出についても，国内から国外に譲渡しているわけですから，正に国内取引ということになります。

　大島　外国と取引しているのだから，国外取引だというような常識的な考えではいけない，譲渡の直前に日本にあればこそ，正に税関を越えて外国に出て行くので，それは国内取引だということですね。分かりました。

　それでは法4条3項の中味にいきましょう。ただ今お話のように国内取引のメルクマールは資産の譲渡・貸付けの場合にはその直前の資産の所在場所，役務の提供の場合には役務の提供が行われた場所というのが原則ですけれども，詳しくは施行令6条に規定があるわけですね。

　施行令6条1項をみると，住所地主義と事務所主義とが混在していますね。

　簡単なものでいうと，例えば，8号のニですが，先ほどの金銭債権の場合，債権者の譲渡に係る事務所等の所在地ということになっていて，これは本店所在地でなくて，事務所等の所在地が判断の基準になっている，一方において，

例えば6号の著作権，これは譲渡・貸付者の住所地，その住所地は1号の定義によって，住所・本店・主たる事務所の所在地ということですけれども，8号のニのような場合，債権を譲渡した者の本店が国外にあっても，譲渡に係る事務所が国内にあれば国内取引だとみるわけですね。

木村 そういうことになります。

大島 この場合の譲渡に係る事務所というのは，どんなふうに理解したらよろしいんでしょうか。

例えば，譲渡の契約をしたというようにも取れるし，譲渡をして代金の回収をする事務所というようにも取れるし，譲渡に係るという意味が多義にわたることが有り得ると思いますが。

木村 この場合の事務所等の所在地については，その契約の締結とか，資産の引渡し，代金の回収などの事業活動を行っている場所など，いろいろな場所が考えられますが，その譲渡についての記帳，整理を行う，いわゆるブッキングベースによることになります。

大島 いじわる質問になりますけれども，金銭債権のブックキーピングは，外国でやった，その譲渡代金の回収は国内でやるということも有り得るわけですね。

木村 外国の本社でその譲渡についての記帳，整理をしていて，国内での回収は単なる本社の出先としてのものであれば，国外取引ということになるでしょうね。

大島 それでは，施行令6条2項にいって，ここでは国内，国外を通じる旅客や貨物の輸送，あるいは国内，国外を通じる通信・郵便・信書便について，発送地又は到着地，発信地又は受信地，差出地又は配達地というように，発着のどちらかが国内ならば国内取引ということで，国内取引の範囲を広く取っていて，国内・国外が対称的になっていないわけですけれども，これは課税範囲を広げたという意味でしょうか。

木村 こういうものについては，輸出免税にするという意味で，すべて国内取引に取り込んでいると理解してください。

大島　なるほどそうですね。輸出は免税ですから，むしろ国内取引を広く取った方が納税者にとって有利な規定だということになるわけですね。

　それでは，次に施行令6条2項6号ですが，これがなかなか分かりにくい規定です。

　建物の建設などについての専門的な科学技術の知識を必要とする，例えば調査。これは建物の建設のための資材の調達場所で内外を決めますということですね。

　木村　施行令6条2項6号では，建物や生産設備などの建設や製造についての専門的な科学技術の知識を必要とする調査・企画などの役務の提供については，その建物や生産設備などの建設や製造に必要な資材の大部分が調達される場所が国内か国外かで内外区分をするということです。例えば，国内事業者が外国で建設される建物や生産設備などの調査を請け負った場合を考えてみると，その調査・企画などの役務の提供は，国内，国外を通じて行われますが，その対価を国内分と国外分とで区分することは困難だと思います。建物の建設などの場合は，その資材等の大部分は現地で調達されるのが一般的ですので，その調達場所によって内外区分することが最も合理的と考えたということでしょう。ただ，建物の建築工事の請負のように本体工事の内外判定は，資材の調達場所によるのではなく，工事の施行場所によることになりますから，両者の判定の仕方が違うことに注意する必要があります。

V　みなし譲渡（法4条4項）

　大島　法4条4項のみなし譲渡に入りましょう。1号は個人事業者について，事業用資産を家事用に消費・使用したら，そこで課税するということになるようですが，例えば事業用として購入した自動車を家事用にも使用するような場合はどんなことになるんでしょうか。

　木村　これは非常に難しいわけで，事業用に自動車を買って，今日家事に使って明日また元へ戻すというように，その自動車1台について，家事とか事

業とか区分を明確にできない場合には，事業用として購入されたものについては，これを家事に使ったからといって，直ちにそれをもって家事使用しているということにはならないという考え方をしています。ただ家事専用にした場合には課税するということです（通達5－3－2）。

大島 その代わり，通達の11－1－4の仕入税額控除のところで，初めに購入したときに，家事用にもかなり使いそうだという場合には，適当な方法——使用割合など——に基づいて合理的に配分して，事業用に配分された部分についてだけ仕入税額控除を認めるということになっていて，今の通達5－3－2と振り分けていると考えてよろしいですか。

木村 家屋を1軒買いました。1階は業務用に使います。2階は家庭用に使いますというような場合には，1階は仕入税額控除の対象となりますが，2階はなりません，ということです。

大島 この法4条4項で一つ気になるのは，資産で「事業の用に供していたものを家事用に使用した場合」とありますが，非課税の事業用に供していたものを家事用に転用した場合にはどうなるのか。例えば社会保険診療ばかりやっている医者が，診療用として自動車に乗っていた。これを家事用に完全に転用した場合には，そこで課税の問題が起こってくるのかどうか。これは非課税売上げにのみ対応するものですから，仕入税額控除は初めからしていなかった，こんな場合には，それを家事用に転用したからといって，そこで課税するのは酷だと思いますが。

木村 お話のようなことは有り得ることは確かです。

しかし，消費税法の非課税の範囲は相当限られており，また非課税の事業用に供していたものを家事用に供した場合を議論し出すと，それでは非課税・課税共通の事業用に供していたものを家事用に供した場合はどうか，非課税の事業用に何年使用したからどうするとかということも出てきます。非課税事業専用の機械などを家事用に転用するような例が極めて少ないものについて，規定が複雑となるということから，実際面では割り切って規定をしなかったものです。

大島　それから，今度は家事用として購入した資産を事業用に転用した場合，これは新たに仕入税額控除を認めるというような，法4条4項とは逆の規定はないわけですか。

木村　それはありませんね。事業用に供していた資産を家事用に転用した場合や家事用に供していた資産を事業用に転用した場合については，この4条4項の棚卸資産又は棚卸資産以外の資産で事業用に供していたものを家事のために消費・使用したときのみなし譲渡の規定しかありません。

家事用に供していた資産を事業用に転用した場合については，既に家事用に供していた，使用していたわけですから家事用に供しているものは仕入税額控除はできない。これを事業用に転用した場合には全部について仕入税額控除を認めることはおかしい。それではどの程度にするか，という議論になるのですが，このような事例は，先ほどの非課税の事業用に供していたものを家事用に転用した場合と同じように極めてまれであることから，実際面では割り切って規定をしなかったものです。

大島　法4条4項2号では，法人がその資産を役員に贈与したらそこで課税することになっていますが，これについて通達の5-3-5で，役員に対して無償で資産の貸付け，役務の提供をしても，この規定は適用にならないといっているのは少し甘いんじゃないかという気がしますが，これは法律の規定を文字どおり読んで，拡張解釈を避けたという意味でしょうね。

木村　そういうことですね。

なおこの法4条4項については，法28条2項に関連規定がありますし，また法34条に関連してもう一度お話する機会がありましょう（248，321頁参照）。

VI　保税地域からのみなし引取り（法4条5項）

大島　次に法4条5項についてお話し願います。

木村　保税地域から引き取られる外国貨物には消費税が課税されます（法4条2項）が，これとのバランス上，外国貨物が保税地域の中で消費・使用され

てしまって、保税地域からの引取りということがない場合には、その消費・使用の段階で保税地域から引き取られたものとみなして課税するということです。ただ、この場合、その外国貨物が消費税の課税の対象となる貨物の原材料として使用されたときには、出来上がった貨物を保税地域から引き取る際に課税の機会があるわけですから、消費・使用の段階では課税しないということです。

第2 非課税規定

I 非課税の考え方

　大島　それでは,次に非課税規定の関係についてお尋ねします。
　まず,内容に入る前に,消費税法で,非課税規定が設けられていることの意味はどういうところにあるのか,それから法別表一で1号から13号まで規定されている非課税規定のうちには,性質的には異なるものが含まれていると思われますが,どんなふうに分類して考えたらよろしいかということ。
　もう一つは,昭和62年の国会に提案されながら廃案となった売上税の非課税と,消費税の非課税とでは大分範囲が違うようですけれども,この辺の考え方の違いといったことについて総論的にお話を願います。
　木村　消費税は,生産・流通の過程を経て事業者から消費者へ提供される財貨・サービスの流れに着目し,事業者の売上げを課税の対象とすることによって,間接的には消費に税負担を求めるというものです。
　消費税が課税される取引は,原則として国内におけるすべての財貨,あるいはサービスの販売や提供,外国貨物の輸入ということになっていますが,これらの財貨・サービスの中には,消費に対して負担を求める消費税としての性格から,本来課税の対象とならないようなもの,あるいは政策上課税することが不適当なものがあるわけで,こういった取引については非課税にするというのが,非課税規定を設けている意味です。
　非課税の分類ですけれども,一つは,消費に課税するという税の性格上課税しないものとしては,土地の譲渡・貸付け,社債・株式などの譲渡,支払手段の譲渡,利子,保証料,保険料など,郵便切手・印紙などの譲渡,商品券・プリペイドカード――これを物品切手等といっていますが――の譲渡,住民票や戸籍抄本などの交付を受けるための行政手数料,外国為替業務などがありま

す。これが税の性格上，課税から除外しているものです。

　それから，二つ目の政策的配慮に基づいて特別に非課税としているものとしては，社会保険医療，一定の介護サービス・社会福祉事業，助産，埋葬料や火葬料，一定の身体障害者用物品の譲渡や貸付けなど，一定の学校の授業料や入学金など，教科用図書の譲渡，住宅の貸付けがあります。政策的配慮に基づいて非課税とするものについては，消費全般に広く薄く負担を求めるという消費税の性格からみて，かなり限定しています。

　それから，前回の売上税との考え方の違いですけれども，前回の売上税のときには，51項目を非課税としていましたから，非課税が非常に多く，バランスにも問題があるといわれました。例えば，落語が課税で，歌舞伎が非課税というような話があったわけですけれども，今回は前回の売上税のときの反省に立って，消費全般に広く薄く負担を求めるということ，それから今回は帳簿方式を採ったわけですが，課税・非課税が複雑だと帳簿では整理することがなかなか大変だということで，非課税取引は極力制限されています。

　大島　よく分かりました。法別表一では1号から13号まで非課税項目が掲げてあるわけですけれども，結局そのうちの5号までが性格上の，つまり消費税の性格になじまないという意味の非課税であり，6号から13号までが政策的非課税だということですね。

　木村　そういうことです。それから社会政策的配慮からする非課税項目の多くは，いわば終末消費に対する販売であって，これが非課税であることが取引の次の段階に影響するというものではないことを注意しておきましょう。

Ⅱ　土地等の譲渡及び貸付け（法別表一1号）

　大島　それでは中味に入って，まず1号の土地関係について一つ一つお尋ねしていきたいと思います。通達の6－1－5の（注）2ですが，土地・建物を賃貸している場合には，その賃貸料の中には，土地の賃貸部分と建物の賃貸部分があると考えられるわけですけれども，これを一括して建物の賃貸料として課

税の対象としての貸付けのうちに入れているわけですが，これはやはり区分して考えるのが本来なのではないでしょうか。

木村　施行令8条をみると，法別表一の1号のかっこ書によって非課税となる土地の貸付けに含まない場合というのは，駐車場その他の施設の利用に伴って土地が使用される場合とする，という規定があります。これは非課税となる土地の貸付けから除く，つまり課税になるということになるわけです。ビルなどの貸付けの対価については，ビルの所在する場所の地価によって賃貸料等が決定される場合が多いということがありますが，それは賃貸料を決める場合の一つの要素にすぎない。土地は正にビルという施設の利用に伴って使用されているのであって，そのビルなどの貸付けに必然的に随伴するものであるということから，その使用は土地の貸付けには該当しないということです。そこで，今お話のように，たとえ敷地部分の賃貸料と建物の賃貸料が区分されているとしても，全体の賃貸料が建物の貸付けの対価として課税になるということです。

大島　この通達は，実定法上，法別表一の1号のかっこ書と，施行令8条とにきちんとした根拠規定があるわけで，決して課税範囲を拡張解釈したものではないんだということですね。

木村　そういうことです。施行令8条の後の方の部分に該当するということです。

大島　しかし「駐車場その他」の中にビルが入るのはやや常識的でない気がしますが……。

木村　それはむしろ反対ではないでしょうか。駐車場のようにいわば「軽いもの」でさえ土地の賃借料を吸収して施設としての駐車場の賃借料としてしまう，ましてや建物なら尚更のこと地代を吸収してしまう，と解すべきでしょう。

大島　なるほど，そういうことですね。

そうすると，「建物の区分所有等に関する法律」に規定している管理組合法人が駐車場を管理して貸付けをしている場合，やはり課税ということになりま

すか。

木村　「建物の区分所有等に関する法律」に規定する管理組合法人が、管理する駐車場を組合員に貸し付ける場合の貸付料については不課税、組合員以外の者に対する貸付けは課税、ということになっています。

これは、管理組合と組合員とは内部関係にあるということで、そこに資産の貸付けはないという考え方です。

大島　管理組合というのは、建物の所有者を組合員として構成されているものだから、いわば自分で自分に貸しているという考え方ですね。

それから施行令8条では、土地の貸付けであっても貸付期間が1か月未満のような場合には、非課税にはならないことになっていますが、通達の6－1－4では、1か月に満たないかどうかということは、契約によって判断するんだといっています。しかし契約上は1か月以上の貸付けにしておいて、実際は1か月未満のところで契約を解除するといったような課税回避行為も考えられるかと思いますが、契約によって判断するというような、いわば形式的な基準でなしに、もう少し実態的に判断していく必要があるのではないかとも考えられますがどうでしょうか。

木村　今お話がありましたように、本当はこうなんだけれどもそれを1か月以上の契約にしておくとか、そういう話は別として、1か月以上の契約になっているんだけれどもたまたま20日しか使わなかったとか、あるいは1日の契約なんだけれども長引いて1か月以上になったとか、こういう自然の姿の場合には、やはりそれなりに形式的に区分していく必要があります。

実際にみますと、1か月に満たない期間が分かっているのに、1か月以上使うように契約をしているとか、という場合には論外で、それは実態を踏まえてみるのであって、このようなものまですべて形式的に割り切っていくということではありません。

ただ、基本的には、やはり契約上の形式で判断をしないと、その対価を決めるときに、消費税分をオンして払うかどうかということがあって、後日になって課税だとか、非課税だとかという修正を行うことには問題があろうと思いま

す。その点からお話のような場合は別として，基本的には1か月未満の契約であるか，1か月以上の契約であるかということで，形式的に割り切っていくことになります。

　大島　明らかに租税回避の手段としての契約と認められるようなときには，これは例外的な措置として，実態に即して対応するということですね。

　木村　そういうことです。

　大島　通達の6－1－2なんですが，ここでは鉱業権や土石採取権，あるいは，温泉利用権や土地を目的とした抵当権は土地の上に存する権利とはいわない，つまりこれらの譲渡は非課税ではないんだということをいっているようですが，この考え方はどういうことなんでしょうか。

　木村　土地に含まれることとなる土地の上に存する権利は，土地の所有権と同視される土地の使用収益に関する権利をいうのですから，土地そのものを使用収益することを目的とした権利ではなく，これらと別個の資産である鉱業権などはこれには含まれないというわけです。

　大島　実定法的には正にそれで説明がつくわけですね。実態的な考え方としては，鉱業権というのはいわゆる鉱産物に関する権利だし，土石採取権といえば土石に関する権利で，温泉利用権というのは温泉をくみ上げる権利であり，土地を目的物とした抵当権は被担保債権の弁済の権利であるということで，いわゆる土地そのもの，空間の利用という意味における土地そのものではない，実態的にはそういう考え方から出発しているということでしょうね。

　それから，これに関連して6－1－2になお書として土地の賃貸借の形態で行われる土石，砂利等の採取については土地の貸付けにはならないといっていますね。

　木村　いま話が出たように，土石採取権は土地の上に存する権利になりませんが，土石採取権を設定せずに土地の賃貸借の形態で土石や砂利などを採取する場合があり，この場合の賃貸料が非課税である土地の貸付けの対価になるのかという疑問が出るので，それを土地の賃貸料などと称していたとしても，実質的には土地の賃借権の設定の対価ではなく土石採取権の設定の対価であっ

て，非課税とはならないということを留意的にいっています。

Ⅲ　有価証券及び支払手段の譲渡（法別表一2号）

1　有価証券の譲渡

大島　それでは，法別表一の2号にいって，これは大きく分けると有価証券の譲渡の非課税と，支払手段の譲渡の非課税，この二つに分けられます。有価証券には金融商品取引法2条1項に掲げるものとこれに類するものとがあり，施行令9条にその類するものが規定されていますが，ひっくるめて通達6－2－1で解説しているのでこちらの方でご説明願いましょう。

やや分かりにくい項目として，まず，「資産の流動化に関する法律」（資産流動化法）関係の(1)ニ，チ，ワがありますが……。

木村　資産流動化法というのは，特定資産，つまり指名金銭債権，不動産などを裏づけとして有価証券を発行する仕組みをつくった法律です。この法律で，資産の流動化という特定目的のためにだけ存在する特定目的会社（SPC）が会社法上の会社とは別の法人として創設されました。SPCは資産対応証券を発行して得た金銭で特定資産を取得し，その特定資産の管理・処分による収益で資産対応証券の元利払いをするわけですが，組織・資本の面で簡素化されており，税制上も特別措置があります（租税特別措置法67条の14，9条1項6号）。この資産対応証券に特定社債券，優先出資証券などとがあり，それが通達の(1)ニ，チ，ワに挙がっているわけです。これらはそれぞれ株式会社の普通社債などに当たります。

大島　では次の(1)リの「新株予約権証券」について……。

木村　新株予約権証券とは，新株予約権を表彰する有価証券であり，新株予約権とは，株式会社に対して行使することによりその株式会社の株式の交付を受けることができる権利をいうとされています（会社法2条21号）。そして，株式会社は，新株予約権に係る新株予約権証券を発行するかどうかをその都度決定することとなります（会社法236条1項10号，238条1項1号）。

大島　次に(1)ルの「投資証券」について……。

木村　「投資信託及び投資法人に関する法律」に基づいて，資産を主に特定資産に対する投資として運用することを目的として設立した社団を「投資法人」というのですが，その投資法人の社員の地位を均等の割合的単位に細分化したものが「投資口」で，その投資口を表示する証券が「投資証券」です（同法2条12, 14, 15項）。

大島　同じくルの「投資法人債券」について……。

木村　投資法人が発行する債券を投資法人債というのですが（同条17項），その投資法人債を表示する証券が投資法人債券です（同条18項）。

大島　それから通達(1)ヌ，ヲに投資信託，外国投資信託，貸付信託の受益証券が挙がっていますが，信託関係で例えば金銭信託については，同種のものはないんですか。

木村　金銭信託の場合に交付する信託証書は有価証券ではなくて証拠証券なんです。有価証券ではなくて免責証券で，預金証書と同じようなものです。

大島　そうすると，金銭信託証書は有価証券そのものではなく，これに類するものとして施行令9条1項4号の「その他の金銭債権」に含まれるわけですか……。

木村　「その他の金銭債権」ということですね。

大島　次にワの「特定目的信託の受益証券」について……。

木村　さっきお話した資産流動化法では，資産の流動化の方法として会社方式と信託方式を創設しているのですが，その前者がさっきの特定目的会社であり，後者が特定目的信託です。後者は信託ですから当然受益証券が発行されることになります。

大島　次に(1)ヨとレの関係ですが，海外ＣＰがレに入るとすると，ヨは国内ＣＰを指すわけですか。

木村　そういうことです。やや詳しくいうと，ヨにいう内閣府令1条は金融商品取引法2条1項15号を受けたものですが，両方を合わせると，「法人が資金調達のため発行する約束手形で，その法人の委任によって支払を行う銀行等

の金融機関が交付した「ＣＰ」の文字が印刷された用紙を使用して発行するもの」ということです。

大島 ソは金融商品取引法2条1項18号の信託の受益権等，「ツ　オプションを表示する証券又は証書」，「ネ　預託証券」は同法2条1項19号，20号にいう証券・証書のことですね。

木村 ツは有価証券オプションを表彰する債券，いわゆるカバード・ワラントのことで，具体的には個別株式や株式バスケットを一定価格で購入・売却する権利，株価指数の変動に伴う差額を受ける権利などを表彰した証券，ネは有価証券－主に株券ですが－の原券を本国に残したまま国外で預託機関から投資家に発行される代替証券で，投資家のため，原券の保管，原券が表彰する権利の行使などを預託機関が代行するなどの預託契約を表彰するものです。

大島 それから通達の(1)ナで譲渡性預金証書について「外国法人が発行するもの」といっていますが，内国法人が発行したものはどうなるのですか。

木村 通達の(2)(注)1にあるように，それは(2)ニのうちの預金で読むことになっています。

大島 なるほど。ただ(1)ナでは「外国法人」といい，(2)(注)1では，「居住者」といっていて言葉がチグハグのようですが，この「居住者」というのは内国法人のことではないんですか。

木村 (1)ナで「外国法人が発行するもの」といっているのは，金融商品取引法施行令1条1号で「外国法人が発行するもの」といっているので，それを引用したということです。また，(2)(注)1で「居住者」といっていますがこの居住者という用語は，施行令1条2項1号にあるように外国為替及び外国貿易法6条1項5号に規定する居住者をいうのであり，したがって，内国法人だけではなく，外国法人の本邦内の支店，出張所その他の事務所も居住者ということになります。ですから「居住者」が発行する，というのは結局，国内で発行される，ということを意味しています。

大島 (2)の有価証券に類するもののうちその(注)2の社債，株式等の振替に関する法律については後で施行令1条のところで取り上げます（49頁）。(2)の外

の箇所は施行令9条1項のとおりなので省略しましょう。

次に通達の6－2－2にいって船荷証券ですけれども，これは有価証券に含まれないということで，考え方としてはよく分かるんですけれども，有価証券から除外した，つまり非課税の範囲から除外したということで，ちょっと考えると課税のようにも考えられるんですが，そうではなくて不課税だと考えてよろしいですか。

　木村　有価証券の譲渡が非課税なのは，金融商品取引法2条1項に規定する有価証券とそれに類するものに限られています。

したがって，お話のように，船荷証券の譲渡はここには触れていませんけれども，船荷証券を譲渡すると同時に，本体貨物の譲渡が行われているわけですから，そちらの方で課税されることになります。

　大島　船荷証券だけを独立して，課税だとか，非課税だとか，不課税だというのは意味をなさないということですね。

　木村　船荷証券，それから，貨物引換証・倉庫証券，これは同じようなもので，倉庫に預けている品物の倉庫証券，船の船荷証券，それだけの違いです。船荷証券などを譲渡することが，即ち貨物の譲渡になるということです（227頁参照）。

　大島　法別表一の2号と施行令9条2項で，ゴルフ場の会員権は有価証券から除かれていますが，ゴルフ場の会員権というのは，ゴルフ場の方からみると，会員からの預り金部分とその他の部分，つまり預り金部分とゴルフ場の収益になる部分とがあるわけですけれども，この会員権を発行するときには，預り金部分は不課税，その他の部分は課税と考えてよろしいですか。

　木村　そのとおりです。ゴルフ場の会員権を会員募集によって発行する場合には，預り金部分については保証金的な性格があって，「資産の譲渡等」の対価ではありませんから，課税の対象にはなりません。その預り金部分を除いた，会員側からみると戻らない部分については課税になります。ゴルフ場を利用できるという役務の提供の対価ということになります。

　大島　その会員権を第三者に売った場合にはどういうことになりますか。

木村　ゴルフ場の会員権を第三者に売却した場合には，ゴルフ場を優先して利用できる権利等の資産の譲渡ということになりますから，預り金部分を含めた全体の売買金額に対して課税されることになります。法別表一の２号かっこ書で非課税から除かれています。

2　支払手段の譲渡

　大島　法別表一の２号のうち，１番目の有価証券等の譲渡を終わって，２番目の支払手段の譲渡に入りましょう。この支払手段とは何かというと，外国為替及び外国貿易法６条１項７号に規定する支払手段ということですが，内容は通達の６－２－３で説明しています。ところでその(1)に，銀行券，政府紙幣などが挙がっているわけですが，銀行券の譲渡が非課税であるというのは，普通の常識ではちょっと分かりかねるんですが，これはどういうことですか。

　つまり，我々が千円札を出して買物をする，千円札を相手に渡したということが，銀行券の譲渡だということになるわけですか。

　木村　品物を買って千円を支払ったという場合は，品物の対価の支払でしょうから，この場合の千円の支払をもって支払手段である銀行券の譲渡ということにはなりませんね。

　大島　そうですか。千円札を出して何かを買った。これは千円札を譲渡して対価に品物を受け取った，その千円札の譲渡は非課税だと，こういう意味ではないんですか。

　木村　法形式論としてはそういうことですが，実体論としては，それは品物の対価の支払ということで，特に支払手段を譲渡するというように考えることはどうでしょうかね。いずれにしても，支払手段の譲渡は，施行令48条の２項１号の規定によって課税売上割合の分母には入らないことになっていますから，理屈は別にして，どちらでも結果は同じことになります。

　大島　通達６－２－３(3)の約束手形ですが，そのうちのＣＰは６－２－１(1)ヨに挙がっていますね。とするとＣＰは有価証券と支払手段とにダブル掲上されていることになりませんか。

木村 約束手形という概念からみると，お話のようにＣＰも約束手形ですからダブっているということができます。

しかし，通達6－2－1(1)ヨは，その約束手形のうちのＣＰをいっているものであり，通達6－2－3(3)の約束手形は，商品の売買代金などの返済のためなど実際の商取引に基づいて振り出される，いわゆる商業手形のことをいっているもので，ダブって掲上されているわけではありません。

大島 それから同通達(5)ですが，その(注)2でその具体的範囲については外国為替令で定めることになっている，といっていますが，どんな定めですか。

木村 外国為替及び外国貿易法6条7号に支払手段の定義があり，そのハにおいてお話の通達(5)と同じ定義を挙げた後，「……として政令で定めるもの」とありますが，その政令はまだ出ていません。

Ⅳ 利子を対価とする貸付金等 (法別表一3号)

1 信用保証，信託報酬を対価とする役務の提供

大島 法別表一の2号はこの程度にして3号に入りましょう。2号が資産の譲渡だったのに対して3号は資産の貸付け，役務の提供ですね。

3号については，通達6－3－1で施行令10条の規定とひっくるめて非課税となるものを挙げていますが，法に従って分けていうと，まず利子を対価とする貸付金その他の資産の貸付け，2番目が信用の保証としての役務の提供，3番目が信託報酬を対価とする役務の提供，4番目が保険料を対価とする役務の提供，5番目がその他ということになります。そこでまず利子を対価とする金銭の貸付けに利子を対価とする国債等の取得を含む，といっている意味については6頁から7頁にかけてお話がありました。次に2番目の信用の保証ですけれども，これは念のためですが，金融機関が行う信用保証以外にも，一般の企業が信用の保証をする場合も当然に含まれるわけですね。

木村 お話のとおり，当然に含まれます。

大島 その次に，3番目の信託報酬を対価とする役務の提供ですが，我々が

信託銀行に行って貸付信託をするときには収益の分配をもらうという意識はあるんですけれども，信託報酬を払うという意識は余りないんですが，委託者はやはり信託報酬を払っているわけなんですね。

木村 信託銀行が収益の分配をする場合には，信託報酬を差し引いて分配しているわけです。

大島 委託者は知らない間に，報酬を差し引かれているということですね。銀行の場合は預金者は別に報酬なり手数料なりを払っていませんけど……。

木村 預金の場合は，預金者，銀行，預金された資金を借りる会社というように分けて考えると，銀行は預金として預かったものを他の会社へ貸し付けることによって，その預金を銀行自らが運用し，利ざやを稼いでいます。銀行と預金者の間は，信託のような委託を受けての運用という関係とは違いますので，手数料という問題は起こってこないわけです。

信託の場合には，委託者，受託者というのがやや同列というんでしょうか，受託者は信託された資金を，委託者のために運用先に貸し付けて運用をしているという意味では，今の銀行預金とは意味が違ってくるわけです。

大島 委託者と預金者が同じで，受託した信託銀行と預金を受け入れた銀行とが同じだということではないんですね。

木村 銀行に預金をする場合には，これを運用してもらいたいということで預金しているわけではありません。これは信託のように委託者のために信託銀行が受託してやっている，というようなものでなく，銀行と預金者は相対立しています。信託の場合には，委託者と受託者は，委託・受託の面では対立していますけれども，その運用面においては対立はしていないということです。

大島 結局，預金の場合には預金者は銀行に対して寄託をし，銀行はそれを自ら運用し，利ざやを稼ぐ，信託は委託者のために運用してその運用に対して報酬を受けるわけですね。そこに銀行預金と信託との違いがある……。分かりました。

ところでその信託報酬が非課税になるのはどういう意味ですか。

木村 今いったように預金と信託とは違いますが，大きな目からみると，合

同運用信託なども，元は小口の資金を数多く集めて大口に貸し付けている点では，非課税とされる銀行の預貸利ざやと同じ性格のものだからということです。

大島 銀行の場合には，我々が預金をして利子をもらう。そのときに銀行の預金運用に対する報酬はそれを他に貸し付けて得る利ざやということで，この場合の信託報酬もそれと同様だというわけですね。

それから，ここでは合同運用信託や公社債投資信託，公社債等運用投資信託についての信託報酬，これの非課税規定がありますが，それ以外の投資信託などについては，その信託報酬の非課税規定はないわけで，これは課税になるわけですか。

木村 そうです。合同運用信託などと違って，預貯金利ざやとの類似性が乏しいということです。

2 保険料を対価とする役務の提供・預貯金の預入

大島 その次の，4番目の保険料を対価とする役務の提供，これは保険料を受け取って，保険事故があった場合には保険金を支払う，こういうサービスのことを指すわけですね。

木村 そういうことです。保険料を支払うことは，保険事故が起こった場合の役務の提供の対価ということになります。

大島 ここにはかっこ書で難しいことが書いてありますが，これはどういうことを予定しているんですか。

木村 これは施行令10条2項に列挙している厚生年金基金などの資産運用について，信託銀行が受け取る年金信託の信託報酬が課税されるということとのバランスから，保険料についても一定のものについて事務的経費部分を非課税から除く，つまり課税としたものです。

大島 その一定のもの，つまり保険料のうち費用の部分が課税となる契約が施行令10条2項各号と施行規則3条1項各号に掲げているものだということですね。施行規則3条の見出しに注意が必要です。

5番目の「その他」は施行令10条3項に例挙されていますが，その1号は，「預金又は貯金の預入」ということから始まっているわけです。ここは法律とのつながりに注意して読まないと預金の金額そのものが非課税であって，課税売上割合を算定するときには，元本がそのまま分母に入ることになってしまうのではないかという誤解を招きかねないのですが，この辺の説明を念のためにお願いします。

　木村　施行令10条3項1号でいっている預金の預入というのは，3項の柱書にいう，資産の貸付けに類するものとして挙げているわけです。常識的な感じとは違って，預金の預入を「資産の貸付け」と捉えているわけです。この預金の預入の対価は，法別表一の3号にあるように預金の利子であり，課税売上割合の分母に算入されるのは，法30条6項にあるように資産の譲渡等の「対価の額」ですから，正に預金の利子の額ということになります。

　大島　直税で育っている人は，この辺の受け取り方に多少まごつきがあるかと思います。旧物品税法をみると，「これこれの物品には物品税を課する」とあって（同法1条），物品が課税物件，そしてその販売価格が課税標準なんですね。

　ところが，法人税法では，法人の所得に法人税を課する（同法5条），その課税標準は所得だ（同法21条），というように所得が課税物件であり，同時に課税標準になっている，間接税の場合には，課税物件と課税標準との概念の違いが非常にはっきりしているわけです。ここも預金の預入というのは課税物件である（法4条1項・2条1項8号参照），それから課税標準は，法28条にあるようにそれの対価なんだということを注意しながら読んでいく必要があるということでしょうね。

　木村　そういう意味で，非課税規定も，単に利子と書けば済みそうな話ですけれども，それは対価であって非課税となるのは資産の貸付けとしての「預金の預入」ということになります。例えば法別表一の3号では，「利子を対価とする貸付金」とあり，また，施行令10条3項2号では，「収益の分配金を対価とする信託」とある，こんな書き方になっていますね。

大島 収益の分配を対価とする信託が課税物件で，収益の分配金が課税標準だと，こういうもって回ったことになるわけですね。

そこで，これも念のためですけれども，施行令9条1項4号に，「預金」が挙がっている。今の10条3項1号では，「預金の預入」が挙がっている。いかにも紛らわしい感じがしますけれども，この9条の方は，「預金」が有価証券に類するものとしてその譲渡が非課税であるということであり，10条3項1号の方は，「預金の預入」が資産の貸付けとして課税物件であり，これが非課税だということですね。

木村 そういうことです。

大島 それからさっきの「信託報酬を対価とする役務の提供」というのは受託者サイドの話であり，施行令10条3項2号の「収益の分配金を対価とする信託」というのは委託者サイドの話である，この辺もこんがらからないようにしておく必要がありますね。

それから話が戻りますが，施行令10条3項1号かっこ書の金融商品取引法施行令1条1号に規定する譲渡性預金証書とは，外国法人が発行する譲渡性預金証書のことです。

3 国債等取得・手形割引

大島 施行令10条3項6号にいきます。これは償還差益を対価とする国債等の取得ということなんですが，念のためですけれども，「国債等」という言葉があります。この「等」という字が付くときには，必ずどこかに定義があるはずですが，この「国債等」というのは何を意味するんですか。

木村 「国債等」の定義は施行令1条2項4号にありますが，金融商品取引法2条1項1号の国債証券，2号の地方債証券，3号の特別法によって法人が発行する債券，4号の資産流動化法に規定する特定社債券，5号の社債券，11号の投資法人債券と，これらに類する外国の証券・債券，登録国債をいいます。「国債等」という語感から外れて社債券などが入っていますからご注意ください。また，施行令1条2項4号かっこ書の社債，株式等の振替に関する法

律とは，券面の交付に代えて，権利の移転を振替口座簿の記載あるいは記録によって行う振替制度を定めた法律で，かっこ書はこの制度によって証券や債券そのものがないものであっても金融商品取引法上の国債証券その他に含まれる，ということです。「登録国債」の定義は施行令1条2項3号です。

　大島　それから，施行令10条3項6号の金融商品取引法2条1項15号の約束手形，17号の証券・証書とは何ですか。

　木村　さっきお話した（41頁）通達6－2－1(1)ヨの国内ＣＰが金融商品取引法2条1項15号のこと，レの外国債，海外ＣＰが同項17号のことです。

　大島　なるほど。そしてこの施行令10条3項6号は償還差益を対価とする国債等，今お話の国内・海外ＣＰ，外国債等の取得なんですが，それでは利子を対価とする国債等の取得はどんなことになるんですか。

　木村　ここは割引債の取得の話ですが，利付債についても，施行令10条1項のかっこ書でその取得は非課税です。なお，臨時償還があった場合の償還差益についても同様に非課税になります。

　大島　利付債と割引債それぞれの取得が施行令10条の1項と3項6号とに分かれて規定されているわけですね。ところでこの取得には原始取得，承継取得の両方が入りますか。

　木村　国債等の承継取得は施行令10条1項かっこ書と同条3項6号の「取得」で読むのか，後で出てくる同項8号の「金銭債権の承継」で読むのかについては，一般的に「取得」ということには原始取得と承継取得の両方を指す点からいうと，1項と3項6号で読むということになりそうですが，ここでは8号の規定が現存しているので，常識的に原始取得は1項かっこ書と3項6号で，承継取得は8号で読むものと解しておきます。

　大島　なるほど。しかしどちらにせよ，国債等の承継取得が非課税であることには変わりがないので，余り実益のない質問でしたね。なお念のためですが，国債等の承継取得が国等に対する資産の貸付けになることについては7頁で話が出ました。

　それからこの6号には難しいかっこ書がありますが……。

木村 ことは法人税の領域の話なので詳細は省略するとして、かっこ書にいう償還差益とは、（償還金額－取得価額）をいうわけですが、償還期限と償還金額の定めがある有価証券、つまりいついくらの金が入ってくるかがはっきりしている有価証券で売買目的以外のものについては、法人税法上、償還金額と取得価額の差額のうち、その期に配分すべき額を、日数あるいは月数按分で算定してこれを帳簿価額に加算した額を期末評価額とすることになっています（法人税法施行令119条の14）。なお、売買目的有価証券は時価評価ですからこのような問題はありません。

大島 償還差益の場合、償還期限に向かって債券の価値が段々と上がっていく、その毎期の値上がり額を取得価額に加算した額、つまりアキュムレートした額をその期末の簿価とする、ということですね。

木村 そうです。そこでお尋ねの6号かっこ書でいっているのは、償還差益には、この帳簿価額に加算する額（法人税法ではこれを「調整差益」といっています。）を含めるということで、アキュムレーションの結果償還金額と簿価との差額はだんだん減っていくけれども、償還差益は変わらないことになります。このことは通達6－3－2の2でもいっています。

大島 償還差益を償還金額が取得価額を超える額と定義する以上、買増しなどによるつけ替えは別にして、その額は一定ですから、まあ念のための規定でしょうけど、不要な規定のようにも思えますね。

木村 それはともかく、その一定である償還差益を対価とする有価証券の取得は、有価証券の発行者に対する貸付けとして資産の譲渡等になるが（7頁参照）、その貸付けは結局はこの6号で非課税になるわけですから、償還差益の額は課税に関係ないようにみえますが、施行令48条の課税売上割合の算定に影響してくるわけです（269～270頁参照）。

大島 ではその資産の譲渡等の時期、つまり課税売上割合の計算に償還差益が入ってくるのはいつかということですが、この点については資産の譲渡等の時期の問題として後に譲りましょう（228頁）。

7号にいって手形の割引ですけれども、ここでは金融商品取引法2条1項15

号の約束手形が除かれていますね。そうするとその割引は非課税から除かれて課税になるわけですか。

木村　除かれている約束手形とは6号の定義によって金融商品取引法2条1項15号の約束手形、17号の証券・証書ですが、これは平たくいうと通達6－2－1(1)ヨの国内CP、レの海外CPのことです（41頁参照）。この国内CPや海外CPにはもともと割引という概念はなく、この意味で7号の手形割引から除かれているわけです。

大島　次にここでいっている手形の割引と法別表一の2号の支払手段としての手形の譲渡の非課税の規定の関係はどういうことですか。

木村　為替手形や約束手形（6号で定義する約束手形でなく、一般用語としての約束手形）の譲渡は、その手形の裏書人、例えば回り手形で代金を支払う、あるいは、割引を受ける者が行うということであり、一方手形の割引は金融機関等が割引料を対価として行うということです。

大島　企業が金融機関に手形を譲渡して割引を受ける、これが手形の譲渡としての法別表一の2号による非課税であり、割り引いた銀行の方は、割引料を対価とする役務の提供として、同表の3号による非課税ということですね。

4　金銭債権承継

大島　次にさっきも触れた施行令10条3項8号ですが、ここに「金銭債権の譲受けその他の承継」ということが出てきます。おさらいですけれども、第1のⅡの1の(5)（6頁）で、施行令2条1項4号の貸付金その他の「金銭債権の譲受けその他の承継」が、対価を得て行われる資産の貸付けなんだ、というお話があったわけですけれども、施行令2条で貸付けとして「資産の譲渡等」に入ってきたものがこの8号で非課税になって課税売上割合の分母にだけ入る、ということですね。

木村　そうです。

大島　この8号と施行令10条1項、3項6号との関係については、さっき話されました。ところで、ここにいう「金銭債権」にはCD、CPを含んでいま

すか。

木村 お尋ねのCPは国内・国外発行のもの両方を含んでいますが，CDは国外発行のものをいうわけです（通達6－2－1⑴ナ。42頁参照）。どちらも金銭債権に含まれます。

大島 CPと外国法人発行のCDの譲渡は法別表一の2号によって非課税（通達6－2－1⑴ヨ・ナ），その譲受けはこの8号によって非課税，ということですね。

なお念のためですけれども，今ずっとみてきた施行令10条について，10条1項の利子を対価とする貸付金など，それから3項1号から8号まで，これが広い意味で金銭の貸付けあるいはその類似行為ということになろうかと思いますが，これについては施行令6条3項で一括して国内，国外の判定の基準が示されていますので，読者のため注意しておきます。

5 割賦販売に伴う役務の提供など

大島 これで金銭関係を終わって，施行令10条3項の9号にいきましょう。9号は，割賦販売などの場合の手数料が非課税だという規定ですが，これがよく分からない，金利部分は非課税だが手数料は課税だという今までの考え方からすると，手数料が非課税だといっているのがよくのみ込めないんですが……。

木村 割賦販売法2条の適用を受ける割賦販売，ローン提携販売，包括信用購入あっせん，個別信用購入あっせんについては，金利保証料，信用調査費，事務管理費など，割賦販売などに関連して徴収する各種のものを一括して手数料として総額で表示していて，しかもその総額についての実質年率だけを表示することになっています。手数料の総額を利子，あるいはこれに類するものとして取り扱っているので，消費税法上も手数料の総額を利子に類するものとして非課税にしているわけです。

大島 本体価格はもちろん課税，手数料は本体価格と区分して明示されていれば非課税ということですね。

木村　通常は月賦で代金を支払う場合には、品物代に手数料を含めた全体について、1回当たりの支払金額が、例えば1万円ですよといっている場合があり、また品物代金が9,000円で、手数料が1,000円ですよといっている場合もあります。後の場合については手数料を明示しているので、その部分については非課税ということになります。

大島　その中には、厳密にいえば金利以外のものも入っているともいえるけれども、一括して非課税だということですね。

木村　割賦販売法の規定では、実質年率で表示しているということからみて、これは本体に対する利子というものに類似するものだということで、非課税にしているわけです。

大島　その点次の10号では、利子又は保証料相当額で明示されているものとあって、9号の手数料とは違うんですね。

木村　10号の販売方法によるものは、9号の割賦販売などと同じようなものですが、割賦販売法の適用を受けませんので、一括して手数料として明示されるものではありません。そこで、割賦販売法の適用を受けないものであっても、これと同じようなもので利子や保証料を徴しているものについては、その利子や保証料を非課税とするということです。具体的にいえば、9号の方は割賦販売法の適用を受ける割賦販売などが対象ということであり、10号の方は、割賦販売法の適用を受けない商品についての割賦販売とか、あるいは延払条件付譲渡というものが対象になるということです。

大島　次は14号にいきます。ここでいっている、契約とはどういう契約か、実態がよく分からないんですけれども……。

木村　施行令の10条3項14号に具体的に該当する例としては、地下鉄に乗ったらお分かりでしょうけれども、地下鉄の車両にその車両が信託車両であると書いてあるものがあります。この場合の委託者は車両会社、受託者は信託銀行で、地下鉄の会社がこれを使っている運用先ということになります。車両信託がこれに該当します。

大島　14号では、信託財産である資産の貸付契約で貸付け終了時に賃借人に

未償却残高で譲渡する特約があることが要件になっていますが，信託期間満了時に，地下鉄の会社が未償却残高で譲り受けるわけですか。

木村 そういうことです。

大島 賃借人とありますが，借手は地下鉄会社でしょうが，賃貸人は誰なんですか。

木村 車両会社から信託の委託を受けている信託銀行です。しかし，法律上は車両信託ということで，代金は地下鉄会社から信託銀行へのリース料の形を採っていますが，その多くは実際は売買であって，ローン払と同じような恰好で払われています。そこでこの項の10号と同じ形にして利子・保険料部分を非課税としているわけです。

信託と譲渡がどのような絡みになってくるかということは，線引きが非常に難しい。リースでも実態は売買の場合があります。リースと信託がどう違うのか。いろいろと難しいところです。

大島 利子・保険料を対価とする役務の提供，とは具体的にどんなことですか。

木村 リースの形をとっているが実際は売買ですから，リース料の中には支払が繰り延べられることに対する利子相当分が含まれている，また法律上所有権は信託会社にあるので物損のリスクは信託会社が負っている，その保険料もリース料の中に入っている，こうした受取額の先送り，リスク負担が役務の提供になるわけです。

Ⅴ　物品切手等（法別表一4号）

大島 法別表一の4号，これは郵便切手類，印紙，証紙，物品切手等ですね。ここではまず，郵便切手類が非課税だということと，郵便のサービスが課税であるということとの関係がなかなか分かりにくいんですけれども，この辺についてお話し願います。

木村 郵便局などから郵便切手を購入します。その郵便切手の譲渡は非課税

ということになっています。郵便切手を郵便料金として郵便物に貼って投函するときには，郵便という役務の提供を受けるわけですから，郵便局側からみれば課税売上げ，投函した側からみますと課税仕入れということになります。

ただ，自分のところで差し出す郵便物の郵便料金として貼り付けるための郵便切手を郵便局などから購入した場合には，会社の経理処理で，継続して郵便切手の購入のときに，その購入額相当の郵便役務の提供を受けたとして，通信費として計上している場合には，そのときに課税仕入れとしても結構ですという取扱いにしています。

大島 通達の11－3－7ですね。

それから，郵便切手類などの譲渡について，通達の6－4－1はどういう場面のことを考えているんですか。

木村 通達6－4－1は，郵便切手類などがディスカウントショップなどで販売されるような場合には，非課税規定の適用はありませんということを書いているわけです。

大島 許可を受けていないところで切手を買えば，その切手の代金に税金がつくわけですか。

木村 そういうことになります。新橋とか，神田の駅前とか，たくさんありますが，ディスカウント業者，金券屋ですね。通常の郵便切手の代金よりは，いくらか安い価格でディスカウントされているんじゃないでしょうか。

大島 そうするとこの場合には課税される。通常の代金より安く売って，その消費税分は課税事業者ならば納税しなければならないということになるわけですね。

通達の6－4－5ですが，デパートが商品券，つまり物品切手を発行した場合，これはいわば預り金であって，「資産の譲渡等」ではないという趣旨ですね。

木村 物品切手等の発行は，物品の給付，あるいは役務の提供という給付請求権の原始的設定というんでしょうか，権利の創設ということであって，「資産の譲渡等」には該当しません。

大島　もう少し俗っぽくいえば，一種の預り金であると考えてもよろしいわけですね。

この場合には不課税であって，非課税ではないわけですね。

木村　そういうことです。

大島　というと，非課税規定が現実に生きるというのは，どういう場合なんですか。

木村　これは一般的に多いと思いますけれども，例えば，ビール券の場合には，酒の小売店では非課税で売っているわけです。あるビール会社が発行したビール券は，まず卸売店に売られる段階では，卸売店は原始的に取得することになり，ビール会社は不課税，卸売店から小売店には，商品券としてのビール券の売買でしょうから，この売買は非課税ということになります。今度は小売店から消費者に，あるいは会社に売る場合も非課税ということになります。

大島　それでは，テレホンカードもＮＴＴが発売する場合には不課税だということになりますね。

木村　そういうことです。最初の原始的な権利の設定ということになりますから，不課税ということになります。

ただ，先ほどの郵便切手類の場合は，特定の販売場所における売買だけが非課税でしたけれども，テレホンカードのような物品切手等については，不課税である最初の原始的な発行は別として，ＮＴＴ以外でもどこで販売しようと非課税です。

大島　テレホンカードについていうと，それに図柄などを印刷して，500円のものを例えば800円で売っている場合，付加価値部分についてだけは課税ということになるんですか。

木村　普通，2通りの場合があると思います。

一つは，テレホンカードを発行する人――ＮＴＴなど――自ら図柄を選定し，それを印刷して，印刷後のものを――例えば500円のテレホンカードに印刷して，800円で売るといった場合には，800円の全体について発行段階では不課税ということになります。

この800円のテレホンカードを購入した人がこれを他に販売した場合には，非課税である物品切手等の譲渡ということになります。
　ところで，もう一つの例として，テレホンカードの発行者から500円の無地のテレホンカードを購入し，購入した人がこれに図柄を印刷して800円で他に販売する場合ですが，これも非課税である物品切手等の譲渡ということになります。
　どちらの場合もその付加価値分，つまりテレホンカードを販売する者については800円と500円の差には課税という問題は起こってきません。
　なお，テレホンカードに図柄の印刷を外注している場合には，印刷する側からみれば，印刷代は印刷という役務の提供の対価ですから，課税ということになりますが，この場合，印刷する側がカードを調達してこのカード代と印刷代を一括請求する場合は全体がカードの売上げであって非課税となりますから納税の必要がなく，一方の発注者側では非課税品の仕入れであり仕入税額控除ができません。ただ，この場合は特注を受けているので，印刷代とカード代とを区分して発注者に区分請求している場合は印刷代は課税売上げになります。また，印刷の発注者側からみれば，支払う印刷代について課税仕入れですから，仕入税額控除の対象となるわけですが，個別対応方式によって仕入税額控除する場合には非課税売上げに要するものとして仕入税額控除はできません。
　大島　発注者は差益を維持しようとすれば外注費に対する税額分だけ値上げして売ることになりますね。
　木村　そういうことです。
　大島　同じく，通達の6－4－6なんですけれども，委託販売の場合には，受託して販売した人は，手数料だけが課税になるということをいっているわけですね。ということは，物品切手等に限った話ではなく，委託販売一般についていえることじゃないんでしょうか。
　木村　お話のように，委託販売については，一般的に委託販売する物品の代金は受託者にとっては課税とは関係ないわけですが，販売の対象が物品切手等

という非課税のものであるという特殊性から，ここに特に留意規定を設けたということです。

大島 くどいようですけれども，課税物品の委託販売の場合にも受託した人に対する課税は手数料だけですね。

木村 非課税の品物を扱っているから，取扱手数料も非課税ではないかという疑問があるので，それは「課税ですよ」ということを念のためいっているわけです。

大島 分かりました。
物品切手に関連してですけれども，デパートでは商品券を売って，それが一定年限使用されないことが確認された場合には，これを雑益に計上するという経理が行われているようですけれども，この雑益に対しては課税になるわけですか。

木村 先ほども話しましたが，デパートの商品券は物品切手等ですから，お客様への交付は原始発行ということで，非課税ではなく不課税です。

しかし，この商品券で，品物の給付や役務の提供が行われると，そのときに品物の譲渡や，あるいは役務の提供があったということになって，課税の対象になります。経理上は，このときに預り金である商品券代を商品の売上げに振り替えることになります。

しかし，物品の譲渡や役務の提供を行わなければ，商品券代を収益に計上するということになっても課税にはなりません。

大島 売上げはなかったわけですからね。

木村 ただ，雑益に上げた後になって，商品の引換えや役務の提供が行われれば，そのときに課税になります。

大島 それから，平成22年度の税制改正において，いわゆるサーバー型前払式支払手段，正確には，資金決済に関する法律3条1項に規定する前払式支払手段に該当する同項各号に規定する番号，記号その他の符号も，物品切手に類するものに加えられました。

Ⅵ　行政手数料等（法別表一 5 号）

1　行政手数料等

　大島　法別表一の 5 号に入りましょう。5 号の非課税はイ，ロ，ハ，ニと分かれるわけですけれど，そのうちイは，更に(1)から(4)までに分かれており，柱書でその全体について施行令で定めるものが除かれています。この非課税から除かれて課税されるものが施行令12条 1 項で規定されているわけですね。

　木村　そうです。ただ施行令にいく前に，このイでは全体として手数料等の料金の徴収が法令に基づくものであることが非課税の要件になっていますので念のため。

　大島　そこで非課税から除かれるものを規定した施行令12条 1 項をみると，今いったイのうち(1)の登記等，(4)の裁判等については別段定めがありませんので，非課税から除かれるものはない，つまり全部が非課税ということになろうかと思います。

　それからイの(2)は検査・検定・証明などですけれども，これについては証明を除いて施行令12条 1 項 1 号で，そのイからニまでのどれにも該当しないものが非課税から除外されているということですね。

　木村　そうです。施行令12条 1 項 1 号イからニまでのどれかに該当するものは，法別表一 5 号イから除かれるものから除いているので，非課税ということになります。

　大島　そういうことですね。頭の体操になるんですが，イ・ロ・ハ・ニのどれかに該当すれば非課税。検査などでイ・ロ・ハ・ニのどれにも該当しないものは，非課税から除かれて課税ということになるわけですね。

　それから法別表一 5 号イの(3)は公文書の交付などですが，ここで非課税から除かれるものについては，先ほど別扱いだった「証明」と合わせて施行令12条 1 項 2 号で規定していますね。

　木村　そういうことです。非課税から除かれるのは「前号（施行令12条 1 項 1

号）に掲げる事務」についての公文書の交付などですが，ここで「前号に掲げる事務」というのは，1号のイ・ロ・ハ・ニのどれにも該当しない事務ということです。つまり1号で非課税から除かれて課税になる検査などについての公文書の交付などは，やはり非課税から除かれて課税されるということです。

　大島　結局施行令12条1項1号イ～ニに該当するものについての公文書の交付などは非課税，該当しないものについての公文書の交付などは課税ということですね。頭の訓練のためには大変有効な条文ですね（笑）。

　次は法別表一5号ロ。イに掲げる役務の提供に類するものとして施行令で定めるものが非課税だということでその施行令が12条2項ですね。ここでは，先ほどの1項とは逆に，非課税になるものが列挙されているわけです。この2項がまた1号から4号に分かれている。1号と2号の違いはどこにあるかというと，1号は料金の徴収が法令に基づくという前提があるのに対して，2号はそのような前提が付けられていない，ということですね。

　木村　そのとおり，2号は料金の徴収が法令に基づくという前提がなくて非課税になるものを掲名しています。

　1号ハでは，公文書に類するものの交付などが挙がっているわけですが，それでは公文書に類するものではなくて，公文書自体の交付はどうなるかというと，これが今までみてきた法別表一5号イ(3)とこれを受けた施行令12条1項2号で規定しているということです。なお公文書に類するものの範囲については，例えば法別表三の法人，国等の委託又は指定を受けた者が作成する，公文書そのものではないが公文書としての内容を持っている文書，あるいは文書の形態を採っていない記章，標識等ということになっています。

　大島　今お話のハでも前項1号に掲げる事務に関するものが除かれている。つまり1項1号のイ・ロ・ハ・ニに関するものでなければ非課税から除かれて課税になります，とこういうことになりますね。

　木村　非課税とはならない検査，検定などについての公文書に類するものの交付は除かれる，即ち課税されるということになります。

　大島　そこで，通達6－5－2の(2)の(注)なんですが，これがどうもよく分

からない，そもそも先ほども話が出たように，施行令12条2項では，料金の徴収が法令に基づくものと，そうでないものとに分けて規定してあるわけですが，この法令の規定に基づくものとはどういう意味であるかということについて，この注では，「別途手数料に関する事項を定める」とか，あるいは，「手数料の額は〇〇〇円とする」というようなものは，その徴収の根拠となる規定には含まれないといっていますけれども，こういうものは，手数料に関する定めがあるものというべきじゃないんですか。

木村 これは法令以外の規約などで，手数料などに関する事項を定めている場合，あるいは，手数料の額は明らかになっていても，徴収する主体，徴収する権利，納付義務等について，具体的な内容を伴わないものについては，ここには入らないという注意書です。もともとは，注書の前半で書いているように，「徴収することができる」とか，「手数料を支払わなければならない」というような規定は徴収の根拠となる規定になりますが，「別途手数料に関する事項を定める」といった場合には，徴収することが明らかでなく，また，単に「手数料の額は〇〇〇円とする」としているだけで徴収の根拠となるようなものがない場合にはここには入らないということです。「手数料の額は〇〇〇円とする」というような場合は別に徴収の根拠になるものがあるのが普通でしょうが，これだけでは根拠規定とはいえません。

大島 法令に基づくという意味を厳しく制限しているわけですね。

施行令12条2項2号にいって，イで「登録等」が出てきますが，そのうちの検査・検定・試験……は1項1号と重複していますね。もちろん両方とも非課税ですが，1項1号の方は法別表一5号イ柱書によって料金の徴収が法令の規定に基づいていることが要件であるのに対して，この2項2号イではそんな要件はない，これはどういう区分なのですか。

木村 基本的には料金の徴収が法令に基づくものだけを非課税とすべきところですが，法令に料金の徴収が規定されていない行為であっても，性格的には施行令12条1項1号と同様のものが多数ありますので，バランス上施行令12条2項2号イを追加して規定したものです。

大島 なかなか難しいところですね。

では，施行令12条2項3号ですけれども，これはどういうことをいおうとしているんですか。

木村 国又は地方公共団体が云々というところですね。これはケースが多いんですけれども，例えば厚生年金保険法の規定によって，厚生労働大臣から請求を受けて加入者又は不正受給者から保険料，あるいは不正受給金を徴収するような場合に，その対価として徴収金の一定割合の交付を受ける場合があります。

あるいは，森林組合保険とかについては，団体自体が徴収規定を持って保険金とか費用の負担金とかを徴収しているわけですけれども，国税や地方税のような滞納処分をするとか，差押えするとかいうことができないので，それを市町村に委託することになっています。市町村に徴収をしてもらって，一定の手数料を払うというわけです。

こうした場合の交付される額とか手数料を対価とする役務の提供は非課税だということです。

大島 さっきも出てきましたが，手数料を対価とする「役務の提供」が非課税であって，手数料が非課税というわけではない。しかし課税売上割合の分母に入るのはその手数料だということですね。

次の4号は独立行政法人関係ですが，読めば分かりますから省略しましょう。

なおこの法別表一5号関係については，施行令12条と合わせて，非課税となるものを通達6－5－1で，課税となるものを同6－5－2でまとめて挙げているので参照されるよう読者のため申し添えておきます。

2　外国為替業務等関係

大島 次に法別表一5号ハは別に問題もありませんので飛ばして二にいって，ここでいっている外国為替業務というのは，具体的にどういうものでしょうか。

木村　法別表一の5号のニの非課税となる外国為替業務とは,「外国為替及び外国貿易法」55条の7に規定する外国為替業務ですが,同条はこれを政令に譲っており,その政令が「外国為替令」18条の7です。その内容は通達6－5－3で説明しているので通達の方で説明します。通達の(1)は外国為替取引,(2)は対外支払手段の発行,つまり信用状や旅行小切手の発行,平たくいうと海外送金等の手数料,旅行小切手の発行手数料が非課税ということです。

大島　通達の(3)は「対外支払手段の売買又は債権の売買」です。「債権の売買」というといかにも範囲が広いようですが,かっこで限定されているわけですね。

木村　そうです。かっこで,円で支払われる債権の居住者間の売買を除いています。

大島　ドル払いなら居住者間売買でも除かれない,取引の一方が非居住者なら円払いでも除かれない,つまり非課税ということですね。ところでここで「居住者」という場合,内国法人はどうなるのですか。

木村　この場合の「居住者」には,内国法人は当然ですが,外国法人の本邦内の支店,出張所その他の事務を含んでいます。この点については42頁をご覧ください。

大島　今お話の通達6－5－3が挙げている(1)～(3)は,外国為替令18条の7第1項の1～3号のことですが,同項にはこの外,4号から7号がありますね。これはなぜ通達に挙がっていないのでしょう。通達にないので政令の原文を挙げておきましょう。2項以下は省略します。

外　国　為　替　令

（外国為替業務に関する事項の報告）

第18条の7　法第55条の7に規定する政令で定める取引又は行為は,次に掲げるものとする。
1　外国為替取引
2　対外支払手段の発行
3　対外支払手段の売買又は債権の売買（本邦通貨をもつて支払われる債権の居住者間の売買を除く。）
4　預金の受入れ（本邦通貨をもつて支払われる居住者からの預金の受入れを除

> 　く。)
> 　5　金銭の貸付け（本邦通貨をもつて支払われる居住者に対する金銭の貸付けを除く。)
> 　6　証券の売買（本邦通貨を対価とする居住者間の売買を除く。)
> 　7　居住者による非居住者からの証券の取得又は居住者による非居住者に対する証券の譲渡に係る媒介，取次ぎ又は代理

　木村　外国為替令18条の7第1項4号は，預金の受入れであり，預金の受入れは対価性もなく，また譲渡等ではありませんから，もともと課税関係は起こりません。

　同5号は，法別表第一の3号，施行令10条1項で利子を対価とする金銭の貸付けは既に非課税になっているからです。

　次に，同6号は有価証券の売買ですが，「売」については法別表第一の2号で有価証券の譲渡は非課税になっており，また「買」については，国債等の譲受けは施行令10条1項かっこ書，同3項6号で非課税になっており（50頁参照），ほかの有価証券の買は同8号で非課税となるか，あるいはもともと課税関係は起こらないからです。

　大島　7号はこの法別表第一5号ニのかっこ書とこれを受けた施行令13条2号で除かれていて課税ですから通達6－5－3に挙がらないのは当然ですね。

　木村　そうです。通達のなお書でもそれをいっています。

　なお株券のように利子を対価としないものの売買は不課税です。

　それから今の4号〜6号についての説明では簡単のため各号のかっこ書には触れませんでしたが，これはそもそも外国為替業務についての規定だから，円貨による居住者間の取引が除かれているわけですから念のため。

　大島　そこでこの「ニ」かっこ書の除外規定ですが，具体的には施行令13条で規定されています。そこでその1，2号に掲げるものの居住者と非居住者間の取得・譲渡の媒介・取次ぎ・代理は非課税から除外されて課税になっているわけですが，この辺についてご説明願います。

　木村　施行令13条1号が「ニ」にいう銀行法10条2項5号の譲渡性預金証書のうち，施行令10条3項1号に規定するもの，つまり金融商品取引法施行令1

条に規定するものです。

大島 金融商品取引法施行令1条に規定するCD証書は外国法人が発行するもので、その居住者・非居住者間の売買の取次等の業務が非課税から除かれて課税になるわけですが、内国法人が発行するものについてはどうなるのですか。

木村 内国法人発行のCDについての仲介等はこの「ニ」の規定とは関係がなく課税になります。

大島 「ニ」の規定とは関係なく、というのは外国法人発行のCDについての仲介等は「ニ」のかっこ書とそれを受けた施行令13条1号によって非課税から除外されて課税になるが、内国法人発行のCDの仲介等は役務の提供として一般原則によって課税ということですか。

木村 そういうことです。

大島 次の施行令13条2号がさっき触れた外国為替令18条の7第1項7号の証券ということで、結局通達6-5-3のなお書にあるように、証券の居住者・非居住者間の譲渡・取得の媒介等が非課税から除かれて課税になる、ということですか。

木村 そのとおりです。

大島 ところでそのなお書は、証券の定義に外国為替及び外国貿易法6条1項11号を引いていますが、これはどこからきているのですか。

木村 なお書は、外国為替令18条の7第1項7号からきているのですが、同号にいっている「証券」の定義が外国為替及び外国貿易法6条1項11号にあるので、通達はこの定義を引用したわけです。したがって、同法6条1項11号による政令委任によるものも入ることになります。関係条文を入れておきます。

外 国 為 替 及 び 外 国 貿 易 法

（定義）
第6条 この法律又はこの法律に基づく命令において、次の各号に掲げる用語の意義は、当該各号に定めるところによる。
（中略）
十一 「証券」とは、券面が発行されていると否とを問わず、公債、社債、株式、

> 出資の持分，公債又は株式に関する権利を与える証書，債券，国庫証券，抵当証券，利潤証券，利札，配当金受領証，利札引換券その他これらに類する証券又は証書として政令で定めるものをいう。

政令は2条2項で省令に譲っていますがその省令は次のとおりです。

> **外国為替に関する省令**
> （定義）
> 第2条　外国為替令（以下「令」という。）第2条第2項に規定する財務省令で定める証券又は証書は，次に掲げる証券又は証書とする。
> 一　譲渡性預金（払戻しについて期限の定めがある預金で，譲渡禁止の特約のないものをいい，指名債権であるものを除く。）の預金証書
> 二　コマーシャル・ペーパー
> 三　法第6条第1項第11号に規定する証券に関する権利を与える証券又は証書（公債又は株式に関する権利を与える証書及び次号に掲げるものを除く。）
> 四　法第6条第1項第11号に規定する証券に関する権利を与える証券又は証書（当事者の一方の意思表示により当事者間において証券の取得又は譲渡を成立させることができる権利を相手方が当事者の一方に付与し，当事者の一方がこれに対して対価を支払うことを約する取引に係るものに限る。）
> （2項略）

大島　話が戻りますが，さっき内国法人発行のCDは，「二」とは関係ないということでしたが，この施行令13条2号の証券に該当してここで非課税から除外されるのではありませんか。

木村　内国法人発行のCDは，通達6－2－1（注）1でいっているように，預金であって証券ではないので，この施行令13条2号とも関係ありません。

大島　それからこの施行令13条ですが，1号と2号があって，2号のかっこ書で1号に掲げるものを除いていますね。これは1号のうちに2号と重複しない部分があることを前提にした規定のはずですが，それはどんなものですか。

木村　施行令13条の1号と2号はなかなか分かりにくい規定です。結論的にいいますと施行令13条は2号の最後のかっこ書のない状態だけで1号がなくてもよいわけです。ところが，その柱書で引いている法別表一の5号ニの規定で譲渡性預金証書が頭出しされているため，これを引く必要があり，まず，1号

で譲渡性預金証書を掲げ，そして2号で外国為替令の証券を掲げ，その証券に含まれている譲渡性預金証書を除く，という構成を採っているわけです。

したがって，2号に掲げているものは，外国為替令18条の7第1項7号の証券，つまり外国為替及び外国貿易法6条1項11号と関係政省令の証券から令13条1号の海外CDを除いたもの，ということになります。内容は64，66頁の法律，政令をご覧ください。

大島　ところでこの施行令13条に定めるものが非課税から除外されて課税になるわけですが，この場合に，CD取得の媒介などの業務について非居住者から受ける報酬は課税であって原則として輸出免税になり（施行令17条2項7号），居住者から受ける報酬はそのまま課税になるということですか。

木村　そうです。

大島　そこで読者のため，法律の読み方についての注意事項を一つ，法別表一5号ニのかっこ書では，「……代理に係る業務その他の政令で定める業務を除く」といっていますが，この「その他の」とあるときは「……代理に係る業務」を含めて施行令で定める業務という意味で，施行令であらためてそれを含めて規定するわけですから念のため。

Ⅶ　医療の給付等（法別表―6号）

大島　法別表一の6号にいきまして，これは医療関係ですが，財務大臣の定めるものにあっては，財務大臣の定める金額に相当する部分に限るということが規定されていますけれども，この大臣の定めについてご説明願います。

木村　これは財務省の告示によるもので，平成元年大蔵省告示第7号が出ていて，いわゆる差額ベッド代，歯科医療差額，大学病院などの初診料，特別給食費など，健康保険などの範囲を超えるものは非課税にはならないということです。

大島　それから，通達6－6－3は，適用範囲が広いと思いますので，一応ご説明願います。

木村　健康保険法などの規定に基づく保険外併用療養費や医療費などが支給される療養は，健康保険法などの療養の給付として当然非課税ですけれども，本人分や家族の療養のための一部負担金については課税になるのではないかという疑問もありますので，この療養についても非課税に含まれることを留意的に規定したわけです。

Ⅷ　介護サービス・社会福祉事業（法別表一7号）

大島　それでは法別表一の7号にいきましょう。

木村　7号は介護サービス・社会福祉事業関係の非課税ですが，同号ハは施行令14条の3に，同号イ～ハの詳細は通達6－7－1から6－7－10にあります。内容は省略しましょう。それから第一種社会福祉事業である障害者支援施設，身体障害者授産施設，知的障害者授産施設，そのほかの授産施設を経営する事業などで，生産活動，つまり就労技能修得のための訓練としての作業によって製作された物品の売上げなどは非課税から除かれ課税となっています。

大島　法別表一の7号ロのかっこ書ですね。課税とする趣旨はどういうことですか。

木村　授産施設で製作された物品の売上げ，クリーニングなどのサービスの提供を非課税とすると，その取引の相手方の事業者にとっては，その仕入れが仕入税額控除の対象とならなくなってしまうので，授産場が取引から排除されることになりかねません。そんなことにならないように，これを非課税範囲から除く，つまり課税としているわけです。

Ⅸ　助　産（法別表一8号）

木村　助産については，異常分娩は健康保険法などの規定に基づく医療などであることから6号によって非課税になりますが，正常分娩は健康保険法などの対象でないので6号の適用はなく，この8号で非課税となります。非課税と

なる助産の範囲は通達6－8－1にあります。

大島 正常分娩の場合は法別表一の6号の非課税の対象でないとすると，前に6号のところでお話のあった平成元年大蔵省告示7号の適用もないわけですか。

木村 そういうことになります。そこで告示7号の差額ベッド代，特別給食費，大学病院の初診料などについてもすべて非課税となるわけです。これは通達の6－8－3です。

大島 通達6－8－1(2)では妊娠判明後の入院は無条件で非課税になっているのに，同6－8－2では制約があるように読めますが，これはどんな関係になりますか。

木村 お話の通達6－8－1(2)，は「助産に係る」入院という意味です。妊婦がたまたま骨折をして，妊娠ということとはかかわりなく入院した場合は法別表一の6号の方の問題です。ただ入院の原因に妊娠していることも絡んでいる場合はどうするか，これに答えたのが通達6－8－2で，例えば同じ骨折でも，産婦人科が共同して管理する間はその入院はこの8号に該当しますから，例えば差額ベッド代も非課税になります。

X 身体障害者用物品（法別表一10号）

大島 法別表一の9号は埋葬料及び火葬料が非課税であるということで，特に問題はありませんので，次の10号にいきます。

木村 10号は，身体障害者の使用に供する一定の物品の譲渡・貸付け，製作請負，修理を非課税とするものです。

大島 施行令14条の4では，その物品などは厚生労働大臣が財務大臣と協議して指定することになっていますが，具体的にはどうなっていますか。

木村 指定する方法は厚生労働省の告示によることになっていて，平成3年厚生省告示第130号によって義肢，盲人安全つえ，義眼，点字器，人工喉頭，車いす，視覚障害者用活字文書読上げ装置，聴覚障害者用情報受信装置などが指

定されていますが，詳細は省略しましょう。

大島 通達では身体障害者用物品の部分品は身体障害者用物品ではないこと（通達6-10-2），他人から委託を受けて身体障害者用物品でないものを身体障害者用物品に改造する行為は製作の請負に該当して非課税になること（通達6-10-3）などに注意すべきでしょう。

XI 教　育（法別表一11号）

大島 次は法別表一の11号です。

木村 学校，専修学校，各種学校，独立行政法人航空大学校などの授業料，入学金，施設設備費，入学（入園）検定料（受験料），在学証明などの手数料です。

大島 具体的な非課税の範囲は，施行令14条の5ですね。ここで二，三お尋ねします。一つは入学金ですが，入学金の中には，何らかの役務の提供なり，資産の譲渡なりに対する対価とはいえないような，純然たる寄附金として不課税になるものが含まれることがあるんじゃないでしょうか。

木村 一般には入学金といった場合には，入学に伴う役務の提供の対価ですが，入学金といわれる中にも，実態は寄附金というものがあれば，不課税ということになります。ただ，このようなものは，一般には入学金でなくて，寄附金という名目で徴収しているのが多いのではないでしょうか。非課税と不課税では課税売上割合の計算上違いがありますから仕入税額控除に影響することもありますね。

大島 次に授業料なんですけども，授業料に名を借りて，実質的には授業料には当たらないそのほかの課税資産の譲渡や役務の提供の対価に当たるようなものが混入してくるおそれはないかということですが。

木村 授業料といっても，狭い意味の授業料だけが非課税というわけではなくて，一般に授業を受けるための費用として支払われるものですと，例えば教材費とか，実験費とか，こういう名称になっていても，授業を受けるための対

価に該当するものであればこれは非課税になります。

大島 臨時に徴されるようなものであってもよろしいわけですか。

木村 中味が何かということになりましょうね。基本的には，やはり教材費といえば，授業で使う教材費である限りにおいては授業を受けるための対価ということになります。

また，臨時に徴されるものであっても，例えば試験料などは授業を受けた結果としてのテストを受けるためのもので，このようなものも授業を受けるための対価であって非課税になります。

大島 このことは施設設備費や在学証明手数料などについてもいえることですね。

木村 施設設備費や手数料の範囲については，通達6-11-2,6-11-3などにあります。

大島 通達ではそのほか6-11-4の，学校給食，委託調査・研究などは非課税ではないことなどに注意すべきですね。

XII 教科用図書（法別表—12号）

大島 次に別表一の12号の教科用図書ですが，特に問題はありませんね。

木村 非課税となる譲渡の対象である教科用図書が限定されていて，参考書や問題集などの，いわゆる補助教材は学校指定のものでも入りませんし（通達6-12-3），また教科用図書の譲渡の対価そのものが非課税であるわけですからその配達料は非課税とはなりません（通達6-12-2）。

XIII 住宅の貸付け（法別表—13号）

大島 法別表一の13号は住宅家賃の非課税です。住宅については，かっこ書で定義が付けられ，また，貸付けでも契約において人の居住の用に供することが明らかにされているものに限る，として明確になっていますね。

木村　そうですね。この二つの定義を合わせて非課税になるかどうかを判断しますが、居住用の家屋であっても事務所に使う場合、マンションを事務所に使う場合は非課税になりません。

大島　そこで居住用家屋の範囲ですが、問題になるものとして住宅と一体となって貸し付けられる照明設備や冷暖房設備、それからプールや駐車場設備がありますね。

木村　通達6－13－1ですが、あくまで住宅と一体として貸し付けられるかどうかで判断します。なおプールは第三者にも有料で利用させている場合は住宅と一体としての貸付けとは認めない（通達6－13－2）、集合住宅の駐車場は、少なくとも1戸1台の駐車場スペースがあり、自動車を持っていなくとも割当てがあって、家賃と一体として使用料を徴していれば住宅と一体としての貸付けと認める（通達6－13－3）、ということになっています。

大島　居住者の一部が駐車場は要らないといったら全部の駐車場が課税になるわけですか。

木村　希望者にだけ駐車場を貸すということになると、住宅本体と駐車場は別物だということになるので希望者に貸す駐車場は課税になるということです。

大島　住宅家賃の非課税ですから、旅館やホテル、貸別荘の料金などが課税されるのは当然として（施行令16条の2、通達6－13－4）、通達6－13－4は、第一段では「下宿営業」も旅館業だといっている一方、第三段では「いわゆる『下宿』と称するもの」を含めて貸間業は旅館業ではない、といっている、これはどういうことですか。

木村　この「下宿営業」というのは旅館業法2条5項に定義されていますが、「施設を設け、1月以上の期間を単位とする宿泊料を受けて、人を宿泊させる営業をいう。」ということで、長期滞在客を対象とするものです。「下宿」というのは法律用語ではなく、学生などを対象とする、いわゆる下宿ということで「下宿営業」と「下宿」とは違います。

大島　なるほど。生活の本拠かどうかという違いがあるわけでしょうね。

次に，住宅と店舗なり事業用の事務所が併設されていて家賃が一括で決められている場合，有料老人ホームや食事付貸間のように家賃とサービス料が一体となっている場合は，それぞれ合理的に区分するということですね。

木村 通達6-13-5と6ですね。

大島 それから人の居住の用に供する，ということは借受人が自分が住まず，他に貸してもその貸した先の人が居住用に使うことが分かっていればよいのですか。

木村 賃借人が転貸する場合であっても，転貸後転借人が住宅として使用することが最初の契約，つまり当初の賃貸人と転貸人の間ではっきりしておれば，非課税になります（通達6-13-7）。従業員の社宅とするため会社が他から住宅を借りる場合のことを考えると実益が大きいですね。

大島 次に通達6-13-8（注）では，契約上住宅として借り受けている建物を，契約は変更しないで事業用に使った場合には支払家賃は課税仕入れに該当しないといっていますが，これは実質主義からいえば認めるべきじゃないでしょうかね。

木村 住宅の貸付けが非課税となるのは，住宅の貸付けのうち，それが居住用に供されることが貸付けの契約において明らかにされているものです。これは住宅の貸付けという実質はもちろんのこと，それが契約上も明らかにされている必要があるということです。

ところで通達6-13-8（注）は，賃貸人が全く知らないのに，つまり賃貸人は住宅として非課税で貸し付けているのに，賃借人が勝手に事業用に使用したとしても，賃借人の支払う家賃は仕入税額控除の対象にすることはできないということで，賃借人側からの規定です。

住宅用から事業用に変更したことを賃貸人も知っていたとなれば，それは実質主義で，貸付けの契約で住宅用となっていても非課税にはなりません。これは本文にあります。

大島 借上社宅で転勤などのため一時的に空き家になったような場合，厳密に住宅用といえないでしょうが，その間の家賃も非課税と考えていいわけです

か。

　木村　一々契約を変更するわけではありませんから非課税ということです。借り上げている会社の方はもちろん仕入税額控除はできません。

　大島　家賃は必ずしも月極めものばかりでなく，敷金や保証金などのうち返還しない部分や共同住宅の共益費も含まれるということですね（通達6—13—9）。

　木村　それからいうまでもないことですが，貸家の修繕費などは非課税売上げ対応ですから貸主は仕入税額控除はできないことに注意しなければなりません。

XIV　非課税となる輸入取引（法別表二）

　大島　法別表二を簡単にお願いします。

　木村　法別表二は法6条2項を受けたものですが，国内における非課税取引とのバランスを図るため，保税地域から引き取られる外国貨物のうち，有価証券等，郵便切手類，印紙，証紙，物品切手等，身体障害者用物品，教科用図書の輸入を非課税としています。

第3　輸出免税・小規模事業者免税

I　輸出免税等（法7条）

1　規定の趣旨・免税方法

大島　それでは，次に輸出免税の関係をお願いします。

まず初めに，輸出がなぜ免税になるのか。輸出免税の趣旨，免税と非課税とはどう違うのかといったところからお話し願いましょうか。

木村　輸出が免税になっている趣旨ですけれども，消費に対して課税する税では，世界的に消費地課税主義の原則が採られています。今回の消費税でも，この原則にのっとって，物品の輸出や，我が国と外国との間の輸送というような，輸出に類する取引について免税されることになっています。

次に免税と非課税の違いですけれども，まず，消費税は国内で消費される財貨やサービスに対して広く薄く負担を求めるということですけれども，消費に負担を求める税としての性格上，課税の対象とすることになじまない財貨やサービスの提供，あるいは特別の政策的配慮を要する特定の財貨やサービスの提供については課税の対象にしないことにしています。これが非課税といわれるものです。

免税といわれるのは，一定の要件に該当することを前提に，納税義務の成立した「課税資産の譲渡等」（法2条1項9号）について，その消費税を免除することをいうわけで，輸出取引と輸出類似取引がこれに当たります。

そこで非課税と免税とで課税上の扱いがどう違うかといいますと，第1に，非課税取引である売上げについては，消費税が課税されない一方，非課税取引のための仕入れにかかっている消費税は売上げに対する消費税から控除することができません。しかし，免税の輸出取引と輸出類似取引については，その売上げについて消費税が免除される一方，その輸出取引と輸出類似取引のための

仕入れにかかっている消費税を控除することができます。

　このように，その取引のための仕入れにかかっている消費税額が，売上げに対する消費税から控除できるかどうかという点で違いがあるということです。

　大島　お話の消費地課税主義ということですが，前にも話が出たように，輸入品に対する課税も，消費地課税主義の一環であったわけで，それといわば対をなしていると考えてよろしいわけですね。

　木村　そうですね。輸入は国内に入ってくるときに課税になる。輸出は国内では消費されないわけですからその段階までにかかっている消費税を還付する，ということで，消費地課税主義の両面をなしているわけです。

　非課税と免税の第2の相違点は，前者は「課税売上高」に入らないが後者は入るということで，小規模事業者免税，簡易課税の適用に差異があることです。このことは法2条1項9号，9条2項の定義から出てきます。

　大島　輸出免税の計算方法なんですけれども，輸出品について仕入税額控除ができるということが往々にして誤解されて，輸入のときには輸入の都度その品物に対して課税になっていることの裏を考えて，輸出があったときにその都度その輸出品にかかっていた税額が，その場で還付されると考えられることがありますが，その辺の具体的な方法についてお話し願います。

　木村　輸出免税についてどのようにして免税になるかということですけれども，順序立てて説明しますと，1番目は輸出取引あるいは輸出類似取引に当たる課税資産の譲渡等を行うときには，消費税を上乗せしない価格で，いわゆる免税の価格で譲渡を行う。

　2番目に，納税申告のときに，その課税期間中の輸出免税の対象となる課税資産の譲渡等を課税標準に含めないで申告をする。含めないで申告をするということは，税金は納めないということになります。

　3番目に，その納税申告をするときに，輸出免税に当たる課税資産の譲渡等に要した課税仕入れについては，仕入税額控除を行う。

　こんな3段階で免税されることになっています。

　2番目の申告の段階ですが，従来の物品税法では一定の手続をすることに

よって免税をする方法を採っていましたが，今回の消費税では，納税申告書に記載しないことで，結果的には免税になるという方法を採っています。一定の書類・帳簿を整理・保存する以外は何の手続も要りません。この点に限っていえば消費税のらち外と同じように考えていいのではないかと思います。

　大島　3番目の段階ですが，単品ごとに輸出に際して還付するということではなくて，仕入れにかかった消費税は，あくまでも納税申告を通じて，一括して控除の計算が行われる，つまり国内仕入れについての仕入税額控除と同様な手続で控除されると考えればよろしいわけですね。

　木村　そうです。そして控除しきれないときには還付されます。

2　輸出免税の適用範囲

　大島　それでは，中味に入って，通達の7－1－1に輸出免税の要件が列挙されていますね。その(2)にその資産の譲渡等は国内において行われるものであることといっていますが，そもそも輸出免税等を規定した法7条柱書に，「国内において行う課税資産の譲渡等のうち，次に掲げるもの」を免税するとあって，常識的には，輸出というといかにも国外取引のように考えられがちですけれども，それは国内において行う取引であるというわけですね。

　木村　国内においてというのは，法4条3項に国内取引の定義がありますが，その1号で譲渡・貸付けのときにその資産が国内にあることだといっていますから，輸出は正に国内取引に当たるわけです。国内取引であるからこそ消費税の課税の対象になり，これが輸出されれば，免税になるということです。国外の取引であればもともと課税の対象外であって，免税というような話は出てこないことになります。同項2号で国内・国外にわたる輸送・通信・郵便が国内取引になっていることについては30頁でお話しました。

　大島　7－1－1の(3)では，その資産の譲渡等は，法31条1項，2項の適用がある場合を除いて，「課税資産の譲渡等」に該当するものであることといっています。これは非課税資産の譲渡ならば，そもそも初めから免税の問題は起きないという趣旨だと思いますが，法31条の1項，2項では，非課税資産や自

己使用資産などの輸出についても輸出免税の扱いをするんだということが規定されているわけでして，(3)にあるように，「課税資産の譲渡」に限定しなくてもよかったのではないか。非課税品目も含めておよそ「資産の譲渡等」がある場合に輸出免税という扱いになっている，こういうことではないでしょうか。

　木村　輸出取引として行われる非課税資産の譲渡等は，非課税ということで消費税は課税されないことになっていますし，国外で譲渡する資産や自己使用資産の輸出は不課税ですが，外国との間の国境税調整との関連から，非課税資産の譲渡等などに要する課税仕入れについても，仕入税額控除を認めるということで，輸出免税の適用を受けると同様の結果になるようにしたわけです。輸出免税の対象となるのは，課税資産の譲渡等だけであり，通達で，「課税資産の譲渡等に該当するもの」としているのは，非課税資産の譲渡等などは，法30条1項及び2項の適用については輸出免税と同様の効果があっても，輸出免税そのものではない（現に法9条の課税売上高の計算では扱いが違います。）ということを明確にしたということです。

　大島　輸出免税そのものではないが，仕入税額控除の算定上は，輸出と同じように扱うということですね。

3　輸出・内国貨物・外国貨物

　大島　それでは先に進んで法7条1項では輸出免税となるものを1号から5号まで列挙しているわけですね。まず1号に，本邦からの輸出として行われる資産の譲渡，貸付けを挙げているわけですが，この輸出の定義はどういうことですか。

　木村　輸出というのは，関税法の2条1項2号にいう輸出，すなわち内国貨物を外国に向けて送り出すことをいいます。

　海外の者に対して海外で使用する資産を貸し付けるため海外へ運び出す場合，貸し付ける事業者は，その課税資産を輸出することになります。このような場合も，外国との国境税調整をしないと，外国の消費者が消費税を負担することになるため，輸出として行われる譲渡と同様に免税されることになってい

ます。

大島 今いわれた輸出の定義で，内国貨物を外国に向けて送り出すということをいわれましたが，そもそもさかのぼって「内国貨物」ということの定義はどういうことなんでしょうか。

木村 外国貨物とは反対になるわけで，内国貨物というのは，関税法2条1項4号で，本邦にある貨物で外国貨物でないもの，及び本邦の船舶により公海で採捕された水産物をいう，ということになっています。

大島 次に法7条1項2号に，外国貨物の譲渡，貸付けという規定がありますが，外国貨物の定義はどういうことですか。

木村 外国貨物とは，関税法2条1項3号に規定する外国貨物をいう，と法2条1項の10号に規定しています。

関税法2条1項3号をみますと，外国貨物とは，輸出の許可を受けた貨物，及び外国から本邦に到着した貨物で輸入の許可前のものをいう，とあります。これが外国貨物の定義です。

関　税　法

（定義）

第2条　この法律又はこの法律に基づく命令において，次の各号に掲げる用語は，当該各号に掲げる定義に従うものとする。

一　「略」

二　「輸出」とは，内国貨物を外国に向けて送り出すとことをいう。

三　「外国貨物」とは，輸出の許可を受けた貨物及び外国から本邦に到着した貨物（外国の船舶により公海で採捕された水産物を含む。）で輸入が許可される前のものをいう。

四　「内国貨物」とは，本邦にある貨物で外国貨物でないもの及び本邦の船舶により公海で採捕された水産物をいう。

四の二　以下略

大島 今の法7条1項の1号と2号の関係なんですけれども，2号は外国貨物の譲渡，貸付けを挙げ，かっこ書で「前号に掲げる資産の譲渡，貸付けに該当するものを除く」，つまり本邦からの輸出として行われる資産の譲渡，貸付

けを除くといっているわけですが，この外国貨物の譲渡，貸付けと，本邦からの輸出として行われる資産の譲渡，貸付けとが重複する場合というものもあるわけですか。

木村　「本邦からの輸出……」といった場合の輸出の定義は，さっきお話したように内国貨物を外国に送り出すことをいうのだから，外国貨物については本邦からの輸出ということはないんだということだと，本邦からの輸出として行われる資産の譲渡，貸付けと，外国貨物の譲渡，貸付けとが重複する場合はありません。

現に輸出という定義は解釈によって関税法の2条1項の2号にいう輸出をいうとしていますので，重複することはありません。しかし，その定義は関税法上のものであって，消費税法上のものではありませんので，考え方によっては外国貨物を外国に送り出すことまでも含めて輸出だ，という考えも出てくることがあるので，まあ念のため「……除く」といっているのでしょう。

なお，外国貨物を積戻しの手続によって外国へ送り出す場合は，関税法上は輸出に該当しないものの，消費税においては，その手続が輸出申告に準じて行うものであることから，この場合も法7条1項1号の輸出としています（通達7－2－3）。

4　国内・国外にわたる旅客・貨物の輸送・通信

大島　法7条1項3号に進んで，国内及び国内以外の地域にわたって行われる旅客・貨物の輸送，通信ということですが，常識的には国内から国外にいくのが輸出であり，国外から国内に入ってくるのは輸入である，というふうに考えるわけですけれども，ここでは国外から国内に対する輸送，あるいは国外から国内に対する通信もやはり輸出免税になるわけですね。

木村　輸出そのものではないが免税にするということです。

大島　外国の法人が国外から国内に貨物の輸送をしてくる，こういうものも輸出免税等として輸出と同様免税になるわけですね。

木村　国外から国内への輸送という役務の提供については，外国法人が行っ

ても，本邦の法人が行っても，すべて輸出免税ということになります。

大島 3号で国内，国外にわたる輸送と，国内輸送とが連続する場合にはどんな扱いになるんですか。

木村 基本的には，port to portということで，これが本来の国際輸送で輸出免税になります。

ただ，国際輸送の一環として行われる国内の輸送部分があるときには，その部分を含めて輸出免税になります。

この場合，貨物でしたら仕向地がB／Lなどで明らかですから，国際輸送の一環かどうかという判定は可能ですけれども，旅客輸送の場合には国内の乗継地での観光など一時滞在を目的とするようなものもあるので，国際輸送の一環かどうかという判断が難しい面があります。こういうものについては，国際輸送の一環であることが輸送契約で明らかであるとともに，定期路線時刻表上の乗継時間が24時間以内であることを要件にして国際輸送の一環という扱いをし，輸出免税の対象としています。

大島 通達7－2－1(3)と7－2－4，7－2－5のことですね。

木村 そうです。

大島 7－2－1の(3)，ここでは国際輸送の一環として行われる国内輸送区間も含むんだということをいっている，ところが，通達7－2－4になると，無条件で含むのではなくて，(1)，(2)のような条件が付いているということで，多少そぐわないような気がしないでもないんですが。

木村 通達の7－2－1(3)は基本的な事柄をいっているわけで，それに合わせて通達7－2－4は具体的な認定方法というんでしょうか，取扱いを規定しているわけです。

大島 つまり，国際輸送の一環といえるかどうか，7－2－4によって判断するということですか。

木村 基本的な考え方としては，国内輸送であっても国際輸送の一環として行われるものは，輸出免税の対象になるということであり，それが国際輸送の一環として行われるものかどうかという具体的な判断は，通達7－2－4とい

うことになります。

5　外航船舶等の譲渡・貸付け・修理

大島　なるほど，そういうことですね。それでは4号に進んで，4号では専ら前号に規定する輸送用の船舶などの譲渡・貸付け・修理で政令で定めるものとありますから，例えば，国内，国外の地域にわたって行われる旅客・貨物輸送用の船舶の譲渡も，無条件で輸出免税になるわけではなくて，政令で定めるものだけが輸出免税になるということですね。

木村　そういうことになります。

そこで施行令17条1項で，国内，国外の地域にわたって行われる旅客・貨物の輸送用の船舶の譲渡，貸付けについては，船舶運航事業・船舶貸渡業を営む者に対するもの，その船舶の修理については，船舶運航事業・船舶貸渡事業を営む者からの直接の依頼によるものに限って輸出免税の対象になるということになっています。

消費税は多段階課税となっているわけですけれども，こういうものについては，最終段階のところで輸出免税にすれば，前段階の課税の分は仕入税額控除により排除できることになります。

大島　もう少し具体的にお願いします。

木村　例えば，船舶運航事業者Aから外航船舶の修理の委託を受けた事業者Bが他の事業者Cに再委託したような場合，Bと他の事業者Cとの取引は船舶運航事業者からの直接の依頼によるものでないので輸出免税の対象になりませんが，Bと船舶運航事業者Aとの取引は輸出免税の対象となり，Bは他の事業者Cに支払った修理代にかかっている消費税を，仕入税額控除できることになります。

そこで，前段階にかかっている消費税については最終段階が輸出免税取引に該当することによって仕入税額控除ができ，輸出免税取引の取引価額に前段階でかかっている消費税が上乗せされることがなくなるわけです。

大島　施行令17条1項1号ですけれども，例えば，船舶運航事業を営む者に

対する，国内・国外の地域にわたって行われる旅客等の輸送用の船舶の譲渡は輸出免税ということですが，国内の造船業者から日本法人である船舶運航事業を営む者にこの船舶を譲渡した場合，つまり国内事業者同士の取引であっても輸出免税になるわけですか。

木村　今お話のあった点が，今回の消費税では，従来の物品税等の間接税と大きく違うところです。従来の物品税等の間接税ですと，輸出免税となるのは国内の事業者と外国の事業者との間の売買であって，国内の事業者が仕入れをしている輸出免税というのはないと考えてもよかったと思います。ところが，今回の消費税ではお話のように，国内の事業者が輸出免税によって資産を販売して，他の国内の事業者が輸出免税によってその資産を購入できることになっています。

一方このような免税の場合の仕入れは，当然に課税仕入れにならないということですから，仕入税額控除はできないことになります。

造船会社が船舶運航会社に輸出免税で船舶を売った。買った国内の船舶運航会社は輸出免税で購入しているわけですから，仕入税額控除はできないということです。

大島　法2条1項12号のかっこ書後半ですね。仕入れをした船舶運航会社の方は，仕入税額控除の計算上これを除外するように，免税仕入れであることを帳簿上はっきりしておかなければなりませんね。

木村　そういうことです。

大島　法7条1項4号では，専ら前号に規定する輸送用の船舶等について規定しているわけですが，専ら前号（3号）に規定するといいますと，国内，国外間の輸送ということですから，4号では国外間の輸送用の船舶等は含まれていないということになりますね。

木村　そういうことです。

大島　次は法7条1項5号。これは政令に委ねられていますが，その政令が施行令17条2項。その1号は同条1項とよく似ていますがどう違いますか。

木村　今お話にあったように1項では国内・国外間の輸送用の船舶等が規定

されていますが，この2項1号では国外と国外の間の輸送用の船舶を取り上げて，その譲渡等に輸送免税の途を拓いているわけです。

大島　なるほど，結局その船舶が国内，国外にわたって使われようと，国外同士に使われようと，扱いとしては同じだということですね。

木村　そうです。

大島　施行令17条2項5号は法7条1項3号（83頁）に見合うものですね。では同6，7号についてお話し願います。

木村　6号は権利関係の規定です。例えば鉱業権の所在地は鉱区の所在地で（施行令6条1項4号），それが国内ならその譲渡・貸付けは国内取引になります（法4条3項1号），それが非居住者を相手として行われたら，輸出そのものではないが輸出免税とするということ。

7号は役務の提供で，その提供地が国内であれば国内取引であり（法4条3項2号），その相手方が非居住者であれば，同様輸出そのものではないが輸出免税とするということです。ただ，これには例外があって，例えば国内資産の管理とか，一時滞在者に対する飲食の提供とか，宿泊あるいは運送とかは輸出とは認められません。

大島　ところでお話の6，7号は非居住者との取引ですが，この場合の「非居住者」とは何ですか。例えば外国法人の東京支店は非居住者なんですか。

木村　施行令1条2項2号に定義されていて，外国為替及び外国貿易法6条1項6号の非居住者をいい，具体的には通達7－2－15で，日本に住所や居所を持たない自然人，日本に主たる事務所を持たない法人がこれに当たるとし，なお非居住者の日本の支店や出張所などは居住者になるといっています。したがって，外国法人の東京支店は非居住者にはなりません。

6　輸出物品の下請加工等

大島　それでは関連の通達をみてみましょう。まず通達7－2－2。輸出免税については，輸出物品の製造のための下請加工，あるいは輸出業者に対して行う国内での資産の譲渡等は輸出にはならないといっているわけです。これは

当然のことを念のためにいったものと思いますが，似たようなケースで，輸出の手続は商社が代行する，しかし，輸出自体は商社でない事業会社が取引の当事者となるという場合には，商社は輸出免税は受けられないことになりますね。

木村　輸出免税の手続の代行といったような場合に，どこまでその手続を代行しているか，単なる輸出事務の代行なのか，代行とはいうが実際に輸出者となっているのかということで違ってくると思います。

一般の商慣習では，輸出手続の代行だといっているものでも，メーカーから商社が商品を購入してそれを輸出しているというものについては，商社が輸出したことになります。

だから，その輸出手続の代行というのが，単なる事務代行なのかどうなのかによって誰が輸出免税を受けるのか，内容によって違ってくるといえましょう。

大島　実態によって判断するということですね。

7　国外で購入した貨物を国内の保税地域を経由して国外へ譲渡した場合

大島　次に，通達7－2－3，少々分かりにくいんですが，ご説明願います。

木村　通達の7－2－3ですけれども，具体的には外国で購入したものを，いったん我が国の保税地域に入れて，その後また外国に売却するものについての取扱いを示しているわけです。

この場合は輸出免税となり，それに要した課税仕入れがあれば仕入税額控除ができることになります。

大島　国外で購入した貨物を，国内の保税地域に陸揚げしたという段階では，まだ輸入に伴う課税も起こっていないわけですね。

木村　そうです。輸入手続を経ないで，再び国外へ譲渡する場合には，ということですから，輸入手続は済んでいないことになります。

そして，保税地域は国内ということですので，そこで外国貨物を国外に譲渡

するということですから外国貨物の輸出となります。外国貨物の輸出は内国貨物を輸出する場合の手続が準用され内国貨物の輸出と同様の実態にあり，これも法7条1項1号の外国貨物の譲渡として輸出免税になるということです。

　大島　分かりました。では保税地域にある外国貨物を国内事業者同士で売買した場合はどういうことになりますか。

　木村　保税地域にあるんですがまだ輸入の手続が済んでいない貨物，あるいは既に輸出の許可を受けている貨物は，いずれも外国貨物ということになりますから，これの譲渡を保税地域という国内において行えば，国内事業者間の売買であっても外国貨物の譲渡として輸出免税になるということです。

8　旅行業者が主催する海外パック旅行

　大島　それでは，通達7－2－6にいきます。

　旅行業者が主催する海外パックの取扱い，これは結局，(1)と(2)とを通じて，輸出免税になる場面はないんだということになるわけですか。

　木村　いわゆるパック旅行についての役務の提供は，海外パックの場合には，国内で行われる役務の提供と，国外で行われる役務の提供があるわけですけれども，このような海外パック旅行についても，国内において行われる役務の提供，例えば，札幌から東京までの旅客輸送としての役務の提供は輸出ではありませんから課税ということになります。

　それから，国外部分については，これは例えば，外国で宿泊するとか，そういうものは外国における役務の提供ですから，国外取引として課税の対象外ということになります。

　大島　その中間で，国内から国外へ行く船舶なり航空機の中でのサービス，こういうものは，法7条1項4号の趣旨からいって，輸出免税ということにはなりませんか。

　木村　通達7－2－6は，海外パック旅行についての包括的な役務提供契約について，国内と国外を区分しているわけで，このパック料金によって請け負った旅行業者が輸送会社と結んだ運送契約が，国内と国外にまたがる場合に

は輸出免税になります。

　ということは，海外パックによる旅行者と旅行会社との間は，パック旅行の引受けだけですから，その役務の提供が国内なのか，国外なのかに応じて課税か不課税かを区分することになります。

　引き受けた旅行業者は，輸送会社とか，あるいは宿泊機関とか，そういうものと個別に契約することになりますが，それはそれぞれそれが国内取引なのか国外取引なのか，あるいはその国内取引が輸出免税に該当することになるのかどうか，ということを判断していくことになります。

　大島　そうしますと，海外旅行の場合に旅行者は一括して旅行会社に費用を支払いますけれども，旅行業者は課税分と免税分と不課税分とに区分して料金を算定することになるわけですね。

　木村　そういうことになります。分けるのは，例えばパスポートの取得費用とか，札幌から東京までの運賃とか，出発前の成田におけるホテルの宿泊料金とか，こういうものはすべて国内取引に対するものとして課税ということになります。

　ところが，成田を出発して以降の費用は，これはすべて国外における役務の提供ということになります。次にこのようなパック旅行を引き受けた旅行会社が，ある航空会社と日本と外国との間の運送契約をすると，その航空会社側が輸出免税になるということです。

9　船舶運航事業を営む者等の意義

　大島　通達7－2－8にいって，ここでは施行令17条1項，2項の船舶運航事業を営む者などの定義について述べているわけですけれども，通達では，「日本に支店などを設けて事業を営む外国の事業者，あるいは日本に支店などを持っていなくて，我が国との間で国際間輸送を行う者」も含まれるといっています。ところが施行令17条1項1号では，裸で海上運送法による船舶運航事業を営む者といっているだけですから，通達で「……を含む」などという必要もない，こういうとかえって限定しているようにもとれますが……。

木村　通達7－2－8については，事業の内容として海上運送法・航空法を引用しているもので，したがって，支店などを国内に持たず国外と国外との運送を行う者に対して，例えば国際間の輸送用の船舶を譲渡しても輸出免税ということになります。

ですから，「我が国との間で国際間輸送を行う者」を含むとしたのは，特にこうした者に限定する意味ではなく，例示をしたということです。

大島　もう一回念を押しますと，我が国に支店などを設けていない，なお，かつ我が国との間での国際間輸送もやっていない，こういう船舶運航事業を営む者に対して譲渡した場合にも輸出免税になるということですね。

木村　そんな場合でも，その譲渡した船舶が国内及び国内以外の地域にわたって，あるいは国内以外の地域間で行われる旅客等の輸送用の船舶であれば，施行令17条1項又は2項の規定によって輸出免税ということになります。

大島　ところで法7条1項4号，5号も，柱書にあるとおり国内取引であることが大前提ですね。

木村　もちろんそうです。そこをもう少し詳しくいえば，船舶の譲渡について国内取引か国外取引かの判定は譲渡時の船舶の所在地により，その船舶の所在地は施行令6条1項1号，2号で，登録を受けた船舶はその登録をした機関の所在地により，そのほかの船舶はその譲渡を行う者のその譲渡にかかる事務所等の所在地によることになっています。

したがって，日本籍の船舶の譲渡はすべて国内取引となり，外国籍の船舶の譲渡はすべて国外取引になります。

大島　船舶の輸出が法7条1項1号にも該当することがありますよね。この場合は施行令17条にあるような譲渡の相手方の制限もなくて輸出免税を受けられるわけですね。

木村　そうです。法7条1項柱書によって国内取引であること，したがって日本籍船舶であることが条件になりますが，その譲渡が輸出として行われれば，法7条1項1号に該当して施行令17条は関係ないことになります。また，日本籍でありながら外国にある船舶を国際間の輸送用として譲渡すれば「輸

出」の定義には当たりませんが，施行令17条の条件を満たせば法7条1項4号，5号によって免税を受けられることになります。日本の港に出入りする国際間の輸送用の船舶については，常に国内外にわたって動いていて「輸出」という概念はなかなかなじまないですね。

10 国内に支店等を有する非居住者に対する役務の提供

　大島　それでは次にいって，通達7－2－17の考え方なんですけれども，非居住者に対する役務の提供であっても，その非居住者の支店，出張所などが国内にあるときには，これは輸出にはならない，輸出としての非居住者に対する役務の提供（施行令17条2項7号）には該当しないんだということをいっているようですが，これがよく分からない，支店，出張所などが国内にあるときとないときとで区分する理由はどこにあるのか。こういう扱いによるとすると，国際運輸切符の販売や，そういう会社に情報を提供した，つまり国内に支店，出張所などを持っている国外の会社に何らかの情報を提供したという場合には，輸出に該当するのかしないのか，この辺はいかがでしょうか。

　木村　通達7－2－17は，念のためというんでしょうか，留意事項として書いているわけで，外国法人に対する役務の提供については，どのようなものであっても輸出免税になるのではないかという疑問があります。

　そこで国内に支店，出張所などがある外国法人に対する役務の提供については，輸出免税には該当しないといっているわけです。

　大島　役務の提供は国内にある支店・出張所，つまり居住者に対して行ったものだと解するわけですか。

　木村　そういうことです。したがって，国内に支店・出張所などがない外国法人に対する役務の提供である場合には輸出免税になります。

　ただ，この場合，7－2－17のただし書に注意する必要があります。

　つまり，このような場合のケースについてみますと，一つの類型としては，外国法人の日本にある支店から何らかの依頼があって役務の提供をする場合で，この場合は日本にある外国法人の支店に対する役務の提供だということが

はっきりしています。

　もう一つ，外国法人の本店から直接，情報提供などの役務の提供の依頼を受けている場合に，その外国法人の支店や出張所が日本国内にあるときにはこれをいったいどうするのか，という問題があります。これについては，その役務の提供がその外国法人の国外の本店に対して直接行われるものであり，国内の支店，出張所などがその役務の提供の取引に関与していない場合にまで課税することは，消費地課税主義に沿って国境税調整をするという輸出免税の趣旨からみて適当でありませんから，その外国法人の本店などとの直接取引であるかどうか等によって輸出免税になるかどうかを判定することになっています。

　このように，外国法人の場合には，本店などとの直接取引であるかどうかなどによって取扱いが違ってきますが，役務の提供者が国内取引として課税される場合にはその在日支店は仕入税額控除ができることになります。

11　外航船等への積込物品の輸出免税

　大島　それでは，通達7－2－18にいって，外航船などへの積込物品についての輸出免税の話ですが，これは積み込む船舶などが本邦の船舶・航空機であるときは，本来輸出ではないんだということが前提になっているわけですね。

　木村　そうです。

　大島　輸出ではないにもかかわらず，特定物品を本邦の船舶・航空機に積み込む場合には，租税特別措置法による特例として，輸出免税扱いをするんだと理解してよろしいですか。

　木村　本邦籍の外航船等に積み込む船用品・機用品については，租税特別措置法85条1項で，輸出等とみなすということになっています。本邦籍の外航船等に対する積込みは，本来の輸出ではないという考え方をしています。

　大島　外国籍の船舶・航空機に対して積み込む場合には，これは本来の輸出ですね。

　木村　そうです。法7条1項1号に該当します。

12 海外旅行者が出国に際して携帯する物品の輸出免税

大島 それでは，通達7－2－20について，ご説明願います。

木村 通達の7－2－20ですが，出入国管理及び難民認定法25条あるいは60条の規定によって，海外旅行等のために出国する者が，渡航先で贈答用に供するもの，つまり，お土産用として日本から出国する際に携帯する物品で，帰国あるいは再入国の際は携帯しないことがはっきりしているもの，あるいは渡航先で使用，消費するものについては，その物品をその出国する際に譲渡した事業者が輸出したものとして，輸出免税の規定を適用することができるということです。

大島 それの(注)の説明もお願いします。

木村 通達7－2－20の(注)は，海外旅行等のために出国する者が持ち出しする物品に対する消費税の免除は，帰国，あるいは再入国に際して持ち込まないことを条件としているわけで，これを持ち込んで来た場合には，そのときに消費税が課税されるということです。

大島 そこがよく分からないんですが，今，いわれたように，当初の条件に反して持ち帰ったから，先の輸出免税を取り消すという意味の課税なのか，それとも外国から持ち帰ったものとしての輸入品に対する課税なのか，その辺の性格がよく分からないのです。

言葉を換えていいますと，持ち帰り品は法4条2項によって，当然に輸入品として課税になるわけですから，ここで課税になるというのは，輸出免税の条件違反ということとは関係ないのではないでしょうか。

木村 国内から出国する際に持っていたものが，帰国，あるいは再入国に際して所持している場合には，課税の対象にはならないということが原則になっています。

大島 そうですか。そういう前提があるわけですか。

木村 例えば，海外旅行に行く場合に，自分が時計を持って出国したり，シャツや背広を着て行くわけですけれども，帰ってきたときに，その時計や背広は課税になるのかというと，そんなことはありませんで，持ち出したものを

持ち帰ってくる場合には，その分については課税にならないということです。

これは関税定率法14条の無条件免税の10号に「本邦から輸出された貨物でその輸出の許可の際の性質及び形状が変わっていないもの。ただし……」と規定されて，まず関税が免除され，これを受けて「輸入品に対する内国消費税の徴収等に関する法律」の13条の免税等の1項1号において，関税定率法14条10号によって関税を免税されるものは消費税も免除するとなっています。

大島　なるほど，それではこの(注)にある課税というのは，あくまでも輸入品としての課税ではなくて，初めの輸出免税の条件違反に基づく課税ということになるわけですね。

木村　そうです。

大島　通達7－2－20の効果ですけれども，そういう持ち出し品についての輸出免税の条件に該当する場合には，その品物を海外への旅行者に譲渡した者が仕入税額控除を受けるわけですね。

木村　そうです。譲渡した事業者——もちろん輸出物品販売場の許可を受けた事業者に限ります——が，通達7－2－20に定めているそれぞれの書類を保存することによって輸出免税となり，その販売した物品についての仕入税額控除ができるということになります。

大島　この場合の販売物品については，施行令18条にあるような制限，つまり通常生活の用に供される物品に限るというような制限は別にないわけですか。

木村　それはありません。

13　金融取引の輸出扱い

大島　それでは，法7条関係の最後で，施行令の17条3項が難しいんですけれども，お願いします。

木村　施行令の17条3項ですけれども，法31条1項で，非課税資産の譲渡等のうち法7条1項各号の資産の譲渡等に該当するものについては，これら非課税資産の輸出取引等も課税資産の輸出取引等として，法30条を適用して仕入税

額控除を認めることになっています。施行令17条の3項の金融取引については，法7条1項1号から4号までに掲げている輸出免税となる「資産の譲渡等」に類する輸出類似取引とはいえませんが，法31条の1項の適用については，特にこれらの金融取引を法7条1項5号に当たるものとするという趣旨です。

　大島　施行令17条3項に挙がっているような金融取引で，債務者が非居住者（86頁参照）であるものは施行令17条2項7号によって，そもそも輸出に該当するのではないでしょうか。

　木村　施行令17条3項の取引には役務の提供は含まれていません。ここでいっているのは非居住者に対する金銭の貸付けとか，あるいは，預貯金の預入とか，合同運用信託というようなことで，施行令17条2項7号でいっている役務の提供とは別のものです。

　大島　なるほど。そこでもう一つ。施行令17条3項には，金銭の貸付け（施行令10条1項──金銭債権の譲渡と混同しないように），有価証券・登録国債の貸付け（施行令10条3項11号）という貸付けと，預貯金の預入（同1号），抵当証券などの取得（同5，6号），手形の割引（同7号）などの行為とがあるわけですね。このうち行為の方は法7条1項1号の資産の貸付けに該当しないということでしょうが，貸付けの方はこの施行令17条3項で規定するまでもなく法7条1項1号の「資産の貸付け」に該当するんじゃありませんか。

　木村　法7条1項1号にいう資産の貸付けは，単なる資産の貸付けではなく，「本邦からの輸出として行われる」資産の貸付けといっているわけですから，金銭の貸付けが輸出なのかどうかが問題です。輸出の定義については関税法の定義を借用しているわけですが（80頁），金銭や有価証券の貸付けは関税法でいう輸出の定義では賄えない，そこでこの17条3項で，その相手方が非居住者なら輸出に類する，つまり法7条1項5号に当たるものとする，といっているわけです。

　大島　なるほど。預貯金の預入などの行為の方は，今の輸出に当たるかどうかの問題と，法7条1項1号の「資産の貸付け」に当たるかどうかという点からも問題があって，やはりこの17条3項の規定がないとはっきりしないわけで

すね。

　木村　施行令17条3項の取引は同項で法7条1項5号該当の輸出類似取引とされる、そして法31条1項によって課税資産の譲渡等である輸出取引等とみなされて仕入税額控除が受けられる、ということです。

　大島　分かりました。ところで施行令17条3項で「法31条の規定の適用については」と特に断っているのは、仕入税額控除の計算上は輸出免税の対象とみなすということであって、法9条の課税売上高の計算上は、課税売上高には算入しないという意味ですか。

　木村　そういうことです。非課税資産の輸出を行った場合の仕入税額控除の特例の場合だけということですね。

　大島　この施行令17条3項については後で法31条のところでもう一度お話し願いたいと思います（298頁参照）。

Ⅱ　輸出物品販売場における輸出物品の譲渡の免税 (法8条)

1　規定の趣旨・要件

　大島　次に法8条は、輸出物品販売場での輸出物品の譲渡についての免税ということですが、これの免税の効果は輸出免税と全く同じで、輸出物品販売場が、その販売について輸出免税を受けることになるわけですね。

　木村　そうです。輸出物品販売場を経営する事業者が輸出免税を受けることになります。

　大島　つまり、ここでの販売については、免税であると同時に課税売上割合を算定するときに、分子にも分母にも入る。分母は当然ですけれども、分子に入れることができるわけですね。

　木村　そうです。

　大島　この輸出免税の要件についてお願いします。

　木村　輸出物品販売場における輸出免税の要件は三つあります。

　一つ目は、輸出するために非居住者が購入する物品であること。

二つ目は，通常生活の用に供される物品であること。

三つ目は，その対価の額の合計額が1万円を超える物品であること。

ということです。

大島 それのそれぞれの趣旨ですが，輸出免税と同じような措置ですから，相手が非居住者ということは分かるんですけれども，通常生活の用に供される物品に限る，あるいは1万円超に限る，あるいはそのうちでも，食品類，飲料類などは除くといった限定が付いている，こういう限定の趣旨はどんなところにあるのですか。

木村 これは先ほど出ました，法7条の輸出免税と同じわけで，国内において消費されるものについて課税するという消費税の趣旨から考えて，輸出するために非居住者が購入するものは課税しないということです。

通常生活の用に供される物品といっているのは，通常生活の用以外に供される物品については，本来の法7条の輸出免税を適用すればいいということです。

対価の額が1万円を超えるといっているのは，全体的に事務手続の簡略化を考えて少額な品物までは対象にはしないということです。

大島 それから，食品類，飲料類などを除くというのはどういうことですか。

木村 それは先ほどもいったように，国内で消費されるものは課税するわけですから，非居住者が購入してすぐに国内で消費するおそれがある食品類，飲料類などは免税の対象から外しているということです。

2　非居住者の意義

大島 通達の7-2-15の意味がよく分からないんですけれども，これの前の方では，本邦内に主たる事務所を持っていない法人が非居住者に該当するんだということで，従たる事務所だけを持っている場合には非居住者になるというように読めるんですが，後の方では非居住者の本邦内の支店などは居住者なんだということをいっています。矛盾するような気もするんですがどうです

木村　本邦内に主たる事務所を持っていない法人は，非居住者であるということについては疑問はないかと思います。

　ただ，支店や出張所，その他の事務所が国内にある場合には，その支店や出張所などの部分については，その法人の主たる事務所が外国にある場合であっても，居住者とみなされるということです。

　大島　ということは，その法人全体としては非居住者だが，国内にある支店・出張所だけが居住者であるということですか。

　木村　そういうことです。

　大島　この通達の7-2-15では，輸出物品販売場での販売に対する免税に絡んで法人の居住者，非居住者の区別をいっているわけですけれども，輸出物品販売場での販売も販売の相手が法人だということがあるんですか。

　木村　通達7-2-15で，「……に規定する「非居住者」には，……」といっているのは，非居住者の意義を一般的に解説したものですから法人も入っていますが，購入手続を定めた施行令18条2項，3項では，購入に当たって旅券等を呈示すること，購入者が合衆国軍隊の構成員や軍属であることなど，自然人を前提としていますから，購入者は結果的には自然人に限られることになります。

Ⅲ　小規模事業者の納税義務の免除 (法9条)

1　規定の趣旨・基準期間

　大島　それでは，次に法9条の小規模事業者の免税の規定に入ります。

　まず，小規模事業者の免税の趣旨からお話し願います。

　木村　小規模事業者の納税義務の免除についてですが，消費一般に幅広く負担を求めるという消費税の趣旨，あるいは産業経済に対する中立性の確保という点からは，免税事業者の制度を極力設けないということが望ましいでしょうけれども，小規模零細事業者の納税の事務の負担や，納税者が非常に多くなる

という税務執行に対する配慮から——税務執行に対する配慮ということは徴税コストを低くして，ひいては納税者の利益になることですが——基準期間における課税売上高が1,000万円以下の事業者について，納税義務を免除することにしているわけです。

　大島　その免除の条件としては，基準期間における課税売上高を採っているわけですね。この基準期間についての説明，特に基準期間を前年にしないで，わざわざ2年前までもっていったのはどういうわけですか。

　木村　その課税期間において課税事業者，すなわち納税義務者になるかどうかという判定については，その課税期間で判断するのが理屈としては合っていると思います。

　ただ，消費税が財貨やサービスの価格に含まれて転嫁していくことから考えると，ある課税期間に販売する財貨やサービスについて消費税がかかるかどうか，自分が課税事業者になるのかどうかを，その財貨やサービスを売るときまでに判断しておかなければなりません。

　基準期間が前年ということになると，例えば12月31日が終わると即日その年の課税売上高を計算して，1月1日から販売する物品について，自分が課税事業者に当たるかどうかを判断しなければならないことになりますが，そういうことは実務上困難ですので，前々年，あるいは法人の場合ですと，前々事業年度というように，1年間の間隔を置いて2年前としているわけです。

　大島　この基準期間については，法2条1項14号に定義があるわけですけれども，かっこ書で，事業年度が1年未満である法人について，なかなか難しいことが書いてありますね。

　3−1図は×1年4月，×1年10月，×2年4月の各1日が事業年度初日ということですが，3−1図で×3年4月から9月までの事業年度について，基準期間はいつからいつまでなのかを，具体的にご説明願います。

　まず，このかっこ書の中で，「その事業年度開始の日の2年前の日」というのはいつになるんでしょうか。×3年4月1日がその事業年度開始の日ですが，これの2年前の日というのはいつなんですか。

　木村　×3年4月から×3年9月までの課税期間の，その事業年度開始の日

3－1図

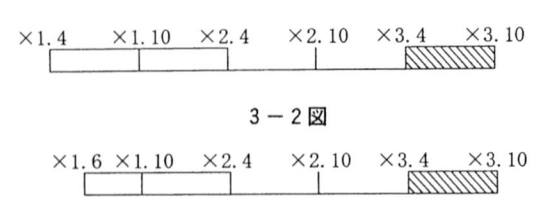

×1.4　×1.10　×2.4　×2.10　×3.4　×3.10

3－2図

×1.6　×1.10　×2.4　×2.10　×3.4　×3.10

の2年前の日というのは×1年4月2日，その前日というのは×1年4月1日ということになります。

大島　4月1日の2年前の日というのは4月1日でなくて2日なんですね。

木村　そういうことです。

大島　同日以後1年を経過する日，つまり×1年4月1日から1年を経過する日までというのはいつまでですか。

木村　×2年3月31日までということです。

大島　その間に開始する事業年度ということですね。そうすると，具体的には，×1年4月から×1年9月までの事業年度と，それから×1年10月から×2年3月までの事業年度ということになりますね。

そこで，通常，半年決算法人が継続しているような場合には分かりましたが，例えば，3－2図のようにその法人が×1年の6月に設立し，第1期が9月までであるとすると，このときの×3年4月から9月までの事業年度の基準期間というのは，×1年の6月から9月までと，×1年の10月から×2年の3月まで，この事業年度ということになるわけですか。これが基準期間ですね。

それで，現実に課税事業者となるか，ならないかを判定するときには，3－2図の例でいきますと，その間の課税売上高を年換算する——これが法9条2項2号ですね。

木村　そのとおりです。

大島　この法9条2項によると，個人事業者の場合には年の中途の開業であっても年換算はしない，法人の場合だけ年換算するわけですか。

木村　そうです。

大島 今までお話の，基準期間の課税売上高が1,000万円以下ならば免税にする，という原則には，法12条の2第1項の例外があるわけですね。

木村 そうです。法9条1項の法意からすると，基準期間がない課税期間については納税義務がないことになるので，新たに設立された法人は原則として新設当初2年間は免税になるわけです。しかし零細法人でない以上，法人には設立の始めから相当の課税売上げがあるものと考えられるので，基準期間がない法人で，事業年度開始の日の資本金あるいは出資金が1,000万円以上のものについては免税の扱いをしない，というのが法12条の2第1項の規定です。以前は，例えば株式会社は最低資本金1,000万円の最低資本金制度が設けられていました（旧商法168条ノ4）が，平成17年に成立した会社法では，この最低資本金制度は廃止され資本金が1円の会社を設立することも可能であり，法12条の2第1項の適用を受けない株式会社があるわけです。

大島 年度の途中で増減資があって資本金が1,000万円を上下しても，その事業年度はそのこととはかかわりなく期首の資本金で判断する，それから設立時の資本金が1,000万円未満でも，次の事業年度の期首の資本金が1,000万円以上になればその事業年度は課税される，また3期目で基準期間ができるとすると今度は原則に戻って，その事業年度は資本金とは関係なく，基準期間の課税売上高で課否を決定するわけですね。

木村 そうですね。3期目で基準期間ができるとすると，原則どおり基準期間の課税売上高で納税義務の判定をすることになりますから，3期目において基準期間の課税売上高1,000万円以下で免税事業者になる場合で，3期目で設備投資等があり，消費税額の還付を受けようとするときには，あらかじめ課税事業者を選択しておく必要があります。

大島 つい忘れてしまいそうですね。

木村 ところで，新設法人の3期目で基準期間ができるという話が出たところで，平成22年度で改正された調整対象固定資産を取得した場合の仕入税額控除において事業者免税点制度を適用しないとすることについてお話しておきます。平成22年4月1日以後設立された資本金1,000万円以上の新設法人につい

ては，事業者免税点制度を適用しないこととされる設立当初の基準期間がない事業年度（簡易課税制度の適用を受ける課税期間を除きます。）中に調整対象固定資産を取得した場合には，その取得があった課税期間を含むその後の3年間は，引き続き事業者免税点制度を適用しないということです。これは法12条の2第2項です（116頁）。また，課税事業者を選択することにより，事業者免税点制度の適用を受けないこととした事業者のその選択の2年間の強制適用期間中に調整対象固定資産を取得した場合も同じ規定があります（115頁）。

　大島　ところで，話がさのぼりますが，法2条14号によると，基準期間とは，法人の場合でいうと，その事業年度の前々事業年度であり，したがって法12条の2第2項では「基準期間がない事業年度」といっている，しかし問題はある課税期間の基準期間とは何か，ある課税期間に基準期間があるかどうか，ということではないでしょうかね。もちろん問題になるのは短縮課税期間（法19条。229頁参照）の場合ですが。

　木村　そういう理屈もあるかもしれませんが，短縮課税期間の場合，ある課税期間が複数の事業年度にまたがることはないわけですから（法19条1項4号かっこ書），ある短縮課税期間の基準期間は，その課税期間が含まれる事業年度の基準期間だし，したがってある短縮課税期間に基準期間があるかどうかはその課税期間を含む事業年度に基準期間があるかどうかで判断する，と解して差し支えないんじゃないでしょうか。また法第9条1項の「その課税期間に係る基準期間」とは，短縮課税期間の場合は，「その短縮課税期間を含む事業年度に係る基準期間」を意味することになります。

　大島　それでは次に通達1－5－19ですが，法12条の2第1項の適用を受ける新設法人でも簡易課税制度の適用を受けられる，といっています。しかし簡易課税制度を使えるのは基準期間の課税売上高が5,000万円以下である場合ですが，新設法人についてはこの要件はどう判断するのですか。

　木村　法12条の2第1項の規定は，新設法人の基準期間がない課税期間について法9条1項の規定を適用しないとするものであり，法37条の簡易課税制度の適用関係に影響を与えるものではなく，もともと基準期間の課税売上げがな

く，つまり課税売上高が5,000万円以下ですから，簡易課税制度を適用できます。

　それからこの規定は社会福祉法22条の社会福祉法人――これは専ら非課税となる物品の販売，貸付け，サービスの提供を目的として設立された法人ですが――には適用がない，つまりこの法人は，原則どおり，基準期間がない場合は課税されないことになっています(施行令25条)。なお人格なき社団も法人として納税義務があるわけですが，資本金も出資金もありませんから，この規定は適用されません。

2　課税売上高

　大島　そこで小規模事業者の免税の基準となる課税売上高とは何か，について伺いましょう。

　木村　法9条2項は「基準期間における課税売上高」として定義していますが，お尋ねに従って，まずそのうちの「課税売上高」の内容から入りましょう。

　課税売上高とは，法9条2項にありますが，簡単にいえば，国内で行った課税資産の譲渡対価から，対価を返還した額を引いた額，ということです。

　大島　そこでだんだんと話を詰めていくと，今の課税資産の譲渡対価というのは，法律では「課税資産の譲渡等の対価の額」ですね。その定義はどういうことですか。

　木村　「課税資産の譲渡等の対価の額」といった場合には，消費税を含まない価格ということです。

　大島　ということは，どこで読むんですか。

　木村　法28条で，課税資産の譲渡等にかかる消費税の課税標準は，課税資産の譲渡等の対価の額であり，それは消費税を含まないといっていますが，法9条2項1号かっこ書で，その対価の額とはこの法28条にいう対価の額だと定義づけています。

　大島　それから税抜対価の返還額を引くというのは，法9条2項1号で「課

税資産等の譲渡等の対価の額の合計額」から（イ－ロ）を引くといっているところですね。

　　木村　（イ－ロ）は対価の返還等の金額を税抜きにするということです。

　　大島　イの金額というのは，税込みであることを前提にしているわけですか。

　　木村　そうです。

　　大島　それはどこで読むんですか。

　　木村　イでは「第38条第1項に規定する売上げに係る対価の返還等」の金額といっていますが，これについて同項で対価の額とその対価の額に100分の5を乗じて算出した額の合計額云々，つまり税込価格であると定義しています。

　　大島　なるほど，そこでこれを税抜きに直すために，その金額からロを引くんだと，こういうわけですね。

　ところでこのロは，単純に消費税額ということではなく，それの125％だというのは，地方消費税の関係ですか。

　　木村　そうです。国税としての消費税とは別に，地方消費税が，消費税額を課税標準として，25％の税率で課税されるので，――地方税法72条の82，83ですが――両方合わせると消費税額の125％になります。これがロの額です。

　　大島　法9条は，小規模免税の基準を税抜きの売上高としている，そこで税抜きの売上高から，税抜対価の返還額を引く，その場合，対価の返還額を税抜きにするために控除する税額というのは，当然地方消費税を含むわけですね。

　　木村　そういうことです。そこで課税売上高とは，結局税抜きの課税売上げから，値引きや返品を受けたことに伴う返還額を税抜きで引いた額だということになります。

　　大島　課税売上高については，通達1－4－2で，今のお話のほか，いくつかの留意事項について触れているので，これに沿って話を進めましょう。まず輸出免税となる金額も，課税売上高に入るわけですね。

　　木村　そうです。課税資産の譲渡等というのは，非課税取引を除いた資産の

譲渡等をいいますから，輸出免税，あるいは租税特別措置法上の免税の場合の課税資産の譲渡等の対価の額を含むことになります。

これは法2条1項9号です。

大島 分かりました。法7条の輸出免税等の規定ですが，それの1項柱書でも，国内において行う課税資産の譲渡等のうち，次に掲げるものは免税だといっているので，輸出免税に該当する売上げも，やはり課税資産の譲渡等なんだということがここでもはっきりするわけですね。

課税売上高に輸出譲渡の対価を含むとすれば，それについて返品を受けてその一部を返還したときは当然控除するわけですね。

木村 そうです。施行令19条で，法9条2項1号イには「輸出取引等に係る対価の返還等の金額を含む」といっています。

大島 その対価は当然消費税を含んでいないので，同号ロの金額はないわけですね。

次に課税売上高は消費税抜きの額だということに関連して酒税など，消費税以外の間接税はどういうことになりますか。

木村 酒税などの他の間接税は，それらの物品の価格を構成するものですから対価の額に含まれます。

大島 ゴルフ場利用税はどういうことになりますか。

木村 ゴルフ場利用税では，事業者は特別徴収義務者であり，納税義務者はそれを利用する者ということになっていますので，それから徴収するものについては，ゴルフ場の利用代を構成するものではないので，対価の額には含まれません。

大島 「課税資産の譲渡等の対価の額」に酒税などは含まれるが，ゴルフ場利用税は含まれないということは消費税法のどこかに書いてありますか。

木村 それはどこにも書いてありません。こうした税の性格からくる当然の解釈です（なお，このことは通達の10-1-11で留意的にいっています。）。

大島 通達の1-4-2では，課税売上高に含まれるものとしてその他の法律，又は条約の規定により消費税が免除される譲渡対価を挙げていますけれど

も，これは具体的にはどういう法律や条約を予想しているんですか。

　木村　例えば条約の場合ですと，外交関係に関するウィーン条約というのがあって，その28条で，大使館等が発給するビザの発行手数料は消費税は課税されないことになっています。あるいは「日本国とアメリカ合衆国との間の相互協力及び安全保障条約第6条に基づく施設及び区域並びに日本国における合衆国軍隊の地位に関する協定の実施に伴う所得税法等の臨時特例に関する法律」の7条で，アメリカ合衆国軍隊等に対する課税資産の譲渡等は免税ということになっています。

　大島　同じく通達の1-4-2では，法31条の規定により課税資産の譲渡等とみなされるものの額は，課税売上高に含まれないといっていますね。法31条では，非課税資産なども輸出扱いにすることになっているわけですが，それにもかかわらず，ここでは課税売上げには入れないわけですね。

　木村　非課税資産の輸出取引あるいは輸出類似取引に当たるものについては，法30条の適用上は課税資産の輸出取引あるいは輸出類似取引とみなされることになっていますが，法9条1項の適用上は，課税資産の譲渡等に含まれません。法31条1，2項が，非課税資産の輸出，輸出類似取引を課税資産の輸出とみなして「前条（法30条）の規定を適用する」といっているのはこの意味です。

　大島　非課税資産などの輸出は，法31条によって，課税売上割合の計算上は課税資産の譲渡と同じように扱われる一方で，法9条の小規模事業者免税の判定の際は課税売上げに入らないということになりますと，最も有利な扱いを受けることになりますね。つまり，課税売上げに入らないから，法9条の適用を受けて免税事業者になる余地が大きい。しかも，課税売上割合計算上は課税扱いとなって分子にも入って割合を大きくするということになりますと，いわゆるいいとこどりで一番有利みたいですね。

　木村　課税事業者の判定と課税売上割合の計算の面でみると，お話のように「いいとこどり」をしていますが，非課税資産などの輸出はもともと非課税売上げであるか，あるいは売上げにならないもので課税の中に入ってくる筋合い

のものでなく，課税事業者かどうかの判定では課税売上高に入らないのは当然です。むしろ輸出ということから，それが非課税資産などであっても国境税調整のため，これを便宜課税資産の譲渡等の輸出免税とみなしてそれに含まれている消費税を控除しようとするものです。なお297頁をご参照ください。

大島 1－4－2の(注)ですが，売掛金が貸倒れになった場合には，法39条で売上げに対する税額から貸倒額に含まれている税額を控除するわけですけれども，法9条の課税売上げの計算上は貸倒額は控除しないところで計算するわけですね。

木村 法9条1項2号は税抜対価の返還額を引くとはいっているが，貸倒れを引くとはいっていないのでそういうことになります。

大島 対価の返還と貸倒れを区別するのはなぜですか。

木村 課税売上高の計算については，課税取引額によって判定する，つまりそのときの売上げによって判断するということでして，貸倒れ自体は債権の切捨てであって売上げに影響するという筋合いのものではなく，取引ということにはなりません。

大島 結局，返品というようなものは，通常の経済取引である，しかし貸倒れは通常の経済取引とはいえない，そういういわば異常なことは免税の判断には影響させない，ということでしょうね。

木村 貸倒れがあったとしても，それは返品のように売上げを減少するものではないので，特に売上げから控除することにはなっていません。

大島 この税抜対価の返還額を引くということは，基準期間中に返還した額を引く，ということですから，それがいつの時点の売上げの返還であるかは問わない，つまり個別にひもをつけて対応関係を考えるのではない，ということを一言つけ加えておきましょう。

3 課税売上高が1,000万円以下の課税期間

大島 それでは通達にいって，まず1－4－1では，その課税期間の課税売上高が1,000万円以下であっても，基準期間の課税売上高が1,000万円超なら，

その課税期間については免税にはならないんだといっていますね。

木村 そうです。その課税期間の課税売上高が1,000万円以下であっても納税申告をする必要が生じることになります。もちろんその課税期間に国内で課税資産の譲渡等がなく、しかも納付すべき税額がない場合は別ですが（同通達（注），法45条1項柱書，384頁参照）。

4 原材料等の支給による加工等の場合の課税売上高の計算

大島 通達1－4－3にいきまして，例えば，(2)で賃加工契約の場合には，加工賃だけが売上げなんだといっていて，これは，当然のことだと思いますが，むしろここに，「原則として」そういう扱いをするんだとあって，例外の場合も予想しているように思われますが，何かそういう例外的な場合も有り得るんですか。

木村 通達の(2)の方には例外はないかもしれませんね。「原則として」といったのは(1)の方が念頭にあるわけでして，前に話に出た通達の5－2－16では，下請先に対して原材料等を有償支給して対価を収受していても，それが未収であり，なおその支給した原材料等を事業者が自分の資産として管理しているときには，原材料支給を売上げとはしないといっていますが（26頁参照），この場合には下請業者については，形の上では加工製品の譲渡対価としていても，加工賃相当部分に対して課税することになります。そういうことから，通達の1－4－3では，「原則として」という断り書を入れているというわけです。

この場合，有償支給の原材料等の対価は譲渡対価には入らないし，また，支払側は課税仕入れにならないことは通達5－2－16の(注)にありますね。

大島 通達1－4－5は，基準期間に免税であった事業者については，基準期間の課税売上高は，課税資産の譲渡等に伴って収受し，又は収受すべき金銭等の全額となるんだ，といっています。当たり前のことのようにも思えますが，何か特に意味があるんですか。

木村 免税事業者については，「課税売上高」という言葉が使えないので，

5 課税事業者となることの選択

大島 通達1−4−6にいきまして、先ほども話が出たように、基準期間が1年未満の場合には、個人事業者はそのままの売上げを採るし、法人は年換算をした売上げを採って免税事業者になるかどうかの判断をするということですが、法人の場合には基準期間の課税売上げが全くなければ課税売上げゼロである、1日でもあれば年換算をするということになるわけですか。

木村 そうです。

大島 バランスの問題があるような気もしますけれども、割切りで仕方がないということですね。

この場合の年換算の計算については法9条3項にいう、「暦に従って計算し」とはどんなことですか。

木村 暦に従うとは、1か月を30日又は31日というように日に換算して計算するのではなく、暦上の1月を1か月で計算することです。例えば2月10日から3月9日までは正味28日ですが、これを1か月と数える、3月10日までは1か月と1日で、端数切上げなら2か月と数えるということです。

大島 4月30日から5月31日までは1月ですか。

木村 4月30日から5月29日までが1月、30日と31日の2日は1月に満たない端数となり、これを切り上げて1月とし、合わせて2月ということになります。

大島 法9条4項では、免税事業者に課税事業者になることを選択する余地を与えているわけですけれども、これはどういう意味がある規定ですか。

木村 免税事業者であっても、消費税の仕入税額控除の関係で還付が生じる場合があります。法9条4項はそんな場合にその還付を受けられるようにするために、選択によって課税事業者になることができることにしているわけです。

例えば、輸出を専業にやっている事業者とか、会社設立1期目、あるいは2

期目で設備投資が先行しているというような法人については，課税事業者を選択することによって還付が受けられるわけです。

　大島　課税事業者になれば税抜経理ができるので，少額償却資産やたな卸資産の評価などの面で所得計算上有利になることがある，ということもありますね。

　ところで同項では，課税事業者になろうとするときは届出が必要で，現実に課税事業者になるのは届出の翌課税期間からということになっています。これはさかのぼって課税というわけにもいかないし，また課税期間の途中から課税というわけにはいかないということでしょうが，この規定と法19条の課税期間を3か月ごとに区切ってもいいという規定との関係はどんなことになりますか。

　木村　個人事業者が年の中途から課税事業者を選択したいという場合，例えば，課税事業者の選択届出書と課税期間の特例選択届出書（例えば3月ごとの期間のもの）の両方をある年の4月1日から6月30日までの間に提出すれば，7月から9月までの課税期間から課税事業者になることができるということです。

　大島　それから課税事業者になろうという届けはその翌課税期間から有効だといっても，事業を開始した課税期間などについてはそうもいかないですね。この辺の緩和措置についてお話し願います。

　木村　届け出た課税期間からすぐに課税事業者となって還付の措置などを受けられるのは，法9条4項，施行令20条1号で規定する事業を開始した課税期間の外，施行令20条2，3，4号で規定する相続・合併，吸収分割によって事業を承継した場合です。

　大島　2号以下は同じ性質の規定かと思いますので，3号を例にとっていうと，その適用を受けるのは，合併前に免税事業者であり，合併後も法11条1項，施行令22条1項による判定の結果，課税にはならない法人ですね。

　木村　そういうことです。付け加えると，合併前後を通じて免税資格のある法人が，免税資格がありながら初期設備投資が大きいなどの事情で還付を受け

るため課税になることを選択していた法人を吸収合併し，課税を選択する動機も引き継いだが合併前は課税を選択していなかった，そうすると通達1－4－13(1)でいうように被合併法人の課税の選択は人格の違う合併法人には引き継がれませんから，黙っていると合併法人の合併期は課税事業者としての還付の利益を受けられなくなってしまう。これを救うのがこの施行令20条3号だということです。なお同じ合併でも新設合併の場合は施行令20条3号ではなく1号に該当します。通達1－4－12，13，13の2は相続・合併・分割に分けて，今お話したことを解説的にまとめています。

　大島　被合併法人は，合併に際してみなし事業年度制度（法人税法14条2号）の適用を受けられるので，消費税法上も最後の課税期間に投資超過に伴う還付を受けますから，課税事業者を選択する動機もここで終って合併法人に引き継がれることはないのではありませんか。

　木村　例えば被合併法人の初期設備投資による工場の建設中に合併があり，合併後その工事が継続して合併法人において仕入控除税額が多額になる場合があります。

　大島　なるほど。ところで法11条1項，施行令22条1項については後ほど「第4」で詳しくお話し願うわけですが，この規定は合併法人の合併からその期末までの免税の可否についての規定ですね。つまり合併前は免税，合併後は課税，と一つの事業年度で課否が泣き分かれになることが有り得るわけですが，施行令20条3号の適用についても合併前は免税のまま，合併後は課税の選択，と，いわばいいとこどりをしてもかまいませんか。施行令20条3号は，「合併があった日の属する課税期間」といっていますが，この課税期間が合併のあった事業年度の意味ならばいいとこどりはできない——つまり施行令20条3号による課税の選択は合併前の期間に及ぶ，合併後事業年度末までの期間の意味ならばいいとこどりもできる，ということになりますが。

　木村　同じ課税期間で，合併前は免税，合併後は課税ということは当然にあり得ますが，施行令20条3号により課税事業者を選択する場合には，法9条4項の二つ目のかっこ書が「当該課税期間」から届出の効力が発生するというこ

とになっているので合併法人が9条4項の届出をした場合，合併の日から課税事業者になるのではなく，その課税期間開始の日から課税事業者となり，一つの課税期間を合併前後で別々の課税期間とみることはできません。

大島　しかし合併前は免税だったわけですから消費税抜きで売っていたわけですが，その調整はどうなりますか。

木村　合併前の売上げについては売上額の105分の4が消費税，105分の1が地方消費税として納税することになります。施行令20条3号の課税事業者になる選択はそれを織り込んだうえでのことでなければならないわけです。

大島　なるほど。ところで課税事業者であることを選択しないで免除を受けていた法人が，同じく課税事業者であることを選択しないで免除を受けていた法人の事業を合併によって承継した場合は，課税を選択する届出は，施行令20条の1号にも3号にも該当しませんから，その届出の翌課税期間から有効ということになりますね。

木村　そういうことです。

大島　次に相続・合併・吸収分割については施行令20条2・3・4号でそれぞれ規定されていますが，法12条7項の分割等の場合については特別の規定がありません。そのうち同項1号の新設分割，同2号の現物出資の場合は新設ですから施行令20条1号に該当しますが，事後設立の場合は契約による資産の譲渡があって法12条1項によってその時点から課税になる場合（155頁参照）はその課税期間から課税事業者になる途を開いておく必要があるんじゃないでしょうか。

木村　今「その課税期間から」といわれたのは，資産の譲渡の日からその事業年度の末日までのことを指しているのかと思いますが，この期間は法19条の課税期間の定義に該当しないので課税期間ではありません。ですから一つの課税期間のうちに免税の期間と課税の期間があることになるわけです。

そこでお尋ねに対する答ですが，事後設立についても，通常，施行令20条1号になりますが，その資産の譲渡が設立の翌課税期間になった場合，新設の場合に準じて施行令20条1項を適用することは解釈論としては無理でしょう。

第3　輸出免税・小規模事業者免税　113

もっとも立法論としては検討の余地があるかも知れません。

　現行法上は，事後設立のときに翌課税期間をおいて資産の譲渡が予定されていて翌課税期間から課税を選択するのであれば，設立の課税期間に翌課税期間から課税事業者を選択する旨の届出をしておくのがよいでしょう。

　大島　お話しの，資産の譲渡の日以降の期間を「課税期間」といわないという点ですが，いうかいわないかでどんな違いがあるか，の問題があると思いますが，この点については後に譲りましょう（364頁）。

　それでは関連通達にいきましょう。

　木村　通達1－4－7は，なお書で，実質的に事業活動を始めたのは2期目である場合にはその2期目が事業を開始した課税期間になるといっており，また通達1－4－8は2年以上休業した後の課税期間にも例外規定の適用を認めています。

　大島　通達1－4－10はどんな意味ですか。

　木村　簡単にするため個人の場合についていいますと，前々年の課税売上高が1,000万円超であったため今年は課税事業者になっていた，ところが前年の課税売上高が1,000万円以下である場合，黙っていると来年は免税事業者になりますから，課税事業者である今年にも課税事業者選択届出書を提出できる，ということです。

　大島　なるほど。通達は課税事業者でも届けを出すことが・で・き・る・，という側面から書いてありますが，来年課税事業者になるためには，今年中に届けを出さ・な・け・れ・ば・な・ら・な・い・，という意味で読む必要がありそうですね。

　次に通達1－4－11についてお願いします。

　木村　いったん課税事業者選択届出書を出した後，基準期間の課税売上高が1,000万円超となっても届けは失効するわけではないので，次に基準期間の課税売上高が1,000万円以下になった場合には当然に課税事業者になる，ということです。

　大島　次に通達1－4－14についてお願いします。

　木村　課税事業者の課税選択の届出の効力は，原則として，その届出書を提

出した課税期間の翌課税期間からで，その届出書を提出した課税期間が事業を開始した課税期間などのときは，その課税期間から効力が生じます。そのため事業を開始した事業者は今課税期間は免税，翌課税期間から課税という選択はできないのではないか，という疑問がありますが，そうではないということを書いているわけです。

　つまり，事業を開始した課税期間にその課税選択の届出書を提出した事業者は，今課税期間から課税選択をするか，あるいは翌課税期間から課税選択をするか，それは事業者に委ねられているということです。

　大島　次に法律に戻って法9条の6項ですが，読み方が難しいので，具体的にお話し願います。

　例えば，×1年の12月に課税事業者になることを届け出た場合，この6項の具体的な適用はどんなことになりますか。

　木村　個人事業者を例にとってみると，×1年12月に課税事業者の選択届出書を提出した場合には，その翌課税期間から適用されるということですから，×2年から課税事業者になります。

　また，その課税事業者の選択をとりやめたい場合には，×3年1月1日以後に不適用の届出書を提出することができます。

　そして，×3年中にその届出書を提出すれば，×4年から免税事業者に戻ることができます。つまり一度課税事業者の選択をすれば，2年間は課税事業者を継続するということになります。

　大島　今の例でいうと，×2年と×3年は課税事業者であるということになりますね。

　木村　そういうことです。

　大島　この辺が素人にはなかなか読みにくいんです。

　×1年の12月に課税事業者の選択届出書を出すとすると，「翌課税期間の初日」は，×2年の1月1日ですね。これから「2年を経過する日」というのはいつなんですか。

　木村　×3年12月31日です。

大島 その課税期間の初日ですから，×3年の1月1日以後でなければ不適用届出書は提出できない，×3年1月1日になれば届出ができるけれども，それが具体的に効力が出てくるのは×4年1月1日から。したがって×2年と×3年は課税事業者だというわけですね。

木村 そういうことです。

大島 事業年度が変則だとちょうど2年ではなくなりますね。

木村 7か月の課税期間ですと，×4年1月1日に始まる課税期間から課税事業者になっていると，それから2年を経過する日，つまり×5年12月31日を含む課税期間は×5年10月1日開始の課税期間，この課税期間中にとりやめの届出書を出すと，それが発効するのは×6年5月1日開始の課税期間ということになります。

大島 それから法9条9項は，やむを得ない事情で課税事業者になろうとする届け，これをやめようとする9条5項の届けを適時に提出できなかった場合の救済規定で，施行令20条の2で手続的なことを定めていますが，通達1-4-16ではこれを天災，火災，年末1か月程度前の相続開始，その他これに準ずる事情というように相当きびしい扱いとなっていますね。多少ゆとりがあってもいいような気もしますが……。

木村 ところで，法9条この課税事業者を選択した場合の2年間の強制適用について，その強制適用期間中に調整対象固定資産を取得した場合には，その取得があった課税期間を含む3年間は，引き続き事業者免税点制度を適用しないこととされています。そして，その引き続き事業者免税点を適用しないこととされた課税期間については，簡易課税制度の適用を受けられないこととされています。

大島 平成22年度の税制改正において改正されたもので，法9条7項，法37条2項ですね。

木村 そうです。平成22年4月1日以後に課税事業者選択届出書を提出した事業者の同日以後開始する課税期間から，その課税事業者を選択することにより事業者免税点制度の適用を受けないこととした事業者のその選択の2年間の

強制適用期間（簡易課税制度の適用を受ける課税期間を除きます。）中に調整対象固定資産を取得した場合には，その取得があった課税期間を含む3年間は，引き続き事業者免税点制度を適用しない，そして，その課税期間においては簡易課税制度の適用を受けられないということです（102頁，357頁）。

　大島　資本金1,000万円以上の新設法人の設立当初の基準期間がない事業年度期間中に調整対象固定資産を取得した場合も同じ規定がありますね（101頁参照）。

　木村　そして，この新設法人には，基準期間がない事業年度開始の日における資本金が1,000万円以上の合併，分割等により設立された法人も含まれます。

第4 相続・合併があった場合の納税義務の免除の特例

I 相続があった場合の納税義務の免除の特例 (法10条)

　大島　それでは、先にいって法9条の小規模事業者の免税に絡んで、相続・合併があった場合に、1,000万円の免税点の計算をどうするかということについてお話を伺います。

　まず、法10条の相続の関係ですけれども、この1項からお話しください。

　木村　法10条1項は、その年に相続があった場合の法9条の適用関係がどうなるか、2項は、その年の前年、あるいは前々年に相続があった場合に法9条の適用関係がどうなるか、ということを規定しているわけです。

　1項は、相続があった年、具体的には相続があった日の翌日からその年の12月31日までの間の納税義務についてですが、相続によって被相続人の事業を承継した、免税事業者である相続人は、被相続人の相続があった年の基準期間の課税売上高が1,000万円を超える場合には、法9条の免税の規定は適用されないということです。

　それから2項は、その年の前年、又は前々年に相続があった場合、といっていますから、いい換えれば、相続のあった年の翌年と翌々年の納税義務についてですが、相続人の基準期間の課税売上高と、被相続人の基準期間の課税売上高との合計額が1,000万円を超える場合には、相続人は免税事業者には該当しないということです。

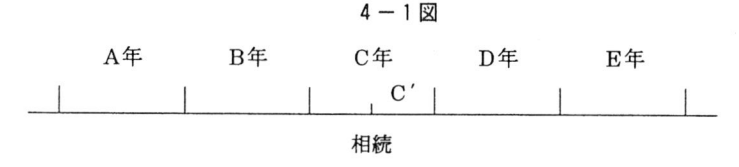

4－1図

```
    A年     B年     C年     D年     E年
    |       |       |       |       |       |
                    C'
                   相続
```

　4－1図を見てもらいますと、C年に相続があった場合の、C'の期間につ

いての法9条の適用関係は，結局，被相続人あるいは相続人のどちらかのA年の課税売上高が，1,000万円を超えているかどうかによって決まるということです。

大島 お話のうち，相続人のA年の課税売上高が1,000万円を超えている場合は，この法10条とは関係なく，そもそもC年全体について法9条が適用されないわけですね。

木村 そうです。正確にいえば，A年の課税売上高が，相続人は1,000万円以下だが，被相続人が1,000万円を超えている場合にこの法10条1項が働くわけです。

2項は，相続人のD年とE年について，D年はB年の被相続人と相続人の課税売上高の合計額が，E年はC年の被相続人と相続人の課税売上高の合計額が，それぞれ1,000万円を超えているかどうかによって，法9条の適用があるかどうかを判定するということです。この場合も正確にいうと，相続人のB，C年の課税売上高は1,000万円以下だが，被相続人の分と合わせると1,000万円を超えるときに初めてこの規定が働くわけです。

大島 相続のあった年，つまりC年についていうと，A年の相続人と被相続人の課税売上高の合計にはよらない，どちらか一方だけで1,000万円を超えるときにだけ課税になるということですが，ここはなぜ両方の課税売上高を合計しないんですか。

木村 相続があった年に，年の中途から，しかも相続の直後に煩雑な事務処理をしなければならないことにならないように配慮して，被相続人の基準期間の課税売上高だけで判定することにしたということです。

大島 いわば手間の問題を考慮してということですか。

木村 手間の問題もありますし，相続が年の中途で行われたわけで，相続人はその年は免税事業者であり，その相続後については，被相続人が課税事業者の場合だけ法9条1項本文の規定は適用しないとするのが妥当ではないかと考えます。

もちろん相続人のA年の課税売上高が1,000万円以上であれば，さっきのお

第4　相続・合併があった場合の納税義務の免除の特例　119

話のようにもともと課税事業者であり，相続による事業の部分も含めて課税になることは明らかです。

　大島　念のためですけれども，C年，つまり相続があった年についていうと，課税されるとしても相続があった日の翌日からその年の年末までに対してだけ課税される，つまり，4－1図でいうと，C′の期間だけ課税されるのであって，C年全体に対して課税されるのではないわけですね。

　木村　そういうことです。相続人の基準期間の課税売上高が1,000万円以下で，被相続人の基準期間の課税売上高が1,000万円を超えている場合，相続があった日までの相続人の課税売上高については納税義務は免除される，相続があった日の翌日から年末までの課税売上高について，法9条1項の特例として納税義務を免除しないということです。

　大島　さっきお話が出たように（112頁），ここでもC′の期間は「課税期間」ではないわけですね。

　そこで，この場合の課税売上高についてですけれども，売上対価の返還をしたような場合，法10条には，その返還額を控除するという規定が見当たらないんですけれども，控除はしないんですか。

　木村　免税事業者に該当するかどうかを判定する場合の「基準期間における課税売上高」とは，基準期間中の課税資産の譲渡等の対価の額，税抜きの額ですが，その合計額から売上げについての対価の返還等の金額，これも税抜きの金額ですが，その合計額を控除した金額です。これは法9条2項で定義しています。

　相続の場合にも，納税義務の判定の基礎は，「基準期間における課税売上高」ですから，当然に基準期間中の課税売上高から売上対価の返還額——どちらも税抜額——を控除することになります。

　大島　基準期間における課税売上高とは何をいうかは，お話のように法9条2項に規定されているわけですが，法11条4項をみると，真ん中辺りですが，「基準期間における課税売上高」とあって，ここでは返還等の金額を引いた残額だということをわざわざ断っている。ところが，法10条ではそういう断り書

がありませんから，法10条では引かない，ということになりませんか。

木村　「基準期間における課税売上高」というのは，法9条2項にありましたね。その4項に，「……その基準期間における課税売上高（同項に規定する基準期間における課税売上高をいう。第11条第4項，第12条第3項及び第15条を除き，以下この章において同じ。）……」とあり，法11条4項と12条3項及び15条を除いて「基準期間における課税売上高」とは，法9条1項本文に規定する，具体的には同条2項に規定している定義によることになり，この定義によって対価の返還等の額を引くわけです。法11条4項のことはまた後でお話します。

大島　なるほど分かりました。それからこの法10条の相続人というのは，自分も今まで事業をしていた人だけでなく，相続によって初めて事業をする相続人も含むわけですね。

木村　被相続人の事業を承継する限り，今まで事業をしていなかった相続人も当然含まれます。

大島　それでは，法10条3項を受けた施行令21条をご説明願います。

木村　施行令21条は，被相続人の事業として，例えば，本店と支店の事業があり，本店事業を長男が，支店事業を次男が相続したような場合，各相続人の納税義務を判定する場合の被相続人の基準期間の課税売上高は，長男については本店事業の基準期間，つまり2年前の課税売上高により，次男については支店事業の2年前の課税売上高によるということです。

大島　ここでは，事業所がはっきり分かれている場合のことが念頭にあるようですが，通達1－5－3によると，事業の全部又は一部の承継という概念が入っていますね。事業所が分かれていないけれども，事業の一部を相続するということも予想しているわけですか。

木村　例えば，1か所で商売をやっていて，卸売の部分は長男，小売の部分は次男が承継した場合には，取扱いとしては，2年前の卸売の部分については長男分，小売の部分については次男分ということで基準期間における課税売上高を計算することになります。

大島　関連して通達1－5－5がありますね。

木村 相続財産の分割が実行されるまでの間は，被相続人の基準期間の課税売上高を，民法上の法定相続分の割合で相続人に分割して計算するということです。

大島 ところで今まで話してきた相続が第二次相続であって，被相続人が以前に相続人だったとすると，考慮すべき複雑な問題があるように思われますが，その辺はどんなものでしょう。

木村 以前はお話の場合を想定した複雑な規定があったのですが，今は簡素化のためそのような事情は考慮せず，その相続の相続時点の現況だけで判定することになっています。

大島 それから，法10条で相続人の課否が問題になっているわけですが，小規模事業者でも法9条4項の届出書を出して課税事業者になることを選択した人にはそもそもこの10条を適用する余地はないわけですね。

木村 それで法10条1項かっこ書でそのような「相続人を除く。」としてそのことを断っているわけです。

Ⅱ 合併があった場合の納税義務の免除の特例 (法11条)

大島 それでは，相続関係を終わって，法11条の合併の関係に入りましょう。まずそもそも合併の場合に免除の特例を規定する趣旨からお願いします。

木村 合併には吸収合併と新設合併とがありますが，まず新設合併の場合，合併法人には基準期間がないわけです。しかし合併法人は被合併法人を承継しているわけで，その被合併法人には過去の実績がありますから，その実績を基準として合併法人の免税の可否を判定しようということです。基準期間がない場合は法12条の2第1項に資本金基準で免税を制限する規定がありますから，合併法人は免税を受けるためにはこの11条と12条の2第1項のダブルテストをパスしなければならないわけです。実務上は形式基準で簡単な12条の2第1項のテストを先に受けてそこでパスした場合にこの11条のテストを受けることになりましょう。

吸収合併の場合は，合併法人には基準期間がありますが，それは合併前の額で合併による増加額を反映していないので，被合併法人の課税売上高を織り込んだところで免税の可否を判定しようということです。もちろん合併法人の基準期間の課税売上高が1,000万円を超えていれば11条の適用外で当然免税事業者にはなりません。

　大島　そうするとこの特例は合併後時間がたって，合併法人の基準期間が合併後の実績になるともう必要はない，法11条はそれまでの間の特例だということですね。

　それでは次に法11条の1項から4項までがそれぞれ何を規定しているのか，概要をお話し願います。

　木村　法11条の各項は，吸収合併・新設合併の別に，合併法人の免税の可否を判定しようとする事業年度（以下第5の分割等関係を含めて判定対象年度といいます。）と合併の時期の関係によって，次に述べるそれぞれの金額が1,000万円を超えていると合併法人の判定対象年度（1項の場合は期間）は免税とはしないということです。以下は少々ラフなスケッチですが，1項は，吸収合併をした法人の合併事業年度の合併後の期間についてで，この場合は，被合併法人の，合併法人の合併事業年度の初日の2年前の応答日から1年の間に終わった事業年度中の課税売上高の年換算額。

　2項は，吸収合併をした法人の判定対象年度の基準期間の初日の翌日からその事業年度の前期末までの間に合併があった場合で，この場合は，その基準期間の課税売上高の年換算額と被合併法人のその基準期間の初日から1年の間に終わった事業年度中の課税売上高の年換算額 x の合計額（基準期間中に合併があった場合，x は基準期間のうち合併前の期間に圧縮した額）。

　3項は，新設合併法人の合併事業年度についてで，この場合は，各被合併法人の，合併の日の2年前の応答日から1年の間に終わった事業年度の課税売上高の年換算額のどれか一つ。

　4項は，新設合併法人の判定対象年度の初日の2年前の日から前期末までの間に合併があった場合で，この場合は，(1)新設合併後日が浅くまだ基準期間が

できていない場合は，各被合併法人の，判定対象年度の初日の2年前の応答日から1年の間に終わった事業年度の課税売上高の年換算額の合計額，(2)基準期間がある場合は，基準期間の課税売上高と，各被合併法人の判定対象年度の初日の2年前の応答日から1年の間に終わった事業年度の課税売上高を2年前の応答日から合併の日までの課税売上高に換算した額との合計額。

それから法10条の相続の場合と同じように，この法11条も法9条4項の届出書を出して課税事業者になることを選択した法人には，当然適用はないわけです。このことはかっこ書で断っています。

大島 分かりました。なお，法人税法上は合併を適格合併と不適格合併に分け，課税上の取扱いが違っていますが，消費税ではそのような区分はないことを念のためつけ加えておきましょう。

1 法11条1項（4－2図・C₂期の判定）

大島 全体像は分かりました。それでは各項ごとに話を進めましょう。まず1項ですが，これは吸収合併の場合の話であって合併法人甲は新設法人ではありませんから，法12条の2第1項の適用はないわけですね。

木村 合併に伴う問題ではありませんが，4－2図で合併法人甲がB期の設立ですとC期は基準期間がありませんから，やはり法12条の2第1項が働いて，資本金が1,000万円以上だと以下のテストを経るまでもなく課税になります。このことは通達1－5－15でいっています。

大島 なるほど。甲がB期の設立だと，以下の計算は合併法人甲の資本金が1,000万円未満のときに生きるわけですね。

木村 そこで細目に入って，まず合併法人甲の合併があった事業年度の免税の可否についてですが，4－2図でいうと，合併法人甲のC期に合併があった，その場合の合併以後，つまりC₂の期間の合併法人甲に対する免税の可否は，施行令22条1項により，合併法人甲の合併事業年度の初日（C期の1月1日）の2年前の応答日（法文では2年前の日の前日――A期の1月1日）からその日以後1年を経過する日（A期の12月31日）までの間に終了した被合併法人乙の事

業年度，つまりa期とb期の税抜対価の返還額を控除した後の課税売上高の年換算額が1,000万円を超えていれば免税事業者にはならないということです。もちろん合併法人甲のC期の基準期間であるA期の課税売上高が1,000万円を超えていれば，合併法人甲はC期は本来課税事業者ですから，法11条1項で問題となるのはA期の課税売上高が1,000万円以下の場合です。

そこで4－2図に当てはめてみると，まずC期の基準期間であるA期の課税売上高は750万円で1,000万円以下です。次にa期とb期の課税売上高はそれぞれ315万円，330万円，計645万円でこれも1,000万円以下ですから合併法人甲のC_2期は免税事業者ということです。

なお4－2図にはかっこ書で承継法人，分割法人，吸収分割という字句がありますが，これは「第5」の吸収分割に関係する字句ですから，それまでは気にしないで無視してください。

4－2図

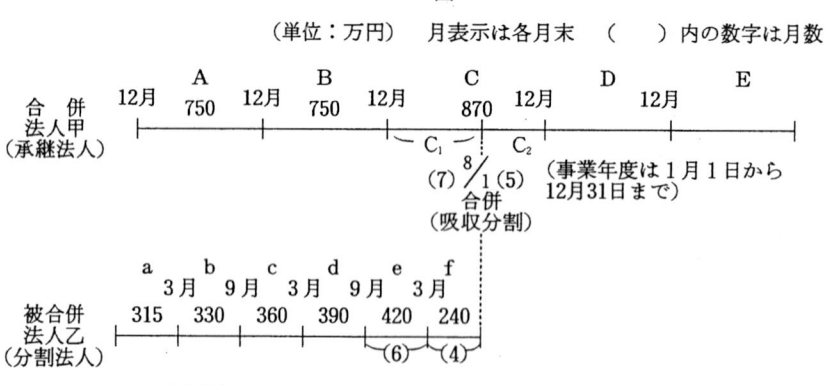

（単位：万円）　月表示は各月末　（　）内の数字は月数

合併法人甲
（承継法人）

	A		B		C		D		E
12月	750	12月	750	12月	870	12月		12月	

C_1　C_2
(7)　8/1　(5)
合併
（吸収分割）

（事業年度は1月1日から12月31日まで）

被合併法人乙
（分割法人）

	a		b		c		d		e		f
	3月		9月		3月		9月		3月		
	315		330		360		390		420		240

(6)　(4)

（事業年度は4月1日から9月30日まで，10月1日から3月31日まで）

大島　法11条1項では今の被合併法人の課税売上高を，被合併法人の合併法人の合併事業年度の「基準期間に対応する期間における課税売上高として政令で定めるところにより計算した金額」といっています。基準期間とお話の，つまり施行令22条1項の「その事業年度初日の2年前の応答日からその日以後1年を経過するまでの間」とは違いますから，何か政令が法律と食い違っているようにみえますが，法律は，合併法人の合併事業年度の基準期間に対応する期

間とはどの期間かということを政令に委ねているわけですから，政令が基準期間そのものではないが，半年とか1年とかの普通の事業年度であれば基準期間となるべき期間をもってきても違法ではない，といっていいでしょうね。

木村　それでいいと思います。ただ施行令は法2条14号と違って，これこれの間に「開始する事業年度の課税売上高」でなく「終了する事業年度の課税売上高」と規定しています。しかしこれも「対応する期間」が違法でない以上，その中で開始を採るか，終了を採るかということも政令に委ねられていると解することができます。

大島　それから繰り返しですが，この合併の場合にも，先ほどの相続の場合と同じように，課税になるかどうかが問われているのは，合併法人甲の合併があった事業年度であるC期のうちの合併以後の期間，つまりC_2の期間だということですね。

木村　そういうことです。

大島　C_1とC_2は一つの事業年度，したがって一つの課税期間ですが，その内で免税になる期間とならない期間に分かれるわけですか。

木村　そういうことです。法11条1項にそのことが明記されています。

大島　まだ法30条の仕入税額控除の話が済んでなくて順序が逆になりますが，免税であったC_1の期間以前に課税仕入れした資産にかかっている税額は，免税でなくなったC_2の期間にどう扱われますか。

木村　合併によって免税にならなくなった日，つまりC_2の期間の初日（8月1日）に免税の期間に課税仕入れをした棚卸資産があると，その棚卸資産について仕入税額控除をすることができます。そのことについては法36条1項をみてください。同条は免税事業者がある課税期間から課税事業者になった場合について今いったことを規定していますが，同項かっこ書で，相続・合併によってある課税期間の途中から課税事業者になった場合も同様だということをいっています。法36条のことは327頁のⅥで取り上げていますが，今の点は328頁で触れています。

大島　それから先ほどの相続の場合と同じように，合併法人甲の基準期間で

あるA期の課税売上高と，被合併法人乙のa期とb期の両方の期間の課税売上高との合計額が1,000万円を超えていても，それぞれが1,000万円以下ですと課税事業者にならないということですね。

木村　そういうことです。反対からいいますと，A期の課税売上高と，a期及びb期の課税売上高の合計額のどちらかが1,000万円を超える場合に課税事業者になるということです。

大島　それはまたなぜでしょう。A期とa期，b期合算の課税売上高で判定するのが筋のようにも思えますが。

木村　これは，相続のところでも出ましたが（118頁），合併直後に煩雑な事務処理をしなければならないことのないよう配慮したということもありますが，法11条1項は，合併があった事業年度において合併法人が免税事業者である場合には，その事業年度の合併後の残りの期間についても，被合併法人が課税事業者であった場合は別として，そのまま合併前の期間と同様に免税事業者にしておくということで，合併法人と被合併法人の課税売上高を合計して課税事業者にすることはしないということです。

大島　どうも少々甘いような気がしないでもないですね。

それからもう一つ，被合併法人乙が例えばa期の真ん中，12月1日に設立になっているという場合には，a期及びb期といっても10か月しかないわけですけれども，これの年換算の問題がありますね。

木村　4－2図ではa期とb期の月数の合計が12か月なので年換算のことは表に出ませんでしたが，施行令22条1項で年換算を規定しています。同項はなお税抜対価の返還額を控除することを規定しています。

大島　年換算と税抜対価の返還額の控除は，法9条2項で「基準期間における課税売上高」の定義に入っていますが，ここはa期，b期など，「各事業年度の課税売上高」の話ですから法9条の定義を適用することはできず，あらためて定義しているわけですね。

なお税抜対価の返還額の控除を規定した施行令22条1項の1，2号も少々難解ですが，この点については103頁で話が出ていますからご参照ください。

では次に，合併法人が，合併事業年度の基準期間の課税売上高が1,000万円以下である法人を二つ以上合併した場合はどうなりますか。

　木村　法11条1項のかっこ書で，被合併法人のどれかがそれぞれのa期とb期にあたる期間の課税売上高が1,000万円を超えると免税事業者にならないのであって，複数の被合併法人のa期とb期にあたる期間の課税売上高を合計して判定するわけではありません。

　大島　しかし合併の場合の免税規定の特例の趣旨から考えると合計額で判定すべきではないでしょうか。

　木村　被合併法人が二つ以上ある場合には，いずれかの被合併法人の課税売上高が1,000万円を超える場合としているのは，合併初年度については，合併後の法人の規模で納税義務の有無の判定をしないということ，つまり，合併法人が課税事業者である場合は当然ですが，そうでない場合は被合併法人のいずれかが課税事業者であった場合にだけ，その課税事業者であった被合併法人の状態を合併後も合併法人において継続するということです。

　いい方を換えれば，免税事業者ばかりが合併すれば，その事業年度は合併後もそのままそれらの免税事業者が継続していると考えて，合併法人を免税事業者の状態におくということです。

　大島　ここもどうも少々甘いような気もしますが，所詮は決め方の問題でしょうか。

　それから合併が合併法人甲の新設初年度に行われた場合は，法12条の2第1項が働いて，資本金が1,000万円以上なら無条件に課税ですね。

　資本金が1,000万円以上の新設法人乙を吸収合併した合併法人甲の合併課税期間の課税関係はどうなりますか，もちろん甲には基準期間があってその課税売上高が1,000万円以下の場合ですが。

　木村　お尋ねは，法12条の2第1項によって課税になっている乙を吸収合併した合併法人甲は，無条件で課税事業者になるのではないか，ということかと思いますが，そうではありません。吸収合併されて消滅した乙についてはもはや12条の2第1項は働かず，この場合は被合併法人乙は新設法人で施行令22条

1項にいう課税売上高はありませんから合併法人甲の基準期間の課税売上げだけで判定することとなり、その課税売上高が1,000万円以下ですから、甲は免税事業者になります。

大島 これで1項について、規定の内容自体は分かりましたが、次にもう少し掘り下げて検討してみたいと思います。

施行令22条1項は、合併法人の基準期間に対応する被合併法人の期間を、合併法人の合併があった事業年度の初日の<u>2年前の応答日から1年の間に終了</u>した事業年度、と規定していますが、下線部分はなぜ「基準期間の初日から1年の間」としなかったのでしょう。法2条14号によれば、事業年度が1年未満の法人の基準期間は、その事業年度の初日の2年前の応答日から1年の間に開始する事業年度ですから、例えば10か月事業年度の法人の×3年4月1日から始まる事業年度についてみると、その前期が×2年6月1日から×3年3月31日まで、前々期が×1年8月1日から×2年5月31日までで、この前々期が基準期間になります。さっきの下線部分は×1年4月1日から×2年3月31日までですから、被合併法人が例えば4月30日に終わる1年事業年度だとすると、×1年4月30日終了の事業年度は該当するが、次の×2年4月30日終了事業年度は該当しない、そうすると合併法人の基準期間に対応する被合併法人の事業年度（法11条1項の文言）といいながら基準期間は8月開始、対応年度は同年4月終了年度だけで、重なる期間は0であるばかりでなく、3か月もすき間があります。ここは「基準期間の初日から1年の間」とすべきではないか、そうすれば被合併法人の事業年度の末日が何月であっても重なる期間は必ずあるわけです。重なる期間が一番短いのは、事業年度が8月31日に終わる場合ですが（事業年度は月末に終わるものとしています。）、それでも1か月は重なることになります。

木村 確かにそのとおりですね。しかし施行令22条1項は法11条1項を引いているわけですが、法11条1項は、合併法人の吸収合併があった事業年度の合併からその事業年度の終わりまでの期間についての免税の可否の規定で、その合併法人に基準期間が必ずあるとはいえませんから、「基準期間の初日から1

年の間」としないで「2年前の応答日から1年の間」としたのです。

　大島　それから規定中「終了する事業年度」を採って「開始する事業年度」としなかったのはなぜでしょう。

　木村　「開始する」とすると，例えば4－2図で被合併法人の，合併法人のA期12月1日に開始する事業年度，つまり被合併法人の事業年度が合併法人のA期の12月1日に開始するとした場合のその事業年度が対応する期間に該当しますが，例えば，前提を変えて4－2図によらず被合併法人の事業年度を1年とし，また事業年度初日を12月1日としますと，その終わりはB期の11月30日になって，判定対象年度の初めには決算未確定になってしまう，ここはやはり「終了する」の方が合理的でしょう。

2　法11条2項

　大島　それでは，法11条2項についてお話し願います。

　木村　法11条2項は，判定対象年度の基準期間の初日の翌日から，判定対象年度開始の日の前日までの間に吸収合併があった場合の，合併法人の判定対象年度の免税の可否についての規定です。合併法人のその事業年度の基準期間の課税売上高が1,000万円以下であっても，これと，その基準期間に対応する期間の被合併法人の課税売上高との合計額が1,000万円を超える場合には，合併法人については，納税義務の免除規定は適用されないということです。

　大島　この法11条2項で，「基準期間の初日の翌日から当該事業年度開始の日の前日までの間に合併があった場合において，……」といっていますが，基準期間の初日に合併があった場合にはどうなりますか。

　木村　基準期間の初日に合併があった場合には，合併法人の基準期間の課税売上高によって判定することになります。これは，基準期間の初日に合併があった場合には，合併法人の基準期間の課税売上高は，そのすべてが合併後の実績であり，被合併法人の実績を加算する必要がないからです。

　(1)　4－2図・D期の判定

　大島　2項は4－2図でいうと，合併法人甲のD期とE期の話になります

が，まずＤ期について，4－2図に即してお話し願います。

　木村　法11条2項は，ある事業年度の基準期間の初日の翌日から，その事業年度の初日の前日までの間に合併があった場合についての規定ですから，図でいうとＤ期とＥ期が該当します。図で分かるように，そのうち合併が基準期間中にあったのがＥ期，それ以外の期間，つまり基準期間全体が合併前であったのがＤ期，ということです。

　そこで基準期間が合併より前であったＤ期の免税の可否判定ですが，この場合は，基準期間中は両法人が別個の存在だったわけですから，単純に合併法人の基準期間中の課税売上高と，これに対応する期間中の被合併法人乙の課税売上高を合計した額で判定するわけです。そこで合併法人甲の基準期間，つまりＢ期の課税売上高は750万円，これをＭとし，これが1,000万円以下であっても，このＢ期に対応する期間の被合併法人乙の課税売上高，これをＮとして，Ｍ＋Ｎが1,000万円を超える場合には，合併法人甲のＤ期は課税事業者ということになります。

　大島　合併法人甲の基準期間であるＢ期に対応する期間の被合併法人乙の課税売上高の計算は施行令22条2項ですね。

　木村　そうです。Ｄ期が課税事業者になるかどうかの判定をする場合の課税売上高は，法11条2項と施行令22条2項によって計算します。

　合併法人甲の基準期間Ｂ期の課税売上高に加算する，Ｂ期に対応する期間の被合併法人乙の課税売上高Ｎとは，合併法人甲の基準期間の初日，つまりＢ期の1月1日から同日以後1年を経過する日，つまりＢ期の12月31日までの間に終了した被合併法人乙の各事業年度，つまりｃ期とｄ期の課税売上高をｃ期とｄ期の合計月数で割って，これに12を掛けて計算します。つまりｃ期とｄ期の課税売上高合計の年換算額です。

　大島　具体的にいうと，合併法人甲のＢ期と被合併法人乙のｃ期＋ｄ期，この課税売上高をそれぞれ年換算した額の合計は1,500万円ですから，合併法人甲のＤ期は免税にならないということですね。

第4　相続・合併があった場合の納税義務の免除の特例　131

$$M = 750万円（B期）\times \frac{12}{12か月} = 750万円$$

$$N = (360万円（c期）+ 390万円（d期）) \times \frac{12}{6か月（c期）+ 6か月（d期）}$$

$$= 750万円$$

$$M + N = 750万円 + 750万円 = 1,500万円$$

　念のためですが，M，Nの計算上の分数は分母も分子も12になりますが，分母の12は<u>この例では</u>12だが，例が変われば変わり得る数字であるのに対し，分子の12は1年の12か月という意味で不変の数字ですね。これからも12か月といわず，12といったときは不変の数字を表す，ということにしましょう。

　木村　その計算で結構です。

　大島　ところで施行令22条2項は，合併法人の基準期間に対応する被合併法人の期間を，合併法人の「基準期間の初日から1年間の間に終了する被合併法人の事業年度」としていますが，これについて三つばかり明らかにしておきたいことがあります。

　第1に，なぜ「基準期間の初日から1年間の間に終了する事業年度」であって「基準期間中に終了する事業年度」でないのか。

　第2に，なぜ「終了する事業年度」であって「開始する事業年度」でないのか。

　第3に，なぜ「事業年度初日の2年前の応答日からの1年間」でなくて「基準期間の初日からの1年間」なのか。

の3点です。

　木村　まず第1点ですが，法2条14号によると，事業年度が1年未満の場合は，さっき話された（128頁）ように，例えば10か月事業年度の法人の×3年4月1日に始まる事業年度の基準期間は×1年8月1日から×2年5月31日までですから，被合併法人の事業年度が，例えば7月1日から翌年の6月30日までだとすると，合併法人の基準期間中に終了する事業年度は存在しないことになってしまう。それでは困るので，やはり「基準期間中」ではなくて「基準期間の初日から1年の間」に終了する事業年度としなければならないわけです。

大島 次に第2点について自問自答すると、合併法人の基準期間の初日から1年未満の間に合併があった場合、つまり次のE期の場合の話ですが（「終了する事業年度」という字句はD期・E期双方にかかっています。）、この間に、合併の日の前日に終了する事業年度を含めて被合併法人の「終了する事業年度」は必ずあるが、「開始する事業年度」は必ずあるとは限らない、ということでしょうかね。

木村 そうそう、何しろ普通の場合は事業年度が終了すれば翌日が次の事業年度の開始日ですが、被合併法人は終了する事業年度はあるが翌日開始する事業年度はないわけですからね。

それから「開始する事業年度」を採ると、その終期が遅すぎて合併法人の判定対象年度の免税の可否判定に支障があるという点は先ほど（129頁）と同じです。

木村 次に、第3点ですが、文理上必ずしも明らかでありませんが、この項は基準期間があることを前提としてこのような書きぶりになっていると思われます。

大島 それでは合併法人に基準期間がない場合はD期の判定はどうなりますか。

木村 この2項は今いったように基準期間があることを前提にした規定なので、この規定を基準期間がない場合にそのまま適用することには無理がある、とすると結局合併法人の資本金が1,000万円以上で法12条の2第1項が働くのでない限り、基準期間がない場合は免税ということになりましょう。

大島 法11条2項の趣旨からいうと、合併法人に基準期間がなければ被合併法人の対応期間における課税売上高をベースにして免税の可否を判定すべきではないか、お話は少し甘いような気もします。実定法上はお話のようなことかもしれませんが、立法論としてはどうか。疑問を提起しておきます。

あと細かい話ですが、施行令22条2項の「各事業年度の課税売上高」という言葉には、同条1項の定義がかぶっていて、税抜対価の返還額を控除し、年換算をした額をいうわけですからご注意ください。

第4 相続・合併があった場合の納税義務の免除の特例　133

(2) 4－2図・E期の判定

大島 それでは次に，合併法人甲のE期が課税になるかどうかですが，この期は，その基準期間であるC期のうちに合併があったという点で，今のD期とは違っていますね。

木村 合併法人甲がE期に免税になるかどうかですが，これはE期の基準期間（C期）中に合併があったわけですから，法11条2項と施行令22条2項かっこ書で算定します。なお4－2図で合併8月1日というのは，この場合は吸収合併ですから通達1－5－7にいう，「合併の効力を生ずる日」のことです。したがって同通達によって，この日が合併法人，被合併法人双方にとって「合併があった日」ということになります。

まず，合併法人甲の基準期間C期の課税売上高が870万円，これをMとし，これが1,000万円以下ですから法11条2項に該当します——これが1,000万円超なら法11条の適用外で，E期においては当然課税事業者になります。

次に，被合併法人乙のこのC期に対応する期間の課税売上高Nを求めて加算します。NはC期中に終了した被合併法人乙のe期・f期の課税売上高を年換算し，これを更にC期の期首から合併があった日の前日まで，つまり4－2図のC_1期の期間に換算した額です。

具体的には次の算式です。

$$M = 870万円（C期）\times \frac{12}{12か月} = 870万円$$

$$N = \left\{\begin{array}{c}e期の課税売上げ\\(420万円)\end{array} + \begin{array}{c}f期（合併期）の課税売上げ\\(240万円)\end{array}\right\}$$

$$\times \frac{12}{6か月（e期）+ 4か月（f期）} \times \frac{7か月（C_1期）}{12か月（C期）} = 462万円$$

$$M + N = 870万円 + 462万円$$
$$= 1,332万円 > 1,000万円……課税事業者に該当$$

M＋N＝1,332万円となって，1,000万円を超えますから課税事業者になります。

大島 施行令22条2項に規定する「これこれの間に終了する被合併法人の事業年度」とはe期とf期になりますが，そのf期と同項かっこ書の「当該基準

期間の初日から当該合併があった日の前日までの期間」の月数の数え方についてお話し願います。

木村 施行令上の事業年度とは，施行令1条，法2条13号によって法人税法13条，14条に規定する事業年度をいいますから，被合併法人乙のf期の事業年度は法人税法14条2号の規定によって4月1日から合併の日（8月1日）の前日，つまり7月31日までの4か月ということになります。

また，被合併法人乙の施行令22条2項のかっこ書の期間については基準期間の初日（C期の1月1日）から合併があった日の前日（C期の7月31日）までの期間の月数ですから，1月1日から7月31日までの7か月ということになります。

大島 ここで少し条文に則して考えてみましょう。法11条2項を今のE期の免税の可否の問題に限り，施行令22条2項と一緒にして骨組みだけを抜き出して整理したものにご説明の数字を当てはめると次のようになりましょうか。「　」の中が施行令です。法11条2項のかっこ書は飛ばします。

合併法人の当該事業年度（E期）の基準期間の初日の翌日（C期の1月2日）から当該事業年度開始の日の前日（D期の12月31日）までの間に合併があった場合において，当該合併法人の当該事業年度の基準期間における課税売上高（870万円）と「合併法人の当該事業年度の基準期間の初日（C期の1月1日）から同日以後1年を経過する日（C期の12月31日）までの間に終了した被合併法人の各事業年度（e期・f期）における課税売上高の合計額（420万円＋240万円）を当該各事業年度の月数の合計数（6か月＋4か月）で除し，これに12を乗じて計算した金額（660万円×$\frac{12}{10}$）（当該基準期間中に合併があった場合には当該計算した金額を当該基準期間に含まれる事業年度の月数の合計数（12か月）で除し，これに当該基準期間の初日（C期の1月1日）から当該合併があった日の前日（C期の7月31日）までの期間の月数（7か月）を乗じて計算した金額）」との合計額が1,000万円を超えるときは，当該合併法人の当該事業年度における課税資産の譲渡等については，法9条1項本文の規定は，適用しない。

木村 そういうことですね。

大島 ところで今ご説明の算式のうち，最後に12か月分の7か月を掛けているのは，C_1期の課税売上高に換算するんだといわれましたが，この辺をもう少しご説明願います。

木村 合併法人甲がE期に課税事業者になるかどうかは，その基準期間の課税売上高によって判定するわけですが，この場合，生のままの課税売上高ではなく，これに基準期間の初めから合併までの期間の被合併法人乙の課税売上高を加えて，基準期間の初めから合併法人が被合併法人の事業を行っていたとした場合の課税売上高によって判断します。

合併後は，全体が合併法人甲の課税売上高になっているわけですから，被合併法人乙の課税売上高のうち，合併法人甲の合併前の期間に対応する部分だけを求めれば足りるということで，そのため12分の7を掛けるわけです。

4－3図を見てください。合併法人甲のC期870万円というのは，その事業年度の初め，つまりC期の期首，1月1日から合併前の7月31日までの課税売上高（これは甲だけのもの）と，それから合併以後の8月1日から12月31日までの課税売上高（これは甲，乙合わせたもの）との合計額，図でいうと，斜線の部分，Mの部分の売上高です。

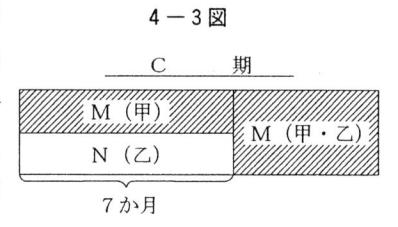

ですからこれに，図でいうとN期間の被合併法人乙の課税売上高，つまり白地の部分の課税売上高を求めて加算する必要があります。

そこで白地部分の課税売上高の計算ですが，まず合併法人甲のE期の基準期間C期に対応する期間である被合併法人乙のe期とf期中の課税売上高の年換算額，

$$（420万円（e期）＋240万円（f期））\times \frac{12}{6か月（e期）＋4か月（f期）}$$

を出し，これをC期の1月1日から7月31日までの7か月に圧縮するために $\dfrac{7}{12}$ を掛けるということです。

これを一般的な計算式で表すと，

$$\underbrace{\begin{pmatrix}基準期間の初日の翌日から\\1年以内に終了する被合併\\法人の各事業年度における\\課税売上高の合計額\end{pmatrix} \times \frac{12}{\begin{smallmatrix}左の各事\\業年度の\\合計月数\end{smallmatrix}}}_{(被合併法人の課税売上高の年換算額)} \times \frac{\begin{pmatrix}基準期間の初日から合併\\の日の前日までの月数\end{pmatrix}}{合併法人の基準期間の月数}$$

ということです。

大島 ところで今までの例では，合併法人甲の合併事業年度が1年であることが前提になっていたわけですけれども，4-4図のように合併法人甲がC期の，例えば2月1日に設立されていると計算が変わってくるかと思いますが，その辺についてお話し願います。なお読者のため念のためですが，このケースでは基準期間がありますから，法12条の2第1項は働かないわけです。このことは通達1-5-18でもいっています。

木村 その場合，合併法人甲のE期の基準期間であるC期の課税売上高が759万円であったとすると，次の算式で計算します。

4-4図

（単位：万円）　月表示は各月末　（　）内の数字は月数

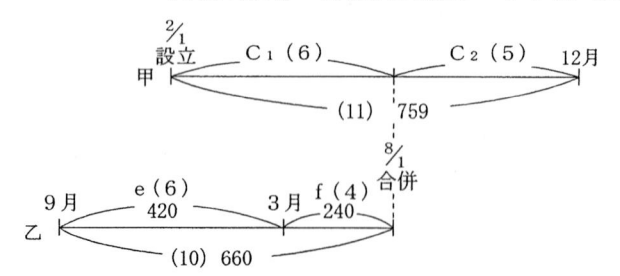

```
          2/1
          設立   C₁(6)        C₂(5)    12月
   甲    ├──────────┼──────────┤
                   (11) 759
                         ┊8/1
                         ┊合併
         9月   e(6)   3月  f(4)
   乙    ├──────────┼──────────┤
              420         240
                (10) 660
```

$M = $ C期の課税売上高の年換算額 $\left(759万円 \times \dfrac{12}{11か月}\right) = 828万円$

$N = (420万円 + 240万円) \times \dfrac{12}{6か月 + 4か月} \times \dfrac{6か月（2〜7月）}{11か月（2〜12月）}$

　　$= 432万円$

$M + N = 1,260万円 > 1,000万円$……課税事業者に該当

Nは，被合併法人乙のe期とf期の課税売上高，420万円と240万円の合計を

第4　相続・合併があった場合の納税義務の免除の特例　137

年換算する，つまり，e期は6か月であり，f期は4か月ですから，10か月で割って12を掛けて年換算をする。それに$\frac{6か月}{11か月}$を掛けるわけです。

　この場合の分母の11か月というのは，合併法人甲の設立日の2月1日からその期の終わりまでの11か月のことであり，分子の6か月というのは，設立の2月1日から合併の日の前日，つまり7月31日までの6か月間ということです。

大島　なるほどよく分かりました。この関係は次のように考えたら分かりやすいかもしれませんね。

$$M = 759万円 \times \frac{12}{11}$$

$$N = (420万円 + 240万円) \times \frac{12}{6+4} \times \frac{6}{11}$$

$$= 660万円 \times \frac{12}{10} \times \frac{6}{11} = 660万円 \times \frac{6}{10} \times \frac{12}{11}$$

$$M + N = 759万円 \times \frac{12}{11} + 660万円 \times \frac{6}{10} \times \frac{12}{11}$$

$$= (759万円 + 660万円 \times \frac{6}{10}) \times \frac{12}{11}$$

　Nの計算で$\frac{12}{10} \times \frac{6}{11}$を$\frac{6}{10} \times \frac{12}{11}$に置き換えたところがミソです。M+Nのかっこ書の中は，乙法人のe期+f期の10か月分の課税売上高660万円をC₁の6か月分に圧縮した額と甲法人のC期間の生の課税売上高との合計，つまりC期の初めに合併があったとした場合のC期11か月分の課税売上高，これに$\frac{12}{11か月}$を掛けて年換算するということです。

3　法11条3項（4-5図・A期の判定）

大島　それでは，法11条3項に進みましょう。この3項と次の4項とは新設合併の場合の規定ですから，合併法人に基準期間がないわけですが，法12条の2第1項の適用関係はどうなりますか。同項ではかっこ書で，この項は11条3項，4項の規定で免税とならない事業年度には適用がない，といっている，逆にいえば11条3項，4項の適用がなく免税となる事業年度に適用がある，と読めますね。そうすると法11条3項，4項の適用がなくそこで免税になっても，合併新設法人の資本金が1,000万円以上なら免税にならない，ということです

ね。

木村　そのとおりです。新設合併法人も新たに設立された法人であり，新設合併法人については，原則として2事業年度は基準期間がなく，そのため法9条1項の納税義務の免除の規定に対して法11条3項，4項の特例規定を設けて，これに当てはまる合併法人については，納税義務を免除しないということにしているわけです。

一方，法12条の2第1項も基準期間のない法人についての納税義務を免除しないという特例規定ですが，お話のように同項のかっこ書で，この項は11条3項，4項の規定で免除されないこととなる事業年度を除く，として12条の2第1項を適用しないことにして交通整理をしているわけです。

つまり11条3項，4項の特例規定が適用されないで納税義務が免除されることとなる事業年度については，この12条の2第1項で，基準期間のない事業年度の開始の日の資本金が1,000万円以上なら納税義務は免除されないことになります。このことは，通達1－5－15，1－5－17でいっています。

大島　繰り返しになりますが，法11条3項，4項で課税になればそっちで課税する，だから法12条の2第1項は働かない，一方11条3項，4項の適用はなく免税になっても，もう一つ関門があって法12条の2第1項にひっかかればやっぱり課税，ということですね。

木村　そういうことです。

大島　でも，論理的順序がそうであっても，実際は逆順で，新設法人の資本金が1,000万円以上なら，法11条3項，4項の面倒な計算は省略して課税，と判断することになりますね。このことは121頁でも話しました。

木村　実務上はそういうことになりましょう。

ただ，今は法12条の2第1項との関係についての話だったので，判定対象年度に基準期間がない場合のことだけを話しましたが，4項は基準期間がある場合についても規定していますので念のため。

大島　それでは4－5図で法11条3項，4項がそれぞれどんな場合を規定しているかを一瞥しておきましょう。

木村 新設合併法人甲について，新設1期のA期は3項と施行令22条3項で，新設2期以降でまだ基準期間がないB期は4項かっこ書と施行令22条6項1号で，基準期間の課税売上高があるC期は4項かっこ外と施行令22条4項で，それぞれ免税の可否の判定を規定しているわけです。

そこで項別の説明に入って，まず3項では「合併法人の当該合併があった日の属する事業年度の基準期間」という箇所について，新設合併法人の合併事業年度には基準期間はないはずではないか，という疑問が起きそうですが，先に124〜125頁でいわれたこととも関連して，ここは条文をもっと先まで一気に読むと，そこに「これこれの基準期間に対応する期間における課税売上高として政令で定めるところにより計算した金額」とあって，合併法人の（観念的な）基準期間に対応する期間の被合併法人の課税売上高として何をもってくるかを施行令に委ねたものと解すべきです。

大島 ただ実質的な内容が施行令に書かれているわけですから，法律は「……基準期間に対応する期間における課税売上高として」という修飾語を付けないで，単に「政令で定める金額」といえば済んだのではないでしょうかね。

木村 それで実質的には用が足りるわけですが，やはり施行令で定め得る範囲には制限があり，法律で大枠を示し，その枠内で施行令が細部を規定する，というのが法体系の基本であり，ここもその基本原則に従った，ということでしょう。

なお新設合併の場合の「合併があった日」は，法人の設立の登記をした日のことですから念のため（通達1−5−7）。

そこでその施行令の中味ですが，施行令22条3項はこれを次のように規定しています。4−5図をご覧ください。

4−5図

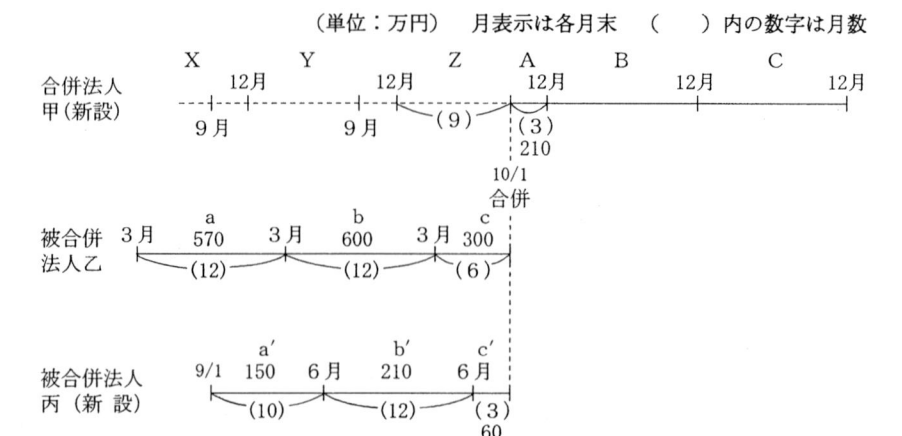

(単位：万円)　月表示は各月末　(　)内の数字は月数

```
合併法人        X        Y        Z     A      B        C
甲(新設)  ----12月----12月----(9)--12月--12月------12月
          9月      9月          (3)
                               210
                              10/1
                              合併
              a           b          c
被合併  3月  570  3月  600  3月  300
法人乙   |---(12)---|---(12)---|--(6)--|

              a'          b'         c'
被合併法人  9/1  150  6月  210  6月
丙(新設)    |---(10)---|---(12)---|--(3)--|
                                    60
```

さて施行令の中味ですが、合併法人の合併事業年度の初日（A期の10月1日）の2年前の応答日（X期間の10月1日）から同日以後1年を経過する日（Y期間の9月30日）までの間に終了する被合併法人の各事業年度、つまり被合併法人乙についてはa期、被合併法人丙についてはa'期のそれぞれの課税売上高の年換算額が「政令で定めるところにより計算した金額」です。そしてそのどちらかが1,000万円を超えていると合併法人の合併初年度は免税にならないということです。

大島　具体的な数字を入れると、

被合併法人乙のa期の課税売上高の年換算額

$$570万円 \times \frac{12}{12か月} = 570万円 < 1,000万円$$

被合併法人丙のa'期の課税売上高の年換算額

$$150万円 \times \frac{12}{10か月} = 180万円 < 1,000万円$$

で、どちらかが1,000万円を超えていれば免税にならないが、どちらも1,000万円を超えていないので、合併法人の合併事業年度は免税ということですね。

木村　この場合、前の相続なり吸収合併の場合と同様、乙、丙の年換算額の合計額でなく、どちらかが1,000万円を超えているかどうかで判定することを

念のためもう一度確認しておきましょう。その考え方については126頁をご覧ください。

それから被合併法人のa, a'期の課税売上高は税抜対価の返還額を控除した額ですが、このことは施行令22条3項の「各事業年度の課税売上高」という言葉に同条1項の定義がかぶっているところで読んでください。

大島 それからこの項が「これこれの間に終了した事業年度」といっていることについては129頁をご覧ください。また施行令22条1項と2項では判定対象年度の基準期間に対応する被合併法人の事業年度は、判定対象年度の「基準期間の初日から1年の間に終了する事業年度」か、「判定対象年度の初日の2年前の応答日から1年の間に終了する事業年度」かについて討議しましたが（131頁）、この3項では新設合併法人に基準期間はありませんから、問題なく後者を採ることになりますね。

4 法11条4項

(1) 4－5図・B期の判定

大島 それでは、法11条4項に進みましょう。

木村 4項は、合併法人の判定対象年度開始の日の2年前の日から、その事業年度開始の日の前日までの間に新設合併があった場合に、その事業年度の合併法人の納税義務がどうなるかということですが、その事業年度に基準期間の課税売上高がない場合とある場合に分かれます。ある場合には、合併法人のその事業年度の基準期間の課税売上高が1,000万円以下であっても、合併法人のその事業年度の基準期間の課税売上高に、その基準期間に対応する期間の各被合併法人の課税売上高を加えた額が1,000万円を超えていると、合併法人のその事業年度の納税義務は免除されないということです。

大島 法11条4項は、4－5図でいうと、合併法人甲のB期とC期について法9条の適用がどうなるかという規定ですが、まずB期については、設立第2事業年度ですから前々事業年度はない、つまり法2条1項14号の定義によって基準期間はない、つまり基準期間の課税売上高がないことになりますね。

木村　そういうことですね。

　大島　基準期間の課税売上高がないということになると，法11条4項の二つ目のかっこ書，施行令22条6項1号に該当することになりますね。

　木村　そうです。B事業年度の開始の日の2年前の応答日から同日以後1年を経過する日までの間に終了した各被合併法人の事業年度，つまり被合併法人乙のa事業年度と丙法人のa′事業年度の課税売上高の年換算額の合計額で判定することになります。具体的には，

$$570万円（a期）\times \frac{12}{12か月（a期）}+150万円（a′期）\times \frac{12}{10か月（a′期）}$$

で750万円ということです。

　この判定は，さっきのA期についての判定の場合と同じa期とa′期の課税売上高を使っていますが，これはA期が短いため，A期の初日から2年前の対応日からの1年間と，B期の初日から2年前の対応日からの1年間とのずれも3か月で，被合併法人乙，丙のその間に終了する事業年度が，どちらの場合も同じa期とa′期であるためです。

　大島　1,000万円以下ですからB期は，納税義務は免除ということですが，前に話が出たように12条の2第1項の規定がありますね。

　法11条3項の場合は，被合併法人の合併法人の合併があった事業年度の基準期間に相当する期間に対応する期間の課税売上高のどれかが1,000万円を超えれば課税事業者ということでしたが，ここでは合計額が1,000万円を超えれば課税事業者，ということですね。

　なお，念のためですが，施行令22条6項1号の「基準期間における課税売上高」という言葉は法11条4項の定義を受けており，また「各事業年度における課税売上高」という言葉にはこの22条1項柱書の，税抜対価の返還額を控除した額だ，という定義がかぶっていますね。

　木村　それから例の「開始する事業年度」と「終了する事業年度」の問題ですが，次のC期を含めて考え方は2項の場合と同じですからそちらの方を参照してください（132頁）。

　大島　話はさかのぼりますが，この法11条4項の冒頭で，「2年前の日から」

とあって「2年前の日の前日から」ではないのは，先の同条2項についての話（129頁）と同旨で，もし2年前の日の前日に合併があったとすると，基準期間の全期間が合併後になって，特例規定を待たずとも9条1項の原則規定によって免税の可否が判定されるからですね。

(2) 4－5図・C期の判定

大島 それでは次に，合併法人甲のC期についての法9条の適用はどうなりますか。念のため繰り返すと，C期というのは，判定対象年度開始の日の2年前の日から，その事業年度開始の日の前日までの間に新設合併があって，しかも基準期間の課税売上高がある期，つまり法11条4項の二つ目のかっこ書以外の期ということです。

木村 合併法人甲のC期の納税義務は，その合併法人甲の基準期間の課税売上高が1,000万円を超える場合はもちろんですが，その基準期間の課税売上高（年換算しない額）とその基準期間に対応する期間の被合併法人乙と丙の課税売上高の合計額が1,000万円を超える場合は免除されません。

しかしそのテストの前に法9条のテストとして，合併法人甲の基準期間A期の課税売上高の年換算額が1,000万円を超えているかどうかをみると，

$$210万円（A期）\times \frac{12}{3か月}=840万円$$

であって1,000万円以下ですから，この段階では免税なんですが，これはいわば第1次テストであって第2次テストをパスしないと最終的には免税になりません。

そこでその第2次テストですが，合併法人甲の基準期間A期の課税売上高について年換算をしないものと，その基準期間に対応する期間の被合併法人乙と丙の課税売上高との合計額が1,000万円を超えているかどうかをみてみます。

合併法人甲の基準期間A期の課税売上高の計算は，法9条2項の規定によらず，法11条4項の規定（一つ目のかっこ書）によるので，A期が3か月だけであってもその期間中の課税売上高を年換算しないで，そのままの課税売上高（210万円）を採ります。

また，甲の基準期間に対応する期間の被合併法人乙と丙の課税売上高は，施行令22条4項によって計算します。この計算は要するに，被合併法人乙のb期，c期，丙法人のb′期，c′期の課税売上高を合併法人甲のZ期間の課税売上高に換算しようということです。法律的に表現すると難しくなりますが，C期の開始の日の2年前の応答日から1年以内に終了する被合併法人乙の事業年度（b期とc期）の課税売上高600万円＋300万円をb期・c期の月数計18で割って月当たりを出し，これにC期の開始の日の2年前の応答日から合併の日の前日である9月30日までの期間，つまりZ期間の月数9を掛けるわけです。こうして計算すると，被合併法人乙の基準期間に対応する期間における課税売上高は450万円になります。

計算式は，

$$(600万円（b期）＋300万円（c期）) \times \frac{9か月（Z期間）}{12か月（b期）＋6か月（c期）} = 450万円$$

です。

同様に被合併法人丙の基準期間に対応する期間における課税売上高は162万円になります。

計算式は，

$$(210万円（b′期）＋60万円（c′期）) \times \frac{9か月（Z期間）}{12か月（b′期）＋3か月（c′期）} = 162万円$$

です。

合併法人甲の基準期間の課税売上高（年換算しない額）とその基準期間に対応する期間の被合併法人乙と丙の課税売上高の合計額は822万円，つまり

（210万円＋450万円＋162万円）＝822万円＜1,000万円

ですから，これで第2次テストも合格となり，C期の納税義務は免除されます。

大島 お話の合計額の822万円というのは，図をよく見れば分かりますが，C期の初日の2年前の応答日から1年間の課税売上高で，合併法人甲が1年とか6か月といういわば普通の事業年度であり，かつその応答日以前から存在し

ていたとすれば，換言すれば応答日以前に合併が行われていたとすれば，C期の基準期間の課税売上高となるべき額です。規定の趣旨はC期の免税の可否を，いわばこの基準期間の課税売上高に相当する額で判定しようということですね。

木村 それから先ほど，合併法人の判定対象年度の基準期間に対応する被合併法人の事業年度を，施行令22条1項ではその事業年度の初日の「2年前の応答日から」1年の間に終了した各事業年度といい，同2項ではその事業年度の「基準期間の初日から」1年の間に終了した事業年度，といっているのは，2項の場合は基準期間があることが前提になっているが，1項の場合は基準期間が必ずあるとは限らないからだ，といいました（128～129頁）が，ここでは基準期間があるのに「……2年前の応答日から云々」となっているので，何か前の説明と食い違うように思われるむきもあるかもしれませんが，ここでは新設法人の設立前の期間に対応する被合併法人の課税売上高を算定しようとしているわけですから，2年前云々といわざるを得ない，先の1，2項のときの説明とは場面が違いますから食い違いはありません。

大島 それから話の大筋を先にしたので，細かい点が後になりましたが，さっき合併法人甲のC期の基準期間の課税売上高の計算は，法9条2項によらず法11条4項によるといわれましたが，この辺をご説明願います。

木村 前にも話が出ましたが，法9条4項で，この章において「基準期間における課税売上高」とは，1項でいっている定義，つまり税抜対価の返還額の控除後の年換算額をいうんだが，ただし法11条4項と法12条3項ではこの定義は使わない，と断っているわけです。そこでこの11条4項では，「基準期間における課税売上高」は年換算をしない額を指すことになります。C期の基準期間であるA期は3か月ですが，今お話したように，これに被合併法人乙と丙の9か月分の課税売上高を加えるわけですから，この場合は基準期間の課税売上高を年換算しないでA期の課税売上高そのものを採るわけです。

ただ年換算はしないが，税抜対価の返還額を控除する必要あるので，かっこ書でそのことを断っています。

なお施行令22条4項の「各事業年度における課税売上高」という言葉には同22条1項柱書の定義がかぶっています。

大島 それから同じ11条4項にいう「基準期間における課税売上高」でも、法9条1項の定義によるときには、特にそのことを断っていますね（四つ目のかっこ書）。

では、次にいって、施行令22条5項というのが、なかなか分かりにくいんですが、ご説明を願います。

木村 施行令22条5項は、決算期間の整数倍が12か月にならない、変則的な決算期間の場合を規定しているわけで、例えば事業年度が7か月の場合です。

次の4－6図を見ながらおききください。合併の日を6月1日とします。

4－6図

( )内の数字は月数

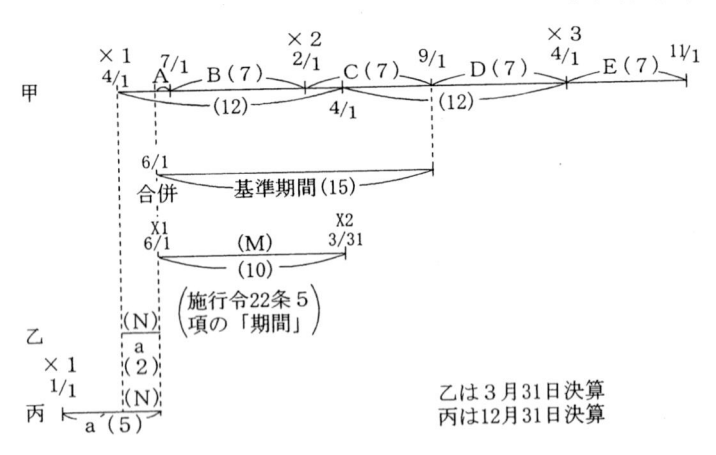

```
         ×1  7/1        ×2                ×3
         4/1 A   B(7)  2/1  C(7)  9/1  D(7)  4/1  E(7)  11/1
甲        ├───┼───────┼───────┼───────┼───────┤
              ├──(12)──┤       ├──(12)──┤
                      4/1
              6/1
              合併    ├──基準期間(15)──┤
                    ×1              ×2
                    6/1    (M)     3/31
                     ├────(10)────┤
                     ┌施行令22条5 ┐
                     │項の「期間」│
                     └          ┘
乙         (N)│a
       ×1   │(2)
           1/1 │(N)                 乙は3月31日決算
丙        ├─a(5)─┤                 丙は12月31日決算
```

この規定の目的は、E期の免税の可否を判定するために、その初日である×3年4月1日の2年前の応答日から1年間（×1年4月1日から×2年3月31日まで）の課税売上高を求めることです。ところが合併が×1年6月1日なので、×1年の4月と5月の2か月間は合併前（施行令22条4項により合併の日－6月1日－の前日の5月31日まで）、6月1日（施行令22条5項により合併の日）から×2年3月31日までの10か月間は合併後です。そこで「合併前の2か月」の課税売上高——ということは被合併法人の課税売上高ということになりますが、これ

をNとし、「合併後の10か月」の課税売上高をMとすると、M＋Nが求める課税売上高であって、これが1,000万円を超えていればE期は免税にならないというわけです。

ところで施行令22条5項にいうE期の基準期間は、E期の開始の日（×3年4月1日）の2年前の応答日（×1年4月1日）から1年以内（×2年3月31日までの間）に開始した各事業年度を合わせた期間ですから（法2条1項14号）A期、B期、C期がこれに当たります。A期は6月だけの1か月、これとB期、C期の計14か月との合計15か月がE期の基準期間の月数になります。この15か月が施行令22条5項に規定する、合併の日（×1年6月1日）から当該事業年度の初日の前日（×3年3月31日）の1年前の応答日（×2年3月31日）までの期間の月数10か月（これがさっきいった「合併後の10か月」ですが）を超えているので施行令22条5項に規定する場合に該当し、合併法人甲のE期の納税義務は、施行令22条6項2号によって計算した金額で判定することになります。

大島 それではその施行令22条6項2号をご説明ください。

木村 2号の計算というのは、次のMとNの合計額ということです。

Mは合併法人甲のE期の基準期間であるA期とB期とC期の課税売上高（年換算しない額）を基準期間の月数15で割って月割を出し、これに「前項に規定する期間の月数」10を掛けた額、つまり基準期間15か月の課税売上高を、「合併後の10か月」の課税売上高に圧縮した額です。

「合併前の2か月」の課税売上高Nは同条4項の規定により計算した金額ですから、被合併法人乙（×1年4月1日設立）のa期（E期開始日の2年前の応答日から同日以後1年経過日までの間に終了した事業年度。次のa′期も同じ。）の課税売上高の2分の2と被合併法人丙（×1年1月1日設立）のa′期の課税売上高の5分の2、つまり乙、丙の合併前4月と5月の課税売上高相当額です。

大島 $M=\dfrac{\overset{\text{(基準期間}}{\underset{\text{課税売上高)}}{A+B+C}}}{15か月}\times 10か月$

で、合併の日（×1年6月1日）からE期開始の日の前日（×3年3月31日）の1年前の応答日（×2年3月31日）までの10か月間の合併法人の課税売上高。

$$N = \frac{a}{2か月} \times 2か月 + \frac{a'}{5か月} \times 2か月$$

で、E期開始の2年前の応答日（×1年4月1日）から合併の日の前日（×1年5月31日）までの2か月間の乙、丙法人の課税売上高。したがってM＋Nは×1年4月1日から×2年3月31日までの1年間の課税売上高ということになる、この1年間の課税売上高というのは、事業年度が半年か1年の場合に、E期の基準期間の課税売上高になるべき額です。これは先ほど144頁で説明したのと同じ考え方で、つまり変則事業年度の場合も普通の事業年度の場合と同様にして判定対象年度の免税の可否を判定するということになりますね。

木村 そういうことです。繰り返しになりますが、基準期間は普通1年を超えることはないわけですが、合併という特殊事情が加わると今の例のように15か月になることもあります。施行令はこの15か月の課税売上高を単純に$\frac{12}{15}$して年換算するのではなく、$\frac{10}{15}$を掛けて「合併後の10か月」の課税売上高とし、これと「合併前の2か月」の被合併法人の課税売上高を合計した1年分の課税売上高で免税の可否を判定しよう、ということです。合併法人のE期の課否はこのM＋Nが1,000万円を超えるかどうかによって判定するわけです。

大島 それから細かい点ですが、施行令22条1項、2項、3項、4項では、「合併があった日」といい、5項では「合併の日」といっていますが、内容に違いがあるんですか。

木村 特に違いはないと思います。条文の前後の文脈からそのような表現になっているのではないでしょうか。

大島 ところでこの法11条では触れていないのですが、合併について、今まで勉強してきた合併が第2次合併であって、被合併法人が以前に合併をした合併法人である場合はいろいろと考慮すべき複雑な問題があるように思いますが、その辺はどうなんでしょう。

木村 免税の可否の判定にあたって、かつてはお話のような以前の合併を判定の要素としていたこともありますが、今は簡素化のため被合併法人の経歴は判定の要素とせず、専ら合併の時点における被合併法人の状態で判定することになっています。

第5 分割等があった場合の納税義務の免除の特例

I 規定の趣旨・概要

大島 それでは法12条，法人が分割等をした場合の法9条の小規模事業者に対する納税義務の免除の特例についての規定に進みます。

まず，全般的な問題として，法人の分割等があった場合に，免税規定の特例を設けた趣旨からお願いします。

木村 消費税の納税義務については，新設法人で基準期間がないものについての法12条の2第1項の規定は別にして，原則としては法9条によって，基準期間の課税売上高の年換算額が1,000万円以下の事業者は免税されることになっています。そこで法人が分割等（言葉の意味は後述）によって二つ以上の法人に分かれると，分割等の後はそれぞれの法人の課税売上高が減少して，分割等がなかったとしたら課税されるはずだった法人が免税されるという現象が起こります。分割それ自体には事業再編成という目的があり，別に節税を意図したものとはいえないにしても，消費税の立場からすると，やはり野放しに減収を容認するわけにはいかない，納税者の主観的意図とは別に減収という客観的事実に着目して対処策を講じたのがこの規定の趣旨です。

大島 法12条は1項から4項までが法人が新設される分割等，5項，6項が法人が新設されない，いわゆる吸収分割についての規定ですが，1項から4項までに出てくる用語の定義が7項に出てきます。まずこの辺からお話し願いましょう。

木村 1項から4項までに出てくる「分割等」という用語ですが，7項はこれを1号から3号に掲げるものをいう，と定義しています。

1号の新設分割とは，会社の一部門に属する資産・負債を切り離して新会社に移転し，新会社にその部門の営業を承継させる分割のことです。会社法2条

30号は、「一又は二以上の株式会社又は合同会社がその事業に関して有する権利義務の全部又は一部を分割により設立する会社に承継させることをいう。」と規定し、同法762条などにそのための手続その他の関係規定を置いています。

　新設分割の意味をはっきりさせるためには、ここで法12条5項、6項に出てくる「吸収分割」についてお話しておいた方がいいと思いますが、これは会社の一部門に属する資産・負債を分割して既存の他社に移転し、その他社にその事業部門を承継させることです。この他社を「分割承継法人」といいます（法2条6号の2）。会社法2条29号は、「株式会社又は合同会社がその事業に関して有する権利義務の全部又は一部を分割後他の会社に承継させることをいう。」と規定し、同法757条などにそのための手続その他の関連規定を置いています。

　法人税法では、分割については分割型分割と分社型分割とに区分していますが、この区分は消費税法上は関係ありません。また、法人税法では分割を適格と非適格に分けて、課税上の効果を区分していますが、消費税法ではこの区分も関係ありません。

　大島　この本の読者は法人税法も見ておられるでしょうから分割型と分社型、適格と非適格の区分が頭にしみこんでいるでしょうが、消費税法ではこの区分はしばらく棚上げしてしまう方がいいですね。

　木村　7項2号は、現物出資ですが、要件として、一つは現物出資による新法人の設立であること、一つは現物出資した法人が現物出資を受けた新法人の100％株主となること、一つはその出資によって新法人にその事業の全部又は一部を引き継ぐことです。

　7項3号は、会社法467条1項5号のいわゆる事後設立です。事後設立について会社法467条1項5号においては、新会社の成立後2年以内におけるその成立前から存在する財産であってその事業のため継続して使用するものの取得とされ、この場合、その取得から一定のものを除くとされていますが、消費税法ではさらに新法人の設立時にその発行株式の全部をその法人が所有していること、金銭以外の資産の譲渡が新法人の成立時に予定されており、しかも設立後6か月以内に実施されることを要件としており（施行令23条9項）、会社法の

要件をさらにきびしくしています。

　大島　消費税法上の要件がきびしいということは，それだけ法12条の適用範囲が狭くなるわけですが，法12条は法9条の小規模事業者の免税を制限する規定ですから，その適用範囲が狭くなることは納税者にとって有利になるわけですね。

　木村　そうです。例えば設立時に出資法人の持株割合が100％を少しでも割っていれば，免税を制限する法12条の規定は適用されないことになります。このことはさっきの2号の現物出資の場合の，出資法人が新法人の100％株主であることという要件についても同じです。

　大島　法12条1項から4項までの「分割等」を定義した7項に挙がっている三つの概念，新設分割，現物出資，事後設立の共通点は，それによって会社が新設されることであり，5項，6項の吸収分割の当事者が既存の会社であるのと違っているわけですね。

　木村　それから後になりましたが，「分割等」とは，7項の1号と2号では，それぞれ「新設分割」「設立」という事実を指し，どちらも法人の新設時を指していますが，3号では「資産の譲渡」が分割等で，事後設立の説明でいったように，それは法人の新設とは時点が違うわけです。1項の「分割等により設立された，又は資産の譲渡を受けた」という文言はその意味で理解してください。関連して「分割等があった日」の定義について通達1－5－9がありますが，読めば分かりますから省略します。

　大島　そこで，これからこの分割等についてご説明願うわけですが，この分割等の場合の特例規定は，法37条の簡易課税の場合の5,000万円を超えるか，以下か，という場合にもものをいうわけですね。

　木村　そうです。法37条に規定されている簡易課税制度の適用に当たって，この法12条の規定に該当する場合には，一定の規制を受けることになっています。詳しくは法37条の方に譲ります（355〜356頁）。

　大島　それから，前の法11条の合併の場合は，こういう特別の措置というのは，大ざっぱにいって2年で終わるわけですけれども，この分割等の場合の特例というのはそういう短期間の措置ではなくて，特定要件を満たす限りは永久

に続くわけですね。

　木村　そういうことです。分割等による課税回避に対しては，いつまでもこの規定が働くわけです。合併の場合は合併後時間がたって，ある期の基準期間がすべて合併後になればもう特例措置の必要はないわけですが，分割等の場合は分割等がなかった場合の状態で免税の可否を判定しようとするわけですから，原則として特例措置が永続することになります。ただ吸収分割の場合はこの原則は働きません。

　大島　なるほど。では先にいって，法12条１項から６項までにわたって，規定されている内容はともかくとして，それぞれの項がどのような場合について規定しているのかということ，そのアウトラインをスケッチしていただきたいと思いますが。

　木村　全体的には，法人が分割等された場合に，親法人及び子法人（それぞれ法12条１項にいう新設分割親法人及び新設分割子法人のことです。以下同じ。），分割法人，承継法人（分割承継法人のことです。以下同じ。）について，法９条の規定を適用する場合，免税事業者に該当するかどうかの判定をどのようにするかを規定しているわけです。

　もちろん，この規定で判定した結果，免税事業者に該当することになっても，法12条の２第１項が適用されて課税になることがあるし，法９条４項の届出書を出して課税事業者になることを選択すれば当然免税規定の適用はありません。各項ともそのことを断っていますが，以下の説明では一つ一つこの点に触れることは省略します。

　そこで項別にかいつまんでみていくと，１項から４項までは分割等，即ち新設分割，現物出資，事後設立の場合で，まず１項は，子法人の分割等があった事業年度の納税義務がどうなるのか。

　２項は，子法人の判定対象年度の初日の１年前の応答日からその事業年度の初日の前日までの間に分割等があった場合その事業年度の子法人の納税義務がどうなるのか。

　３項は，子法人の判定対象年度の初日の１年前の応答日の前日以前に分割等があった場合その事業年度の子法人の納税義務の判定をどうするか。

4項は,親法人の判定対象年度の初日の1年前の応答日の前日以前に分割等があった場合その事業年度の親法人の納税義務の判定をどうするか。

5項と6項は吸収分割の場合で,5項は,承継法人の,吸収分割があった事業年度の分割以後の期間の納税義務がどうなるか。

6項は,承継法人の判定対象年度の初日の1年前の応答日からその初日の前日までの間に吸収分割があった場合にその事業年度の承継法人の納税義務がどうなるか。

1項から6項まではこういうことを規定しているわけです。

大島 なるほど。5-1図でいうと,納税義務の判定について子法人の a 期が1項,b 期が2項,c 期以降が3項,親法人のH期以降が4項。それから吸収分割については4-2図で承継法人のC_2期が5項,D期が6項,とこういうことになりますね。

木村 そういうことです。

5-1図

(単位:万円)　月表示は各月末　( )内の数字は月数

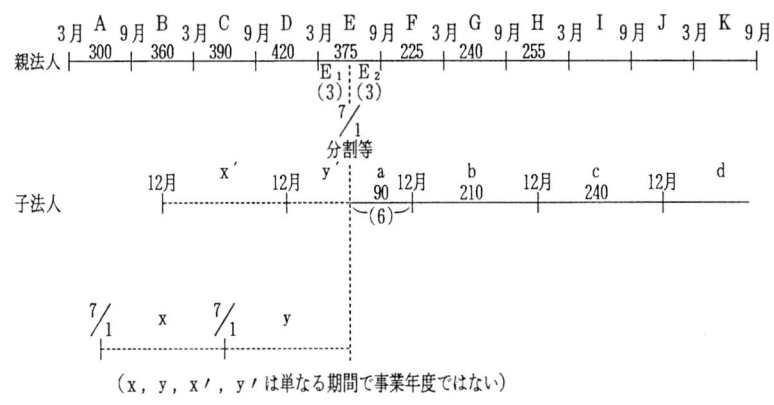

[図:親法人と子法人の事業年度を示すタイムライン。親法人はA(3月)300, B(9月)360, C(3月)390, D(9月)420, E(3月)375, E_1(3), E_2(3), F(9月)225, G(3月)240, H(9月), I(3月)255, J(9月), K(3月)。7/1分割等。子法人は12月 x' 12月 y' a(90) 12月 b 210 12月 c 240 12月 d、(6)。下に 7/1 x 7/1 y]

(x, y, x′, y′ は単なる期間で事業年度ではない)

Ⅱ　免除の特例の計算

1　法12条1項(5-1図・子法人の a 期の判定)

大島 それでは中身に入って,1項からいきましょう。まずお断りしておか

なければならないのは，1項中に「当該分割等により……資産の譲渡等を受けた法人」とあり，これは吸収分割を含むのではないか，との疑問が起こるかもしれませんが，この「分割等」とは7項に新設分割，現物出資，事後設立と定義してあって吸収分割は含んでいません。ここで「資産の譲渡等を受けた法人」とは7項3号の事後設立法人を指しているわけですから念のため。

　木村　まず1項ですけれども，5-1図の子法人のa期に法9条が適用になるかどうか。つまり，免税事業者になるかどうかということです。始めにお断わりしておかなければならないのは，このa期には基準期間がないので，法12条の2第1項の適用があるわけですが，同項かっこ書で，12条1項によって免税にならない場合は12条の2第1項は適用しない，といっている。逆にいえば12条1項によって以下お話する計算をした結果折角免税になっても，今度は12条の2第1項が適用されて資本金1,000万円以上なら課税になるわけです。実際には設立1期・2期目（事業年度を1年として）の法人でその事業年度開始の日の資本金1,000万円以上のものは，この12条1項の計算はしないで課税，と判断することになります。この辺のことは11条で新設合併の場合についてお話したことと同じです（138頁参照）。

　そこで本論に戻って，このケースでは親法人のE期に分割等が行われていますが，子法人のa期の免税の可否について，法12条1項は，親法人の子法人の分割等のあった事業年度の基準期間に対応する期間の課税売上高として政令で定めるところによって計算した金額が1,000万円を超えていれば免税とはしないといい，施行令23条1項はこの「計算した金額」を，子法人の分割等があった事業年度の初日（新設分割と現物出資の場合はa期の7月1日）の2年前の応答日から1年間の間（x期の7月1日から翌年の6月30日までの期間）に終了した親法人の事業年度（A期とB期）の課税売上高の年換算額だといっています。これによって計算すると，

$$(300万円＋360万円) \times \frac{12}{12か月} ＝660万円 ＜ 1,000万円$$

ですから，子法人のa期は免税になります。

　子法人のa期の免税の可否を分割等の前の親法人の課税売上高で判定する，

それも子法人の判定対象年度の基準期間となるべき期間に最も近接した期間の課税売上高による、ということです。

　大島　施行令では、「子法人の分割等があった日の属する事業年度開始の日」というややこしい表現をしています。簡単に「設立の日」といえばよかりそうなものを、と思うのですが、事後設立の場合は「設立の日」と「分割等があった日」とは違うんですね。

　木村　そうなんです。さっきの7項の説明をしていったように、1号、2号と違って3号では「分割等」とは「資産の譲渡」を意味しており、その譲渡は施行令23条9項によって設立の時から6か月以内に行われればいいことになっているので、「設立の日」と譲渡の日、すなわち「分割等」があった日はずれているわけです。

　大島　そうすると設立の日から譲渡の日（分割等があった日）までの間の課税関係はどうなりますか。ことにその間は最大6か月ありますから途中で事業年度が変わることも有り得るわけで、その場合の第1期が気になりますが……。

　木村　設立された法人は資産の譲受けが予定されてはいますが、新設法人であることに変わりありませんから、課税を選択しない限り、法12条の2第1項で免税の可否を判定します。このことは通達12－6－5の（注）でいっています。

　大島　事後設立の場合の「設立の日」と「分割等があった日」の問題と絡んで、通達11－1－8（注）はどんな意味ですか。

　木村　法12条1項について、11－1－8の本文でいっている課税期間の中途から免税でなくなるとはどんな場合か、という疑問があるかもしれないが、事後設立の場合は分割等があった日が法人の設立の日とは違うから、課税期間の中途から免税でなくなることがあるんだ、ということを説明しているわけです。

　大島　事後設立の場合は、分割等が法人の設立の時から6か月以内ですから、5－1図で設立がE期の4月1日とすると（分割等があった7月1日はそれから6か月以内）、それから2年前の応答日、つまり親法人のA期の4月1日、か

ら1年を経過する日，つまりB期の3月31日までの間に終了した親法人の課税期間，つまりA期とB期の課税売上高が判定の基礎になり，又子法人の設立がD期の2月1日で（分割等があった7月1日はそれから6か月以内），3月1日に第2事業年度が始まっているとすると，A期のもう一つ前の期の3月1日からB期の2月28日（あるいは2月29日）までの間に終了した親法人の課税期間，つまりA期のもう一つ前の期とA期の課税売上高が判断の基礎になるわけですね。

　ところでさっきのお話では，子法人のa期の免税の可否は親法人のA期とB期の課税売上高で判定するわけですが，一方親法人のE期の免税の可否も同じくA期とB期の課税売上高で判定される，つまりA期とB期の課税売上高が親法人のE期と子法人のa期の両方の判定の基礎になるわけですね。

　木村　そのとおりですが，それで別に不都合はないと思います。

　大島　このケースで親法人も新設法人でA期もB期もない場合はどうなりますか。

　木村　親法人も新設法人であって基準期間の課税売上高がないときには，法12条1項の規定は働きません。この場合は基準期間がないケースとして親法人は専ら法12条の2第1項を適用し，子法人のa期もまた法12条の2第1項による判定ということになりましょう。

　大島　次に法12条1項のかっこ書ですが，親法人が二つ以上ある場合は別々に先ほどのお話の判定をして，どれか一つが免税不可という判定になれば免税できないということですが，この点は合併の時のお話（127頁）と同じだと思いますのでそちらをご覧ください。

　次のかっこ書の課税事業者になることを選択している場合はこの判定条文は適用しないということで当然の規定です。

　それから施行令23条1項の，「各事業年度の課税売上高」という用語には同22条1項の定義がかぶっているので税抜対価の返還額を控除した後の額であることに注意が必要です。

　木村　なお法12条1項の条文中に，うっかりすると子法人の設立1期に基準期間があるようにとれる表現がありますが，よく読むとそのような意味でない

ことについては法11条1項，3項の合併の条文のところ（124，139頁）で話が出ました。

それから施行令23条1項で「終了した」事業年度としていることについては129頁をご覧ください。

2　法12条2項（5－1図・子法人のb期の判定）

大島　それでは2項に進みましょう。

木村　2項は，子法人が免税事業者に該当するかどうかの判定についての規定ですが，判定しようとする「事業年度開始の日の1年前の日の前日（1年前の応答日）から当該事業年度開始の日の前日までの間」に分割等が行われた場合ですから，5－1図のb期がこれに当たります。

大島　逆にいうと，分割等の後1年以内に開始した子法人の事業年度の免税の可否の判定ということですね。

木村　ここでも法12条の2第1項との関連がありますが，その内容は先に（137頁）述べたのと同じですから省略します。

b期の免税の可否の判定に当たっては施行令23条2項によって課税売上高を計算します。

そこで，施行令23条2項に当てはめてみますと，子法人の「当該事業年度」であるb期の開始の日，つまりb期の1月1日ですが，その2年前の応答日，つまりx′期間の1月1日から同日以後1年を経過する日，つまりx′期間の12月31日ですが，その日までの間に終了した親法人の各事業年度（B期とC期）の課税売上高の年換算額，つまりB期とC期の課税売上高の合計額をその事業年度の月数で割り，これに12を掛けた額が1,000万円を超えると子法人のb期は課税事業者になります。

具体的には，

$$\left(\underset{(\text{B期})}{360万円}+\underset{(\text{C期})}{390万円}\right) \times \frac{12}{\underset{(\text{B期})}{6か月}+\underset{(\text{C期})}{6か月}}=750万円<1,000万円$$

となって免税事業者ということになります。

算式の中の分数は，分母も分子も12ですが，分母の12はB期とC期の月数計ですから，12でない場合もありますが，分子の方は，年換算のため1年（12か月）の12を掛けたわけですから，ここは必ず12です。

　大島　今のお話は，子法人のb期の免税の可否の判定の話，つまり，子法人には基準期間がないわけですから，これに代わるものとして，法2条14号の基準期間の定義でいっている，「その事業年度開始の日の2年前の日の前日から同日以後1年を経過する日までの間」に終了した親法人の事業年度B期とC期をとっているわけで，この事業年度はもちろん分割等の前ですから，その分割等の前の状態で子法人のb期の免税の可否を判定するわけですね。ただ法2条14号（基準期間の定義）は，これこれの間に「開始」した事業年度をとっているが，ここでは「終了」した事業年度をとっている，これはなぜかというと，「開始する」事業年度とするとC期とD期ですね。ところがD期の期末はb期の初日の1年前の応答日（y′期の1月1日）以後になっている，1年前の応答日からD期の期末までの間に分割等があると，D期の一部が分割等の後に食い込んでしまうので，分割等がなかった状態における親法人の課税売上高で判定するという前提が崩れてしまう，したがってここは「終了した」事業年度とせざるを得ない，ということですね。

　木村　そうですね。単純にああここは終了か，ここは開始かと鵜呑みにしないで，立法の背景をよく考えることが大切ですね。

　大島　ただ，今の話は，これを1項に当てはめてみると，分割等があった日の2年前の応答日から1年間の間に開始した事業年度の終期が分割等があった日以降に食い込むことはあり得ないので，1項が終了した事業年度をとったことの説明にはなりませんので念のため。

　木村　そこで事後設立の場合の設立の日と分割等があった日のずれの問題ですが，1項の場合は施行令23条1項で「分割等があった事業年度開始の日」という要素があったのでこのずれが問題になりましたが，2項では分割等があった日が要素になっていないので，ずれは問題になりません。

第5　分割等があった場合の納税義務の免除の特例　159

3　法12条3項（5－1図・子法人のc期以降の判定）

大島　それでは3項にいきましょう。

木村　3項は，分割等が子法人の判定対象年度の初日の1年前の応答日の前日以前にあった場合についての規定です。

大島　逆にいうと，分割等の後1年以上たってから開始する事業年度についての免税の可否の判定ということで，したがって，この判定対象年度には基準期間があり，法12条の2第1項は働かないわけですね。

木村　判定の計算は，分割等が親法人の特定事業年度内に行われた場合とそれ以外の期間に行われた場合に分かれ，前者は施行令23条3項かっこ内と同条4項によって，後者は23条かっこ外と同条4項によって行います。

特定事業年度というのは，子法人の判定対象年度の初日の2年前の応答日から1年間の間に開始した親法人の事業年度のことです。

5－1図をご覧ください。子法人の判定対象年度の初日の1年前の応答日の前日以前に分割等が行われた場合というと，分割等があった日が親法人のE期の7月1日だとすると子法人のc期以降が該当します。そのうちでも施行令23条3項かっこ書にいう親法人の特定事業年度中に分割等があった場合というと，c期は該当しますが，d期は該当しません。詳しくいうとc期の初日（1月1日。図は月末表示なので12月になっています。）の2年前の応答日は子法人のy′期の1月1日（図では12月），それから1年間の間（子法人のa期の12月31日までの間）に開始した親法人の事業年度といえばE期とF期ですが，分割等はまさにE期に行われていますから，c期がかっこ書に当たるわけです。もっとも親法人のE期，F期中の分割等でも，子法人のb期の初日（1月1日）以降の分割等ですと分割等がc期の初日の1年前の応答日の前日以前に行われているという法12条3項の大前提に反し，この場合は同2項の守備範囲になります。施行令23条3項かっこ外は，法12条3項のうち，分割等が特定事業年度外に行われた場合ですから，d期がこれに当たります。

大島　分かりました。ただ，今は分割等があった日を固定し，判定対象年度を動かしてのお話でしたが，判定対象年度を固定して分割等の日を動かしてみ

5-2図ですが，判定対象年度の初日が×4年1月1日として，分割等があったのが，×3年1月1日から同12月31日までの間なら法12条2項，それより前の×2年12月31日以前なら同条3項，そのうち子法人の判定対象年度の初日の2年前の応答日（×2年1月1日）から1年経過する日（×2年12月31日）までの間に開始した親法人の事業年度（A期とB期。ただし×3年1月1日以降を除く）中なら施行令23条3項かっこ内，その他の期間（×2年3月31日以前）なら同項かっこ外，ということですね。

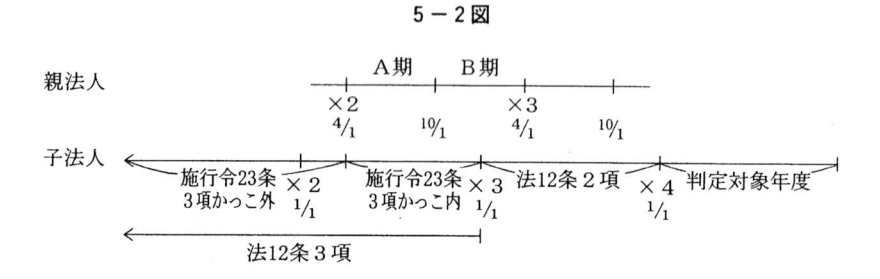

5-2図

```
親法人            A期    B期
              ×2         ×3
              4/1  10/1  4/1  10/1

子法人 ←─────────────────────────────────→ 判定対象年度
       施行令23条  ×2  施行令23条  ×3  法12条2項  ×4
       3項かっこ外 1/1  3項かっこ内 1/1            1/1
       ←────────────────────────────→
               法12条3項
```

(1) 5-1図・c期の判定

　大島　それでは内容に入って施行令23条3項かっこ内から始めましょう。これはc期が判定対象年度で親法人の特定事業年度中に分割等があった場合です。

　木村　まず，子法人について施行令23条3項かっこ書で計算した額，これをMとします。また子法人の基準期間に対応する期間，つまり特定事業年度中の親法人の課税売上高——施行令23条4項で計算した額——，これをNとします。このMとNの合計額が1,000万円を超えていればc期は免税事業者にはなりません。

　Mについて施行令23条3項かっこ書を引用します。

　特定事業年度「中に分割等があった場合には，当該計算した金額（基準期間であるa期の課税売上高の年換算額のこと）を当該特定事業年度の月数の合計数（12か月）で除し，これに当該分割等があった日（7/1）から当該特定事業年度のう

第5　分割等があった場合の納税義務の免除の特例　161

ち最後の事業年度終了の日（F期の末日3/31）までの期間の月数を乗じて計算した金額」，これを式にすると，

$$M = 90万円（a期） \times \frac{12}{6か月\,（a期間）} \times \frac{9か月\,（E_2期間＋F期間）}{12か月\,（E期間＋F期間）} = 135万円$$

一方Nは，E期とF期の課税売上高の合計額の年換算額，即ち

$$N = (375万円（E期） + 225万円（F期）) \times \frac{12}{12か月\,（E期間＋F期間）} = 600万円$$

そこで，

　　M＋N＝ 135万円＋ 600万円＝735万円＜ 1,000万円……免税事業者

ということです。

大島　この場合の課税売上高というのは，もちろん税抜対価の返還額を控除した額ですね。

　これで子法人のc期の免税の可否の判定についてのご説明，計算の方法は一応は分かりましたが，今のMとNとを足した数字，これはいったいどういう意味があるんですか。

木村　今の例示の場合ですと，Nは親法人の特定事業年度中の，すなわちE_1，E_2，Fの1年間の課税売上高ということになりますが，このうちのE_1の期間は分割等の前の6月30日まで，つまり，親法人と子法人に分かれる前のものであり，E_2とFの期間は分割等の後，つまり親法人だけのものです。一方，Mは要するに子会社のa期間の課税売上高をE_2＋Fの期間に引き直した額ですから，M＋Nは結局は5－3図のとおりEとF期の1年間の期間の親法人と子法人の課税売上高の合計額ということになります。

5－3図

N（親法人）	
	M（子法人）
E_1	E_2＋F

大島　よく分かりました。

　そこでここでも合併の時の説明（136～137頁参照）を思い出してもらうと，意味がはっきりしますね。つまり，

$$M = 90万円 \times \frac{12}{6} \times \frac{9}{12(E+F期間)} = 90万円 \times \frac{9}{6} \times \frac{12}{12(E+F期間)}$$

$$N = (375万円 + 225万円) \times \frac{12}{12(E+F期間)}$$

$$M+N = \left(90万円 \times \frac{9}{6} + 600万円\right) \times \frac{12}{12(E+F期間)}$$

かっこ書の中の90万円×$\frac{9}{6}$は子法人のa期間（6か月）の課税売上高を親法人のE₂期間＋F期間（合わせて9か月）に換算した額，つまり分割等によって，親法人のE₂期間＋F期間は課税売上高が減少した，その減少額ですね。これをE＋F期間の親法人の課税売上高600万円に加える。つまりかっこ書の中は分割等がなかったとした場合の親法人のE＋F期間の課税売上高相当額，これに$\frac{12}{12}$を掛けたのはE＋F期間の課税売上高を年換算するということで，この例ではE＋F期間がたまたま12か月ですけど，E＋F期間が12か月でない場合を考えると意味がはっきりしますね。

もっとも子法人の免税の可否は，子法人の基準期間の課税売上高で判定するという考え方からすれば，M＋Nは親法人のE＋F期の課税売上高の修正額というより，子法人のa期の課税売上高の修正額と考えるべきかもしれませんね。表現だけの問題ではありますけど。

それでは，早速このE＋F期間が12か月でない場合についてご説明願います。

木村 E＋F期間が12か月でない場合としては，11か月とか，あるいは13か月とか14か月とかいうことですね。こういうケースは，親法人が決算期を変更したような場合に出てきます。それについては，次の5－4図を見てください。

5－4図にある特定事業年度の意味については，さっき引用した施行令23条3項のかっこ書の中に出てきています（159頁参照）。

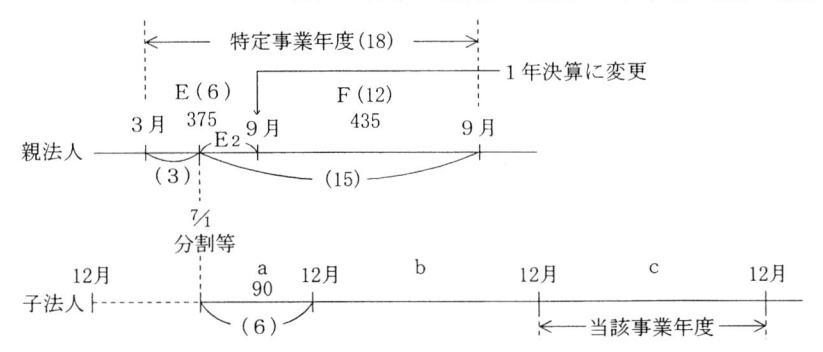

5−4図
(単位:万円)　月表示は各月末　()内の数字は月数

```
             ←―― 特定事業年度(18) ――→
                                    ┬ 1年決算に変更
              E(6)    │   F(12)
         3月  375   9月    435    9月
親法人 ├――――――┼――――――――――┤
              E₂
           (3)    (15)
              │
             7/1
             分割等

       12月    a   12月    b    12月    c   12月
子法人├―――――┼――――――┼――――――┼――――――┤
              90
           (6)              ←―― 当該事業年度 ――→
```

　次のMとNの定義は先ほどの説明と同じで，つまり，Mは子法人の基準期間の課税売上高を基礎として計算した額，Nは子法人の基準期間に対応する期間中の親法人の課税売上高です。その計算は，

$$M = 90万円 \times \frac{12}{6か月} \times \frac{15か月（E_2期間＋F期間）}{18か月（E期間＋F期間）} = 150万円$$

$$N = (375万円 + 435万円) \times \frac{12}{18か月} = 540万円$$

　M＋N＝150万円＋540万円＝690万円＜1,000万円……免税事業者ということになります。

　大島　変形すると，

$$M+N = (90万円 \times \frac{12}{6} \times \frac{15}{18}) + (375万円 + 435万円) \times \frac{12}{18}$$

$$= (90万円 \times \frac{15}{6} \times \frac{12}{18}) + 810万円 \times \frac{12}{18}$$

$$= (90万円 \times \frac{15}{6} + 810万円) \times \frac{12}{18}$$

　つまり子法人のa期の売上高90万円を15か月（親法人のE₂＋F期の月数，つまり特定事業年度のうち分割後の月数）分に延ばして親法人の特定事業年度の課税売上高810万円に加える，これは分割等がなかったとした場合の親法人の特定事業年度E期とF期18か月の課税売上高ですが，これに$\frac{12}{18}$を掛けて1年分に引き直すということですね。

それではここで積み残しになった問題を検討してみましょう。

　第1に法12条3項の最初のかっこ書で，親法人が二つ以上ある場合がこの項の適用を除外されていますが，これはなぜでしょう。そして除かれたケースはどう処理することになりますか。

　木村　法12条3項の狙いは，大ざっぱにいって，分割等によって新設された子法人の免税の可否を，分割等がなかったとした場合の課税売上高で，つまり親法人と子法人の課税売上高の合計額で判定しようということで，この考え方からすれば，親法人が複数あるとみな合算するということになりますが，複数の親法人を分割等してまで親と子が免税事業者になるということは，免税点である課税売上高が1,000万円であることや資本金1,000万円以上の新設法人に対する免除規定の不適用ということからみて考えにくく，仮に合算するとしても計算が複雑になるだけで，分割等がなかった場合の課税売上高が出てくるわけではないし，親法人のどれか一つと子法人の課税売上高の合計額を採るとしても，子法人の売上高の中には他の親法人から承継した売上高も入っているわけですからこの合計額にも意味がない，またどちらも免税である二つの親法人から生まれた子法人が課税になるという不合理が出てくる場合も有り得るわけで，こんなことから，親法人が複数ある場合は3項の適用外にしたわけです。

　大島　法12条1項，2項の場合は親法人と子法人の課税売上高を合計するという過程がありませんから，親会社が複数でも適用除外とする必要はなかったわけですね。

　木村　それから親会社が複数ある場合，3項の適用から外されて，ではどうするのかということですが，規定がない以上は原則に戻って法12条の2第1項と法9条で判定することになります。

　大島　第2の問題として，法12条3項が適用されるのは，子法人の基準期間の末日に子法人が特定要件に該当している場合に限定されていますが，これはどんな趣旨ですか。法12条1項，2項ではこのような制限はありませんね。もっとも1項，2項では子法人にまだ基準期間はありませんけど……。

　木村　特定要件とは3項に規定されているように，子法人の発行済株式数又

は出資額の50％を超える数又は金額，つまり過半を親法人とその特殊関係者が所有していることなどをいうのですが，まず注意しなければならないのは，法11条の合併の場合の免税の特例は，大ざっぱにいって合併後2年で終わるわけですが，分割等の場合は無期限に特例が働くわけです。

　大島　法12条3項は子法人の判定対象年度の初日の1年前の応答日の前日以前に分割等があった場合についての規定で「以前」に制約がありませんから，逆にいえば分割等の後何年たってもこの条文が働くわけですね。

　木村　そうです。しかし永続するといってもその条件は不変ではない，お尋ねの規定の趣旨は，分割等の後日がなお浅い間は特定要件がどうであるかにかかわらず法12条の規定を働かせて免税の要件をきびしくするが，分割等の後1年以上たったら，特定要件を満たしていなければ，つまり資本関係などが薄れていれば，そこまでは追求しない，逆にいえば免税を限定するのは子法人が親法人の支配下にあると認められる場合である，ということです。なおこの特定要件については通達1－5－13がありますが，読めば分かりますから省略します。

　特定要件に該当するかどうかは，親法人だけでなく，その特殊関係者も含めて判断しますが，特殊関係者の範囲は長くなるので項をあらためて取り上げることにしましょう（180頁以下）。なおこの場合，子会社が自己株を持っている場合は過半かどうかはその持株を除いたところで判定します。子会社が自己株を10％持っていると，親会社とその特殊関係者で子会社株の45％超を持っていれば過半を持っていることになります。

　大島　分かりました。ところで施行令23条4項1号はかっこ書で「輸出取引等に係る対価の返還等を含む。」といっていますが，3項の方はこれに見合う規定がない，差し支えはないのですか。

　木村　3項はさっきもいったように法9条の規定を引用しているのですが，同条については施行令19条が輸出取引等についての対価の返還等を含むと規定しているので別に問題はありません。

　大島　なおあと施行令23条3項のかっこの中の，例のこれこれの間に開始し

た事業年度と終了した事業年度の問題がありますが、これはかっこ外の規定の内容に関係するので後回しにしましょう。

木村 それからここでも事後設立の場合の設立の日と分割等があった日のずれは問題になりませんので念のため。

(2) 5－1図・d期以降の判定

大島 分割等が親法人の特定事業年度内に行われた場合、つまり施行令23条3項かっこ内の話を終わって、分割等が特定事業年度の初日の前日以前に行われた場合、つまり同項かっこ外の場合にいきましょう。

木村 5－1図で子法人のd期を見ると、分割等はその初日の1年前の応答日の前日以前であり、また、その特定事業年度であるG期とH期より前のE期に行われていますから、施行令23条3項かっこ外の場合に該当します。

この場合はd期の基準期間のb期の課税売上高の年換算額をM、親法人の特定事業年度であるG期とH期の課税売上高の年換算額をNとし、M＋Nが1,000万円を超えるかどうかで子法人のd期の免税の可否を判定します。図5－1でいうと、

$$M = 210万円（b期）\times \frac{12}{12か月} = 210万円$$

$$N = （240万円（G期）+ 255万円（H期））\times \frac{12}{12か月} = 495万円$$

$$M + N = 705万円 < 1,000万円$$

ですからd期は免税になります。

大島 課税売上高といっても税抜対価の返還額を控除した額ですね。

木村 そうです。施行令23条3項と4項に明記してあります。

大島 G期とH期は全期間が分割後で、5－1図でも分割等の前に比べて課税売上高が減少していることになっています。したがって子法人の課税売上高と合計した額で、つまり分割等がなかった場合の額で判定するわけですね。

木村 子法人のd期より後の事業年度の免税の可否の判定は、子法人の基準期間と親法人の特定事業年度が移っていくだけで、考え方はd期の場合と同じです。

第5　分割等があった場合の納税義務の免除の特例　167

　それから法12条3項の規定で，この施行令23条3項のかっこ内の場合とかっこ外の場合の双方に共通して適用される事項については先ほど164～165頁でお話しました。

　大島　ただその時，かっこ内の特定事業年度の定義が施行令23条2項と違って，これこれの間に「終了」した事業年度でなく，「開始」した事業年度になっている理由が積残しになっているのでこの点について考えてみると，もしここで「終了した事業年度」を採るとc期の特定事業年度はD期とE期になり，F期の初日（10月1日）からa期の末日（12月末）までの間の分割等は特定事業年度外の分割等として施行令23条3項かっこ外の適用を受けることになるので，Mは分割等の日からa期末（12月末）までの期間（c期の基準期間）の課税売上高，NはD期とE期の課税売上高になってしまう。F期の分割等ですからD期とE期は全期間が分割等の「前」であるのにこれにMを加えるという不合理が起こるので，ここは必然的に「開始」した事業年度を採らざるを得ない，ということでしょうね。

　木村　そういうことです。「開始した事業年度」を採ると，子法人のc期について，E期とF期の分割等ならかっこ内，D期以前の分割等ならかっこ外ということになりますが，「終了した事業年度」を採ると，D期とE期の分割等ならかっこ内ということはいいとして，C期以前の分割等とずっととんでF期の始期から子法人のc期の初日の1年前の応答日の前日以前の分割等とがかっこ外というややこしいことになり，このうち後半部分についてお話のような厄介な問題が出てくる，こんなことは避けるべきだということです。

　それからここでも事後設立の場合の設立の日と分割等があった日のずれは問題になりません。

4　法12条4項

(1)　5－1図・親法人のH期以降の判定

　大島　それでは次に，4項に入りましょう。法12条は，1項から3項までは子法人の免税の可否についての規定でしたが，4項は親法人の免税の可否につ

いての規定です。

　木村　4項は親法人の判定対象年度の初日の1年前の対応日の前日以前に分割等があった場合、5－1図でいうと、分割等が親法人のE期中に行われているので、H期以降の各期からみればこれはまさにその初日の1年前の応答日の前日以前の分割等になり、したがって4項の規定に該当します。つまりこの4項は親法人のH期以降の各期の免税の可否についての規定です。

　大島　それではF期とG期の判定はどうなりますか。

　木村　この両期はその基準期間が分割等の前ですから、分割等による課税売上高の減少で消費税がかからなくなるのを防止しようという法12条の趣旨からいって特例は必要ない、法9条の原則で判断する、ということです。ただ変則事業年度の場合はさらに検討が必要ではないかと思われますが、この問題は後回しにしましょう（173～174頁参照）。そこでH期以降の免税の可否の判定ですが、これが施行令23条5項のかっこ内の場合とかっこ外の場合によって判定の計算式が違います。かっこ内の場合とは、分割等が判定対象年度の基準期間の初日の翌日から判定対象年度の初日の1年前の応答日の前日までの間（変則事業年度でなければ基準期間中）に行われた場合、かっこ外の場合とはそれ以外の場合です。

　また5－1図に戻ってください。分割等が親法人のE期中に行われていますが、H期からみるとその基準期間はD期とE期、I期からみるとその基準期間はE期とF期ですから、変則事業年度でないこの図ではこの両期がかっこ内の条件に該当します。J期からみるとその基準期間はF期とG期で、分割等は基準期間の初日以前ですからかっこ内の条件に該当せず、かっこ外の規定が適用されます。

　大島　法12条3項の時に使った手法で、判定対象年度を固定し、分割等の日を動かして示せば5－5図のとおりですね。事態をはっきりするため、ここは7か月という変則事業年度を採ってみました。この図では判定対象年度の基準期間は×1年7月1日から始まる事業年度と×2年2月1日から始まる事業年度（図の太線期間）です。親法人の判定対象年度の初日を×3年4月1日とする

第5　分割等があった場合の納税義務の免除の特例　169

と，×2年4月1日から×3年3月31日までの分割等は法12条4項の適用外で法9条の原則を適用して基準期間の課税売上高を基礎として判定，判定対象年度の基準期間の初日の翌日である×1年7月2日から×2年3月31日までの分割等には施行令23条5項かっこ書適用，×1年7月1日以前の分割等には同項かっこ外適用ということですね。ただ×2年4月から×3年3月末までの分割等については法9条適用という点については後でまた取り上げます(174～175頁参照)。

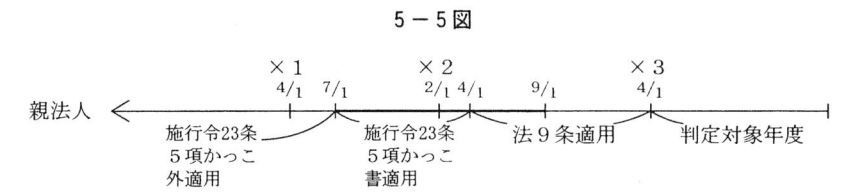

5－5図

```
                 ×1            ×2              ×3
               4/1  7/1     2/1  4/1    9/1    4/1
親法人 ←─────┼───┼─────┼───┼─────┼─────┼──────→
           施行令23条    施行令23条   法9条適用    判定対象年度
           5項かっこ    5項かっこ
           外適用       書適用
```

木村　施行令23条5項かっこ書の適用が×1年4月1日以降の分割等ではなく，同年7月2日以降の分割等に適用されるという点は間違えやすいですね。

なお後になりましたが，この法12条4項はかっこ書の内外を通じて親法人の判定対象年度の基準期間の末日において特定要件に該当していることが要件になっていますが，特定要件の定義，規定の趣旨については164～165頁以下でお話しました。

大島　それから施行令23条5項は「これこれの間に開始した」事業年度をとっていますが，H期についてみると，子法人の，D期・E期中に開始した事業年度はあるが終了した事業年度は存在しない，ここはどうしても開始した事業年度を採ることになりますね。

木村　そういうことですね。そしてH期について開始する事業年度を採る以上，一つの条文の中ですから，I期以降についても当然同じ措置を採ることになります。

それからH期以降すべての場合について，事後設立の場合，設立の日が分割等があった日に先行していることには関係なく，以下述べる方法で免税の可否を判定することになります。

(2) 5-1図・H期、I期の判定

大島 それではまず施行令23条5項かっこ書の場合からお話し願います。

木村 5-1図に戻ってお話します。かっこ内に該当するのはH期とI期ですが、まずH期からみていきましょう。

親法人がそのH期に課税事業者に該当するかどうかですが、親法人の基準期間であるD期とE期の課税売上高の年換算額をMとし、これにその基準期間に対応する期間の子法人の課税売上高をNとして、このMとNの合計額が1,000万円を超えていれば、課税事業者ということになります。Nは施行令23条5項かっこ書によって計算するので同項と対照しながら次の算式を理解してください。

具体的な計算は、

$$M = (420万円（D期） + 375万円（E期）) \times \frac{12}{12か月} = 795万円$$

$$N \begin{pmatrix} 親法人の基準期\\間に対応する期\\間における子法\\人の課税売上高 \end{pmatrix} = 90万円（a期） \times \underbrace{\frac{12}{6か月}}_{（年換算）} \div 12か月 \begin{pmatrix} 施行令23条5項1\\号にいう月数の合\\計数。つまりD期\\とE期の12か月 \end{pmatrix}$$

$$\times 3か月 \begin{pmatrix} 施行令23条5項2号にい\\う期間の月数。つまり分\\割等があった7月1日か\\ら9月末日までの3か月 \end{pmatrix} = 45万円$$

M+N=795万円+45万円=840万円<1,000万円……免税事業者

ということになります。

Nの計算のa期というのは、親法人の判定対象年度の初日（H期の10月1日）の2年前の応当日（D期の10月1日）から1年の間（E期の9月30日まで）に開始した子法人の各事業年度であり、なお分割等が基準期間の初日（D期の10月1日）以降に行われていますから施行令23条5項かっこ書によって12か月（同項1号の月数）で割り3か月（同項2号の月数）即ち分割等があった日（E期の7月1日）から同期の末日（9月30日）までの月数を掛けているわけです。なお「各事業年度」といってもここではa期だけです。このMは、またH期の「基準期間における課税売上高」ですから、法9条4項かっこ書、同条1項、2項によっ

第5　分割等があった場合の納税義務の免除の特例　171

て対価の返還額は控除し、なお年換算をするわけです。

大島　Nの計算上も税抜対価の返還額は控除するんですね。

木村　施行令22条1項柱書かっこ書の「各事業年度における課税売上高」の定義がここで適用されるので、おっしゃるとおり控除することになります。

大島　M＋Nの意味は、

$$N = 90万円 \times \frac{12}{6} \times \frac{3}{12} = 90万円 \times \frac{3}{6} \times \frac{12}{12}$$

と考え、

$$M + N = (795万円 + 90万円 \times \frac{3}{6}) \times \frac{12}{12}$$

と考える、つまり親法人の基準期間の課税売上高795万円は分割等による減少後の額なので、子法人のa期の6か月分の課税売上高を分割後基準期間の終わりまでの額（3か月分の額）に圧縮して加算して年換算すると、その答は分割等がなかったとした場合のD期、E期の課税売上相当額の年額になるということですね。

木村　そうですね。この例ではD期とE期の月数が12か月ですが親法人が仮に図のD期の途中の時点で設立されていて、D＋E期が例えば9か月だとして、

$$M = (D + E) \times \frac{12}{9}$$

$$N = a \times \frac{12}{6} \times \frac{3}{9} = a \times \frac{3}{6} \times \frac{12}{9}$$

$$M + N = (D + E + a \times \frac{3}{6}) \times \frac{12}{9}$$

と考えてみるのも理解を深める助けになるかもしれませんね。

大島　それから話がさかのぼりますが、施行令23条5項かっこ書で、「親法人の当該事業年度（判定対象年度）の基準期間の初日の翌日から云々」とありますが、なぜ初日ではなくその翌日にしたのでしょう。

木村　かっこの中のややこしい計算をしなければならないのは、今いわれたように、親法人の基準期間の課税売上高となるべきものの一部が子法人に移ってしまうので、これを加え戻すためですが、基準期間が全部分割等の後ならその必要もなく、かっこ外の計算だけで済むわけです。初日に分割等が行われて

いれば、その期の売上げは全部が子法人に移行していますから、かっこ外を適用して、単純に合算すれば事足りるわけです。このことは法11条2項のところで話が出ました。

大島 そこで次に親法人のⅠ期についてお願いします。

木村 法12条4項かっこ書の要件に該当しますから本質的にH期と同じことで、ただ期が一つずれたのに伴って基準期間がD期とE期からE期とF期に、これに対応する期間が子法人のa期からa期、b期に変わるだけです。

まずⅠ期の基準期間は、E期とF期ですから、F期の末日である3月31日に子法人が特定要件のすべてに該当していることが前提になります。

計算は、

$$M\begin{pmatrix}親法人の基準期間で\\あるE期とF期の課\\税売上高の年換算額\end{pmatrix} = (375万円 + 225万円) \times \frac{12}{12か月} = 600万円$$

$$N(親法人の基準期間に対応する期間における子法人の課税売上高)$$
$$= (90万円(a期) + 210万円(b期)) \times \frac{12}{6か月(a期) + 12か月(b期)}$$
$$\div 12か月(E期とF期) \times 9か月\begin{pmatrix}分割等があったE期の7月1\\日からF期の3月末日まで\end{pmatrix} = 150万円$$

M+N=600万円+150万円=750万円<1,000万円……免税事業者

ということになります。

(3) 5-1図・J期以降の判定

大島 それでは法12条4項のうち施行令23条5項かっこ外にいきましょう。これは5-1図でいうと、親のJ期、つまり判定対象年度の基準期間の初日以前に分割があった場合ですね。

木村 親法人のJ期以降の課税期間に法9条本文の規定が適用されるかどうかということで、ここではJ期について説明をします。その後のK期以降はこれと同じことです。

法12条4項には、「……当該事業年度の基準期間の末日において新設分割子法人が特定要件に該当し、……」とありますから、親法人のJ期の基準期間であるF期とG期、このG期の末日に子法人が特定要件に該当することが前提になります。

課税売上高の計算は，親法人の基準期間，つまりF期とG期の課税売上高の年換算額，

$$(225万円＋240万円) \times \frac{12}{12か月} ＝465万円$$

これをMとします。この基準期間に対応する期間の子法人の課税売上高，つまり施行令23条5項の，親法人の判定対象年度J期の開始の日の2年前の日の前日から同日以後1年を経過する日までの間――普通の事業年度の場合は親法人の基準期間ということになりますが――ここではF，G期の間に開始した子法人の事業年度――b期――の課税売上高210万円を年換算します。すなわち，

$$210万円 \times \frac{12}{12か月} ＝210万円$$

ですね。これをNとして，

M＋N＝675万円＜1,000万円

ですから，親法人の判定対象年度J期は免税事業者ということになります。

念のためですが，Mの計算で年換算をしているのは，毎度出てきますが，この法12条4項の「基準期間における課税売上高」には，法9条4項かっこ書によって，同条1項の定義がかぶっているからです。したがってそれはまた税抜対価の返還額を控除後ということです。

大島 さっきもいったように，親法人の基準期間も，子法人のこれに対応する期間も，どちらも分割等の後ですから，M＋Nは分割等がなかったとした場合のF期，G期の課税売上高の年換算額相当額ですね。

それからNの計算では，施行令23条5項の「各事業年度における課税売上高」について施行令22条1項の柱書に定義があり，税抜対価の返還額を控除した額の年換算額だということですので念のため。

ところで今の例では親法人の基準期間と，親法人の判定対象事業年度の初日の2年前の応答日からその日以後1年を経過する日が完全に一致しているのでかえって分かり難い面がありますが，別の例でお話ください。

木村 それでは親法人の事業年度が変則的な7か月であったとしましょう。

5－6図をご覧ください。判定対象年度の初日を×3年4月1日とすると、その前の事業年度は×2年9月から×3年3月まで、もう一つ前の事業年度は×2年2月から同年8月まで、更にもう一つ前の事業年度は×1年7月から×2年1月までですが、基準期間は法2条14号によって×1年4月から×2年3月までの間に開始した事業年度、つまり×1年7月から×2年1月までと同2月から8月までの2事業年度になります。分割等は基準期間の初日（×1年7月1日）以前ですからこれを×1年5月1日、子法人の第1事業年度を×1年12月まで、第2事業年度を×2年1月から12月までとします。そうするとこの2事業年度が親法人の判定対象年度の初日の2年前の応答日（×1年4月1日）から同日以後1年を経過する日（×2年3月31日）までの間に開始した子法人の事業年度になります。親法人の基準期間も子法人の今の2事業年度も分割等の後に開始しているので、これらの事業年度の課税売上高の年換算額を単純合計して親法人の判定対象年度の免税の可否を判定します。親法人の基準期間の課税売上高をa、子法人の2事業年度の課税売上高をbとすると、

$$a \times \frac{12}{7か月 + 7か月} + b \times \frac{12}{8か月 + 12か月}$$

が1,000万円を超えるかどうか、ということです。

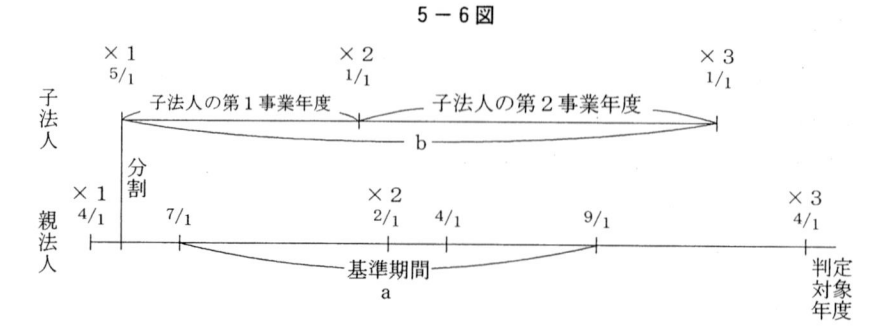

5－6図

大島 本質的に前の5－1図と変わりませんね。当たり前の話ですけど。

　それから先ほど（169頁）後回しにした問題ですが、法12条4項は、親法人の判定対象年度の初日の1年前の応答日の前日以前の分割等について規定しています。普通の場合はいいんですが、例えば7か月という変則事業年度だと問題

があるように思います。5－6図で分割等が×2年4月から同8月中に行われたとすると、判定対象年度の初日の1年前の応答日以後の分割等ですから法12条4項の適用外で、したがって法9条によって親法人の判定対象年度の免税の可否は、その基準期間の課税売上高だけで判定することになります。しかし基準期間のうち、分割等の日以降は課税売上高は子法人に移っていますから、子法人の対応期間の課税売上高を、分割等の日から基準期間の終期までの月数の課税売上高に換算して親法人の基準期間の課税売上高に加算した額で判定すべきではないでしょうか。

木村 そのような考えもあると思いますが、いずれにせよ、課税事業者としてどこまで取り込むかという立法政策の問題だと思いますし、その取込みにおいて一般的に整合性がとれていればイレギュラーなものまで一々検討して取り込むことは、結局条文を複雑化させることになりましょう。

まあ、そういうことを全般的に判断してこのようになったのだと思います。

大島 そういう立場もよく分かりますが、ただ法11条4項を受けて施行令22条5項、6項2号が変則事業年度の場合について詳しく規定している（146頁以下）のとはアンバランスの感じがしますね。

5　法12条5項（4－2図・C₂期の判定）

大島 それでは第5項に進みましょう。この項は吸収分割があった場合の分割承継法人（以下単に「承継法人」といいます。）の吸収分割後その事業年度の終わりまでの期間の免税の可否についての規定です。

木村 そういうことですね。承継法人の基準期間の課税売上高の年換算額が1,000万円を超えていると、この5項の規定とはかかわりなく分割承継事業年度は当然免税にはならないので、5項はこの基準期間の課税売上高の年換算が1,000万円以下である場合の規定です。このことは同項中にかっこ書で断っています。

そこでその年換算額が1,000万円以下である場合は、施行令23条6項の規定によって、承継法人の分割承継年度の初日の2年前の応答日から1年間の間に

終了する分割法人の事業年度の課税売上高の年換算が1,000万円を超えていると判定対象年度は免税にはなりません。

その説明には、4－2図（124頁）をご覧ください。4－2図の吸収合併とここで取り上げている吸収分割とはもちろん違いますが、4－2図を使った方が合併と分割についての本質を理解するのに便利かと思います。

そこで4－2図で「合併法人甲」とあるのを「承継法人」と、「被合併法人乙」とあるのを「分割法人」と、「8／1合併」とあるのを「8／1吸収分割」と読み替えてください。ただ分割法人は分割後も継続しますから、f期の後に、分割した分だけ規模を縮小しながらg期、h期、i期が続きます（ただ図ではその表示は省きます。）。あとは吸収合併のところでお話した（123～124頁）のと全く同じです。このことはこの法12条5項と法11条1項を読み比べてもらうとよく分かりますが、繰り返すと、承継法人のA期の課税売上高が1,000万円以下でC期に吸収分割があったとします。事業年度が1年としてC期の初日の2年前の応答日はA期の初日、それから1年の間、つまりA期の末日までに終了した分割法人の事業年度はa期とb期ですから、このa期とb期の課税売上高の年換算額が1,000万円を超えていると判定対象年度である承継法人のC₂期は免税とはしないわけです。判定の結果次第では前にもお話したとおり（125頁）、一つの事業年度である承継法人のC事業年度がC₁期間は免税、C₂期間は課税、と分かれることになります。なおこのa期とb期の課税売上高は施行令22条1項の定義によって税抜対価の返還額を控除した額です。

大島 吸収合併と吸収分割の関係は、承継法人が分割法人の事業の一部を部分的に吸収合併したと考えれば分かってきますね。それが極端まで進むと、吸収合併とは、承継法人が分割法人の全事業を引き継いだ吸収分割だということもできる、そう考えれば合併法人と承継法人、被合併法人と分割法人とが同じ立場にあること、したがって4－2図を読み替えて吸収合併の時の説明に使うこともよく理解できますね。

木村 そこで結局C₂期の免税の可否については、法11条1項と同12条5項とは全く同様で、合併法人（承継法人）のA期の課税売上高と、被合併法人（分

割法人）のａ期とｂ期の課税売上高の合計額とのうちどちらか一方が1,000万円超ならばＣ₂期は免税にならないということです。

　大島　ただ吸収分割は，分割割合が大きくなるほど限りなく吸収合併に近づく一方，分割割合が小さくなるほど限りなく分割がなかった状態に近づきますね。吸収合併に近い場合はＣ₂期の免税の可否について，お話のように吸収合併の場合と同じ判定をするのはよく分かりますが，分割割合が小さくなっていくと，分割法人のａ期，ｂ期の課税売上高が1,000万円超なら承継法人のＣ₂期は免税とはしない，というのは酷なように思われますがどうでしょう。

　木村　ごもっともなお尋ねかとは思いますが，実は分割割合が小さいからといって見逃すわけにはいかないのです。例えば承継法人の課税売上高が780万円，分割法人の課税売上高が1,060万円という場合，90万円分を分割して承継法人に引き継ぐと，課税売上高は，承継法人が870万円，分割法人が970万円となって両方が1,000万円を切ってしまう，この場合分割法人の分割割合としては小さいのですが，このような分割はやはり課税上弊害があるといわなければならない，こんな節税の途だけは塞いでおこう，というのがこの立法趣旨だと考えます。このために分割法人の分割前の課税売上高が1,000万円を超えていれば承継法人の免税は認めない，ということになるのです。

　大島　なるほど分かりました。

　では次にいって，5項かっこ書にある分割法人が二つ以上ある場合の処理については，法11条1項のところ（127頁）で話されましたね。また免税期間であるｃ₁期に課税仕入れをした棚卸資産を課税期間であるｃ₂期に売り上げた場合の仕入税額控除についてもお話がありました（125頁）。なお法36条は，免税事業者が課税事業者になった場合の免税事業者時代の課税仕入税額の処理についての規定ですが，1項かっこ書でこれを法12条5項の場合に適用するといっています。

　それから施行令23条6項の「終了した事業年度」の問題については施行令22条1項のときのお話（129頁）と同じであることを付け加えておきましょう。

6　法12条6項（4－2図・D期の判定）

大島　では第6項にいきましょう。この項は承継法人の判定対象年度の初日の1年前の応答日から，判定対象年度の初日の前日までの間に吸収分割があった場合の判定対象年度の免税の可否の判定についての規定です。

木村　承継法人の判定対象年度の基準期間の課税売上高が1,000万円超ならば判定対象年度は当然免税になりませんが，それが1,000万円以下の場合の判定は，判定対象年度の初日の2年前の応答日から1年間の間に終了した分割法人の課税売上高の年換算額が1,000万円を超えているかどうかによります。

また4－2図を分割関係に読み替えたところ（176頁）でお話すると，承継法人のD期の初日（1月1日）の5か月前の前年8月1日に吸収分割が行われているので，D期は6項の前提条件に即しています。そこでD期の初日の2年前の応答日（B期の初日）から1年間の間（B期の末日までの間），つまりB期中に終了した分割法人の事業年度であるc期とd期の課税売上高の年換算額が1,000万円超ならばD期は免税になりません。c期とd期の課税売上高は，施行令22条1項の定義により税抜対価の返還額を控除した額です。

大島　同じ場面で，法11条2項では，合併法人甲の課税売上高を加算して判定していました（130頁）が，吸収分割の場合の判定はなぜ違うのでしょう。

木村　吸収合併の場合には被合併法人は消滅し，その課税売上高はそっくり合併法人に移るわけですから，今の例でいえば合併法人甲のB期，被合併法人乙のc期，d期の各課税売上高を合計する意味がありますが，吸収分割の場合は分割法人は存続し，分割後の課税売上高は分割法人のものとして課税対象になる（現実には免税になるかどうかは別として）わけですから，吸収合併の場合のように合算をするわけにはいきません。そうかといって分割法人のc期，d期の課税売上高を無視することもできない，こんなことから結局承継法人のD期の基準期間であるB期か，分割法人のc期，d期か，どちらかの課税売上高が1,000万円を超えていれば課税，ということになったのではないでしょうか。

大島　次に法12条6項では，吸収分割が承継法人のある事業年度の初日の1年前の応答日の前日以前に行われている場合については，免税を制限する規定

はないわけですが，特例規定がない以上は法9条の原則規定が働くことになりますね。分割等の場合は特例規定が永続するということだったし，現に新設分割について法12条4項はそのようになっていたのですが，この辺のことについてご説明願います。

木村 吸収分割は吸収合併の一つの形態であるというイメージであり，基準期間が分割後の状態になってから以後は自己の課税売上高で判定すべきということでしょうね。ただしこの趣旨からいえば4−2図のE期は特例措置があってしかるべきはずですが，そこは煩雑を避けて省略したということでしょう。

吸収分割は，そもそも法12条7項にいう分割等とは性質が違うということで，法12条に入ってはいますが，何度もいうとおり，実態は吸収合併に近いわけです。

大島 それから吸収分割があった場合に，分割法人の免税の特例規定がありませんけど，分割によって事業の売上げが減っても，そのままの姿で法9条を適用することになりますね。例えば4−2図には出てきませんが，分割法人のg期は，分割後で課税売上高は減っているわけですが，基準期間であるc期，d期の，分割前の課税売上高で免税の可否を判定するわけですね。ちょっと酷ではないでしょうかね。

木村 吸収分割のためではなく，分割法人がe期，f期に大幅に事業を縮小したとしてもその事実はg期の免税の判定には影響させませんね。税法もそこまでは規定しきれないということで，それと同じこととお考えください。ただこの状態は基準期間が全期吸収分割後の状態になれば解消しますから，しばらくの辛抱ということです。

分割法人が二つ以上ある場合の話は127頁と同じことと思いますので省略しましょう。

大島 分割等についてはなお，親法人にさらに親法人がある場合，子法人に兄弟法人がある場合，子法人に更に子法人がある場合など，複雑なケースが考えられますね。

木村 このことは合併のときにも話が出ました（148頁）が，分割等について

の親法人や子法人などは判定の要素に入らない、つまり、規定がない以上そのようなことは考慮する必要はないということです。

なお施行令23条7項が「終了する……各事業年度」をとっていることについては129頁と同様であること、同項の「各事業年度の課税売上高」には施行令22条1項の定義がかぶっていることを付け加えておきます。

Ⅲ 特殊関係者

大島 ここでは、さきに項をあらためて取り上げることとした（165頁）特殊関係者の範囲についてお話し願います。それでは法12条3項かっこ書にある「特殊な関係にある者」の定義から入りましょう。3項では新設分割子法人（以下このⅢで単に「子法人」といいます。）の発行済株式数又は出資額の過半を新設分割親法人（以下このⅢで単に「親法人」といいます。）あるいはこれと特殊な関係にある者が所有していることを特定要件の一つとしています（164頁参照）。これは4項にも関係することですが、その特殊な関係にある者とはいったいどの範囲をいうのか、ということを規定したのが施行令24条1項ですね。

そこでまず、この24条1項各号が何を規定しているのかをスケッチ的にお話ください。

木村 1、2、3号は親法人の株主達で親法人の株の過半を持っている場合などその親法人を支配している場合のその株主達、4号は親法人が直接・間接に過半の株を持っているなどその親法人が支配している場合の会社群が「特殊関係者」だということです。

大島 そこで、この24条1項1号、2号、3号の場合の「親法人を支配している場合」とは、どういう場合をいうかということについては、その24条2項に「次に掲げる場合のいずれかに該当する場合をいう。」として親法人の株の過半を持っている場合などが掲げられていて、また、その2号、4号における「他の会社を支配している場合」については、その3項に読替規定がありますね。

木村　そうです。この部分については，平成18年度の税制改正において会社法の制定に伴い一部改正が行われていまして，「特定要件」とは一定の支配関係にあることをいいますが，具体的には，従前は，各事業年度の基準期間の末日において，子法人の発行済株式又は出資額の過半を親法人及びその特殊関係者が所有する場合をいうこととされていました。

しかしながら，支配関係の有無の判定に当たっては，このような発行済株式又は出資額の過半を有する場合のほか，①会社経営上の重要な事項に係る議決権のような一定の議決権について，その総数の過半を有する場合や，②合名会社などの持分会社においては，その社員数の過半を有する場合も，同様に支配している場合とみられることから新たに加えられています。

この場合，法12条3項によって，子法人が自己株を持っている場合は，それを除いたところで過半かどうかを判定します。

大島　子法人が10％の自己株を持っていれば，45％超が過半だということですね。

1　施行令24条1項1号

大島　それでは施行令24条1項1号についてお話し願いますが，施行令24条2項によるそれぞれの支配関係に応じてお話していただくことは複雑にもなりますから，ここでは「親法人を支配している場合」を施行令24条2項1号による親法人の発行済株式の過半を有する場合に限定してお話を進めてください。

木村　分かりました。それではその1項1号において「……新設分割親法人を支配している場合……」とあるのを「……新設分割親法人の発行済株式又は出資（その有する自己の株式又は出資を除く。）の総数又は総額の100分の50を超える数又は金額の株式又は出資を有する場合……」，つまり親法人の株の過半を持っている場合と読み替えていただければよいわけです。そして，このことは2号，3号において同様です。また，あとで出てくることですが，施行令24条3項によって同条1項2号イ，ロ，ハ，同項4号イ，ロ，ハにおいて「……他の会社を支配している場合……」を「……他の会社の発行済株式又は出資（その有する自己の株式又は出資を除く。）の総数又は総額の100分の50を超える数又は

金額の株式又は出資を有する場合……」、つまり他の会社の株の過半を持っている場合と読み替えていただくことになります。

1号は親法人の株の過半を持つ株主が親法人の特殊関係者だということですから、法12条3項により、親法人とこの過半の株主で子法人の株の過半を持っていれば特定要件に該当する、ということです。

大島 ここで順序が逆になりましたがこの条1項の柱書のかっこ書についてお話ください。

木村 親法人の株の過半を持つ者が親法人の特殊関係者だとすると、子法人が親法人の株の過半を持っていれば（実質的には子が親の親法人）子法人が親法人の特殊関係者だということになり、親法人が持つ子法人の株と子法人が持つ自己株とを合わせると子法人の株の過半となる場合は法12条3項にいう特定要件が満たされることになるが、その子法人は特殊関係者からは除く、ということです。

大島 お話のように、子法人は自己株を持っている場合に問題になるので、自己株を持たない子法人は始めから考慮する必要がない、かっこ書は一見自己株を持っている子法人は除外する、自己株を持たない子法人は除外しない、ともとれそうですがそういう意味ではなく、ここで除かなければならないのはまさに自己株を持つ子法人だ、という意味で書いているわけですね。

木村 そういうことです。簡単に「子法人を除く」と書けばよさそうですが、そうするとわざわざ除くまでもないものまで除いてしまう、そういう論理的要請からこんな書き方になっているのでしょう。

大島 論理にこだわって条文を難しくしている感じもありますね。

次の1号の二つ目のかっこ書の後半部分について。

木村 親法人が自己株を持っていれば自分が親法人、つまり自分自身の株主ともいえるわけですが、ここでいう株主からは自分自身は除くということです。先回りになりますが、親法人が自己の株主だとすると、自分で過半の株を持っていると自分が自分の特殊関係者ということになるが、これは理に反するので、まず株主の範囲から自分自身を除いているわけです。

大島 これも先回りですが、次のかっこ書でその株主は個人に限っています

ね。そうすると親法人は個人ではないから当然除外されます。何だか二重に排除されているようにも思われますが、これも論理的に「株主等」という用語が出てきたらすぐに自分自身を除いておかなければならないのでしょうかね。法技術の問題として若干疑問を呈しておきます。

次にその1号の次のかっこ書で、今いったように、株主等の1人を個人に限っていますね。そうすると親法人と親法人の株の過半を持つ法人Aとで合わせて子法人の株の過半を持っていてもAは特殊関係者ではないから、特定要件には該当しないことになりませんか。

木村 そこは同項2号柱書を、中間を少し飛ばして、「新設分割親法人の株主等の1人……が新設分割親法人を支配している場合における当該株主等の1人……」、つまり、親法人の発行済株式の過半を有する場合におけるその株主等の1人と読んで、お話のA法人も特殊関係者であるとご理解ください。

大島 なるほど。つまり同項2号は、A──親法人──子法人という場合と次に出てくる5－7図のBが登場する場合とを一緒に規定しているということですか。しかし少々読み難いですね。1号で個人に限る必要はなかったのではないかとも思われますが、意見として申し上げておきます。

おわりに施行令24条2項1号のかっこ書ですが、親法人の株の持分が過半であるかどうかは親法人が持っている自己株を除いて判断するということですね。

2 施行令24条1項2号

木村 次に2号です。2号のイ、ロ及びハの規定が、5－7図のAとB、AとBとC、AとBとCとDの関係で、イ図のB、ロ図のC、ハ図のDが、それぞれ2号のイからハまでにいう「当該他の会社」であり2号柱書の「次に掲げる会社」というわけです。それから各図を通じてAが2号柱書にいう「株主等の1人」、ということです。

そして、イ図のA、B、ロ図のA、C、ハ図のA、Dが、法12条3項かっこ書にいう「新設分割親法人と政令で定める特殊な関係にある者」ということです。なおさっきいったように、Aが法人である場合は、この2号でAが特殊関

5－7図

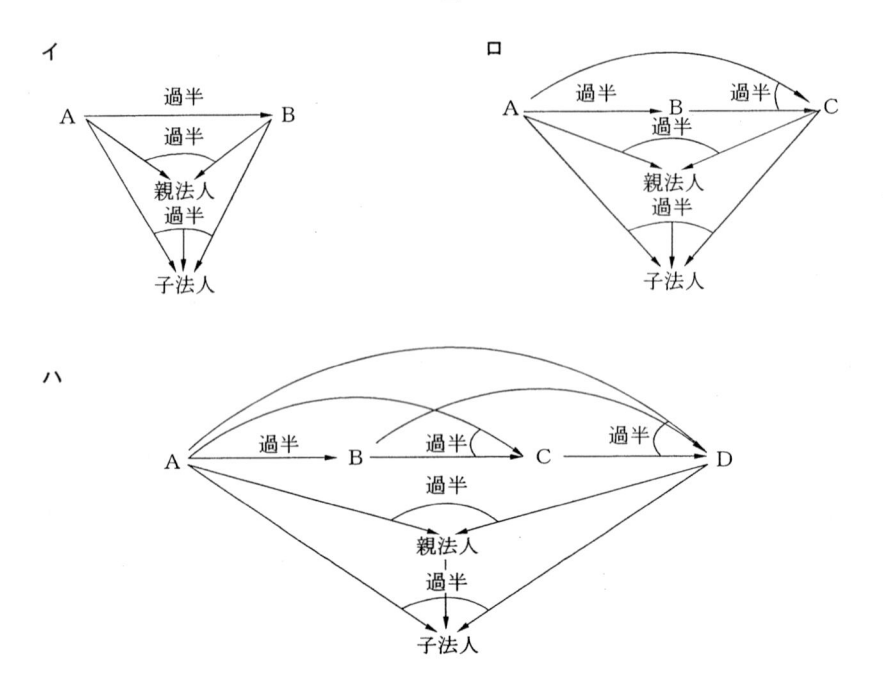

イ

```
    過半
A ──────→ B
  過半
  親法人
  過半
  ↓
  子法人
```

ロ

```
    過半       過半
A ──────→ B ──────→ C
      過半
    親法人
    過半
    ↓
    子法人
```

ハ

```
    過半       過半       過半
A ──────→ B ──────→ C ──────→ D
          過半
        親法人
          │
        過半
          ↓
        子法人
```

係者ということになります。

大島 難しいところなのでくどいようですが，条文に則して繰り返すと，イでは，親法人の株主Aと，そのAが過半の株を持っているB（施行令24条1項2号イ）と，この2者で親法人の株の過半を持っている（同条1項2号柱書）と，このAとBとが法12条3項かっこ書にいう「新設分割親法人と特殊な関係にある者」ということになる（施行令24条1項柱書），そこでAとBと親法人の3者で子法人の株の過半を持っていれば，法12条3項かっこ書の条件を満たす，つまり特定要件を満たす，こういうことですね。

木村 そうです。そして次のロは，AがBの株の過半を持っており，AとBとでCの株の過半を持っている。そして，AとCとで親法人の株の過半を持っている，という場合にAとCが「新設分割親法人と特殊な関係にある者」となり，A，C，親法人の3者で子法人の株の過半を持っていれば，特定要件が満

大島　AとBとでCの株の過半を持っているということは，もちろんBだけでCの株の過半を持っている場合を含んでいるわけですね。

木村　含んでいます。BだけでCの株の過半を持っていれば，当然AとBとでCの株の過半を持っているわけです。

大島　同様にA，C，親法人の3者で子法人の株の過半を持っているということは，Cと親法人だけで子法人の株の過半を持っている場合，あるいは進んで親法人は子法人の株を処分してしまっていて，C社だけで子法人の株の過半を持っている場合を含みますね。

木村　含みます。この場合の親法人というのは，便宜上このⅢで親法人といっているだけで本来は新設分割親法人という意味であって，株主という意味ではありませんからね。法12条3項かっこ書の，子法人の株の過半を親法人とその特殊関係者とが持っていることという要件は，特殊関係者だけで持っていても満たされるわけです。

ハはAとの関係がもう一つ間接的になるDとAとが親法人の特殊関係者になるわけです。

大島　ところでロ図のB，ハ図のB，Cを加えて初めて親法人の株の過半，あるいは子法人の株の過半を所有することになる場合は特定要件に該当しないのですか。

木村　該当します。イ，ロ，ハの図は分かりやすいように，まず施行令24条1項2号イ，ロ，ハをそれぞれ単独に切り離して説明したものですから，次に第二段としてこの三つを総合して考える必要があります。同号柱書と同条1項柱書は，親法人の株主の1人（A）と「次に掲げる会社」との持株合計が親法人の株数の過半ならAと「次に掲げる会社」が親法人の特殊関係者に該当するんだといっていますから，ロ図のA，B，C，ハ図のA，B，C，D合わせて親法人の株の過半を持っていれば，A，B，C，Dはそれぞれ親法人の特殊関係者ということになり，これらの者と親法人で子法人の株の過半を持っていれば，法12条3項かっこ書の特定要件を満たすことになります。

次の図を見てください。これはロ図の場合です。

BはAと施行令24条1項2号イの関係が，CはAと施行令24条1項2号ロの関係があり，5－8の図のようにA，B，Cの持株合計で親法人の株の過半を持っていますから，この場合にはA，B，Cが親法人と特殊な関係にある場合となります。したがって5－9図のようにA，B，Cと親法人で子法人の株の過半を持っていれば特定要件が満たされるわけです。ハの場合はこれをもう一つ複雑にしたということです。

5－8図

5－9図

大島 今までのお話は，A──B──C──Dという一本の線でしたが，このB，C，Dという系列は複数であることも有り得るわけですね。図にすると，

A─〈B──C──D
    B′──C′──D′

という2本線，あるいはその応用として例えば

A──B─〈C
       C′──D′

というように……。

木村 それは有り得ます。上の図でいえば，B，B′ともにAと1項2号イの関係があり，C，C′は同じくロの関係，D，D′はハの関係がありますから6社とも同項2号柱書にいう「次に掲げる会社」に当たります。したがって，この6社あるいはその一部とAとで親法人の株の過半を持っていればAとその6社あるいはその一部は親法人の特殊関係者になります。

大島 ここでちょっと問題かと思われるのは，施行令24条1項柱書のかっこ

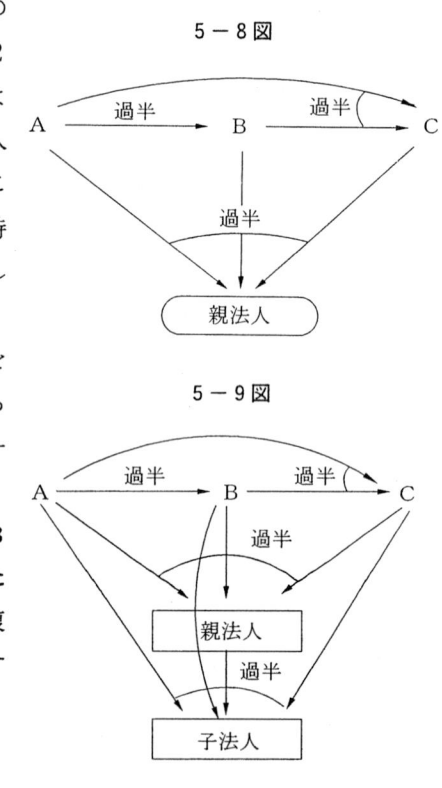

書と同項2号との関係です。簡単のため5－7図イでいうと，Aが過半数の株を持っているBが1項柱書のかっこ書により子法人だったとすると，子法人が同2号イの「当該他の会社」になりますが，(1)A，B，親法人の三者で子法人の株の過半を持つという想定と，(2)AだけでB——つまりこの場合子法人——の株の過半を持つという想定とがマッチしなくなる，1項柱書のかっこ書は同項2号の場合には適用はないのではないかと思われるので問題として提起しておきます。

なお親法人が自己株を持っていても自分自身は親法人の株主から除くこと（1項1号二つ目のかっこ書後半，182頁），親法人の株主が親法人の株の過半を持っているかどうかについては親法人所有の自己株を除いて判定すること（2項1号かっこ書，183頁）にご注意ください。また例えばAがBの株の過半を持っているかどうかもB所有の自己株を除いて判定します（施行令24条2項1号かっこ書）。これらの点については以下では一々言及することは省略します。

3　施行令24条1項3号

大島　分かりました。次は施行令24条1項3号をお願いします。

木村　先に5－10図を出しておきましょう。

5－10図

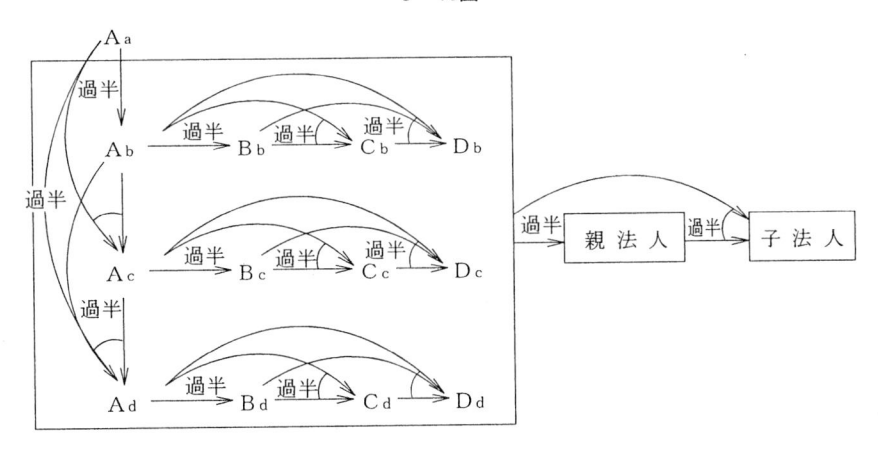

Ab，Ac，Adは親法人の株主

ここでは，ある「個人又は法人」A_aというのが中心になります。このA_aと「前号イからハまでに規定する関係のある（親法人の株主である）会社」A_b，A_c，A_dがあり，「それぞれこれらの株主等(A_b，A_c，A_d)と同号（2号）イからハまでに規定する関係がある会社」があります。A_bと前号イ〜ハに規定する関係がある会社がB_b，C_b，D_bです。A_bが前号のAに，B_b，C_b，D_bがそれぞれ前号のB，C，Dに当たります。またA_cと前号イ〜ハに規定する関係にある会社がB_c，C_c，D_cです。A_cが前号のAに，B_c，C_c，D_cがそれぞれ前号のB，C，Dに当たります。同様にA_dと前号イ〜ハに規定する関係にある会社がB_d，C_d，D_dです。

大島 この場合3号では，A_b，A_c，A_dは親法人の株主だと書いてありますが，ある「個人又は法人」であるA_aは親法人の株主だということは書いてありませんね。

木村 そうなんです。A_aは，A_b，A_c，A_dがA_aと前号イ〜ハの関係にあることによってA_a，A_b，A_c，A_dを結びつける役割をしているのであって，彼自身は親法人の株主ではありません。

大島 自分は表舞台には立たないで，A_b，A_c，A_dとそれぞれの系列会社の接着剤になっている，いわば黒子というところですね。

木村 そうですね。もちろんA_aを別にしてもA_b，A_c，A_dの間にはそれぞれ株主関係がありますけれども，A_aがなければ，A_b系統，A_c系統，A_d系統がバラバラになってしまいます。

大島 ということは，A_bはA_aと合わせてA_cの過半の株主ではあるが，単独では過半の株主とは限らない，単独で過半の株主でなければA_bとA_c間には2号イの関係は成り立たないから，A_b系統とA_c系統はバラバラになる，両者を結びつけているのがA_aだ，とこういう関係になるわけですね。

木村 そこで元に戻って，このA_b，A_c，A_dの2以上，つまりA_bとA_c，A_bとA_d，A_cとA_d，あるいはA_bとA_cとA_dと，それぞれの系列会社で親法人の株の過半を持っていればそれぞれの会社が親法人の特殊関係者になり，親法人と合わせて子法人の株の過半を持っていれば法12条3項かっこ書の特定要件を満たすことになります。

大島　今A_b, A_c, A_dの二以上とその系列会社で親法人の株の過半を持っていれば，といわれましたが，別に二以上でなくとも，例えばA_bとその系列会社だけで親法人の株の過半を持っていれば3号の要件を満たすのではありませんか。

木村　いいえ，その場合は3号ではなくて2号に該当します。簡単なケースで言うと，親法人の株主A_bとそのA_bが過半の株を持っているB_bとで親法人の株の過半を持っていれば，2号の関係ということになります。

大島　なるほど。A_b, B_bをそれぞれ2号イのA，Bと考えればいいわけですね。

それからこの3号は，A_aが親法人の株主でない場合といわれましたが，A_aが株主でなくても要件を満たすのであれば，A_aが株主であれば尚更のこと3号の要件を満たすわけですね。これも簡単な例でいうと，図のA_b, B_b, A_c, B_cで親法人の株の過半を持っていれば3号の要件を満たすわけですが，そこに更にA_aも親法人の株主ならなおのこと充分だということですね。

木村　いいえ。この場合も2号で読むことになります。

A_aが親法人の株主だとすると，A_aとA_bは2号イの関係にありますから，お話の例は

$$A_a\text{―――}A_b\text{―――}B_b$$
$$\diagdown A_c\text{―――}B_c$$

ですから，先ほどの2号の2本線の場合の応用問題(186頁)と同じことになります。A_aはB_bの株主とは限りませんが，A_bだけでB_b株の過半を持っているわけですからA_a―――A_b―――B_bの間には2号イの関係が成り立っています。

大島　そうするとA_b, B_b, A_c, B_cでは親法人の株の50％以下しか持っていない場合，A_aが親法人の株主でその持株を合わせると過半ならば2号に当たるが，A_aが親法人の株主でなければ2号にも3号にも当たらないことになりますね。

木村　C_b, D_b, C_c, D_cあるいはA_dの系列がなければね。

大島　図で，例えばA_bとA_bの系列でないC_cで親法人の株の過半を持っている場合はどうですか。

木村　図の枠内のどの1社でも，あるいは任意の組合わせの複数の会社を合わせてでも親法人の株の過半を持っていれば3号の特定要件を満たします。5－11図で12社を囲む枠と親法人を過半の線で結んでいるのはその意味です。

大島　各系列の本になるA_b, A_c, A_dが親法人の株主でなくてもいいわけですか。

木村　いいえ，「枠内のどの一社でも」といいましたが，A_b, A_c, A_dが親法人の株主であることは3号の前提ですから。

大島　なるほど，これはチョンボ質問でしたね（笑）。

それでは5－11図のようにA_aを中心にして，A_b', A_c', A_d'という別の系列集団があって，その全部の会社の持株を合わせて親法人株の過半という場合はどうですか。

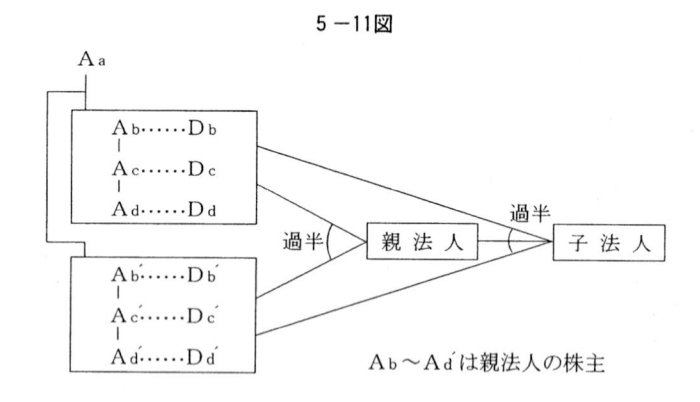

5－11図

A_b～A_dは親法人の株主

木村　この場合もA_b, A_c, A_d, A_b', A_c', A_d'が親法人の2以上の株主であり，それらがA_aと2号イ～ハの関係にありますから3号に該当します。

大島　では5－12図のようにA_aのほかにA_a'（A_aと同じく親法人の株主でない。）という別の系列集団を合わせて親法人の株の過半を持っている場合はどうですか。図は略図にしておきます。

5－12図

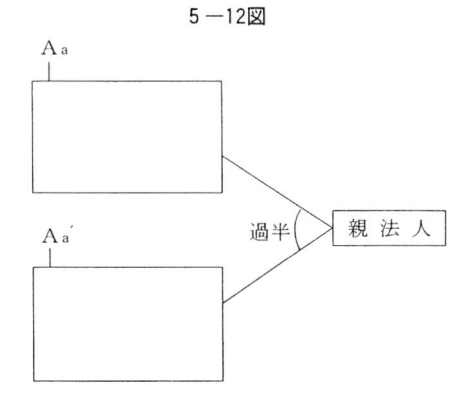

[図：Aa、Aa′ の二つのグループが過半で親法人を支配]

　木村　3号はあくまで同一の個人又は法人と2号イ～ハの関係にある親法人の二以上の株主等と、これらと2号イ～ハの関係にある会社の株式数を合計した場合に親法人の株の過半であれば要件を満たすということです。

　ですから、先ほどの場合と違って、この場合はAaあるいはAa′のグループ各別に所有株が親法人株の過半かどうかで判定することになります。

　大島　なるほど。この場合には、AaとかAa′とかいうある一つのグループが親法人を支配していることにはなりませんからね。

　それから施行令24条1項柱書かっこ書のこの3号への適用の問題がありますが、先に2号について話された（186頁）のと同じことですから省略しましょう。

4　施行令24条1項4号

　大島　では、施行令24条1項4号について説明をお願いします。

　木村　5－13図で示すと次のとおりです。

　ロについてだけ説明しておきますと、親法人がXの株の過半を持っており、親法人とXとでYの株の過半を持っている、という場合にYが親法人の特殊関係者になり、親法人とYで子法人の株の過半を持っていれば、特定要件の一つが満たされる、ということです。

5－13図

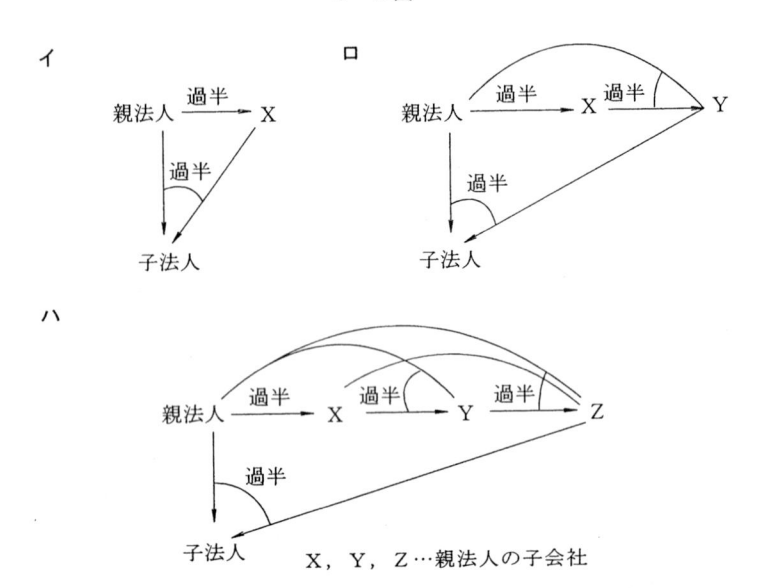

イ
親法人 ―過半→ X
親法人 ―過半→ 子法人

ロ
親法人 ―過半→ X ―過半→ Y
親法人 ―過半→ 子法人

ハ
親法人 ―過半→ X ―過半→ Y ―過半→ Z
親法人 ―過半→ 子法人

X，Y，Z…親法人の子会社

　大島　ロ図のX，ハ図のX，Yを加えて初めて子法人の株の過半を所有することになる場合は，特定要件に該当しませんか。

　木村　X，Y，Zはそれぞれ親法人の特殊関係者ですから，これらの二社以上と親法人との合計で子法人の株の過半を持っていれば，特定要件に該当することになります。

　大島　しかし施行令24条1項4号は同項2号と違って柱書がありませんね。

　木村　2号はロでいうとAとB，AとCあるいはA，B，C合わせて親法人の株の過半を持っているという前提があって，初めてBなりCなりが親法人の特殊関係者になるわけですが，4号ではこのような前提なしにXなりYなりが親法人の特殊関係者になるわけなので条件が違います。そこで4号では柱書が要らないわけです。

　大島　さっきの2号の場合と同じ質問ですが，親法人は既に子法人の株を処分していて，例えばXだけで子法人の株の過半を持っている場合も特定要件に当たりますね。

木村　該当します。

大島　この施行令24条1項各号の組合わせですが，同条1項柱書によって，1項各号に挙げられている者が親法人の特殊関係者ですから，各号に掲げている者全部と親法人の持株を合わせて子法人の株の過半になる場合も特定要件を満たすことになりますね。

木村　そういうことになります。

5　施行令24条4項

大島　施行令24条2項は，「新設分割親法人を支配している場合」とはどのような場合をいうのかということを定めていますが，これは先に出ました（181頁参照）。

また，その3項は，1項2号，4号の「他の会社を支配している場合」の読替規定です。

では，24条4項をお願いします。

木村　4項は，法12条3項のかっこ書にある政令で定める場合とはどのような場合かということで，これは平成18年度の税制改正で特定要件に加わったものです。

第6　課税時期の特例・課税期間・実質課税

I　長期割賦販売等（法16条）

1　課税時期繰延べの原則（法16条1・2項）

　大島　合併，分割の難関を突破して，次は，課税時期の特例，法16条，17条，18条，それに課税期間の19条についてお話し願います。

　まず，法16条の長期割賦販売等の関係ですが，このうちの実体規定である1項と2項について，どういうことが書かれているか簡単に頭に入れておきましょう。

　木村　法16条の1項ですけれども，これは事業者が長期割賦販売等をした場合に所得税法，法人税法上の延払基準の方法で経理をしていれば，その販売をした課税期間に支払期日が到来しない賦払金部分については，その課税期間には販売をしなかったものとして，その部分をその課税期間の売上げ等から控除することができるということです。

　2項は，1項の適用を受けた賦払金部分については，支払期日が到来した課税期間に売上げ等があったとするということです。

　大島　「資産の譲渡等」は，本来初めに売上げをしたときにあったわけですけれども，その時期に「資産の譲渡等」があったものとしないで，賦払金の支払期にその賦払金部分の「資産の譲渡等」があったものとすると，簡単にいえばそういうことになりますね。

　木村　1項，2項を合わせて考えるとそういうことになりますね。

　大島　まず，その長期割賦販売等とは何かということからお願いしますが，所得税法と法人税法で言葉が違うようですね。

　木村　そうです。所得税法65条1項は延払条件付販売等（所得税法第132条1項では延払条件付譲渡），法人税法63条1項は長期割賦販売等といっています（以下

ひっくるめて「長期割賦販売等」ということにします。）が，それぞれの2項でいっている定義は全く同じ内容で，賦払の方法で3回以上に分割して支払を受けること，目的物の引渡し・役務の提供の期日の翌日から最後の賦払金支払期日までの期間が2年以上であること，それとそれぞれの政令でいっている，目的物引渡し期日までに到来する賦払金の合計額が販売対価の3分の2以下であること（所得税法施行令190条，法人税法施行令127条）となっています。なお通達9－3－3では賦払方法とは，頭金を別にして賦払期が年以下の単位で規則的であり，賦払額が確定していることをいうが，その賦払額は均等・逓増・逓減でなくてもかまわないといっています。

　また，延払基準の方法というのは，ややラフにいうと，販売対価のうち，支払期日（実際の入金日が支払期日に先行していれば入金日）にその部分の販売があったものとして収益（収入）とこれに対応する費用を計算する方法です。正確には所得税法施行令188条，法人税法施行令124条をご覧ください。

　大島　今入金が先行した場合のことをいわれましたが，未払があっても賦払期に売上げがあったものとする原則に変わりはないわけですね。

　木村　そこが現金主義と違うところです。

　大島　そこで，この法16条の規定というのは，法人税なり所得税なりについて延払基準を採用していることが前提になって，消費税でもこの基準によることができるということですね。

　木村　そういうことです。法人税等で延払基準でなく引渡基準で計算しているときには，消費税でも引渡基準によることになりますが，法人税等を延払基準の方法で計算しているときには，消費税については，引渡基準，あるいは延払基準のどちらかによることができるというわけです。

　大島　繰り返しになりますが，消費税で延払基準によるためには，法人税や所得税で延払基準によっていることが必要である。しかし，逆に法人税や所得税で延払基準によっているからといって，消費税で延払基準によらなければならないということはないんだということですね。

　木村　そういうことです。

大島　通達の9－3－1にそういうことが書いてあるわけですが，法律的にいうと，法16条1項では，法人税で延払基準によっている場合には消費税でも延払基準によることが「で・き・る・」と書いてあるわけで，裏からいえば，よらなくてもよろしい，とそういうふうに読むわけですね。

木村　そうです。したがって，今いったように，法人税等で延払基準を採用している場合には原則どおりの引渡基準か，あるいは延払基準のどちらかによるという選択になります。

大島　この長期割賦販売等が複数あった場合，あるものについては延払基準，あるものについては引渡基準，というように，いわばえり好みをしてもかまいませんか。

木村　法16条1項の延払基準の適用について，延払基準を適用するかどうかは取引ごとに選択しても構いません。ある取引について延払基準を適用しないからといって他の取引に影響はない，つまり「えり好み」をしてもよいということです。

大島　ところで施行令10条3項9号では割賦販売等に伴う手数料でその額が明示されているものの非課税が規定されています。長期割賦販売等で，この非課税規定でいっている割賦販売等の手数料に当たるものは非課税になるわけですね。この非課税規定は金利非課税の原則からきているということでした(53頁)が，所得税・法人税はこの非課税とは関係ありませんから，消費税の延払基準経理が所得税・法人税にのっかっているといっても，この点のギャップはあるわけですね。

木村　そこは税の性格が違うからやむを得ません。割賦販売等は，結局は消費者に対する信用供与ですから，消費者が支払う手数料をその信用供与に対する報酬と考えて非課税としているわけです。ただし金額が明示されていることが条件です。

大島　長期割賦販売等をした棚卸資産について延払基準で経理する場合，これに対応して，その棚卸資産を仕入れた，その仕入れにかかっている税額の控除については，これは延払基準とは別に関係はないわけですね。

木村　販売の方が延払基準の方法であっても，その仕入れはそれとは無関係に仕入税額控除ができることはもちろんで，これが所得税なり法人税の延払経理が損益の経理であるのと違う点です。仕入れについて延払基準で支払っている場合ですが，法16条は，資産の譲渡等の時期についての規定ですから，仕入れの方は延払によって仕入れていても，それとはかかわりなく，仕入れた課税期間で全額について仕入税額控除ができます。

通達の11－3－2で，割賦購入による課税仕入れの日は，その割賦購入による資産の引渡し等を受けた日だといっています。

大島　そこで，法16条2項の本文についてまでお話を伺ったわけですが，続いて2項ただし書の説明をお願いします。

木村　法16条2項ただし書は，延払基準の方法によって経理をしていたものについて途中で経理をしなかった場合にはこの限りではない，つまり延払基準の適用をやめるということですから，原則どおりの課税ということになって，延払基準の方法によって経理をしなかったその課税期間にまだ課税されていない部分については，その課税期間に課税になるということです。

大島　2項のただし書は，この限りでないということで言いっ放しになっていて，この限りではなくて，それではどうするのかということは施行令32条で規定しているわけですね。

木村　そうです。

大島　そこで，法16条2項のただし書の中身についてですけれども，法人の場合についていうと，延払基準の方法により経理しなかった場合は，「経理しなかった事業年度終了の日の属する課税期間以後の課税期間についてはこの限りでない」といっていますが，例えば，1月から12月までの事業年度の法人が法19条1項4号によって事業年度を3か月ずつに区切っているとして，事業年度末に延払基準の方法によって経理しなかった場合，1月から9月の3期間についてはどうなるのか，という問題がありますが，これは次の施行令の方に譲りましょう。

2 延払基準の経理をしなかった場合・延払基準によらない場合
（施行令32条）

大島 それでは先にいきましょう。

法16条の規定の詳細については施行令31条から37条までにわたって規定されているわけですけれども、読者のため申し上げておくと、まずこのうち施行令31条から33条までと、36条の2は法人、個人事業者についての共通の規定であって、条文の主語も「事業者」になっている。次の34条は個人事業者と断っています。それから35条は法人、36条は個人事業者、37条は法人についての規定である、ということを頭に入れておいてください。

それでは、施行令31条から37条までについて、それぞれどういうことを規定しているのか、ラフなスケッチでお話し願います。

木村 施行令31条は長期割賦販売等の賦払金の支払期日が到来する部分について、その到来する課税期間に「資産の譲渡等」があったことにすること。

施行令32条は、延払基準の方法によって経理しなかった場合などの処理、つまりその経理しなかった年、あるいは事業年度（短縮課税期間の場合は最後の課税期間）に今まで課税されていなかった部分についてまとめて課税すること。

施行令32条の2はリース延払基準の方法により経理して繰延べしたリース譲渡延払収益額に係る部分については、そのリース譲渡した日の属する課税期間で資産の譲渡等を行わなかったものとみなされるということなど。

施行令33条は、延払基準の方法によっていた課税事業者が免税事業者になった場合に課税未済分をどうするか。反対に、延払基準の方法によっていた免税事業者が課税事業者になった場合の処理をどうするかということ。

施行令34条1項は、延払基準の方法によっていた被相続人に事業承継者がいない場合、被相続人が課税事業者で相続人が免税事業者である場合、逆に延払基準の方法によっていた被相続人が免税事業者で相続人が課税事業者である場合などの処理をどうするのかということ。2項は、被相続人、相続人がそろって課税事業者あるいは免税事業者である場合は被相続人の延払基準の方法を相続人が引き継ぐこと。

3項，4項は，2項の場合，つまり被相続人，相続人がそろって課税事業者あるいは免税事業者で延払基準の方法を引き継ぐ場合に，その後相続人が延払基準の方法による経理をしなかった場合，延払基準の適用を受けないことにした場合はどうするのかということ。

施行令35条は，法人について，施行令34条の個人事業者の場合と同じことになりますけれども，被合併法人が課税事業者で合併法人が免税事業者である場合，逆に被合併法人が免税事業者で合併法人が課税事業者である場合の処理など，こういったことについて規定をしているわけです。

施行令36条は，個人事業者が山林所得又は譲渡所得の基因となる資産を延払条件付で譲渡した場合の処理をどうするかということ。

施行令36条の2はリース譲渡の場合の処理をどうするかということ。

施行令37条は，法人税法の規定の適用を受けない法人が長期割賦販売等を行った場合にはどのように処理するかということについて規定しているわけです。

大島 法律を読むときにはそういう全体像をまず頭に入れてから読んでいくと理解が早いですね。

それでは，各条ごとにいきましょう。

施行令31条は賦払期主義の原則を規定したもので，別段説明をお願いすることもないわけですが，ただ，賦払期日前に既に支払を受けている部分がある場合には賦払期ではなくて入金日に「資産の譲渡等」があったものとするということですね。

施行令32条にいって，あらためて1項と3項についてお話し願います。

木村 施行令32条1項は，延払基準の方法による経理をしなかった場合の処理，それからある内国法人（P法人）の完全支配下にある他の内国法人（S法人）がP法人を納税義務者として連結納税をすることになった場合（連結開始），また別の内国法人が新しくP法人の完全支配下に入って連結納税グループに加入することになった場合（連結加入）の処理，3項は，延払基準による経理をしているけれども，消費税法上はその延払基準の方法によらないことにした場合

の処理を規定しているわけで，その課税期間以後に賦払期が来る部分について，一括してその課税期間に「資産の譲渡等」があったものとして課税するということです。もともと当初販売したときに課税をするのが筋なんだけれども，延払基準による経理をすることを条件に課税を繰り延べていたわけですから，延払基準による経理をしなくなったり，本人が繰延課税を受けないことにしたときは，そのときに繰延残額に対して一度に課税するのは当然のことです。もっとも連結関係の場合は単体制度の下での課税関係を清算しようということですから趣旨が違います。

大島 連結親法人の方は親法人が今まで適用していた延払基準を継続してもいいわけですね。

木村 継続して適用できます。

大島 連結関係を別にして，この1項と3項がちょっと読んでもどこが違うんだか分かりにくいんですが，1項はそもそも延払基準による経理自体をしなかった場合，したがって所得税・法人税の方でも延払基準によらない場合，3項は所得税・法人税では依然として延払基準の方法によっているんだけれども，消費税では延払基準の方法の適用を受けない場合，とこういう区別があるわけですね。

木村 そうです。

大島 ところで，施行令32条1項では，「資産の譲渡等」の計上の時期は，事業年度終了の日なり，12月31日なりの属する課税期間となっているのに対して，3項では，その長期割賦販売等の特例の適用を受けなくなった課税期間となっています。どう違うのですか。

木村 今話されたように，施行令32条1項は延払基準の方法による経理をしなかったときであり，同条3項は延払基準の方法を採ってはいるが消費税法上は適用しないことにしたときの規定です。

1項の「……同項ただし書の規定の適用を受けることとなった場合には，……」，つまり延払基準の方法による経理をしないということは，法人であれば事業年度末，個人事業者であれば年末でないといえないことですから事業

年度終了の日の属する課税期間などとなっていますが，3項の「……適用を受けないこととした場合」というのはその適用を受けないこととした時点，つまりその課税期間で分かりますから，その適用しないことにした課税期間からということになっているわけです。

課税期間の短縮の適用を受けていなければ同じことですが，課税期間の短縮の適用を受けていれば違ってきます。

大島 延払基準による経理をしなかった場合，年末あるいは事業年度末日の属する課税期間の初日以後に支払期日が来る部分についてその課税期間に売上げがあったものとする，ということで，例えば3か月の短縮課税期間の場合はその年，あるいは事業年度の第1番目の課税期間から第3番目の課税期間（事業年度を1年として）に支払期が来る部分については延払基準のまま，ということですね。

木村 そうです。同じ年，事業年度であっても，課税期間の短縮の特例を受けている場合は，お話の例では，消費税としては第1番目の課税期間から第3番目の課税期間は既に課税が確定していますから，さかのぼってひっくり返すことはしないということです。

大島 施行令32条3項で，同項の規定の適用を受けないこととした場合，とありますが，これは申請をするとかいうようなことではなくて，申告書に法16条3項の付記をしないことによってその意思表示をすればよろしいわけですね。

木村 そのとおりです。

大島 それでは連結関係に入りましょう。

木村 ある内国法人（親法人）は，国税庁長官の承認を受けて，その完全支配下にある子法人，つまり間接保有を含めて100％子法人のすべてとともに，親法人を納税義務者として連結納税をすることができます（法人税法4条の2）が，この際子法人については，単体納税制度の下での課税関係を清算する趣旨から，親法人の最初の連結納税をする事業年度（同法61条の11第1項の「最初連結親法人事業年度」）の初日の前日の属する（子法人の）事業年度（同項の「連結開始直

前事業年度」）に，長期割賦販売に伴う特例規定によって繰り延べていた収益・費用をその期の益金・損金に算入しなければなりません（同法63条3項）。

大島 親子で事業年度が違っていて，例えば親法人は4月1日が初日の半年事業年度，子法人は1月1日が初日の1年事業年度で，ある年の4月1日に連結納税が始まるとすると，子法人の方は1月1日から3月31日までが1事業年度とみなされる（同法14条3号），このみなし事業年度が最初連結親法人事業年度の初日（4月1日）の前日（3月31日）の属する事業年度ですから，これが連結開始直前事業年度に当たりますね。

木村 そういうことです。

それから既に連結納税をしている親法人によって新たに完全支配されることになって連結グループに加入する子法人が，完全支配される日の前日の属する事業年度（同法61条の12第1項の「連結加入直前事業年度」）に長期割賦販売に伴う特例規定の適用を受けていた場合も，繰り延べていた収益・費用をその期の益金・損金に算入しなければなりません（同法63条3項）。

大島 この場合も子法人の事業年度開始の日から完全支配されることになった日の前日までがみなし事業年度とされるので（同法14条6号），連結加入直前事業年度とはこのみなし事業年度のことですね。

木村 そのとおりです。そうして子法人が法人税の方で特例措置が打ち切られると，消費税の方でもその打切事業年度の最後の課税期間に，課税未済になっていた賦払金部分について課税資産の譲渡等を行ったものとされることになります（法16条2項）。

もっともこの措置については法人税の方で，納税者の手間の省略などの見地から適用除外の規定がありますが，消費税としては結局は法人税の処理に追随するだけですから，これらの規定についての説明は省略しましょう。

大島 施行令32条の2は，リース延払基準の方法により経理した場合の課税時期の繰延べをすることとなる部分の金額の計算について規定したもので特に問題はないと考えますが，あとの施行令36条の2のところでお話いただくことにします（212頁）。

3　免税事業者になった場合・課税事業者になった場合（施行令33条）

大島　それでは，施行令33条に進みましょう。これは，課税事業者が免税事業者になった場合，あるいはその逆の場合というお話でしたね。

木村　内容に入る前に一言。次の施行令34条も同じですが，この施行令33条は，かっこ内が大事なんです。普通初めに条文を読むときには，かっこ書を飛ばして読むといいんですが，ここではかっこ書を飛ばすと条文全体が意味をなしませんので注意してください。

そこでまず1号は，課税事業者が免税事業者となった場合には，課税事業者であったときの賦払金の課税未済分について，課税事業者であった課税期間の末日に課税するということです。

2号は，免税事業者が課税事業者となった場合は，免税事業者である課税期間に長期割賦販売等をしたものについて，その免税事業者であった課税期間の末日に「資産の譲渡等」があったものとして処理し，したがって，課税事業者になった後の課税期間に賦払金の支払期日が来ても，その段階での課税はしないということです。

大島　課税事業者が免税事業者になった場合，課税事業者であった時期の資産の譲渡等についていわば課税の繰延べを受けていた，それが免税事業者になった場合には，本則に戻って繰延べの分を全部課税するということ，俗っぽくいえば取りっぱぐれをなくす規定ですね。一方，免税事業者が課税事業者になった場合には，免税事業者である間の資産の譲渡等については，本来免税なんですから，課税事業者になった後賦払期が来たからといって，これを課税することはしないということですね。

木村　そうです。

大島　1号の方はよろしいんですけれども，2号の場合には，免税事業者である間に販売したものについて延払基準を採用していた，つまり納税義務者でないのに延払基準によったとかよらないとか，こういうことがやはりあり得るわけですか。

木村　延払基準によったかどうか，これはそもそも所得税・法人税の世界の

問題であり，そこでは消費税では免税事業者であるとか課税事業者であるとかは関係ないわけですから……。

　大島　なるほど。しかし免税事業者は延払基準によっているかどうかに関係なしに，始めの販売のときに免税でケリをつけてしまっていいんじゃないんですか。何も課税事業者になるときまでひっぱってそのときにあらためて免税，というのも意味がないように思いますが。

　木村　法16条1項，2項は，長期割賦販売等をして延払基準で経理している場合は，賦払期に売上げがあったものとみなす，といっているわけですから，論理的には始めの本来の売上げのときに免税事業者であっても，賦払期に課税事業者ならば，そのときの賦払額は課税になる筈のものです。しかし，施行令33条は，そうはしないで，免税事業者のときに売ったものは終わりまで免税とするための規定です。なおこの規定では，免税事業者が課税事業者になる，あるいはその逆の場合には，その直前に売上げがあったものとみなすので，その課税期間を基準期間とする課税期間の課否の判定に影響が出てきます。

　大島　それから，これは読者のために念のためにいっておきますと，施行令33条では，柱書に「同項本文」という言葉が出てくる，それから1号，2号でもそれぞれ「同項本文」という言葉が出てくるわけですけれども，同じ言葉を使っていながら，柱書の方の同項というのは，法16条2項のことであり，1号，2号の同項というのは，法9条1項のことです。同じ言葉が使い分けてありますので，前後の脈絡に注意して読む必要があります。

4　相続・事業譲渡・合併・分割などの場合（施行令34〜36条）

　大島　そこで，施行令34条にいきましょう。これは，前にもいったように，個人事業者についての規定ですね。

　木村　施行令34条1項は，延払基準の適用を受けていた個人事業者が死亡したり，事業を譲渡したりした場合の処理についての規定です。まず課税事業者が死亡して相続人がないとき（同項1号），それから，課税事業者が死亡し，相続人が免税事業者であるとき（同2号），更に課税事業者が事業の全部を譲渡

し，あるいは廃止したとき（同4号）は，死亡あるいは譲渡・廃止の時期に課税されていない部分については，死亡・譲渡・廃止があった課税期間に，「資産の譲渡等」があったものとみなして課税するということです。

　それから，免税事業者が死亡してその相続人がいないとき（同1号），免税事業者が死亡してその相続人が課税事業者のとき（同3号），免税事業者が事業の全部を譲渡し，あるいは事業を廃止したとき（同4号），こんな場合は，課税未済の部分についてはその死亡・譲渡・廃止の時期に，そこで打ち切りということです。

　大島　ついさっきも出てきましたが，この条文の「個人事業者」には免税事業者も含まれているわけですね。

　そこで簡単のため課税期間を1年とし，また死亡・廃業，事業譲渡を死亡で代表させ，課税事業者をとって同項柱書を分かりやすくいい換えながら読んでいくと，個人事業者が死亡した年の前年以前に行った長期割賦販売等で，賦払金の支払期日が死亡した年以後に到来する部分は，その個人事業者がその死亡した年に資産を譲渡したものと（して課税）する，ということですが,そうすると死亡した年の死亡のときまでに長期割賦販売等をしたものはどうなりますか。

　木村　長期割賦販売等について法16条1項が適用されるのは，その長期割賦販売等をした事業者が所得税法や法人税法上の延払基準による経理をすることが要件になりますが，延払基準による経理をするとかしないとかいうのは，年末あるいは事業年度末の話なんですね。ですから死亡した年はそもそも延払基準を適用する余地がないわけで，この施行令34条1項で規定するまでもなく，死亡した年の長期割賦販売等には延払基準の適用はないということです。

　大島　死亡した年の長期割賦販売等については延払基準がそもそもスタートしない，これに対してその前年以前の長期割賦販売等については既に延払基準がスタートしているので，その適用を打ち切って死亡した年に結末をつけることを規定したということですね。

　木村　そういうことです。

　大島　この施行令34条も，趣旨としては先ほどの施行令33条と同じように，

課税事業者については，課税繰延べになっていた分を死亡等の時期に課税するし，それから免税事業者については，繰延べになっていた分を後の人に引き継がないで，そこで打ち切るということですね。

　事業の全部の譲渡の場合ですけれども，これは事業の譲渡人から譲受人に対して，繰延べになっていた分の課税を引き継ぐということにはならないわけですか。

　木村　引継ぎにはなりません。譲渡人のところで始末をつけてしまうということです。一方譲受人については消費税の課税問題は起こりません。

　大島　施行令34条1項4号は「事業の全部譲渡」の場合ですが，延払債権の譲渡，つまり法16条の適用を受けていた事業者が賦払期末到来のため課税未済になっている債権を譲渡した場合の課税関係はどうなりますか。租税債務を譲受人が引き継ぐことになるのかどうか……。

　木村　譲受人への引継ぎではなく，譲渡人が課税されることになります。債権譲渡によって譲渡人はその後は延払基準によって経理しないことになるので，施行令32条1項が適用されると解すべきでしょう。当然譲受人について消費税の課税問題は起こりません。

　大島　そうすると，事業の全部譲渡，今の賦払期末到来債権の譲渡を通じて，納税関係が譲渡人の段階で決着して譲受人に及ばないことを前提にして事業なり債権なりの引継価格が決まってくる，経済的にはそういうことになるんでしょうね。

　木村　この施行令34条でご注意願いたいのは，引継ぎのあるときというのは，相続の場合だけだということです。親から子供に引継ぎがあったとしても，相続によらない限りは親は親の事業であり，子は子の事業で，親が廃止して子が開始したということになります。

　大島　なるほど。それから，2号ですが，課税事業者が死亡して相続人が免税事業者のとき，これはその死亡のときに課税未済分の譲渡があったものとするということでしたけれども，その被相続人の基準期間の課税売上高が1,000万円を超えていると，法10条によって，相続人は課税事業者になるはずです

ね。今の規定は法10条が適用されない場合ということですか。

木村　お話のとおりです。この規定が適用されるのは基準期間の課税売上高が1,000万円以下で，被相続人は課税事業者を選択しており，相続人は課税事業者を選択しない場合です。

それから，課税事業者である被相続人の二つ以上の事業所を2人以上の相続人が相続して，各相続人の引き継いだ被相続人の基準期間における課税売上高が1,000万円以下になる，というような場合があります。

大島　なるほど，そういうことですね。

木村　施行令21条です。

大島　そこで伺いたいのは，相続人が免税事業者のときには，被相続人の課税未済分は一度に課税を受けるわけですけれども，相続人が自分は課税事業者を選択するというときには，このような一時に課税という規定の適用を受けないで，引き続き延払基準の方法による経理をして課税の繰延べを受けるという方法はないものでしょうか。

木村　それが施行令34条2項です。施行令34条2項は，延払基準の方法によって経理している個人事業者が死亡して，その相続人が延払基準の方法による経理をする場合には，その相続人が資産の譲渡等を行ったものとみなして，長期割賦販売等の特例を引き継ぐということです。もっともそのうちでも前項2，3号の場合，つまり被相続人が課税事業者で相続人が免税事業者である場合，あるいはその逆の場合はかっこ書で除いていますから，結局2項は被相続人，相続人がそろって課税事業者，そろって免税事業者である場合の規定だということになります。この被相続人，相続人がそろって課税事業者というのは，本来の課税事業者であるか，選択による課税事業者であるかを問わないわけです。

大島　この2項でも免税事業者のことを含めて書いているわけですね。

木村　そのとおり，ここでも個人事業者と書いてあるだけで，課税事業者とあるわけではないので，免税事業者をも含んでいるわけです。そして今もいったように，かっこ書で施行令34条1項2号，3号の場合を除いていますが，裏

からいえばどちらも免税事業者である場合は除かれていないわけです。

　大島　しかしどちらも免税事業者である場合は，延払基準を引き継ぐといっても，どんな実益がありますか。

　木村　これは繰り返していうと，被相続人，相続人がそろって課税事業者である場合やそろって免税事業者である場合には，死亡した個人事業者が適用していた延払基準をそのまま相続人が承継することによって被相続人，相続人が一貫して延払基準を継続していくということです。つまり，1項の2号，3号のように相続によって課税事業者から免税事業者，あるいはその逆のように課税環境が変わるのでなく，被相続人と相続人の課税環境が変わらなければ，あたかも1人の事業者のようにそのままの状態が続いていくことになるということです。

　その結果，お話の場合では，延払基準を引き継いだ免税事業者である相続人がその後課税事業者になったときは，通常の場合のルートにのって，そのまま施行令33条2号の規定が適用されることになり，免税事業者だった被相続人が行った長期割賦販売等については引き続き課税しないということです。施行令33条については204頁で話しました。

　大島　では施行令34条3項，4項に進みましょう。

　木村　施行令34条3項は，被相続人が長期割賦販売して延払基準の方法の適用を受けていたものについて相続人が延払基準の方法によって経理しなかった場合には，被相続人分についてその経理しなかった課税期間に「資産の譲渡等」があったことにするということ，4項は，相続人が被相続人分について延払基準の規定の適用をやめると，被相続人分について，やめた課税期間に「資産の譲渡等」があったことになるということです。

　大島　施行令34条3項と4項は，似たような規定が並んでいるわけですけれども，これは先ほど施行令32条1項と3項の区別としていったように，3項の方は延払基準の方法による経理そのものをやらなかった場合のことであり，4項の方は延払基準の方法による経理はやっているけれども，消費税法上は延払基準の適用を受けないという場合ですね。

それから、これも先ほどの施行令32条の規定ぶりを引き継いでいるわけですけれども、例えば3か月に課税期間を短縮している場合に、3項では延払基準は10月から12月の課税期間から適用されないことになるし、4項では消費税法上延払基準の適用を受けないことにした課税期間そのものから適用されないという違いがあるわけですね（201頁参照）。

ところで、3項で被相続人が行った長期割賦販売等について相続人が延払基準の方法により経理をしなかった場合は、延払基準は適用しないといっているのは、2項が「当該棚卸資産について延払基準の方法により経理」している場合は延払基準の適用を認める、逆に当該棚卸資産について延払基準の方法により経理をしていなければ認めない、といっているのとは重複することになりませんか。

木村　2項は相続人が延払基準で経理することを条件に被相続人の延払基準を継続することを認める規定だし、3項は2項を前提に、しかし相続人が延払基準で経理しなければその課税期間から延払基準をやめて残額について一度に課税するよ、という趣旨ですから、重複することはないと思います。なお3項は課税の特例を認めないのはいつからかなど具体的な適用方法を規定しています。

大島　次に、施行令35条ですけれども、これは法16条4項の規定を受けて施行令34条の個人事業者が死亡した場合についての規定が法人が合併した場合、長期割賦販売をしていた事業を分割によって分割承継法人に承継させた場合についてもそのまま適用されるということで、別段説明をお願いすることもないと思います。なおこの場合の「分割」については定義規定はありませんが、新設分割と吸収分割の両方を指していると解します。

では、施行令36条にいきます。これは、法16条5項を受けて、個人事業者の山林・譲渡所得の基因となる資産の延払条件付譲渡（所得税法132条）の場合の課税の時期の特例を規定したものです。取扱いは基本的には法16条1項の延払いの場合と同じで、この施行令36条4項に同32条3項、33条、34条1項の準用規定がありますが、施行令32条1項、34条2、3、4項は準用されていませ

ん。これはなぜですか。

　木村　施行令36条は延払条件付で資産を譲渡し，その結果発生した山林所得あるいは譲渡所得の税額について延納することが要件であって経理上延払基準を適用するという要件はないわけですから，延払基準の経理をしなかったときにはどうするかという規定は準用する必要がないということです。したがって，延払基準についての規定である施行令32条1項や同34条2，3項の準用規定はないわけです。

　大島　それでは延払基準についての規定ではない施行令34条4項の準用がないのはなぜですか。

　木村　施行令36条1項に「当該個人事業者（その相続人を含む。以下この条において同じ。）」とあるので，その相続人にも同条の規定がそのまま適用されます。そこで相続人が延納を自らとりやめたときには，施行令36条4項で準用されている同32条3項で読むことになりますので同34条4項の準用は要らないわけです。

　大島　ところで法16条5項が「譲渡所得の基因となる資産の延払条件付譲渡」の対価について消費税が課されることを前提に規定しているのは，どんな場合を想定しているんでしょう。所得の種類としては譲渡所得で，その収入は消費税法上事業収入だというのはどんな収入なのか。

　木村　そうですね。そういうケースは少ないでしょうが，それでも事業用の固定資産を譲渡したような場合がありますよね（23頁参照）。

　大島　そうすると法16条5項は譲渡所得についてはあんまり実益がない，この項は山林所得のための規定で，譲渡所得は所得税法132条が山林所得・譲渡所得を並べて規定しているのを受けてお付き合い程度にここに入っているということでしょうね。

　木村　そう解していいでしょう。山林所得は事業として山林経営をしている場合の収入は消費税の課税対象ではあるが，所得税法上の分類では山林所得の収入ですからね。

5 リース取引・リース延払基準とリース譲渡・その他（施行令32条の2，36条の2，37条）

　大島　次の施行令36条の2は，さきの施行令32条の2のリース延払基準の方法により経理した場合と同様に，リース譲渡をした場合の課税時期の繰延べをすることとなる部分の金額の計算に定めたもので特に問題はないと考えますが，リース取引の話が出たところでこの32条の2と36条の2の規定を含めて，この長期割賦販売等に関して所有権移転外リースの譲渡についてお話し願います。

　木村　消費税の取扱いにおいて，事業者が行うリース取引が，そのリース取引の目的となる資産の譲渡，貸付けあるいは金銭の貸付けのいずれに該当するかは，所得税なり法人税の課税所得の計算における取扱いの例により判定するものとされています。

　ところで，所有権移転外リース取引については，平成20年4月1日以後に締結されたものから，その経理処理のいかんを問わず，原則として，その所有権移転外リース取引の目的となった資産の引渡しがあった時に資産の譲渡を行ったこととなります。

　大島　つまり，所有権移転外ファイナンス・リースについては売買として取り扱うとされたことから，消費税においても売買として取り扱われることとなったということであり，そのリース取引とはどのようなものをいうかは，所得税法67条の2第3項，法人税法64条の2第3項にありますが，このリース取引は所有権移転外ファイナンス・リース取引を前提にしているものでしょうね。

　木村　そうです。

　大島　では，そのリース取引の資産の譲渡等の時期の特例について説明をお願いします。

　木村　リース取引につき資産の譲渡等の時期の特例は，リース譲渡に係る延払基準の方法と簡便法とがあります。

　延払基準の方法では，リース譲渡，つまり所得税法65条2項なり法人税法63

条2項に規定するリース譲渡をいいますが，これは，所得税法67条の2第3項なり法人税法64条の2第3項に規定するリース取引による資産の引渡しをしたことをいいますので，所有権移転外ファイナンス・リースを念頭においたものです。そこで，そのリース譲渡を行った場合において，リース譲渡に係る延払基準の方法により経理した場合には，長期割賦販売等に係る資産の譲渡等の時期の特例が認められているということです。

また，簡便法では，リース譲渡をした事業者は，リース譲渡に係る延払基準の方法により経理することにより長期割賦販売等に係る資産の譲渡等の時期の特例を受ける場合以外に，所得税法65条2項なり法人税法63条2項に規定する制度の適用を受ける場合にも資産の譲渡等の時期の特例が認められています。基本的には収益の計上の方法が異なるのみで，延払基準の方法による場合と仕組みは同様です。

大島 そこで次は，施行令の37条の趣旨についてお願いします。

木村 施行令37条は，本来法人税法の規定の適用を受けない公共法人等が，法人税法63条の延払基準の方法により経理をしても，法人税法の規定の適用を受けるためにやっているとはいえないわけです。ところが法16条では所得税法，法人税法の特例規定の適用を受けるために延払基準の方法により経理をすることが消費税で延払基準の適用を受けるための要件になっていますから，消費税だけの納税義務者となる公共法人等についても法16条の規定の適用を受けられるようにこの規定が必要になるわけです。

6　長期割賦販売等についての通達

大島 それでは，通達にいって，9－3－1は197頁で触れました。次は9－3－2なんですが，これは法人が行う長期割賦販売等についての規定ですけれども，個人事業者のこれに見合う規定である通達9－3－7では，9－3－2のうち(1)だけが取り上げられていて，(2)と(3)は取り上げていない。これは，個人事業者，法人でどういう違いがあるんですか。

木村 通達9－3－2と9－3－7は見合う規定ではないと思います。9－

3－7は法16条5項を受けた山林所得，あるいは譲渡所得の延払いをする場合についての取扱いですから，山林所得，あるいは譲渡所得の対象になる資産の譲渡に限定されているわけで，山林・譲渡所得とは関係のない9－3－2の(2)，(3)は当然対象外になります。一方9－3－2は法16条5項とは関係なく，そもそも長期割賦販売等にはどんなものが含まれるかということを説明しているわけですから，その範囲が9－3－7より広くても不思議はないわけです。

大島 なるほど。では，9－3－2(2)，(3)は個人事業者の法16条5項ではなく1項の長期割賦販売等には関係させないんですか。例えば，個人事業者が建物の賃貸借契約に際して支払を受ける権利金などについては，この延払基準の適用を受けられないということですか。

木村 通達9－3－2では「法人である事業者が行う……」としていて，この規定は法人の事業者に限定して適用されるようになっています。

この規定は，法人税基本通達の借用規定ですが，所得税基本通達にはこのような規定はありません。

しかし，所得税法65条の規定と法人税法63条の規定を比較しますと，所得税法では「……棚卸資産の販売……」といっているのに対し，法人税法では「……資産の販売……」といってはいるものの，これは所得税が棚卸資産以外の資産の譲渡対価は事業収入でないからであり，この点を除けばこれらの規定の内容は同じです。

ですから，個人事業者が通達9－3－2の取引をした場合も，現実的には法人の事業者の場合と同じ取扱いをしてもよいと考えます。

大島 そうですね。そう解すべきでしょうね。

ところで9－3－2(1)の法人税法施行令138条1項，9－3－7の所得税法施行令79条の借地権の設定等は，消費税法上は非課税になるんではないですか。

木村 そのとおりです。通達はもちろんこれらの借地権の設定に課税しようというわけではなく，ただ課税売上割合の計算上，これらの非課税売上げをいつの売上げとしてカウントするのか，を示したところに意味があります。

第6 課税時期の特例・課税期間・実質課税　215

　大島　次に通達 9 － 3 － 3 は196頁で触れました。次は 9 － 3 － 4 と 9 － 3 － 5 です。契約の変更があった場合，あるいは対価の額に異動があった場合等の規定ですけれども，9 － 3 － 5 にいう対価の額の異動というのは，9 － 3 － 4 の契約の変更があった場合の一つにすぎないんじゃないでしょうか。9 － 3 － 4 と 9 － 3 － 5 でどう違うんですか。

　木村　通達 9 － 3 － 4 は，履行期日の異動，あるいは履行期日ごとの賦払金額の異動があったが引き続き長期割賦販売等に該当する場合，あるいはもはや該当しなくなる場合の一般的規定です。通達 9 － 3 － 5 は値増しあるいは値引きなどによる賦払額自体の異動があった場合をいっているわけで，これはむしろただし書に意味があるわけです。つまり値増し，値引きがあった場合，異動後の延払基準の計算を通じて調整するのが原則ですが，その増減額を残りの各回ごとの延払額に割り振らないで，異動があった期に一括処理することを認めているということです。通達 9 － 3 － 4 は法人税の基本通達 2 － 4 － 9 と同じで，また通達 9 － 3 － 5 は同じく 2 － 4 － 10 に準じて規定しています。法人税は利益計算ですから，原則によっていると計算が複雑になるので簡便法を認めているわけですが，消費税もこれに平仄を合わせているということです。

　大島　延払基準は，各期の支払額が均等だとか，逓増・逓減だとかという要件はないので（196頁参照），契約変更による増減額を変更後第 1 回分で調整しようと，それ以後の各回分にパーで配賦しようと，あるいは他の方法を採ろうと，そこは自由に認めてもいいんじゃないでしょうか。

　木村　それはむしろ法人税の方の問題ですから深入りは避けますが，自由な契約変更を認めると利益の調節に利用されるおそれもありますから，そこに制限があるのはやむを得ないでしょう。

　大島　それでは，通達 9 － 3 － 6，6 の 2，6 の 3，これは単なる念のための通達ではなくて，実体的な取扱いを定めていると思いますので，説明をお願いします。

　木村　通達 9 － 3 － 6 は，例えば，自動車を200万円で長期割賦販売し，頭金として別の車を50万円で下取りしたが，その時価が30万円であった場合には，

200万円からその差額の20万円を引いた180万円が車の譲渡対価になるということです。要するに20万円の値引きが行われたということです。この場合には，頭金は30万円であったとして取り扱うということで，これは法人税基本通達2－3－6と同じです。

通達9－3－6の2は，長期割賦販売等のときに，各賦払期日を支払期日とする手形を受け取ることがありますけれども，この割賦手形は借用証文的なものですから，その受入れをもって賦払金の入金があったものとはしないということで，これも法人税基本通達2－4－7と同じです。

大島 手形の場合には，受け取った手形を賦払期以前に割引きに持って行って，現金化した場合にも入金とはみないんですか。

木村 そうです。みないということです。

それは，自分の債権をよそに売っているということで，お客からはまだもらっていないわけですからね。原則どおり履行期日に資産の譲渡等があったものとします。

通達9－3－6の3は，賦払金の支払遅延などの理由で契約を解除して，長期割賦販売等をした資産を取り戻した場合には，売り主，つまり取り戻した方は時価によって課税仕入れをしたことになる。買い主，つまり取り戻された方は代物弁済として資産の譲渡等があったというように取り扱うということです。

大島 今の取扱いについて，現金売り100円のものを110円で長期割賦販売等をし，11円ずつ4回計44円回収したところで契約解除したとして具体的適用をお示しください。時価と販売価格との関係はどうか，代物弁済によって消滅する対価はいくらかなど………。

木村 取り戻したときに，買い主が残債をその資産で代物弁済したことになり，施行令45条2項1号によって「当該代物弁済により消滅する債務の額」，つまりその残債が「その取戻しをした時における当該資産の価額」となり，売り主はその価額を対価として課税仕入れをしたことになります。この例では購入価額が110円で44円しか支払っていませんので，残債は66円となって買い主は

66円の課税売上げ，売り主は同額の66円の課税仕入れをしたことになります。

なお，110円のうちの10円が非課税となる長期割賦販売等の手数料（53頁参照）であっても残債は本体が60円，手数料が6円，合わせて66円で代物弁済（課税売上げ）をしたことになります。

大島 通達は「価額」という言葉を使っていますが，残債が価額，即ち時価とは必ずしもいえないんじゃないでしょうか。

木村 残債は売渡時から契約解除時までの償却あるいは消耗額を引いた額を表しているとも考えられますから，近似値として残債即ち時価といってもいいでしょう。

大島 通達9－3－6の4は，リース期間の終了に伴い返還を受けた資産の課税関係はどうなるのかということですが……。

木村 リース期間の終了に伴い賃貸人が賃借人からリース物件の返還を受けた場合におけるその資産の返還は，資産の譲渡に該当しないということです。

この場合，残価保証額として支払われる金額は，資産の譲渡等の対価となります。

Ⅱ　工事進行基準（法17条，施行令38条）

大島 それでは，法17条にいきましょう。まず，1項，2項の趣旨からお願いしましょうか。

木村 所得税法，法人税法は，長期大規模工事については，たとえ損失見込みであっても工事進行基準（以下「進行基準」ということにします。）により，また，長期大規模工事以外の工事（以下「その他の工事」といいます。）については，確定決算で進行基準で経理しているときは，損失見込みがあるかどうかに関係なく進行基準によることになっています（所得税法66条，法人税法64条）。もちろんその他工事のうち，着手した年あるいは事業年度（以下「年」ということにします。）に引渡しをする短期の工事には進行基準ということは有り得ないわけですけど。

大島 その他の工事について，進行基準で決算して，申告は完成基準という

わけにはいかないわけですね。

　木村　一方消費税では，所得税・法人税で進行基準によっているときだけ進行基準によることができる，ということで，長期大規模工事でも進行基準の強制はないわけです。このことは通達9－4－1（注）でも念のためいっています。ですから進行基準で決算をして申告は完成基準でも構いません。

　大島　長期大規模工事では，所得税・法人税で必ず進行基準によっているから，消費税もいつも進行基準によることができる，その他の工事は所得税・法人税は事業者が進行基準で経理し（所得税の場合）あるいは確定決算で経理したとき（法人税の場合）は進行基準によることになっているわけですが，消費税はこの進行基準で経理されあるいは経理・決算されていて，したがって所得税・法人税で進行基準を適用しているときだけ進行基準によることができる，完成基準経理のときは消費税も完成基準ということですね（法17条1・2項）。

　そこでさかのぼって，長期大規模工事・進行基準というのはそもそもどんな工事か，どんな基準かということですが……。

　木村　定義は所得税法・法人税法の方で決まっていて，消費税はそれにのっかっているだけですから，簡単に，多少ラフにお話します。長期大規模工事というのは，工事・製造のうち着手から契約上の引渡しまでが1年以上，対価が10億円以上，対価の半額以上が引渡し期日から1年を経過する日以後に支払われることが定められていないこと，の要件を備えたものをいいます（所得税法66条，法人税法64条各1項，所得税法施行令192条，法人税法施行令129条各1・2項）。

　大島　最後の要件が分かりにくいんですが，つまりそんな条件が定められている場合は，入金が遅いわけですから，進行基準で納税時期を早めることは担税力からみて無理だ，ということですね。

　木村　それから進行基準というのは，請負対価と見積り原価にその年あるいは年度における工事の進行割合を掛けた額から，前年までに収入あるいは費用とされた額を引いてその年の収入・費用を算出する方法です（所得税法施行令192条，法人税法施行令129条の各3項）が，消費税ではその課税期間中の工事の進行割合に応じて資産の譲渡等があったものとするわけです。なお短縮課税期間

(第6・Ⅴ参照)を選択している場合は,その年・事業年度の最後の課税期間に譲渡等があったものとします。そして当然のことながら,目的物を引き渡したときは,既に譲渡等があったものとされた分を除いた残額だけについて譲渡等があったものとするわけです(法17条3項)。

　大島　つまり,所得税・法人税については,その年・事業年度に工事が進行した部分に見合う所得について課税するということですね。ですから法16条が課税の繰延べであるのに対して,法17条は課税の繰上げである点が基本的に違いますね。もっとも進行基準を原則と考えれば,「繰上げ」というのは不適当かもしれませんが……。

　木村　そうです。関連して売り手の方が法17条で課税の特例を受けていても,取引の相手である買い手の方はこれとは関係なく原則どおりの時期に仕入税額控除をするわけですから,課税の繰延べである法16条では,取引の相手方の仕入税額控除が先行して課税売上げが後になりますが,課税繰上げである法17条では課税売上げが先行して取引の相手方の仕入税額控除が後になるという違いがあります。

　大島　ところで話がさかのぼりますが,延払基準の選択も,その他工事についての進行基準の選択も,事業者が経理上その方法によることが前提になっていますが,長期大規模工事について事業者が経理上は,進行基準によらず完成基準によっている場合であっても,消費税で進行基準によることはできるわけですか。

　木村　できます。その他工事について規定した法17条2項では,「工事進行基準の方法により経理することとしているときは」,進行基準によることができると規定しているし,法16条1項の延払基準による場合についても同様の規定振りですが,法17条1項の長期大規模工事の方にはこれに見合う規定がなく,所得税,法人税では長期大規模工事には進行基準が強制適用ですから,長期大規模工事について事業者が,仮に経理上進行基準によらず,完成基準によっていたとしても,進行基準が適用されます。

　消費税では事業者が経理上進行基準によっているかどうかに関係なく,所得

税・法人税で強制適用される進行基準によって「資産の譲渡等を行ったものとすることができる。」ということです。

　大島　さて，施行令の方ですが，延払基準と進行基準とでは大分規定ぶりが違っているようですね。これはそれぞれどんな意味があるかということなんですが，まず進行基準については延払基準の場合の施行令32条に見合うような規定がないんですが，これはどういうわけですか。

　木村　まず，長期大規模工事の場合は所得税・法人税では進行基準を強制しており，消費税でも経理方法とは関係なしに進行基準を選択できることになっているので，経理方法が変わったらどうなるかという問題はないわけです。

　それからその他の工事の場合，進行基準の方法による経理をしなかったなどの理由で所得税・法人税の方で進行基準が適用されなくなると（所得税法66条，法人税法64条の各2項ただし書），消費税でも，以後法17条2項ただし書によって，進行基準の方法の適用がストップされ，完成基準が適用されてあとは引渡し時点で課税されるということです。

　この辺のことをもう少しさかのぼっていうと，長期割賦販売等の場合は，もともとその資産の譲渡等の時期は長期割賦販売等をしたときです。

　この原則的な譲渡等の時期に対して法16条1項で特例を設けて賦払金の支払期日の到来しない部分は資産の譲渡等を行わなかったものとする一方，同条2項で支払期日の来た賦払金の部分について資産の譲渡があったものとみなすこととしています。

　そこでこの特例の適用がなくなると原則にかえって，最初の長期割賦販売等のときにさかのぼって資産の譲渡等があったことになるのではないか，という疑問があるので，施行令32条でそうではなくて，適用がなくなった課税期間に，賦払金の残りの部分に対して課税する，といっているわけです。

　これに対して，長期大規模工事以外のその他の工事の場合は，その資産の譲渡等の時期はもともとは全部が完成して引渡しをしたときですから，進行基準の方法を採らないことにした場合には，原則にかえって最後の引渡しをしたときに資産を譲渡等したことになります。

そして，この場合，既に資産の譲渡等があったものとされた部分については，二重課税にならないよう，当然全体の対価の額から控除することになります。

もちろん，長期大規模工事については，所得税・法人税では進行基準が強制適用ですから，その他の工事のように，進行基準による経理をしたとか，しなかったとか，だからどうなる，というような問題はなく，いずれにせよ消費税は基準を選択できるわけです。

大島 その次に，施行令33条，つまり長期割賦販売等の特例を受けている課税事業者が免税事業者となった場合あるいはその逆の場合の処理の規定に見合う規定がこの進行基準による場合にはないわけですけれども，やはり課税事業者が免税事業者になったとき，免税事業者が課税事業者になったときには，それぞれどうなるかという手当ては必要なんじゃないでしょうか。

木村 例えば，始め課税事業者であり，途中から免税事業者になった場合には，課税事業者であった期間に工事進行基準の方法で経理した分だけが課税になり，免税になった以後の部分は課税にならないわけです。反対に，始め免税事業者であって，途中から課税事業者になった場合には，免税事業者時代に工事進行基準の方法で経理した分だけ課税が少なくなります。

施行令33条は，逆に取りっぱぐれ，取りっきりをなくそうという規定ですから，販売の時に課税事業者だった者がその後免税事業者になる場合は，課税事業者である課税期間の末日に譲渡があったものとみなして支払期日未到来分についてそこで課税する，逆の場合は逆にとらないものはとらないということですから特に33条のみなし規定をおいたが（204頁参照），進行基準に関しては，工事進行中に課税事業者なら課税ということで割り切って特に33条に見合うみなし規定はおかなかったということです。これは工事進行基準を選択する事業者が免税事業者であること，免税事業者になることは実際上殆どあり得ないので，税法が徒らに複雑になることを避けたものです。この場合，免税時期に何基準によっていたかどうかが分かるのかという疑問が出てきそうですが，消費税では免税事業者でも，所得税・法人税では納税者ですから，進行基準を適用

していたかどうかの区別ははっきりしますね。ただ進行基準で経理している消費税の免税事業者が，途中で課税事業者になった場合，以後消費税で進行基準によるのかどうか，それは課税事業者になった段階で選択することになります。

　大島　それでは次に，延払基準の場合の施行令34条，つまり長期割賦販売等の特例を受けている個人事業者が死亡したり事業を廃止したりした場合の規定ですね。進行基準の場合にはこれに見合う規定がないわけですが，これについての調整規定はいらないわけですか。

　木村　まず，施行令34条の1項の1号と4号の場合ですね。個人事業者が死亡して相続人がいないとき，個人事業者が事業の全部を譲渡するかあるいは廃止したとき，さっきと同じように被相続人，譲渡・廃業者が課税事業者ならそれまで進行基準で納付した分は取りっきり，免税事業者なら免税のまま，ということで調整はしないので，みなし規定はいらないというわけです。

　大島　施行令34条1項2号と3号の場合についても，進行基準では被相続人が課税されあるいは免税を受けた分は，そのままということですね。

　木村　そうです。被相続人が課税事業者として納税し，あるいは免税事業者として納税しなかった分はそのままにする，残額については，当然のことながら相続人が課税事業者であるか，あるいは免税事業者であるかによって課否が分かれることになります。

　施行令34条は個人事業者についての規定ですが，法人について規定した施行令35条についても事情は全く同じです。

　大島　施行令34条，35条を通じて，延払基準は課税繰延べだから，事業者が死亡して後継者がいないときなどはその時点で繰延べ分を納付してもらう必要があるのに対して，進行基準の場合はさっきいわれた自然体だということですね。

　次に，施行令38条ですが，被相続人，被合併法人，分割法人が進行基準の方法によって繰り上げて課税を受けていた部分については，相続人，合併法人，分割承継法人が目的物を引き渡したときにこの部分は除いたところで相続人，

合併法人，分割承継法人に対して課税されるということで，法17条5項を受けた規定ですね。

施行令39条は同37条（213頁）と同旨だと思いますので省略して，通達の9－4－2についてお話し願います。

木村　平成20年3月31日までに着手した大規模工事以外の工事については，工事進行基準の方法を適用することができる工事は，法人税・所得税に合わせて利益を生じるものに限られ，損失が生ずると見込まれるものはその対象から除かれていたため，工事進行基準の方法を適用している工事について情勢が変化して損失が生じると見込まれるようになった場合は，それ以後工事進行基準の方法を適用することができないことになっていました。

しかし，平成20年4月1日以後に開始する課税期間において着手する大規模工事以外の工事についてその特例の対象とされましたので，この通達では，その損失が生ずると見込まれる工事についても工事進行基準の方法を適用することができるということを明らかにしたものです。

Ⅲ　小規模事業者による資産の譲渡等（法18条，施行令40条，施行規則12条）

大島　それでは，法18条にいって，これは小規模事業者についての「資産の譲渡等」の時期について，所得税法67条の現金主義の規定の適用がある場合には，消費税の上でも現金主義によることができるという規定ですね。法律の方は別段説明を伺うこともないんですが，施行令40条1項についてお話し願います。

木村　施行令40条1項は，現金主義の適用を受けないことになった場合の資産の譲渡等と課税仕入れの時期についての調整，あるいはその逆の場合の調整についての規定です。

具体的には，資産の譲渡等あるいは課税仕入れについての売掛金，買掛金などについて，現金主義の適用を受けないことになった課税期間の初日の前日現在の合計額から，前に現金主義の適用を受けることになった課税期間の初日の

前日現在の合計額を引いた差額については，現金主義の適用を受けないことになった課税期間の初日の前日，つまり現金主義の適用を受けていた課税期間の最後の日に資産の譲渡等あるいは課税仕入れをしたものとみなすということです。

大島　6－1図を見てください。

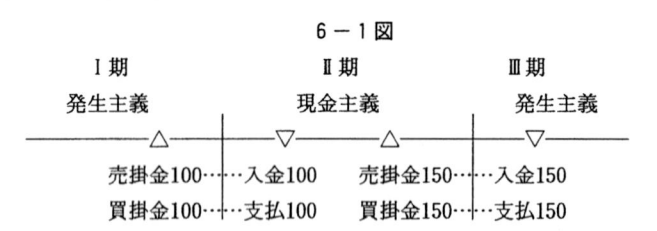

6－1図

```
        Ⅰ期          Ⅱ期          Ⅲ期
       発生主義       現金主義      発生主義
    ────△────▽────△────▽────
      売掛金100‥‥入金100　売掛金150‥‥入金150
      買掛金100‥‥支払100　買掛金150‥‥支払150
```

今のお話は，現金主義から発生主義になった場合，現金主義時代のⅡ期末の売掛金150はⅡ期の末日に売上げがあったものとするということですね。つまりこの売掛けとなった売上げは現金主義であるⅡ期には計上されない，そして入金になったⅢ期は発生主義だからこれまた計上されない，ということで放っておくと取りっぱぐれになってしまうので，これをⅡ期末の売上げにするということですね。そこまではよく分かるんですが，その際に発生主義であったⅠ期末の売掛金100を引くというのが分からない，この場合はⅠ期は発生主義なので売上げに計上する。Ⅱ期は現金主義なので入金のときにまた計上する，さっきと反対に二重課税になるわけですが，Ⅲ期になったときに調整して，150からこの100を引くということは，Ⅰ期からⅡ期になったときに，二重課税の調整はしていなかったということですか。買掛金の場合も同じ問題が起こりますが，この場合は逆にⅠ期からⅡ期になったときに二重控除になっていたのが調整されずにそのままになっていたということですか。

木村　Ⅱ期だけについてみれば，そういうことになりますが，法18条の現金主義は強制規定ではなく任意規定ですから，その選択は自由ということですね。

大島　通達9－5－1ですね。

木村　そうです。所得税の方で現金主義の適用を受けている事業者であって

も，消費税の方で現金主義を適用するかどうかは任意です。

大島 施行令40条は結局おっしゃるように任意規定であることともう一つは簡明を期したということでしょうかね。発生主義から現金主義に移るような場合，これは現金主義を採用するくらいですから零細業者で，余り細かいことをやらせないというのが現金主義を認める趣旨ですから，ここで発生主義から現金主義への移行にあたっての調整は省略する，その代わりその人が再び発生主義になって，少々面倒なことでもやってもらえるという状態になったときに，前の二重課税なり二重控除なりを整理すると，こういう趣旨に解してよろしいでしょうか。

木村 そういうことです。それにお話のように二重課税と二重控除があるわけでその分相殺されるから金額的にも大きくはない，ということもあるでしょう。まあそんな事情を考えて割り切ったということです。

大島 施行令40条には施行規則がついています。12条ですね。この12条1項についてご説明願います。

木村 6－2図を見てください。

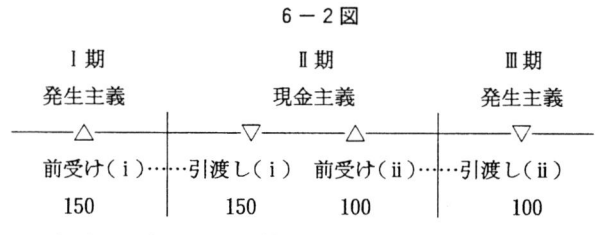

6－2図

I 期	II 期	III 期
発生主義	現金主義	発生主義

前受け（ⅰ）……｜引渡し（ⅰ）　前受け（ⅱ）……｜引渡し（ⅱ）
　150　　　　　　150　　　　　100　　　　　　100

まず1号ですが，I期は発生主義，II期は現金主義，III期は発生主義という場合，発生主義であるI期に前受け（ⅰ）150，現金主義であるII期にこの前受け（ⅰ）150の商品の引渡しがあった，それからII期に前受け（ⅱ）100，発生主義であるIII期にその（ⅱ）100の商品の引渡しがあるとします。

そうすると，最初のI期の前受け（ⅰ）の150は発生主義ですから課税されませんね。次のII期の引渡し（ⅰ）150も現金主義ですから不課税ですね。そこでこのままでは150は課税漏れになります。その代わりII期は現金主義ですから前受け（ⅱ）の100は課税ですね。発生主義になったIII期では引渡し（ⅱ）100

はまた課税ですね。ここでは二重課税になっています。そこで発生主義に移るに際して、Ⅱ期の現金主義の期末に

$$\substack{\text{課税漏れになって}\\\text{いる前受け（ i ）の150}} - \substack{\text{二重課税になる}\\\text{前受け（ ii ）の100}} = 50$$

つまり課税漏れ超過分を課税しようということです。そこでⅡ期では前受け（ⅱ）の100に対する課税と合わせて150が課税ということになります。

Ⅲ期は発生主義で、引渡し（ⅱ）の100に対して課税しますから、結局Ⅱ期の150とⅢ期の100と、合わせて250が課税されることになります。

大島 分かりました。譲渡は（ⅰ）の150と（ⅱ）の100と合わせて250あるわけですから、250の課税で過不足ないことになりますね。

施行規則12条1項2号は1号の逆の前払金の場合ですが、理屈は同じことなので省略しましょう。

次に施行規則12条2項以下の施行令40条1項1、2号と規則12条1項1、2号の控除が引ききれない場合の規定についてお願いします。

木村 さっきの場合（ⅰ）が100で（ⅱ）が150だとすると、二重課税超過分50をⅡ期の譲渡額から控除して調整し（施行規則12条2項）、それが引ききれなかったら、引ききれない額はⅡ期に売上対価を返還した額だとみなすわけですから（同4項）、結局法45条1項3号ロ、5号、法52条まで行って還付することになります。

5項、6項は逆に取りっぱぐれ分に対する税額は、Ⅱ期の課税仕入税額から控除し、引ききれなかったらその額をⅡ期の売上げに対する消費税に加えるということです。

施行令40条の売掛金、買掛金の場合についても同じ趣旨で調整されます。

Ⅳ 課税時期についての通達

大島 課税時期の特例を離れて、資産の譲渡等の時期一般については、詳細な通達が出ていますが、ほとんど法人税なり所得税なりの基本通達と同旨ですから、特に注意を要するものについて一、二お話を伺う程度にとどめましょ

う。まず通達9－1－4ですが，船荷証券は，有価証券に含まれないことについては既に通達6－2－2で注意していますね。ただ，それも有価証券でないから課税するという意味ではなく，船荷証券の譲渡即ち本体貨物の譲渡だから，船荷証券だけ独立して譲渡ということは有り得ない，ということを前に話されました（43頁参照）が，この通達9－1－4も船荷証券のそういった性格から，独立の譲渡ということではないんだ，ということですね。

木村 そういうことです。本体貨物の譲渡について振り出した為替手形の割引に際して船荷証券等を提供しても，それは金融機関に本体貨物を譲渡したわけではない。この通達もそういった当然のことを念のためいったものです。

大島 通達9－1－11(2)の(注)ですが，技術についての役務提供に関連して仕度金，着手金を受けた場合，後で清算して剰余金が出たら返すことになっているような仮受的なものを除いては，受け取った課税期間の役務提供に対するものとしてもいい，といっていますが，法人税基本通達2－1－12(注)は選択規定ではなく，受け取った期間の益金だといい切っています。

なぜ法人税と取扱いが違うのか，また受け取った期間の役務提供の対価としないとして，他にどんな経理方法を予想しているのですか。

木村 実際問題として，法人税が収受期の確定収益であるとして収益計上を強制していますから，消費税でそれと別の計算をするということも余りないでしょうが，強いていえば，それ以後の役務提供の進行に応じて対応部分だけを課税売上げにカウントする，というようなことが考えられましょう。まあ消費税の方は，確定収益かどうかということでなく，資産の譲渡等があったかどうか，またその時期はいつかが問題ですから，資産の譲渡等の時期の期間配分について，法人税と同一歩調である必然性はないわけです。

大島 それから有価証券の譲渡の時期について，通達9－1－17は，原則は引渡しの日とし，ただ(注)で法人が法人税法61条の2第1項によって譲渡契約日としているときはこれを認める，といっていて，法人税とは多少違っていますね（法人税は同項によって**譲渡契約日**が原則です。）。

次に通達9－1－19の2ですが，施行令10条3項6号の償還差益を対価とす

る国債等の取得が資産の譲渡だという場合，その譲渡の時期はいつかというと，それは取得の日ではなくて償還があった日だということです。ただし書は，法人がアキュムレーションの都度調整差益額をその期の償還差益としていればこれを認める，つまり償還差益を一度に上げて課税売上割合を一度に小さくするのではなく，毎期少しずつ小さくしていく方法を採っていたらそれでもいいよ，ということですね。なおここでいっている償還差益，調整差益，アキュムレーション等については51頁をご覧ください。

通達9－1－22は，商品券はそれと引換えに物品の給付なり役務の提供をしたときの譲渡等だといって，法人税基本通達2－1－39が原則としては商品券発行時の収益だが，条件付きで給付時の収益としてもいいといっているのとははっきり違いますね。

物品切手等については，消費税では，例えばデパートが商品券を発行して受け取った対価は一種の預り金であって，この段階では非課税以前の不課税なんだ，というお話がありましたね（56頁参照）。

木村 難しい点ですが，今もいったように法人税の場合，問題となるのは収益の有無であり，一方消費税の場合は資産の譲渡，貸付け，役務の提供の有無が問題です。商品券を売った場合，そこに収益はあるかもしれないが，商品券というものの発行をもって「資産の譲渡等」というには無理がある，つまり原始発行は資産の譲渡にはならないということです。それぞれの通達の相違はやはりこうした税の基本的性格の違いから出てきていると考えるべきでしょう。

大島 通達9－1－29のただし書は課税期間単位の課税方式に対する例外として注目すべきものがあると思いますが，ご説明願います。

木村 個々の信託の計算期間中に行われた資産の譲渡等のすべてをその計算期間の末日の属する課税期間の譲渡等としているときはこれを認めるということです。もちろん継続適用が条件です。

大島 ある信託の計算期間が課税期間a期とb期にまたがる場合，a期に行われた資産の譲渡等をb期に行われたものとしてもいい，その代わりb期中に行われた次の信託計算期間中の資産の譲渡等は次のc課税期間に行われたもの

としで消費税額を計算するということですね。

V 課税期間・実質課税 （法19条・13条・14条）

大島 それでは，法19条にいきましょう。

木村 課税期間の原則は，個人は暦年，法人は事業年度で法人税法14条のみなし事業年度の制度も適用されますが（法19条1項1・2号，2条13号），ただ消費税には期間を1か月あるいは3か月に短縮する制度がある（法19条3・3の2・4・4の2号）点が所得税・法人税とは違うわけです。

大島 課税期間の短縮は納税者が任意に選択できるわけですね。しかし短縮をすると手間が大変だし，資金繰り上も不利なわけですがいったいどんな人が選択するんでしょう。

木村 輸出業者など，常に還付を受ける納税者は課税期間を短縮する方が有利なわけです。

大島 なるほど，一方国の立場からすると税の早期収入の見地から課税期間は短い方がいいし，理論的にいっても，事業者にとって消費税は預り金だからそれがその手許に長く置かれて資金繰りに使われることは好ましくない，しかしこうした観点からの規定は後に出てくる中間申告の制度であって，この課税期間短縮制度はむしろ納税者のために置かれた規定ですね。

木村 そうです。預り金が事業者の手許に長く置かれることの弊害防止のためならば，任意の選択制度では意味をなしませんからね。

大島 そうですね。しかし制度の目的は違っても，課税期間の短縮と中間申告とは極めてよく似た制度ですね。課税期間短縮が任意だといっても，中間申告が強制ならば課税期間短縮も強制されているのと同じことになりませんか。

木村 課税期間を短縮している場合は，その3か月なり1か月なりを単位として確定申告をすることになり，そこでその期間の申告納税は決着しますが（更正処分は別にして），中間申告の場合は期間の途中に前期ベース，あるいは仮決算によって仮の申告をし，後に期間経過後確定申告で清算をする，そこが

違っているわけです。

　大島　事業者の規模に応じて1か月ごとあるいは3か月ごとの中間申告が強制されるわけですが、それを中間申告とせず、確定申告とすることを選択することができる。この意味で課税期間の短縮が任意だということですね。

　木村　それとさっきいったように、一定規模以下の輸出業者などは、義務としての中間申告の回数以上に確定申告をして、還付の時期を早めることができるわけです。

　大島　法19条1項によると課税期間の短縮の選択・変更届は、今まで短縮していなかった事業者が新たに3か月あるいは1か月に短縮する場合、3か月に短縮していたのを1か月に、逆に1か月に短縮していたのを3か月に変更する場合があるわけですね。

　木村　そうです。1か月から3か月へと課税期間をむしろ延長する場合も3号、4号に規定されています。

　大島　それから3か月の課税期間は、個人の場合は1月から起算して3か月ごと、法人の場合は事業年度の初めの月から起算して3か月ごとになり、不規則事業年度の場合は最後の課税期間が3か月未満になるわけですね。

　では法19条2項の課税期間の届出の発効の規定に進みましょう。普通の場合は届出の翌課税期間から発効ですが、柱書かっこ書と施行令41条に例外がありますね。

　木村　例外に行く前に、法19条2項には、「届出書の提出があった日の属するこれらの規定に定める期間の翌期間の初日以後に」発効する、とあり、これらの規定に定める期間とは、その前の文言によって同条1項3号、3号の2、4号、4号の2の短縮課税期間のことですから念のため。

　そこでお話の例外規定は、届出の翌課税期間からでなく、届出をした課税期間からすぐに発効する場合を規定しています。

　その第1が新規開業の場合、第2が相続、吸収合併、吸収分割によって課税期間を短縮していた被相続人、被合併法人、分割法人の事業を承継した場合です。

大島 第2の場合は合併法人が大きく，被合併法人が極めて小さい場合などでも，届出をすれば小が大を呑んで，被合併法人が受けていた短縮の効果が，合併の課税期間から合併法人全体に及ぶわけですね。

木村 そういうことになります。

ところで，例えば以前から事業をしている個人事業者が3月31日までに課税期間を3か月に短縮する届出書を提出すれば，その効力は翌期間である4月から6月までの期間から生じることになり，その結果1月から3月までの間も期間が短縮されるということで，この場合は新規開業でなくても，結果的には届出期間から短縮の効果を受けることになります。

ここで注意しなければならないのは，法19条2項柱書前段かっこ書の「事業を開始した日」についてです。例えば4月1日設立の3月決算法人が9月までは国外取引か非課税取引だけを行っていて，10月に入って課税資産の譲渡等の事業を始め，10月に課税期間を3か月に短縮する届出をした場合に，事業そのものを開始した日が「事業を開始した日」だとすれば，短縮課税期間の適用は今お話したように届出日の翌期間，つまり翌年1月から3月までの課税期間からとなり，4月から12月までは一つの課税期間になりますが，課税資産の譲渡等の事業を開始した日が「事業を開始した日」だとすれば，同じかっこ書によって短縮課税期間の適用は10月から12月までの課税期間からとなり，4月から9月までが一つの課税期間になります。「事業を開始した日」というのはこの後者の意味，つまり「課税資産の譲渡の事業を始めた日」を指しています。

10月から課税資産の譲渡等の事業を開始した場合，課税期間を4月から12月までとするのと，4月から9月までと10月から12月までとするのとでは課税売上割合が違いますから仕入控除税額に影響が出てきます。

大島 ところで法第19条2項柱書の後段と各号のみなし課税期間の規定はいかにもくどい，なくもがなの規定のようにも思われます。しかし，1号を例にとっていうと，今まで課税期間を短縮していなかった個人事業者が例えば8月に課税期間を3か月に短縮する届けを出すと，10月から10月～12月の課税期間になるわけですが，この場合1月から9月はどうなるか，これが一つの課税期

間になることはこのみなし規定がないとどこからも読めないわけで，したがってこの期間についての申告・納税義務についても疑義が生じ得る，そこをはっきりさせたのがこのみなし規定である，こう解釈していいでしょうね。

　木村　そういうことです。一見無用の規定のようですが，論理の穴を塞ぐために必要なわけです。ところが課税期間を1か月に短縮していた個人事業者がこれを3か月に変更しようとする場合，例えば8月に届けを出すと10月～12月から3か月の課税期間になりますが，8月，9月は今までの1か月の課税期間がまだ変更されず，そのままであることは疑いがないところでみなし規定は必要がない。そこでこの各号には課税期間を1か月から3か月に変更する場合のみなし規定は置かれていないわけです。

　大島　それでは法19条3項の課税期間廃止届の話は省略して4項にいきましょう。

　木村　4項1号は，例えば課税期間を3か月に短縮していた個人事業者が4月に短縮をやめる届けを出したら，出した期間，つまり4月～6月の末日（6月30日）の翌日である7月1日以後は短縮の届けが失効するということ，平たくいえば提出した期間の次の期間から短縮はとりやめ，ということです。そしてこの場合，「当該翌日」，つまり7月1日から年末までを一つの課税期間とみなすということで，その意味は先ほど2項のところで話が出たのと同じ，つまり論理的な穴埋めということです。

　大島　課税期間短縮を3か月にすることをやめる届けを10月以後に出したら，効力の発生は翌年になり，翌年は年初から1年の課税期間になる。届けを出した年の10月～12月はまだとりやめの効力が発生しないので今までどおりの3か月課税期間ということで，結局みなし事業年度の問題は起こらないわけですね。課税期間を1か月に短縮していた個人が短縮をやめるときの処理の考え方も同じ。2号は法人について，個人事業者についての1号と同旨を規定したものなので省略しましょう。

　次は法19条5項です。

　木村　5項は課税期間短縮の変更あるいはとりやめを制限する規定です。例

えば個人事業者が×1年5月に課税期間を3か月に短縮する届けを出したとします。そうすると2項柱書前段によって7月1日に発効し，7月～9月から3か月の課税期間になります。この短縮をやめようとする届けは，5項によって短縮届が発効した×1年7月1日から2年を経過する日，つまり×3年6月30日が属する課税期間，つまり×3年4月から6月の課税期間の初日，つまり×3年4月1日以後でなければ提出できないということです。

大島 その届けは7月1日以後に発効するわけですから，結局一度1か月なり3か月の短縮届を出したら，2年間は続けなければならない，ということですね。

では，5項かっこ書の例外規定について。

木村 かっこ書は短縮期間の変更の話で，具体的には施行令41条2項に規定されています。

1号は短縮期間を3か月から1か月に変更する場合で，前と同じ例でいうと，さっきは4月1日以後に変更届を出せたのですが，今度は×3年6月30日の属する「月」の初日，つまり6月1日以後でないと短縮期間を1か月とする変更届は出せないということです。

大島 なぜ例外が必要かというと，原則どおり×3年4月1日以後に変更届を出せるとすると例えば4月1日に変更届を出すと，この場合は5月から変更の効果が生じて，3か月の短縮期間が2年続かないことになってしまうからですね。

木村 そのとおりです。次に2号は短縮期間を1か月から3か月に変更する場合で，×1年6月に課税期間を1か月にする短縮届を出し，7月1日に発効しているとすると，変更届は×3年6月30日の属する「月」の前々月の初日，つまり4月1日以後でないと出せないということです。これは法19条5項の原則どおり「これらの規定に定める期間の初日」つまり6月1日以後に限定する必要はない，4月1日以後としても，届けが発効して3か月の短縮期間となるのは7～9月の短縮期間からで，×1年7月から×3年6月までの2年間は1か月の課税期間が継続するからです。

大島　次に通達関係ですが，通達3－3－2，3－3－3，3－3－4については通達1－4－12，1－4－13，1－4－13の2と同旨ですので，111頁をご参照ください。

課税期間関係の通達としては，個人事業者関係の通達3－1－1，3－1－2についてお尋ねします。開業の年は開業日ではなく，その年の年初から課税期間が始まる，廃業の年は廃業の日までではなく，その課税期間の末日までを課税期間とする，ということですが，これはどんな実益がありますか。

木村　法人と違って個人事業者の場合は法律的にはっきりした開業日，廃業日があるわけではない。まあ開業以前，廃業以後の売上げということはないでしょうけど，支出は開・廃業日の見方によってそれより前にも後にも有り得るわけです。そこで同じ課税期間の範囲内という制約の中でできるだけ広くこうした支出について仕入税額控除を認めようということです。

大島　なるほど。一方新設法人の最初の課税期間開始の日については通達3－2－1で，解散した法人の課税期間については通達3－2－3で，述べていますが，読めば分かりますから省略しましょう。また，通達3－2－2は，法人が組織変更した場合，形式的に法人の解散・新設の手続が採られても，実体に着目してその解散・設立はなかったものとして取り扱い，したがって課税期間も従来どおりのものが継続し，また組織変更後の法人について法12条の2第1項の適用はない，としています。

納税地関係も所得税，法人税と本質的には変わらないので省略しましょう。

最後に順序が逆になりましたが，法13条，14条の実質課税の原則，これも所得税，法人税と同旨ですが，このうち，法14条の信託についてお話し願います。

木村　信託については6頁でも述べましたが，信託は，信託行為により信託財産の管理及び処分等を受託者に委託することであり，信託財産の所有権は受託者に移転し，信託財産の管理運用に伴う資産の譲渡等は形式上は受託者に帰属することになるものの，その収益は最終的には受益者に分配されるものです。

このことから，実質的な収益の帰属者である信託の受益者に対して課税することを基本としつつ，その信託の性格などからみて受益者に対する課税になじまないものは信託の受託者に対して課税することとされています。

　大島　それぞれの信託ごとにどのようになりますか。

　木村　いわゆる本文信託といわれる受益者等課税信託は受益者，ただし書信託といわれる集団投資信託，法人課税信託，退職年金等信託，特定公益信託等は受託者となり，この場合，法人課税信託は受託者の固有事業分とは区分して別の者とみなして課税されることになります（法15条1項，2項）。また，公益信託といわれるものは委託者となり，これは法附則19条の2です。

　大島　それから通達4－2－1と4－2－2がありますね。

　木村　いまお話したように，信託財産は，法律的には信託会社に所有権が移っているのですが，法14条は集団投資信託などを除いて受益者がその信託財産を持っているものとみなす，といっています。通達4－2－1は，その当然の帰結として，委託者が信託契約によって信託会社に財産を移転する行為，信託会社が委託者あるいは受益者に財産を移転する行為は資産の譲渡等には該当しない，ということを念のためいっているわけです。ただ，ここで留意すべきは，6頁でも述べたように特定受益証券発行信託や法人課税信託については，その信託財産に係る資産等取引は受託者の資産等取引とされるため，委託者から受託者に金銭以外の資産を信託する場合のその資産の移転などは，施行令2条1項3号によってその移転の時に資産の譲渡等が行われたものとされているということです。これは通達4－2－1の（注）書です。それから，通達4－2－2はこのみなし規定から除かれた集団投資信託などに帰属する財産は，本則に戻って信託会社が行った譲渡等となるという留意通達です。ただ金銭の信託の場合は，それが移転しても課税の問題が生じるわけではないので所有権の移転を問題としても余り意味はありません。ただし書は信託財産について生じた収益が受託者に帰属するという点に意味がありましょう。

第7 課税標準と税率

I 課税標準

1 対価の額の意味（法28条1項）

大島 それでは第2章の「課税標準及び税率」に入りましょう。この辺から消費税法の本体部分になるわけですね。

法28条は課税標準についての規定ですが，課税標準は「課税資産の譲渡等の対価の額」ということになっていて，かっこ書で・対・価・の・額の意味をいろいろと説明しています。この辺のところからお話し願いましょうか。

木村 その辺のことは103頁以下でも触れましたが，法28条では，課税資産の譲渡等についての消費税の課税標準はその対価の額であること，その対価の額は消費税，地方消費税を含まない税抜きの価格だ，ということをいっています。

大島 その場合の税抜きというのは，消費税，地方消費税が入らないというのは当然のことだと思いますが，消費税以外のいろいろの税金は課税標準に含むということですか。

木村 酒税や揮発油税などの個別消費税のことについては，法28条では含むとも含まないとも規定はしていませんが，この個別消費税については，課税資産の譲渡等を行った事業者が納税義務者となるもの，例えば酒税，たばこ税，揮発油税，石油石炭税，石油ガス税といったものですが，これらの税はもともとその販売価格，つまり法28条で対価の額といっているものですが，その対価の額を構成するものですから，当然含まれることになります。

ところが，課税資産の譲渡等を行った事業者が特別徴収義務者となるもの，軽油引取税，ゴルフ場利用税，入湯税は，本来課税資産の譲渡を受けた者，サービスを受けた者が納税義務者となるもので，課税資産の譲渡を行った事業

者，サービスを提供した事業者は，それを特別徴収して納付するということですから，その税額は課税資産の譲渡等の対価の額には含まれないということです。

　大島　例えば酒は税金をオンして売っていますが，これは酒税を含めたものがそのものの価格である，これに対して例えば軽油は軽油引取税をオンする前の価格が本来の価格であって，消費者はその本来の価格と軽油引取税とを支払う。特別徴収義務者は軽油引取税額を価格の一部としてではなく，軽油引取税額そのものとして預かって納める，という構成を採っているので，消費税の方は，その本来の価格に対して，つまり軽油引取税を含まないものに対して課税をする，とこういうように理解してよろしいわけですか。

　木村　そういうことになります。

　大島　そうすると，念のためですが，酒税の場合には，いわゆるタックス・オン・タックスということになるわけですね。

　木村　見方によってはそういうこともいえますが，酒税や揮発油税など製造者や販売業者が納税義務者となるものは，その酒税や揮発油税などは販売価格の一部を構成するもので，販売価格に応じて負担する消費税とは，その性格上自ずと異なるものであり，これをもってタックス・オン・タックスとはいえないでしょうね。通常タックス・オン・タックスというのは，同じ種類の税が取引のたびに幾重にも課されることをいうのではないでしょうか。

　大島　この法28条では，課税標準は「課税資産の譲渡等の対価の額」だといっていますが，その限りでは輸出免税となるものも含まれるわけですね。

　木村　お話のように，輸出免税の場合も課税資産の譲渡等には間違いありませんので，その対価の額は法28条にいう「課税資産の譲渡等の対価の額」ということになります。

　ただ確定申告の際に課税標準の合計額を記載する場合には，「課税資産の譲渡等」から輸出免税のものを除くことになっているので（法45条1項1号かっこ書），納付税額の計算からは外されることになります。

　大島　「課税資産の譲渡等」の定義は法2条1項9号にありますが，ここで

は別に国内での対価だとはいってませんね。

木村 その用語自体は国外での譲渡をも含んでいますが，法5条で，「事業者は国内において行った課税資産の譲渡等」について納税義務がある，といっており，法45条で申告を要するのは「国内において行った課税資産の譲渡等」です。

大島 アメリカで売っても日本の消費税はかからないわけですね（笑）。

それからここで「課税資産の譲渡等の対価の額」が課税標準であるといっても，納付税額の基礎になるのは，税抜処理をしている場合でも個々の取引の対価に4％の税率を掛けたものの総計ではなく，課税期間中の取引対価の総額に4％を掛けたものだということを注意する必要があります（法45条1項1号）が，詳しくは申告の項で取り上げることにしましょう（385頁参照）。なお，売上値引きなどをした場合の処理については246頁をご覧ください。

2 受取対価そのものが課税標準の額

大島 課税標準については通達10－1－1で総括的なことをいっているので，これからお話し願いましょうか。通達10－1－1では，課税資産の譲渡等の対価は時価ではなくて受取対価そのものだということですね。

木村 そうです。通達10－1－1では，法28条が，消費税の課税標準は「課税資産の譲渡等の対価の額」という抽象的な書き方をしているので，それでは具体的にはどういうことをいうのかというと，それは課税資産の譲渡等について当事者間で授受することにしている対価の額をいうのだといっているわけで，そのもの自体の，販売したり，提供したりする物品あるいはサービスの客観的価額──時価といってもよいでしょうが──をいうのではなくて，その譲渡等の対価として実際に受け取る対価の額をいうのだ，ということです。

大島 ということは，法人税には法人税法の22条で，資産の無償譲渡による収益の額が益金だという規定があるし，所得税法は59条で，特殊の場合ですけれども，資産を低額譲渡，あるいは贈与した場合には時価で譲渡をしたものとするという規定がありますが，消費税の場合にはそういうことではなくて，い

わば非常に素直に，対価として受け取った額そのものが課税標準なんだということですね。

　木村　そうです。ただ法4条4項，28条に，個人が棚卸資産などを自家消費した場合，法人が資産を役員に贈与，低額譲渡したときの例外規定がありますから注意が必要です。なおこの点についてはまた後でお話します（248頁）。

3　代物弁済の場合の対価の額（施行令45条2項1号）

　大島　そこで施行令45条2項1号ですが，代物弁済については「第1　課税範囲」でも話が出ました（2頁参照）が繰り返すと，この場合には，当然のことながら代物弁済によって消滅した債務の額が対価になるわけで，その原則はよく分かるのですが，そこにもまたかっこ書で補足がありますので，この点をお話し願います。

　木村　施行令45条2項1号では，代物弁済による資産の譲渡等の対価の額は，基本的には代物弁済によって消滅する債務の額ということです。しかし，そこにかっこ書があって，「（当該代物弁済により譲渡される資産の価額が当該債務の額を超える額に相当する金額につき支払を受ける場合には，当該支払を受ける金額を加算した金額）」としていますね。

　例を挙げて説明しますと，例えば代物弁済する債務の額が800，代物弁済のための資産の時価が1,000という場合に，代物弁済により800の債務が消滅し，200について——この200というのは代物弁済のための資産の時価1,000から代物弁済で消滅する債務の額800を引いた200ですけれども——債権者から金銭を受け取った場合には，その800に200を加えた1,000が譲渡の対価の額になるということです。反対からいうと代物弁済によって消滅する債務の額と代物弁済のための資産の価額，つまり時価とに差があっても，その差額の授受がなければ譲渡の対価の額は消滅する債務の額だということになります。200の受け渡しがあった場合は，弁済した方は消滅した債務800と受取額200の合計額の5％が地方消費税込みの税額であり，弁済を受けた方は（800＋200）×1.05の税込価格で仕入れることになります。税額分の上積みがなければ800＋200が仕入価

格であり，その105分の5が地方消費税込みの税額だということになります。

4　負担付き贈与の場合の対価の額（施行令45条2項2号）

大島　2号の負担付き贈与についても「第1　課税範囲」で話が出ました（4頁）が，この場合も考え方は代物弁済と同じことだと思いますが。

木村　施行令45条2項2号ですが，負担付き贈与については，負担を対価として贈与の目的物を譲渡したということですから，譲渡の対価の額は負担の価額ということになります。

贈与を受けた事業者の方は，負担額を対価として贈与の目的物を仕入れたことになります。この場合の消費税の関係は代物弁済の場合と同じで，負担額の5％が地方消費税込み税額ですが，税額分の上積みがなければその105分の5が地方消費税込みの税額だということになります。

5　資産の交換の場合の対価の額（施行令45条2項4号）

大島　それでは3号を飛ばして施行令45条2項4号に進みますが，これは若干問題があろうかと思います。4号は資産の交換の場合で，これも「第1　課税範囲」で話が出ました（15頁参照）が，もう一度取り上げます。交換に伴って金銭の授受があった場合の調整がかっこ書にあります。本質的には先ほどの1号の代物弁済と同じ考え方だと思いますので省略して通達10－1－8にいきます。客観的に見れば等価でないものを交換した場合でも，その交換をするに至った事情に照らして正常な取引条件に従って行われたものであると認められるときには，その資産の価額は当事者において合意されたところによるといっているわけですが，ここで疑問なのは，正常な取引条件に従って行われたのではないときにはいったいどういうことになるのかということですが，これはいかがでしょうか。

木村　通達10－1－8は，その交換が正常な状態において行われた場合には，その当事者間で合意されたところによるといっているわけですが，その交換が正常な状態ではないということになると，原則的にはその譲渡される目的

物の時価が譲渡の対価の額ということになります。

　大島　その交換が正常な状態でなければ交換した資産の時価が譲渡の対価の額になるというご説明ですが、それはむしろ当然のことであって、片方は時価1,000のものを受け取った、片方は時価800のものを受け取ったとしますと、それが等価かどうかということを問わないで、1,000なり800なりがそのまま譲渡の対価の額になるということですね。

　木村　原則はそういうことです。

　大島　正常な条件に従って行われていようといまいと、そういうことになるんじゃないですか。

　木村　施行令45条2項4号では、資産の交換の場合には、その交換によって取得する資産の取得のときの価額が対価だといってるわけですね。ですから交換の場合の対価は契約金額ではなく交換する資産の時価だということになります。

　ところで、実際にはいろんな経緯から通常の市場価格とは違ったところで当事者が交換価額について合意することも少なくありません。例えば隣接地が欲しいために、その時価以上の土地を提供して等価交換するような場合ですね。このような取引についてもその交換について経済的合理性が十分説明できるものである限りは、それはそれなりに正常な取引というべきでしょう。

　そこで、通達10－1－8では、このように通常の市場価格とは違った価格によって交換が行われる場合であっても、その交換がその交換をするに至った事情からみて、正常な取引条件に従って行われたものであるならば、当事者の間で合意した価格をもってその時価として、それを対価の額とするということをいっているわけです。

　ただ、それには条件がある。当事者間において合意された価格によるといっても当事者が通謀して契約金額を操作し、契約額を不当に引き下げているような場合には、本来の時価に置き直して、原則どおり課税することとなります。

　大島　なるほど、この通達は、本来それぞれ交換によって取得した資産の時価を、交換で譲渡した資産の対価とすべきところ、正常な条件に従っていれ

ば，当事者間で合意した価額が時価と違っていても合意価額を対価としてもいい，という緩和通達ですね。

　例えば時価1,000の土地と800の土地を交換した場合，契約で800の土地として等価交換していても，そこに合理的な理由があれば認めてもいいが，その価額をわざと低く600の土地として等価で交換したとしていれば合理的なものとは認めないで，それぞれ時価を対価とする，ということですね。

　ところで，契約が単にA地とB地を交換する，ということであって，金額について触れていないとどうなりますか。

　木村　その場合もやはりその交換が正常な取引条件に従って行われていると認められれば当事者が合意したところによるので，例えば差金の授受がなければ時価による等価の交換ということになります。

　大島　等価交換の場合の仕入控除税額の計算はどうなりますか。

　木村　売上げに対する税額と仕入控除税額とが等額で納付税額は発生しないことになります。

　大島　申告の際はやはり両建しなければいけませんか。

　木村　理屈はそのとおりですが，免税点や簡易課税制度の適用限度に関係がなければ，あとは行政がどこまで手間を省くか，実務上の問題でしょう。

　大島　施行令45条2項5号は内容的には説明はいらないと思いますが，この5号に出てくる施行令2条1項3号については5頁をご覧ください。

6　印紙税等に充てるために受け取る金銭等

　大島　次に通達10－1－4についてお願いします。

　木村　通達10－1－4は，印紙税などに充てるために受け取る金銭等はどうなるか，つまり消費税の課税標準に含まれるかどうかということについてですが，課税資産の譲渡等を行った事業者，いわば売り手が本来納付すべき印紙税や手数料などは，その物品あるいはサービスの価格を構成するもので，それは課税標準に入ってくることになります。

　一方，本来課税資産の譲受け等をする方，いわば買い手が納付すべき登録免

許税あるいは自動車重量税などについては，これを買い手から預かり，買い手に代わって支払う場合や，あるいは売り手の方で立替払いして，買い手にその立替金の請求をして受け取るんだということがはっきりしている場合には，資産の譲渡等の対価には含めないということです。ただ，今のように資産の譲渡等を受けた者が納付すべきものであるのかどうか，事実がはっきりしない場合には，これらの金額を含めて受け取る金額が資産の譲渡等の対価の額ということになります。

これはいったい誰が印紙税などの納税義務者になっているかによって決まってくることで，つまり経費の支弁として価格に含めてお客さんから受け取っているかどうかによって決まってくることになります。

また，これに関連して固定資産税や自動車税などについて，課税資産の譲渡等の時に未経過分があってこれを対価に含めている場合であっても，もともと固定資産税や自動車税などは一定の日における所有者に対して課税されるものであり，その未経過分は本来課税資産の譲渡等の対価の額に含まれるものです。これは通達10－1－6です。

7 外貨建取引の対価・資産の貸付けに伴う共益費

大島 分かりました。

通達10－1－7は外貨建取引の場合の対価の円換算は所得税・法人税の規定・通達によること，期末円換算による差損益などは譲渡対価，課税仕入れの支払対価に該当しない，ということですね。ところでこの通達の(注) 3 にいう為替換算差損益と為替差損益はどう違うのですか。

木村 為替換算差損益は，課税期間の末日における外貨建債権債務の円換算によって生じる為替差額であり，為替差損益は，外貨建債権債務の決済（外国通貨の円転換を含みます。）に伴って生じた損益です。

大島 それでは通達10－1－14に入りましょう。

木村 通達10－1－14は資産の貸付けに伴う共益費の取扱いですが，電気・ガス・水道などの供給契約の契約者が建物などの賃借人となっている場合に

は，賃貸人が賃借人から電気・ガス・水道代を受け取ったとしても，賃借人が契約者ですから，その電気代などは預り金といえますが，電気会社との供給契約は賃貸人が行って，電気，ガスなどを建物の貸付けの一環として賃借人に提供するということですと，賃貸人が賃借人から電気代などとして受け取っても，それは預り金という筋合いのものではないので，貸付けの対価に含まれ，課税の対象になるということです。

　大島　賃貸人の方が電気代いくら，ガス代いくらということを明記して請求して，受け取った金銭は預り金として整理する，こういうふうにやっていてもやはり対価のうちに含まれるのですか。例えば通達10－1－16（別途収受する配送料等）で，はっきりと別建てにしていれば，その部分は対価に含めなくてもいいんだといっていることとのバランスからいうと，通達10－1－14も預り金処理を認めてもいいんじゃないかとも思われますが，どうでしょう。

　木村　配送料の話は，配送料1,000円なりをお客さんから受け取って，その1,000円をそのまま配送会社に払うということなので，特に課税標準の対価の額に含めなくてもいいという扱いをしているわけです。

　ところが，電気・ガス・水道になると，供給契約が建物などの賃貸人一本になっていて，その一本の供給契約によって供給されたものを賃借人にそれぞれ分配しているということですから，電気代などを払っているのは賃貸人で，その電気代を仮に10人の賃借人に分配し，その代金を賃借人から受け取ったとしても，それは自分が払った電気代という経費の支弁として受けているわけですから，賃貸人が賃借人から受け取るものは電気会社に対する預り金という筋合いのものではなく，賃貸の対価の額に含まれることになるわけです。

　ただ，賃借人たちが，それぞれ各人ごとに一つずつ供給契約をしていて，賃貸人が電気会社の代わりに預り金として領収している場合には対価の額には含まれないことになります。

　大島　電気会社との供給契約のいかんによって違ってくるということですね。

　木村　そうです。電気会社と賃借人との間で供給契約をしている場合ですと，賃貸人は単に電気会社のために集金しているにすぎないということです。

8 返品, 値引き等の場合の処理

大島 その次に通達10-1-15をお願いします。事業者が資産を譲渡したが, 何らかの事情で譲渡代金を返還した場合には, その返還額を引いた後の差引額を対価として経理して, その経理を継続的にやっている場合には, その差引額を対価としてもいいんだということをいっていると思うのですが, これはどんな場合を想定しているのですか。

木村 法38条1項は, 売上対価の返還について当初の売上げを修正するという考え方はとっていません。売上げは売上げであり, 返品・値引きは返品・値引きであり, それぞれ独立した捉え方をしています。つまり, 消費税法は, まず法28条1項でその課税標準額として課税資産の譲渡等の対価の額があり, 法38条1項でその課税標準額に対する消費税額から対価の返還等に含まれる消費税額を控除するという法律の構成です (法38条)。

ところが, 実務問題としては, 売上げがあって, 請求の段階において売上げから値引額を引いて, 差引請求をしているというようなことがあるわけで, この通達10-1-15は法38条1項の一種の簡便法として考えているわけです。実務的な面において便宜差引計算をしてもよろしいということにしているわけです。

もう少し具体的にいいますと, 課税資産の譲渡等の対価の額をどうみるかという話ですので, 1,000円で売りました。それを100円値引きして, 請求書に売上げ1,000円, 値引き100円差引き900円と書いているような場合には, 課税資産の譲渡等の対価の額を1,000円とみるのか, あるいは900円とみるのかということで, 厳密にいうと1,000円の課税売上げがあり, 100円の対価の返還等がある。これだけでみると, 売上げに対する税額は地方消費税を含め50円, 返還された分の税額は5円, 差引き45円ということになりますけれども, 通達では900円を資産の譲渡等の対価として, いきなり売上げに対する税額45円だけというふうにみてもよいということです。

大島 ある課税期間の課税売上げからその期間に返品があった金額を引いて, その残りを課税標準にする, つまり税額から税額を引くのじゃなくて, 課

税期間の課税売上げから課税期間の返還額を引いたものをその課税期間の課税標準にしていても，認めてよろしいということですか。

木村 課税資産の譲渡等を行った後に返品や値引きなどがあった場合には，その返品や値引きなどについては，売上げである課税標準額を調整するのではなく，返品などがあった課税期間の課税標準額に対する消費税額を修正する形で調整を行うのが原則です。これは法38条１項です。ところで，一般に日常の取引では，当初の売上額から返品額，値引額あるいは割戻額を控除して，その控除後の金額を課税資産の譲渡等の対価の額とする経理処理が行われていることから，継続してそういう経理処理をしているときにはこれを認め，その控除後の額を課税標準とするということにしています。簡便処理が認められるのはこういう場合ですから，お話のように短絡的にある課税期間の課税売上げからその課税期間の返品額などを引いて，その残りを課税標準とするということではありません。

このような差引計算による課税標準の計算を一般的に認めることは，法38条１項の規定そのものを否定することになります。

大島 法38条がそのような構成になっていることはおっしゃるとおりですね。消費税は当初販売の時に税額を上乗せしているわけで，後で値引きがあってもその段階で差し引きして上乗せするわけではないから，販売は販売，値引きは値引きで考えるという法38条の趣旨はよく分かります。

しかし一方，消費税の申告は個々の課税標準に対する税額の集積ではなく，課税期間中の課税標準の合計額に対して税率を掛けることになっている（法45条１項１，２号。この点については申告の項でまた触れます。──385頁参照）わけですから，その段階で当初の課税標準の合計から値引額を引いた残額に税率を掛けたって実務上支障はないんじゃないか，つまり法45条１項２号から同３号ロを引くんじゃなくて１号を値引額を引いた後の額だとしても結果的には同じではないか，少なくともそういう申告をしたからといって更正を受けることはないんではないかという気がします。こういう考え方はあるいは法38条だけではなくて，これを緩和した通達10－１－15からもはみ出ているかもしれませんがど

んなものでしょう。

　木村　国税通則法24条では，税額だけではなく，課税標準が違えば更正することになっていますから，おっしゃるような更正を受けることにはならないのではないか，という考えはどうかと思いますが，しかしそれによって増差税額も，したがって加算税も出てこないし，ほかの課税期間の税額にも影響がないということであれば実際に更正するかどうか，これは実務の運用の問題でしょうね。

9　役員に対する著しく低い価額の譲渡・贈与，自家消費（法28条1・2項）

　大島　それでは次に法28条1項ただし書と2項の関係なんですけれども，2項の方は，法4条4項の，無償の譲渡であっても特例として対価のある譲渡とするという場合についてのその対価の決め方の規定ですが，1項のただし書の方はここで新しく出てきた規定ですね。そういう意味でこのただし書の話をお願いします。

　木村　法28条1項ただし書は，法人が資産をその法人の役員に譲渡した場合に，その対価が資産の時価に比べて「著しく低い」ときは，その資産の時価を対価の額とするということです。この場合の「著しく低い」ときというのは，取扱いとして仕入値を下回り，そのうえその資産の時価の50％未満をいうことにしています。これは通達10－1－2の(2)です。

　つまり法4条4項2号は，役員に対して贈与をしたときには，対価はないにもかかわらず，これを対価を得て行われた資産の譲渡とみなしているわけですが，法28条1項ただし書は，贈与ではないから対価はあるんだけれども，その対価ではなく時価によって課税をするという規定，つまり先ほど（239頁参照）出てきた，消費税は法人税と違って，対価がそのまま課税標準なんだということに対する例外規定です。

　大島　通達10－1－18は，仕入値以上，時価の50％以上で申告をしていればその申告を認めるといっているわけですが，「申告を認める」という意味は，申告が仕入値未満か，時価の50％未満，あるいは無申告で更正・決定をするとき

には原則に立ち戻って時価で更正するという意味を含んでいるわけですか。

　木村　法28条1項ただし書では，役員に対して著しく低い価額で資産を譲渡した場合には，その譲渡した資産の時価相当額を対価とみる，そして通達10－1－2では譲渡の価額が時価の50％未満の場合は著しく低いとみるということにしています。要するにどの範囲まで認めるか，著しく低いか低くないかという認定の問題になるわけですね。

　ところが，法28条2項の自家消費なり役員に対する贈与の場合は，もともと対価がないので著しく低いとか低くないとかいう問題はなく，初めから自家消費などをした資産の価額によることになります。では実務としてその価額をどう見るかというと通達10－1－18で，仕入価額以上で，かつ通常の販売価額の50％以上の金額で申告していれば，それを認めるということです。

　更正・決定する場合には，原則に戻って，法28条2項の各号によって，資産の価額相当額つまり「時価によって更正・決定する」こういうことになります。

　大島　分かりました。

10　保税地域から引き取られる課税貨物（法28条3項）

　大島　次に法28条3項と，これに関連して通達10－1－21についてお話し願います。

　木村　法28条3項は，保税地域から引き取られる課税貨物の課税標準について規定しているわけですが，これは関税の課税価額プラス関税額プラス個別消費税額ということです。この関税の課税価額は，関税定率法の4条から4条の8までに定められています。原則としては，輸入貨物の取引価額で，輸入貨物につき買い手が売り手に支払う価額プラス輸入港到着までの運賃，保険料などの運送関連費用，つまりＣＩＦ価格ということです。なお関税定率法による輸入品の評価方法については，28頁でお話しました。

　次に通達10－1－21ですが，これは従価税方式を採っていた石油税――現在は従量税方式ですが――で行われていた特例的な取扱いに準じて定められたも

ので，従価税方式時代の石油税では創設当時からの慣例で，ＣＩＦ価格を計算する際，運賃についてはこの規定によって算出を簡便にしていましたが，消費税もこの簡便法を採ったということです。

Ⅱ 税　　率

　木村　次は法29条で，税率は４％，なおその外に，地方税法72条の82，83で，国税としての消費税額を課税標準として，税率25％の地方消費税が課されるので，合計すると税抜きの対価に対して５％の課税ということになります。

　大島　税額算定までの過程で端数計算などの問題がありますが，これは第11申告の項に譲りましょう。

第8　税額控除等（その1）

I　仕入税額控除（法30条1項）

1　規定の趣旨

大島　それでは第3章の「税額控除等」に進みます。消費税法のうちで一番重要な規定かと思いますけれども，まず，規定の趣旨からお話し願います。

木村　課税事業者が国内で行う課税仕入れ，あるいは保税地域からの課税貨物の引取りについては，その課税仕入れあるいは課税貨物の引取りについて消費税を負担しているわけですが，その負担した消費税額を，その課税仕入れを行った，あるいは課税貨物を引き取った課税期間──法47条3項の特例申告書を提出した場合などは，その提出などした課税期間（254頁参照）──に，その課税期間の課税売上げに対する消費税額から控除するという規定で，その控除の方法について規定しているわけです。

大島　いわゆる前段階控除というものですね。

前段階控除制度は，消費税あるいはＥＣ型付加価値税の本質であり，その決定的な特色というべきものと思われますが，その意義についてお話しください。

木村　おっしゃるとおり前段階控除制度が消費税あるいは付加価値税の生命だといってもいいでしょうし，これが消費税を物品税から区分するメルクマールですね。

消費税は，特定の物品やサービスだけでなく，原則として事業者が事業として行う，すべての物品の販売・貸付け・サービスの提供に対して課税されます。製造とか小売とかというようなある特定の段階ではなく，すべての段階の取引に対して課税されるわけです。ですから，ある一つの物品の取引の流れをフォローすると，製造，卸，小売の各段階で課税されて，放っておくと二重，

三重の課税が行われることになります。つまり、ある品物の仕入値段が税額相当分だけ上がった、課税前の利益を維持するためにその分売値を上げる。そうするとその値段を課税標準としてまた税がかかる、タックス・オン・タックスですね。終戦直後にあった取引高税がこうした仕組みの税でした。酒税の上に消費税がオンされるのとは違って、同じ種類の税が取引のたびに幾重にも重なってオンされて行くことになります。この税の累積を避けるために工夫されたのが前段階控除制度です。この制度では、売上げに対する税額から、仕入れにかかっている税額を控除した残りを納付するので、事業者はこの控除によって仕入値のアップを回収し、売値の方は課税前の価格に税額分だけオンすればいいわけです。もう一度いうと元の売値に税額をオンして、その分を客から受け取る、その分収入が増えるけれども、一方仕入先も事業者ですから、仕入れ──相手から見れば売上げ──にも税がかかっていて、その分出費も増える。収入の増加分、つまり売上げにオンした税から、出費の増加分、つまり仕入れにかかっている税を引いたもの、いい換えると前段階控除をした残りを税として納付するので、後でお話する非課税売上げがない限り、事業者は消費税によって得もしなければ損もしないことになります。これが消費税の骨子であり、したがって前段階控除が消費税の生命ということになるわけです。

　今いったことを別の面からみると、その事業者が納める税額は、税抜売値と税抜仕入値の差額に税率を掛けた額ということになります。もちろんその分は客から税として受け取っているわけですから、売値と仕入値の差、つまり粗利のうちから納めるわけではなく、したがって、第二事業税とは本質的に違います。

　更にもう一ついい方を換えると、ややラフですが、その事業者の利益と、税のかからない支出である人件費などとの合計、いわゆる付加価値に税率を掛けたものが税額だということになります。その額が受取税額と支払税額の差です。ややラフだといったのは、主に償却資産、棚卸資産の取扱いが、法人税や所得税の利益計算と違って、償却とか原価計算とかいう観念がないからです。

　大島　よく分かりました。累積課税を防ぐために売上げに対する税額から仕

入れにかかっている税額を控除するわけですから，仕入れの概念は，会計で普通にいう狭い意味の仕入れだけではないんだということですね。したがって，棚卸資産の仕入れだけではなくて，通達11－3－3と11－3－4で留意事項としていっているように，減価償却資産なり，あるいは繰延資産についても，それにかかっている消費税を，それを購入した課税期間に控除する，それもそれにかかっている消費税は，減価償却対応分だけじゃなくて，全額を控除するわけですが，これは固定資産を購入するときには，その値段全体に税がオンされていて，その分を含めて支払っているからそういうことになるわけですね。それから，棚卸資産でもないし，減価償却資産でもない，いわゆる経費科目に属する支出についても，消費税がかかっている限りは仕入税額控除の対象に入ってくるということですね。

　木村　そうです。それから棚卸資産についても，仕入れにかかっている税額を引くわけですから，それがその期に売れたか，期末に在庫として残っているかどうかは関係ないわけです。

　大島　それからさっきのお話で，国内での課税仕入税額，課税貨物の引取りについての税額の両方を合わせて国内での課税売上げに対する税額から控除するわけですね。

　木村　そうです。事業者にとって課税貨物の引取りについて支払う税は，国内仕入れに際して負担する税とは納税の仕方は違いますが，これも引取りについてかかっている税ですから，両方合わせて仕入税額控除の対象にするわけです。

　大島　ところでこの課税仕入税額は，どの課税期間に控除するかというと，課税仕入れをした課税期間（法30条1項1号）あるいは課税貨物を引き取った課税期間（同項2号）ということで，ここまでは問題はありませんが，保税地域から引き取る課税貨物について特例申告書を提出した場合は，同項2号の例外としてその提出をした課税期間（同項3号）ということになっていますね。この辺についてお話し願います。

　木村　保税地域から引き取る課税貨物については，その課税貨物を引き取る

ときに納税申告書を提出し（法47条1項），納税する（法50条）ことになっており，仕入税額控除もその引取りをした課税期間に行うわけですが（法30条1項2号），特例申告を行う場合は課税貨物を引き取った日の翌月末日までに納税申告書を提出し（法47条3項）納税することになっているので（法50条かっこ書），仕入税額控除も課税貨物を引き取った日ではなく，それより約1月から2月後の特例申告書を提出した課税期間に行うことになっているわけです。

　大島　ではその特例申告というのはどういう申告ですか。

　木村　これは関税法上の制度でその定義は同法7条の2にあります。ことは関税法に属することなので詳細は省略しますが，納税者の便宜と税関行政の効率化，税関手続の国際的調和などの観点から，税関長の承認を受けている輸入者が継続的に輸入する貨物で弊害のないものについて，関税の納税申告を輸入申告から分離してその提出期限を遅らせる制度で，内国消費税もそれに従ったわけです。特例申告についての消費税法上の定義は法2条1項18号，47条3項にありますのでご覧ください。

　大島　では，次にいって，控除される課税仕入税額は「国内での」課税仕入れの税額ですね。

　木村　法2条1項12号の課税仕入れの定義では別に国内仕入れとはいっていませんが，この30条で国内仕入れに限ったわけです。

　大島　これは読者の方に念のためですが，同号の定義は，事業者が事業として資産を譲り受けることなどをいう，とあって，一見非課税仕入れが除かれていないようですが，これはカッコの中で，仕入先にとって「課税資産の譲渡等に該当する」ものだといっており，その「課税資産の譲渡等」について同条9号で非課税資産を除いているわけです。

2　課税仕入れの対価の額

　大島　そこで，法28条の課税標準の場合には，「課税資産の譲渡等の対価の額」というと，これは税抜きだと明記されていますが，法30条で「課税仕入れの対価の額」という場合には違いますね。

木村　「課税仕入れの対価の額」という場合には，消費税等が含まれた額を指すことになっています。法30条1項かっこ書に「課税仕入れに係る支払対価の額」という用語がありますが，同条6項でそれは「課税仕入れの対価の額」をいい，それは消費税，地方消費税込みの額だといっています。したがって，法30条1項によってその支払対価の額に105分の4を掛けた額が「課税仕入れに係る消費税額」になります。

　大島　課税仕入れの対価の額の105分の4が「課税仕入れに係る消費税額」だとすると，それは税抜経理としている場合も，個々の仕入れにかかっている消費税額の合計額とは違うわけですね。

　木村　原則はそのとおりでその課税期間中の課税仕入れの対価の額の合計額の105分の4なんですが，通達でその個々の消費税額の合計額でもこれを認める簡便法を講じています。詳しくは申告の項でお話します（386～387頁）。それから仕入値引きなどを受けた場合の処理については259頁をご覧ください。

　大島　今の105分の4を掛ける話ですが，課税仕入れをするときには，地方消費税を含めて5％を相手方に支払っているわけですから，仕入税額控除が4％では計算が合わない，1％損することにはなりませんか。

　木村　法30条の1項を初めとして105分の4という表現がいくつも出てきますが，これは税込みの支払対価の額から消費税相当額だけを抜き出すためのものです。

　お話のように，仕入れにあたっては，消費税と地方消費税を合わせた5％相当額を前段階の税額として支払っていますが，納付税額の計算では，消費税と地方消費税は別々に計算することとしていて，地方消費税は消費税の納付税額の25％となっています。そこで消費税法では，支払対価の額の105分の4が「課税仕入れに係る消費税額」になり，その105分の4の25％，つまり105分の1が地方消費税になります。合わせて105分の5となります。

　大島　つまり仕入れの際に5％支払っているのに4％しか仕入税額控除はできない。仕入税額控除は国税である消費税の計算だからこの消費税だけを控除する，あと1％損しているようだが，その代わり売上げに際し5％を上乗せし

ながら国税である消費税としては4％しか納めないから1％余っている。この1％の余りと1％の損との差額が地方消費税で、これが国税である消費税の25％に当たる、というわけですね。

　ところで、この場合の課税仕入れですが、免税事業者からの仕入れ、あるいは事業者でない者からの仕入れについてはどんなことになるのですか。

　木村　事業者が、免税事業者あるいは消費者から課税資産の譲渡等を受けた場合であっても、仮にその課税資産の譲渡等を事業者が行ったとした場合に課税されるものであれば、課税仕入れに該当することになります。法2条1項12号に「課税仕入れ」という用語の定義があって、「(当該他の者が事業として当該資産を譲り渡し、若しくは貸し付け、又は当該役務の提供をしたとした場合に課税資産の譲渡等に該当することとなるもので、……)」といっていますので、免税事業者や事業者でない者など、課税されていない者からの仕入れであっても、仕入れた方にとっては「課税仕入れ」ということになるわけです。これは、仕入税額控除が、課税事業者だけが発行できる、いわゆる税額票方式によらないで、自己の帳簿上の記録等によって行われることになっているので、仕入先が課税事業者かどうか分からない、仕入先が課税事業者であるかどうかを確認したうえで仕入税額控除を行うこととすると、実務上極めて煩雑になり、業者との手間との見合いで割り切ったということです。免税事業者もその仕入れには消費税を負担しているほか、この方法により売上税の際に指摘された、課税の累積が生ずることにより、免税事業者が事業者間の取引から排除されるといった問題も解消しています。

3　給　料

　大島　そうすると、論理的にはサラリーマンの場合も、事業として役務を提供したものとして、やはり給料の105分の4を課税仕入れとして控除するということになりますね。

　木村　法2条1項12号で「役務の提供」にかっこ書が付いていて、「(所得税法第28条第1項（給与所得）に規定する給与等を対価とする役務の提供を除

く。）……」とありますから，サラリーマンの場合の役務の提供はここにいう「役務の提供」から除かれています。

4　仕入先が輸出免税の適用を受ける場合

大島　今の法2条1項12号の2番目のかっこ書で輸出のことに触れているようですけれども，これについてお話し願います。

木村　法2条1項12号の課税仕入れの定義のところで「第7条第1項各号に掲げる資産の譲渡等に該当するもの……以外のものに限る。」といっているのは，仕入先が輸出免税の適用を受けたものを購入しても課税仕入れには含まれないということです。

大島　輸出は免税で課税になっていないのだから，課税仕入れの定義からわざわざ外す必要はないんじゃないか，との疑問が出るかもしれないが，輸出は同項9号で定義されているように，「課税資産の譲渡等」であって免税になっている，だからここで除かないと輸出品の仕入れも課税仕入れに入ってその105分の4が仕入控除税額になってしまうわけですね。それは分かるんですが，30条の仕入税額控除は，さっきも話が出たように（254頁），国内での課税仕入れについて行うものですよね。売り手にとって輸出免税なら，買い手にとっては国内仕入れではないでしょうからここで課税仕入れから除かなくてもいいんじゃありませんか。

木村　売り手にとって輸出免税になる場合は，買い手にとっては国内仕入れでないのが普通でしょうが，国内仕入れに当たるものもないことはありません。例えば国内における外国貨物の譲渡や貸付け，国際輸送用の船舶や航空機の譲渡や貸付け・修理で一定のもの，外航船舶等の水先・誘導などの役務提供，外国貨物に対する荷役・運送・保管などの役務の提供は売り手にとっては輸出免税であり，国内の買い手にとっては国内仕入れということになります。また，航空会社や船会社に対して国際運送の運賃を支払う場合や，電話会社に国際電話料金を支払う場合も同様です。こうした場合は買い手は国内仕入れではありますが相手が輸出免税を受けるので，仕入税額控除はできません。

大島　法30条の1項で，保税地域から引き取った課税貨物について課された消費税額を控除するという場合の課税貨物からは，他の法律，条約の規定によって免税になっているものを除くといっています。当然の話ですが，他の法律，条約とはどんなものを予定しているのですか。

　木村　他の法律又は条約の規定によって消費税が免除される課税貨物の引取りについては，関税定率法14条に「無条件免税」という規定，あるいは租税特別措置法85条に「外航船等に積み込む物品の譲渡等に係る免税」というのがあります。それから「日本国とアメリカ合衆国との間の相互協力及び安全保障条約第6条に基づく施設及び区域並びに日本国における合衆国軍隊の地位に関する協定の実施に伴う関税法等の臨時特例に関する法律」の7条に「内国消費税の免除」という規定があります。

　なお，この法30条1項では，このように課税貨物の引取りについてだけ免除されるものを仕入税額控除から除いていますが，国内における課税仕入れについては，さっきいったように法2条1項12号で既に相手方が輸出免税を受けているものを除いていますので，ここであらためて除く必要はないというわけですので念のため。

5　家事共用資産の取得

　大島　それでは，課税仕入れについての通達で11-1-4をお願いします。

　木村　通達11-1-4ですが，個人事業者が資産を事業と家事に使うため購入した場合には，事業として使うものと，全くプライベートに奥で使用する部分との二面性があります。例えば個人事業者が建物を購入して，1階が店舗，2階が住宅という場合には，事業として仕入れたものについては仕入税額控除ができますが，奥で使うものとして購入したものについては仕入税額控除はできませんので，それぞれの実態に応じて，面積，あるいは使用割合などによって合理的に按分することになります。なおこの点については31，323～324頁を参照してください。

6　不課税収入などからの課税仕入れ

大島　大分先の話ですが，法60条では地方公共団体などが，国から受けた補助金などを財源として課税仕入れをしても，その額は仕入税額控除から除外することになっています。これは仕入税額控除をするのは，その仕入れの財源が売上収入で賄われた場合だという考え方からでしょうが，普通の法人・個人事業者が，例えば寄附金収入のような不課税収入とか資本としての払込金などから課税仕入れをした場合，その仕入れにかかった税額については別に控除を制限する規定はないわけですか。

木村　法60条は確かにお話のような考え方で仕入税額控除を制限しているわけですが，その計算は相当複雑ですので，その適用範囲を国・地方公共団体などに限定しています。寄附金収入などから行った課税仕入れについても理論を通せば問題はあるかもしれませんが，一般の法人・個人事業者については寄附金収入などは例外のうえ少額だし，そこまで問題にするのは全く実情に合いませんので，この場合は課税仕入れについての財源を問うことはしないことになっています。

7　返品，値引き等の処理

大島　先ほど課税標準の項で，売上対価を返還した場合，返還額を控除した後の額を譲渡対価としてもいいという通達10－1－15の話が出ましたが（246頁参照），支払対価の返還を受けた場合についてもこれと同じに考えてもかまいませんか。

木村　通達10－1－15と裏腹になりますね。仕入れにかかった税額から値引きなどを受けた額にかかっている税額を引くのが法律の建前ですが（法32条1項）簡便法としてこの通達と同じ扱いをしているのが通達12－1－12です。

II　課税売上げ対応の仕入控除税額の計算

1　規定の概要（法30条2項）

大島　それでは次に法30条2項の考え方についてお話し願います。

木村　法30条1項は，事業者が国内で課税仕入れをした，あるいは保税地域から課税貨物を引き取った，これについて負担した消費税は課税売上げに対する消費税額から控除するという消費税の基本を規定しているわけですが，法30条2項は，その課税期間——基準期間ではありません——の課税売上割合が95％に満たないときは，一定の方法によってこの控除される消費税額を制限する規定です。先ほどお話した仕入税額控除の原則は，あくまでその仕入れが課税売上げに対応するものだという前提に立っての話で，非課税売上げに対応する仕入れについては，それについて負担した消費税は引かないというのが基本的な考え方です。売上げが非課税となる場合には，ある意味で消費税制度の枠外に置かれるわけですから，それに対応する仕入れに消費税がかかっていてもこれは控除できない，という制度の基本的考え方に戻って仕入控除税額を制限する，しかし，そうかといって，例えば非課税である利子収入が少しでもあれば直ちにそれに対応する仕入れにかかった税額を算定してその分の控除を認めないことにすると，実務上大きな負担をかけることになるので，大部分が課税売上げならば，区分計算を省略して，仕入れにかかった税額の全額の控除を認めることにし，その境目を95％に置いたというわけです。

　そこで課税売上割合が95％を切ったときの区分計算の方法ですが，事業者が国内で行った課税仕入れ，あるいは課税貨物の引取り（以下ひっくるめて「課税仕入れ」といいます。）について，課税資産の譲渡等にだけ必要なもの，課税資産の譲渡等以外の資産の譲渡等にだけ必要なもの，両者に共通のものに区分している場合には，個別対応方式によって仕入れにかかっている税額のうち控除できる分を厳密に計算します。これが法30条2項1号による計算です。こうした区分がはっきりしない場合は，法30条2項2号による一括比例配分方式によっ

て控除できる分を計算することになります。なおこの場合，輸出取引は課税資産の譲渡等に分類するわけです（78頁参照）。

　大島　その厳密な計算についてお話し願います。

　木村　課税資産の譲渡等をBとすると，このBにだけ必要な課税仕入れにかかっている税額bは全額控除できます。

　非課税資産の譲渡等をCとしますと，このCにだけ必要な課税仕入れにかかっている税額は控除できません。

　課税資産，非課税資産の譲渡等に共通の課税仕入れにかかっている税額dはBとCの比で按分してB対応分だけが，つまり$d \times \frac{B}{B+C}$だけが控除できます。

　結局控除されるのは，課税仕入れにかかっている税額のうちbとd$\times \frac{B}{B+C}$ということです。この$\frac{B}{B+C}$が課税売上割合であり，これは基準期間ではなく，当期の売上高によって算定します。

　大島　納付する消費税額をT，課税期間中の売上げに対する消費税額をaとすると，

$$T = a - (b + d \times \frac{B}{B+C})$$

ということですね。

　木村　そういうことです。

　大島　次に一括比例配分方式についてお話し願います。

　木村　この場合は

$$T = a - 課税仕入れにかかっている税額 \times \frac{B}{B+C}$$

ということです。

　大島　そこで，先ほどのお話で法30条2項1号の場合には，課税仕入れについて，これを三つに分ける，つまり課税売上げにだけ対応するもの，非課税売上げにだけ対応するもの，共通のものに分けることになっていますが，この点について，通達11－2－19は実務上の意味が大きいと思いますが，お話し願います。

　木村　通達11－2－19は，ある種の経費で本来は共通用に区分されるような

ものを，一定の方法で課税売上げ用，非課税売上げ用に区分しても差し支えありません，ということです。例えば電気代について，ある部屋は課税売上げ専用に使っている，ある部屋は非課税売上げ専用に使っているという場合に，その電気代は一つのメーターで計っていて，課税売上げ用にどれだけ使ったか，非課税売上用にどれだけ使ったか区分できなければ，本来それは共通用ということになります。しかし，例えばその課税売上げ，非課税売上げの部屋の電灯数に応じて，初めから課税売上げ専用，非課税売上げ専用に区分してもいいということです。

2　個別対応方式と一括比例配分方式の選択適用（法30条4項）

大島　法30条2項は，1号の個別対応方式と2号の一括比例配分方式の二つに分かれているわけで，1号には，本来，課税用・非課税用・共通用，と区分が明らかにされている場合には1号によらなければならないとありますが，4項では，しかしそれにもかかわらず一括比例配分方式によってもよろしいと緩和されていて，結局個別対応方式によるか一括比例配分方式によるかは事業者の選択ということになろうかと思います。この「区分が明らかにされている」というのは「区分ができる」というのとは違うのかどうか，という疑問もありますが，結局選択であってどちらでもいいのなら，この辺は余り詰めても仕方がないですね。それではいったいこのような選択を認めたのはどういう趣旨ですか。

木村　課税売上げに対応する課税仕入れにかかっている税額だけを引くという消費税の基本構成からすれば，ひも付きで個別対応方式によって計算するのが筋であり，これが原則であるわけですが，何分，課税仕入れを課税用，非課税用，共通用に区分するにはかなりの手間がかかる場合がありましょうから，区分が可能だからといってこの方法を押し付けるわけにはいかない，そんなところから，両方式の選択適用を認めることにしたわけです。

大島　結局事業者の手間なり，あるいは経理能力などのいろいろな事情を勘案して，本来の個別対応方式と簡素な一括比例配分方式のどちらを選ぶかは事

業者の選択に委ねたということですね。

そこで，2項の前提として95％ルールがあるわけですけれども，通達11－5－9で95％以上か未満かの判定について触れていますね。

木村 通達11－5－9は，この95％以上かどうかは，原則どおりその課税期間における課税売上割合によって判定するのであって，後で出てくる課税売上割合に準ずる割合について税務署長の承認を受けていてもそれを使わないで本来の課税売上割合によるということを留意的にいっているわけです。

大島 法30条2項を文字どおり適用して95％以上かどうかを判断するということですね。

木村 それだけの話です。

3 課税売上割合の定義 （法30条6項，施行令48条）

(1) 基本的考え方

大島 そこで，さっき話の出た個別対応方式，一括比例配分方式それぞれに出てきた $\dfrac{B}{B+C}$ つまり課税売上割合についてもう少しお話を伺いましょう。

木村 課税売上割合は法30条6項で定義されていますが，そこではその事業者がその課税期間中に国内で行った資産の譲渡等の対価の額の合計額に対する，その課税期間中に国内で行った課税資産の譲渡等の対価の額の合計額の割合だ，といっています。分母である資産の譲渡等とは，結局，課税資産の譲渡等と非課税資産の譲渡等との合計ですから，さっきの式のB＋Cということです。これをラフに総売上げということがありますが，国外での売上げを含まないので，厳密には総売上げよりは狭いわけです。ここでご注意願いたいのは，さっきの算式で，納付税額の算式のマイナス項目である $b+d\times\dfrac{B}{B+C}$ が大きいほど，納付すべき消費税額は小さくなることです。したがってまた，課税売上割合 $\dfrac{B}{B+C}$ が大きいほど，すなわち課税売上割合の分母であるB＋Cが小さいほど，つまりC（非課税売上げ）が小さいほど負担が小さくなります。この点は後で出てくる施行令48条の理解のために必要ですから，よく頭に入れておいてください。

大島　分母の額と分子の額との差額はさっきの式のC，つまり非課税売上げですね。

木村　そういうことになります。

大島　ということは法2条1項8号と9号から出てくるわけですね。

木村　そうです。8号が分母で，9号が分子ということです。読み比べればその差は非課税売上げであることが分かります。

大島　9号をみると，資産の譲渡等のうち，つまり分母のうち，法6条1項の規定により消費税を課さないこととされているもの以外のもの，つまり非課税のもの以外のもの，つまり課税資産の譲渡等が分子だということですね。

木村　前提として，法30条6項で，分母，分子とも8号，9号の定義に「国内において」というかぶりがついています。

大島　輸出で免税になったものは分子に入れるのでしたね。

木村　輸出取引というのは法2条1項8号にいう資産の譲渡等ですから，当然に分母に入ってくるわけですね。そして，その分母から非課税だけを除いたのが分子ですから，輸出は除かれないということで，分子に入ってくることになるわけです。ここが輸出免税と非課税の違うところです。

大島　つまり輸出は分母，分子に同額が入るから，それだけ課税売上割合が大きくなるわけですね。

(2) 課税売上割合の分母と分子（施行令48条1項）

大島　そこで，課税売上割合の詳細については施行令48条で規定していますね。1号が分母で，2号が分子ということだと思いますが，1号で対価の返還額を控除するということをいっているわけですね。つまり分母は今までややラフに資産の譲渡等の対価の額といってきたのですが，正確にいうと，その資産の譲渡等の対価の額から対価の返還等の金額を引いたものだということですね。

次の2号の分子の計算の方では，対価の返還額のうちに含まれる消費税額をどうするのかということを詳しく規定しているわけですが，1号の分母の方ではそれに見合う規定がないのですけれども，これはどういうわけですか。

木村　まず，施行令48条1項1号では「資産の譲渡等の対価の額」というのは，法28条1項にいう対価の額をいうとしていて，法28条1項では，その対価の額は消費税を含まないことになっています。
　一方，これから控除する対価の返還等の金額については，施行令48条1項1号の後の方のかっこ書で，「……当該資産の譲渡等の対価の額……」，これは税抜きですね。その「全部若しくは一部の返還……をした……金額をいう。」といっていますから，税抜きの額から税抜きの額を引くことになり，税額の調整をする必要，つまり2号のような規定は必要ないのです。
　一方，2号では，柱書で「……国内において行った課税資産の譲渡等の対価の額の合計額……」として税抜きとし，これから控除する金額をそのイで「……法第38条第1項に規定する売上げに係る対価の返還等の金額……」といっていますが，この対価の返還等の金額は，法38条1項では税込価額になっていますから税額部分の調整が必要となり，イに掲げる金額，つまり税込返還価額からロに掲げる金額，つまり税額を控除するということになっているわけです。なおこの辺の詳細については，法9条の課税売上高についての説明をご参照ください（103〜105頁）。
　大島　次に2号イでは，輸出についての対価の返還額も引くわけですね。輸出額も課税売上割合の分母・分子に入るわけですから輸出について対価の返還があればこれを引くことは分かるんですが，1号の分母の方では，そのことをいわなくてもいいんですか。
　木村　2号柱書と1項1号では，国内において行った資産の譲渡等の対価の額といっていますが，輸出取引も国内取引としての資産の譲渡等ですから当然元の額にもそれからの控除額にも含まれることになり，特にそのことをいう必要はありません。
　2号のイでは，「売上げに係る対価の返還等の金額」として，法38条1項を引いていますが，法38条1項では，課税資産の譲渡等から法7条1項，つまり輸出免税取引を除いていますから，課税売上割合の計算ではこれを含めることをいっておく必要があるということです。

大島　なるほど。輸出は元が免税だから，輸出対価の一部を返還してもそれに含まれる税額を控除する必要がない，というのが法38条であり，しかし課税売上割合の算定は輸出売上げを含めたところで計算するので，輸出売上げの一部を返還すればこれを売上げから控除する，というのが施行令48条1項2号イですね。それから2号のロの100分の125という数字については104頁で説明ずみです。

なお，法39条の貸倒額については，分母からも分子からも控除しないわけですが，このことについては法9条のところで触れていますのでご参照ください（107頁）。

(3) 支払手段の譲渡などの除外（施行令48条2項）

大島　次は施行令48条2項に入ります。これはかなり難解な規定ですけれども，各号についてお話し願います。

木村　施行令48条2項は，課税売上割合を計算する場合の「資産の譲渡等」に，一定のものは含めないとするもので，1号から3号までその含めないものを掲げています。

大島　つまり課税売上割合の分母に含めないということですね。ここに掲げてあるものは非課税売上げですから，分子にはもともと入らないわけですから……。このことは3項，5項についても同様ですので念のため。

ここでさっきいわれた課税売上割合の分母に含めないで分母を小さくすることの意味，つまりそのことによって結論的にいうと消費税負担額が減少するんだということをもう一度思い起こした上でお話を伺うことにしましょう。まず1号ですが，支払手段を除くのはどうしてでしょうか。

木村　1号では，課税売上割合の計算上，その分母から支払手段や特別引出権の譲渡を除いています。これは通貨，小切手などの支払手段の譲渡については，これを非課税資産である支払手段の譲渡というのかどうか，法解釈として疑問があります（44頁）。つまり，通貨などの支払手段は，支払手段以外の資産と交換するための手段であり，それ自体の保有に価値があるものではありませんから，支払手段の譲渡は，消費税が課税の対象とすべき取引——使用価値の

ある財貨，サービスを提供する取引——とはいえない，むしろ非課税以前の不課税といった方が当たっているかも知れない……そういった性質のものですが，立法技術上非課税資産の譲渡となっているのです。そこで，これについての対価の額（銀行券で買った品物やサービスの価額）は課税売上割合の算定上，資産の譲渡等の対価の額に含めない，つまり分母に含めないことにしているのです。それによって課税売上割合の分母が不当に大きく，課税売上割合が実態と離れて小さくなり，納税者に損害を与えることを防いでいるわけです。課税売上割合が不当に小さくならないようにすれば，法30条2項の95％以上となる可能性が大きくなって，納税者の事務負担を軽くするという意味もあるわけです。

大島 現金，小切手についてはお話のようなことになりますが，輸出業者が受け取るドル手形を考えると話がもっと現実的になりますね。

木村 事業者が輸出をし，相手方から例えばドル為替を受け取ってそのドル為替を外国為替銀行に売る，この支払手段であるドル為替を売ることも非課税資産の譲渡になるわけですけれども，そうすると，輸出の相手方から受け取った対価と，為替手形を銀行に売るという譲渡と，売上げが二重に計上されることになるので，課税売上割合の分母が不当に膨らんでくる。二重計算される，そこでこの1号で，このような支払手段の譲渡を除いているということです。これは何もドル為替に限ったことではありません。受取手形を裏書譲渡する場合も全く同じことです。

大島 では2号はどうでしょうか。

木村 2号は資産の譲渡等の対価として取得した金銭債権の譲渡を課税売上割合の分母から除く規定です。資産の譲渡等の対価として取得した金銭債権——例えば売掛金——は，対価として取得したもので，既に売上げに計上されていますから，この金銭債権を第三者に譲渡して現金化した場合，これも売上げに計上すると，二重計上になってしまいます。そこで，この二重計上を排除するため，その金銭債権の譲渡の対価の額を課税売上割合の算定上，資産の譲渡等の対価の額に含めない，つまり分母から除くことにしているのです。事

業者がお客に対する売掛金をクレジット会社に売ったようなケースを考えればよく分かると思います。

大島 引き続いて3号についてお願いします。

木村 3号は売現先取引についての規定です。売現先取引は，実質は有価証券を担保とした資金の借入れですが，形の上では有価証券の売買ということになるので，放っておくと有価証券の売りが非課税売上げとして課税売上割合の分母にだけ入って，課税売上割合を実体より小さくしてしまいます。そこでこの譲渡の対価の額は，課税売上割合の算定上，資産の譲渡等の対価の額に含めない，つまり分母に含めないということです。売現先取引の定義は読めば分かりますから省略します。

大島 3号イ～ニは現先取引の対象となる債券等についての規定ですが，そのうちロでいっている10条3項1号の譲渡性預金証書，ハでいっている10条3項6号の約束手形については前にも触れましたが（50頁），前者は外国法人が発行するCD証書，後者はCPのことですね。内国法人が発行するCD証書はどうなりますか。

木村 内国法人が発行するCDは現先取引の対象になっていないのでここに挙がっていないわけです。

大島 では次に3号のニについて。

木村 施行規則15条の2で規定していますが，金融商品取引法2条1項18号の証券・証書などのことで，内容は通達6－2－1(1)ソのことです。

(4) 買現先（施行令48条3項）

大島 施行令48条3項は買現先取引についての対価の額をどうみるかということですね。

木村 買現先取引は売買差益を得るという形をとりますが，さっきと逆に，実質は有価証券を担保にした資金の貸付けで，売買差益が利子に当たるわけです。そこで，利子を対価とする貸付けと同様に売買差益だけを課税売上割合の分母に入れることにして，課税売上割合の分母が不当に大きくならないようにしたものです。この規定がないと売戻額がそのまま分母に入ってしまいます。

大島　90円で買って，100円で売り戻したら，10円が利子相当額ですから，100円でなく，この10円だけを分母に入れるわけですね。ところで，その後段はどういうことでしょう。「この場合において，当該控除して控除しきれない金額があるときは，……」というところですね。

木村　施行令48条3項の後段は，買現先取引で売買収支が赤字になったときは，赤字額は課税売上割合の分母の額から差し引くということです。例えば，100円で買って90円で売り戻した場合は，90円－100円，控除しきれない金額は10円ということになります。で，このようなときには「同号に掲げる金額」，つまり施行令48条1項柱書にある「第1号に掲げる金額」，これは課税売上割合の分母の金額ですが，その分母の金額は，「当該控除しきれない金額」，今の例の10円を「控除した残額」ということになります。

大島　売買差益は，利子として分母に入れる，売買差損はマイナスの利子として分母から控除するということですね。ところで売買差損が出るというのはどんな場合でしょうか。

木村　現先期間中に債権の利払期が来て，貸手が有価証券の形式的な所有者としてその利子を受け取るような場合です。

大島　その受取利子は分母に入るわけですから，売買差損は逆に分母から引くわけですね。

(5)　**金銭債権の譲受けなどの対価（施行令48条4項）**

大島　では施行令48条4項にいきましょう。ここは6頁以下の「(5)　金銭債権の譲受け等」を思い出しながら読んでもらう必要がありますね。

木村　施行令48条4項ですが，施行令2条1項4号で「貸付金その他の金銭債権の譲受けその他の承継（包括承継を除く。）」が行われたときには，その譲受けは，資産の譲渡等に含まれると規定し，続いて施行令10条1項かっこ書，3項6号，8号でこうした譲受けは非課税だと規定しています。この場合，譲受けについて収受する対価は何かというと，譲り受けたものが例えば貸付金であれば譲受け後に受け取る利子であり，償還期限と償還金額が決まっている債券であれば償還差益である，この利子などが課税売上割合の計算上，その分母に

入るということです。これらの金銭債権の譲受け等の対価が利子などであることが法別表一の3号，あるいは施行令10条3項8号ではっきりしていないので，ここでそれをはっきりさせたということです。

なお，ここでいう金銭債権の譲受けとは「資産の譲渡等の対価としての取得」ではなくて一般には既存の金銭債権の買取りを指しています。

大島 この償還差益が対価であるという場合の償還差益の意味については50～51頁で触れました。

そこでお話の利子や償還差益が資産の譲渡等で非課税だということは課税売上割合の分母に入って分子には入らないということ，つまり課税売上割合が小さくなって納税者には不利に働くということですね。

ところで償還差益が対価だということになると有価証券も施行令2条1項4号の「貸付金その他の金銭債権」に入るということですか。

木村 有価証券の譲受けは，即金銭債権の譲受けではありませんが，国債や社債のようなものは有価証券の譲受けによってその有価証券が代表している金銭債権の譲受けが行われることになるので，この場合は，施行令2条1項4号の金銭債権の譲受けに含まれることになります。施行令48条4項で，2条1項4号（6頁）に掲げる行為が行われた場合の対価は利子，償還差益その他とするとあり，その償還差益というのは施行令10条3項6号によって国債等に関するものをいうことになっている点からみても国債等の譲受けも本項の対象になります。

大島 48条4項のかっこ書の中では，譲受債権の弁済を受けた額と取得価額との差額というような，利子に準ずるものも金銭債権の譲受けの対価だといっていますが，例えば100の金銭債権を現在価値80で譲り受けた場合の利子の計上時期はいつになりますか。

木村 本来の利子部分は通達9－1－19によって期間対応あるいは支払期主義になります。お話の例の場合の差額20は，法人税基本通達2－1－34に準じて，回収期到来のときに回収額に応じる分を収益——この場合は利子——として課税売上割合を計算することになります。

大島 債権を買い取る者が，額面100の債権を，初めから不良債権として回収可能額をにらんで70で買い取って75回収したらどうなりますか。

木村 譲受者が譲渡者から債権のもとの条件と同じ条件で譲り受けたのか，譲受けの際債務者と新しい条件で契約を結んだのかによって元本額，回収条件が違ってくるし，あるいはそうした状態以前の，元本も回収期もない，取れるときに取れるだけ取る，という状態なのかもしれませんね。これは個別の事実認定というしかないでしょう。

大島 課税売上割合の計算上，貸倒額は売上げから控除しないので，債権の譲受けの時の元本がいくらだったのかは大きな問題ですが，施行令48条4項かっこ書で「譲り受けた金銭債権の弁済を受け̇た̇金額とその取得価額との差額」といっていて「弁済を受け̇る̇べ̇き̇金額」といっていないのは，こうした点について弾力的処理を予想したのかもしれませんね。

ところでさっきのお話では，有価証券の譲受けは即金銭債権の譲受けではないが，国債等の譲受けは金銭債権の譲受けに含まれるということでしたね。では国債等以外の有価証券というと，代表的には株券でしょうが，正確にはほかにどんなものがありますか。

木村 金融商品取引法2条1項に有価証券の定義として1号から21号までがありますが，施行令1条2項4号によると，このうち1号から5号までと11号が「国債等」ですから（49頁参照），残りが有価証券であって国債等でないもの，ということになります。代表的なものには株券のほか，証券投資信託の受益証券があります。

(6) 有価証券譲渡の場合の特例（施行令48条5項）

大島 次に施行令48条5項についてお話し願います。

木村 仕入税額控除の基本的な考え方は，課税仕入税額のうち課税売上げに対応する部分を控除するということですね。

ところで，有価証券の取引は，譲渡の方は，金額的に極めて大きいが，これに対応する課税仕入れはごく僅かであることが特色です。そこで有価証券の譲渡の対価の額を全額分母に入れて課税売上割合を計算すると，本来の課税売上

げに必要な課税仕入税額についても控除できない部分が出てきて不合理なことになってしまうので、必要な調整を図っているわけです。

　具体的には有価証券の譲渡について、課税売上割合の計算上、分母に入れる対価の額を売却額ではなく、売却額の5％だけにしようということです。

　大島　例えばある会社が本来の事業で1,000の課税売上げがあった。これに対応する課税仕入れが消費税——ここでは地方消費税を含めた意味ですが——込みで735であったとします。そうすると、本来は1,000に対する消費税40から735のうちの消費税28を引いた12が消費税の納税額になるはずのところが、その会社が財テクをやっていて、1,200の有価証券の譲渡があった。ところが、その有価証券の譲渡には課税仕入れというものはほとんどない。例えば税込みで5ぐらいだったとしますと、税込みの課税仕入れ740に105分の4を掛けた28.19の消費税の2,200分の1,000、つまり12.8だけが控除できる消費税ということになってしまう。これでは本来控除されるべき28の課税仕入れの大部分が控除されないわけです。こういうことになるのは不合理だから、財テクによる有価証券の売上げの1,200の5％に当たる60だけを分母に入れるということですね。そうすると、

$$740 \times \frac{4}{105} \times \frac{1,000}{1,060} = 26.59$$

が控除される仕入控除税額だということですね。

　木村　そうです。課税売上割合を$\frac{1,000}{2,200}$ではなく、$\frac{1,000}{1,060}$にするということですね。仕入税額控除は課税売上げと非課税売上げに要するコストの割合に大差がなければ問題ないわけですが、そうでなければやはり取引の実体に即した形で計算しないと不合理なことになります。考え方によっては、有価証券の売買の場合は売買差益が手数料収入や貸付金の利子などに相当するんだといってもいいでしょう。こんなわけで、有価証券の譲渡の場合、課税売上割合の分母に入れるのは、売買差益相当額とするのが合理的であり、実情に合っているというのがこの規定の考え方です。ただそうすると、分母に計上するのを売買差益の実額そのものとすべきではないかということになってきますが、事務負担などを考えると、むしろ機械的に売却額の一定割合を売買差益とする処理の方

が現実的で合理的なんですね。それではその一定割合をどう決めるかということですが、そこは沿革的には、廃止前の租税特別措置法37条の11（上場株式等に係る譲渡所得等の源泉分離選択課税）第2項、4項の株式譲渡のみなし所得率である5％（後に5.25％になりましたが）を採用したということです。

大島 そこで問題はこの規定の適用を受けるものの範囲ですが、施行令48条5項では「法別表第一第2号に規定する有価証券、第9条第1項第1号及び第3号に掲げる権利」とあります。そうすると、有価証券に類するもののうち、施行令9条1項2号及び4号に掲げるものはこの施行令48条5項には入らない、つまり40頁で法別表一2号の有価証券とこれに類するものをひっくるめて通達6－2－1で説明したわけですが、この通達(1)の有価証券と、(2)の(1)に類するもののうちイとハはこの施行令48条5項に含まれ、施行令9条1項2号及び4号、この通達でいうと6－2－1(2)のロとニ──例えば貸付金、預金──は含まれないことになりますね。そうすると、銀行が金銭債権を譲渡したような場合には、その対価の全額が分母に入ってくるのであって、5％だけが入るということではないわけですね。

木村 そうです。

大島 この場合によく問題になるのは、特定金銭信託──いわゆる特金──、それから指定金外信託──いわゆるファントラ──のような場合には、信託会社が顧客に対して、取引過程と最終的な利益額を報告することになっていますが、この場合の分母もやはり利益額ではなくて信託会社が行った有価証券の売却額の5％になるわけですか。

木村 そうです。法14条1項本文で、信託の受益者は、その信託の信託財産に属する資産を有するものとみなし、かつ、その信託財産に係る資産等取引は、その受益者の資産等取引とみなされていますから今のお話の特金、ファントラのような信託については、受益者が行った資産の譲渡等として、有価証券の売却額の5％をその受益者の課税売上割合の分母に入れることになります。

大島 次の施行令48条6項は、施行令10条3項6号（49頁以下、227頁）とこれを受けた通達9－1－19の2（227頁）本文の逆を考えればいいでしょう。償還

差損はマイナスの利子ということです。さっきの3項後段と同じ趣旨ですね。それからかっこ書は51頁で話が出た調整差益の加算とは逆に調整差損を減額する場合，つまりアモチゼーションの場合の話で，アモチゼーションによる減額をしても，その減額前の取得価額（つまり当初の取得価額）と償還金額との差額を課税売上割合の算定上分母から控除する，ということですが，ここでも同通達の逆が働くと解されます。

4 課税売上割合に準ずる割合（法30条3項）

大島 それでは，法30条3項にいきましょう。

法30条3項は，法30条2項1号の規定で，個別対応方式によって仕入税額控除を計算する場合は，課税売上げと非課税売上げに共通の課税仕入れに課税売上割合を掛ける過程があるわけですが，この3項は，課税売上割合を使わないで，それに代えて税務署長の承認を受けた合理的な方法によって計算するという規定ですね。その限りでは内容的に余りご説明願うこともないのですが，念のために二，三確認したいと思います。

第1に，この課税売上割合に準ずる割合というのは，法30条2項1号の個別対応方式によるときにだけ認められるのであって，同項2号の一括比例配分方式による場合には認められないということですね。

木村 そのとおりです。法30条3項で「前項第1号に掲げる場合において，……」として，個別対応方式による場合には「……同号ロに掲げる金額は，当該課税売上割合に代えて，当該割合（税務署長の承認を得た合理的な割合のこと）を用いて計算した金額とする。……」といっています。課税売上割合に準ずる割合の適用の要件として，個別対応方式による場合に限り適用できるということです。

大島 それから，この準ずる割合というのは，これを採用するときも，これをとりやめるときも，その承認あるいは届出のときから発効するのであって，翌期からの発効ではないわけですね。

木村 ええ。まず採用についてですが，法30条3項に「……承認を受けた日

の属する課税期間以後の課税期間については，……」といっていますから，その承認を受けた課税期間から課税売上割合に準ずる割合によって計算することになります。

また，とりやめについては，法30条3項のただし書で「ただし，当該割合を用いて計算することをやめようとする旨を記載した届出書を提出した日の属する課税期間以後の課税期間については，この限りではない。」といっていますから，具体的には「消費税課税売上割合に準ずる割合の不適用届出書」を提出した課税期間からとりやめることになります。

大島 やめようとするときには，例えば何年間その課税売上割合に準ずる割合によった後でなければやめられないといった制約はないわけですか。

木村 そのような制約はありません。

大島 この承認を受けた方法の中身をすり変える——例えばある課税期間は面積割合による，次の課税期間は人数割合によるというように内容を変えていく——ことも構わないわけですか。

木村 例えば課税売上割合に準ずる割合について，面積割合によることにして承認を受けていたものを人数割合によることにしたいというような場合にはあらためて承認を受けることになります。しかしこの準ずる割合というのは，事業の種類なり，経費の性質に応じた合理的な割合ということですから，そんなに内容が変わるということは余り考えられません。

大島 継続性を含めて申請の承認の中身の合理性の問題ということですね。

法30条4項についてはさっき済みましたので（262頁参照）飛ばします。

5　一括比例配分方式の2年間継続適用（法30条5項）

大島　　そこで，法30条5項ですが，これによると一度一括比例配分方式によることにしたら，2年間は個別対応方式によることはできないことになっていますが，逆に個別対応方式によっている人はいつでも一括比例配分方式に変更できるということですか。

木村 そういうことです。

大島　個別対応方式の方がむしろ原則だと思うのですけれども，例外である一括比例配分方式から原則に変える場合には制約があるが，原則から例外にいくのは自由にいけるというのは，ちょっと考えると逆のような気もするのですが，どんなものでしょう。

木村　その考え方ですが，まず，法30条2項の1号と2号の仕入控除税額の計算では，これはどちらかが原則でどちらかが例外というものではなく並列と考えるべきでしょう。

ただ，先にも説明したように課税売上げ用，非課税売上げ用などに区分しているからといって一括比例配分方式によることはできないとすることは酷だということで，法30条2項では個別対応方式によることになる筈の場合であっても，法30条4項で一括比例配分方式によることができることになっています。

そこで，お話のように一括比例配分方式から個別対応方式へ変わる場合の制約ですが，個別対応方式から一括比例配分方式に変わることはいつでもできますが，一括比例配分方式から個別対応方式へは一括比例配分方式を2年続けた後でなければ変えることができません。

非経常的な設備投資や商品の例外的な大量購入があった場合に，個別対応方式と，簡便法である一括比例配分方式とを巧みに使い分けて恣意的な仕入税額控除をすることは防止しなければなりませんが，個別対応方式は手間がかかってとても実行できないというときに，一括比例配分方式に移ってはいけない，というのは酷だというので制約は付けなかったが，逆の場合は制約しても別に酷なことはない，という考え方でしょうね。

大島　いつもお尋ねしていることですが，5項の一括比例配分方式によることにした場合には，その「課税期間の初日から同日以後2年を経過する日までの間に開始する各課税期間において」その方法を適用した後でなければ個別対応方式に戻れないということですね。例えば×1年4月1日から一括比例配分方式を採ったというときのその戻れない期間の具体的な計算はどんなことになりますか。

木村　8－1図を見てください。

第8　税額控除等（その1）　277

8－1図

```
3月決算法人
×1
4/1 ├──────一括比例配分方式適用課税期間──────┤ ×3
        ×2 4/1                                   4/1
├──────────┼──────────┤
 一括比例配分方式適用   一括比例配分方式適用    個別対応方式に戻
 （初年目）            （2年目）              ることができる
```

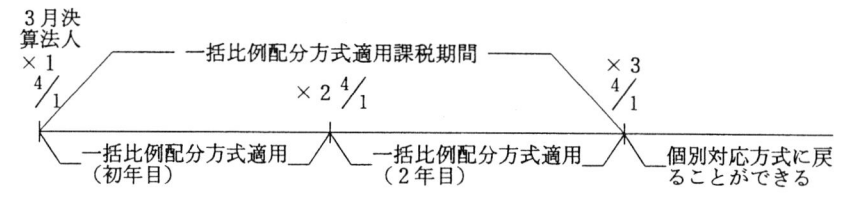

　3月決算法人について，×1年4月1日から一括比例配分方式を適用すると，×1年4月1日から×2年3月31日までの課税期間が初年目ですね。その初日である×1年4月1日以後2年を経過する日が×3年3月31日。その間に開始する各課税期間というと結局図の初年目と2年目ということで，したがって，×3年3月31日までの2年間は一括比例配分方式を適用することになります。つまり×3年4月1日から個別対応方式に戻ることができるということです。

　大島　丸々2年間は変更できないわけですね。

　木村　基本的にはそういうことですが，決算期が変更された場合などにはちょっと違ってきます。次の8－2図を見てください。

8－2図

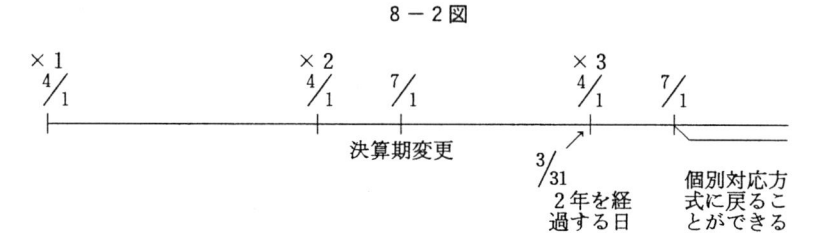

```
×1      ×2            ×3
4/1     4/1  7/1       4/1    7/1
├───────┼───┼────────┼────┼──
        決算期変更      3/31    個別対応方
                       2年を経  式に戻るこ
                       過する日 とができる
```

　例えば×1年4月1日からの課税期間について一括比例配分方式を適用した法人が，×2年7月1日に決算期を変更して7月〜6月事業年度とした場合，同日から×3年6月30日までの課税期間は，×1年4月1日から×3年3月31日までの間に開始した課税期間ですから，一括比例配分方式を適用することになります。事業年度の変更がなければ，×3年4月1日から個別対応方式に戻ることができますが，この場合は×3年7月1日からでないと個別対応方式に戻ることができませんから，3か月先に延びるわけです。

大島 なるほどね。丸々2年といったのはあくまで普通の状態の場合の話ですね。

6 仕入税額控除の要件（法30条7項）

大島 そこで、仕入税額控除を受けるためには、法30条7項以下に手続的な要件が規定されているわけです。仕入税額控除の要件としては、かつて廃案になった売上税の「税額票方式」、消費税の当初の帳簿又は請求書方式から現行の帳簿及び請求書方式へと変わってきたわけですね。

木村 そうですね。帳簿方式は、税額票方式への批判から、事業者の事務負担に配慮して採用されたものです。

この方式でも、非課税取引等の対策が限定的である現行法のもとでは仕入控除税額を正確には握するのに必ずしも不十分とはいえません。

しかし、一方で、帳簿方式では自己記帳に基づいて行われるので、制度の信頼性の面ではいま一つどうかという疑念がありました。

そこで、その信頼性を更に高めるため、取引の相手方が作った書類、つまり請求書、領収書、納品書などを併せ保存することとしたのです。

現実の問題として、ある取引があった場合に何の書類も作らないということはあり得ないわけで、大方の場合は、請求書や領収書、あるいは納品書など何らかの書類が作られていて、それを保存しておくということになったということです。

大島 帳簿の上に請求書等を必要とするのは、取引の相手方が作成した書類によって客観性を保証しようということであり、また帳簿を必要とするのはやはり自己責任を要求しているということでしょうかね。

ところで帳簿の記載事項は法30条8項にありますが、帳簿そのものの定義規定はありませんね。

木村 それは法律問題というより日本語というか、社会通念の問題でしょう。常識的に、「取引関係を継続的に、連続して体系的に記録したもの」ということでいいと思います。

大島 そうですね。そして，取引の実態を反映させて，一定の場合には請求書等の保存を要しないことにしているのが法30条7項と施行令49条1項ですが，この二つの条文を通じて「やむを得ない」という言葉が2回出てくる，一つは法30条7項本文かっこ書に「政令で定める場合……については，帳簿」とあり（つまり請求書等は不要），これを受けて施行令49条1項で支払対価が少額（3万円未満）の場合と「請求書等の交付を受けなかったことについてやむを得ない理由があるとき」とある。もう一つは法30条7項ただし書で「災害その他やむを得ない事情」によって帳簿・伝票を保存できなかったことを納税者が証明したとき，この二つですね。

木村 そうです。前者のうち，請求書の交付を受けなかったことについてやむを得ない事情がある場合，つまり施行令49条1項2号の場合は帳簿にそのやむを得ない理由と相手方の住所なり所在地を書く必要がある，後者の場合は帳簿も請求書もいらない，しかしやむを得ない事情で保存ができなかったことを事業者が証明しなければならない，という違いがあるわけです。

大島 通達11－6－3の「やむを得ない理由」は，前者，つまり施行令49条1項本文の場合について述べたものですね。内容は読めば分かりますから省きましょう。

それから相手方の住所（所在地）を書くという原則についても例外があり，具体的には通達11－6－4で述べていますがこれも省略しましょう。

ところでお話の施行令49条1項2号の「やむを得ない場合」はその理由と相手方の住所か所在地を書くという点ですが，氏名・名称は要らないということですか。

木村 要らないというわけではありません。取引年月日，氏名・名称，取引内容はもともと帳簿に記載することになっているので，この記載事項に加えて更に相手方の住所を書く必要があるということです。

大島 なるほど。そこで少し細かいことをお尋ねしますが，法30条8項に帳簿の要件がありますね。その2号の保税地域からの引取りの場合の記載事項には，ハでは消費税額及び地方消費税額のことが書いてありますが，1号の一般

の課税仕入れの場合には書いてない，これはなぜですか。

木村　1号の場合には，二の「課税仕入れに係る支払対価の額」に消費税額及び地方消費税額が含まれているわけです。

大島　請求書等の定義は法30条9項に規定されていますがこれについて何か……。

木村　請求書や納品書，領収書は当然のことながら，仕入れの相手先，つまり売り手が発行するものですが，9項2号では，仕入れた側，つまり買い手が作成した書類で，相手方の確認を受けたものも請求書等に含めているわけです。相手方の確認を受ける方法については通達11－6－5で例示していますからご覧下さい。

大島　通達11－6－6ですが，元請業者が下請業者の工事出来高に応じて金額を記載した書類を作成し，それに基づいて支払をしている場合は，この書類──「出来高検収書」──に下請業者の確認を受けたものがこの9項2号書類に該当するものとして取り扱う，といってますが，これはまさに9項2号の書類そのものではないか，またこの書類を9項2号書類として認める以上，元請業者がそれに基づいて仕入税額控除ができることはいわずもがなであるのに，同通達がなお書で仕入税額控除ができることに取り扱うとしているのはなぜか，それだけあれば帳簿は要らない，という意味なのか，更に同通達注が，この取扱いは下請業者の収入計上時期には影響されない，といっているのは，逆に一般論としては仕入れ業者の仕入税額控除の時期は相手方の収入計上時期に影響されるということなのか，その辺についてご説明をお願いします。

木村　法30条9項2号にいっている仕入明細書や仕入計算書などの書類は，お話のように仕入れた側が作成した書類で，典型的なものとしては消化仕入れの明細書などです。そして2号ではこの書類について事業者，つまり買い手がその行った課税仕入れにつき作成する，といっていて，課税仕入れについて作成する書類をいいます。ところで，出来高検収書は，課税仕入れとしての全体の工事の引渡しのときに作成するものではなく，まだ課税仕入れである全体の工事の引渡しが行われていない段階で，それまでの一部分の工事の出来高を検

収し，その出来高に応じて工事代金を支払うために作成されるものです。その点では支払う工事代金は中間金のようなもので，この時点では課税仕入れを行ったということにはなりません。課税仕入れの時期はあくまで工事の全部の完成引渡しの時です。しかし，工事の出来高を検収し，その出来高に応じて工事代金を支払うことは部分完成引渡しを受けているのと実態において変わりはなく，このような実態を考慮して出来高検収書も2号の書類として取り扱うということです。

　大島　その出来高検収書によって仕入税額控除をしてもよい，ということですか。

　木村　そうです。その工事の本来の課税仕入れの時期は全部の完成引渡しの時であり，仮に下請業者の収入計上時期は全部の完成引渡しのときであっても，その計上時期には関係なく仕入税額控除をしてもよいということです。

　大島　それでは法30条7項〜10項関係の施行令（49，50条），施行規則（15条の3），通達については省略して，通達外のことについて少々お尋ねしたいのですが，一体帳簿及び請求書等，という場合の帳簿はどの程度詳しく書かなければならないのか。毎日仕入れをする生鮮食料品店などは細かいことは書ききれないでしょうが……。

　木村　そうですね。法令上は，課税仕入れの相手方の氏名や名称，課税仕入れの資産や役務の内容などと記載事項が抽象的に定められているだけで，ここではどの程度まで書けばよいかはっきりしません。しかし，帳簿に併せ請求書等の保存を要件とすることについては，事業者の事務負担を極力増加させないという趣旨から考えて，お尋ねの場合，個々の物品を個別に記載することまでは求めているものではなく，商品の一般的な名称でまとめて記載することで満足することになっています。例えば，青果店ですと，野菜や果実，あるいは青果とか食料品，魚店ですと，魚類，乾物あるいは食料品，といった程度で記載すればよいことになっています。

　大島　日々の仕入れというわけでもないが，事務用品や消耗品など，経費としての文房具や日用品など，多品種の物品の購入はどうでしょう。

木村　一つ一つ個々の物品などを書く必要はなく，事務用品，文房具，あるいは文房具ほか，という書き方でよいと思います。

大島　同じ商品を一定期間――例えば1月ごとに何回か買入れ，請求書も月ごとにきているような場合は，帳簿も「何月分」として合計額を記載することでかまいませんか。

木村　請求書等に1回ごとの取引の明細が記載されていたり，添付されていればそれでもかまいません。

あ，それから今まで簡便な記載を認める話をしてきましたが，課税商品と非課税商品あるいは免税取引とはもちろん別記載が必要です。例えば酒屋から購入したビールとビール券，国内電話料金と国際電話料金などはそれぞれ区分して記載するということです。

大島　法人税の帳簿代用書類は帳簿と請求書等の代わりになりますか。

木村　これは帳簿の代用にはなりませんが，ただ代用書類のうち，相手側から受け取ったものは請求書等に該当します。

大島　伝票会計を採用していて，伝票をとじたものを仕入先元帳に代えている場合，帳簿として認められますか。

木村　伝票を勘定科目別，日付順に整理し，日計表・月計表などをつけた伝票綴りは，帳簿として認められます。

大島　月払家賃などでは一々請求書を受け取っていないし，自動振込みにしていれば毎月の送金票もないわけですが……。

木村　請求書等というのは，売り手が買い手に交付する書類をいいますから，何がなんでも請求書あるいは納品書，領収書などでなければならないということはありません。月払家賃などの場合には賃貸借契約書があり，その書面上賃貸料が決められていて，毎月の自動振込みの事実が預金通帳によって明らかであるときは，それによって仕入税額控除の要件を満たしているものとする実務の取扱いがされます。

また，リースのような場合には，リース代金支払予定表というようなもので，支払期日と支払期日ごとの支払金額などを記載したものも，請求書等とい

うことができるでしょう。

大島 要は帳簿と請求書等を併せ保存することとした趣旨，背景に沿って，その取引の事実を記するものとしての書類を保存しておくということで，できるだけ事業者の負担にならないよう，実情にあった運用が望ましい，ということですね。

ところで，念を押しておきますが，簡易課税制度を選択している場合は，この帳簿と請求書等の保存の要件はないですね。

木村 簡易課税制度を選択，適用する場合には，みなし仕入率によって仕入控除税額を計算することになり，法37条1項で，これらの規定，つまり法30条から前条（36条）までの規定にかかわらず，といっていますから，この帳簿及び請求書等の保存の規定は適用されません。

ただ，これはあくまで仕入税額控除を受けるための保存要件としての話で，これとは別に，事業者は法58条で帳簿の備付け，記録などの義務があります。

7 課税仕入れの範囲・時期・対価

(1) 出張旅費，宿泊費，日当等

大島 それでは，法30条関係の通達の話に入りましょう。まず，通達11-2-1，11-2-2は関連する規定だと思いますが，一緒にお願いします。

木村 通達11-2-1は，出張旅費，宿泊費，日当などについては，事業者の業務の遂行上の必要に基づく支出の実費弁済であるという面からみて，課税仕入れになるということです。

で，その範囲は通常必要であると認められるものといっていますが，実費弁済ということを厳密に貫くとその計算は実務上不可能なので，合理的な支給基準によっているものはこれに当たるということにしています。

通達11-2-2も，これと同じ考え方で，通勤手当についても，通常必要であると認められる部分については，課税仕入れに当たるものとして取り扱うことになっています。

これも事業者の業務遂行上の必要に基づく支出の実費弁済ですから，その通

勤に通常必要だと認められる部分は課税仕入れに当たることにしています。そして通常必要であると認められるものであれば、所得税の非課税限度額を超えるものでも課税仕入れになるということです。

どちらも課税仕入れにはならないことになっている給与との境目になるものですから、特に通達でそれをはっきりさせているということです。

大島 ここには問題が二つあるように思います。一つ目は税込みで定期券を買って職員に支給した場合。この場合は現実に消費税を払ってはいるが、支給を人件費とみれば課税仕入れとはいえないのではないかということ。二つ目は定期券代を現金で支給した場合、一つ目の問題のほかに、現実に消費税を直接支払っているわけではない、ということが加わる。

通達は問題の多い後者の方について、雇用主の消費税負担が間接であっても課税仕入れと認めているわけで、ということは一つ目の問題の方も当然に認めているわけですね。

それから課税仕入れとは認めたが、それが課税売上げに対応するかどうかはまた別の問題になりますね。

(2) 現物給与

大島 次の通達11－2－3をお願いします。

木村 通達11－2－3は、役員あるいは使用人に現物を給付した場合に、その給付した資産の取得が課税仕入れに当たるかどうかということについて、その給付が給与として所得税の対象となった場合にはその給付した資産の取得は課税仕入れにならないのではないか、あるいは逆にその現物給付が所得税の対象にならない場合にはその給付した資産の取得は当然に課税仕入れになるのではないかという議論があるものですから、現物給付のための資産の取得が課税仕入れに当たるかどうかは、その取得自体が事業としての資産の譲受けであるかどうかを基礎とするものであり、その給付が給与として所得税の対象になるかどうかはかかわりがない、つまりその現物給付について所得税がかかるとか、かからないとかということは基準にならないということをいっているわけです。

使用人等に支払う給与は，金銭で支給されるのが普通ですが，時として食事の現物支給や社内製品などを無償で支給することがあります。こういった支給は経済的利益としての現物給与であり，所得税では給与所得になります。
　消費税では，この現物給与とされる現物の給付であっても，それが給与の支払いに代えて行われるものではなく，単に現物を給付するものであれば，その給付は代物弁済にはならず，課税の対象にはなりません。これは通達5－1－4です（3頁参照）。
　しかし，その給付の対象となった商品や商品を作るための材料などの仕入れが課税仕入れであることは当然で，個別対応方式による場合には，それが課税売上げにだけ要するものか，非課税売上げにだけ要するものか，あるいは両者に共通用かということが問題になりますが，これはその購入したものの使途によって判断する，具体的にはその現物を支給された役員や使用人の職務内容から判断するわけです。
　課税売上げにだけ従事する社員に対する現物給付のための商品などの購入は課税売上げにだけ要するものとなりましょうが，実際問題としては，職務内容が課税売上げとか非課税売上げとか判然と区別することができないものもあります。この辺のことは後で出てきます（289～290頁）のでそれに譲ります。
　大島　この取扱いでは，現物給付に充てる資産の取得が「課税仕入れに該当するかどうか」を問題にしていますが，法2条1項12号の定義からすると，その使途が現物給付であろうともそれが事業としての資産の譲受けであれば「課税仕入れ」であることは疑問の余地はないんであって，問題はそれが課税売上対応か，非課税売上対応か，あるいは共通用か，ということでしょうね。
　木村　そういうことです。今まで私がいったこともその線に沿ってのお答ですが，通達そのものはやはり課税仕入れかどうかを問題にしています。
　(3) **会費，負担金等**
　大島　次に，通達11－2－6，8，9は，同業者団体へ支払う会費とか，あるいは公共施設，共同行事の負担金などとして支払った金額が課税仕入れに該当するかどうかについての取扱いですが，そういったものが，受け取る側から

みて課税資産の譲渡等に当たるかどうかについての通達5－5－3，5－5－4，5－5－6，5－5－7にそれぞれ見合う規定だということですね。結局，その支払に対する反対給付の性格が強いかどうか，受け取る側が課税売上げに計上しているかどうか，あるいは受け取る側は単なる通過機関──通過勘定──であって，実質的には支払者が直接負担を負っているという性質のものかどうか。こういったような事情によって決まってくる。三つを一まとめにいえばそんなこと，また通達11－2－7は通達5－5－5に見合っていて，ゴルフクラブ等の入会金で返還されないものは課税売上げ，課税仕入れだということですね。

　木村　そのとおりです。通達5－5－3から5－5－7までが課税売上げに当たるかどうかという判断をしているわけですから，その裏腹として，支払側の方は課税仕入れに当たるかどうかということを示しているわけです。通達5－5－3から5－5－7までについては18頁〜19頁を参照してください。

(4)　国外取引についての仕入税額控除

　大島　それでは，次に通達11－2－13です。

　木村　通達11－2－13ですけれども，第1に国内における課税仕入れ等については，それが国内における資産の譲渡等のためのものであるか，あるいは国外における資産の譲渡等のためのものであるかを問わず，仕入税額控除の計算の対象になる，そのうえで，第2に仕入控除税額の計算で個別対応方式を適用するときには，その課税仕入れは，課税売上げにのみ要するものになるということです。

　大島　そういう取扱いは，次の法31条2項で，国外で販売するために輸出したものも課税売上げに入るんだという規定を前提としての話ですか。

　木村　いいえ。法31条とは関係ありません。法30条自体の問題です。

　大島　そこで第1点ですが，なるほど，法30条2項は，課税仕入れを，課税資産の譲渡用，非課税資産の譲渡用，共通用に分けるといっているだけで，これを更に国内譲渡用と国外譲渡用に分けるとはいっていませんね。

　木村　そうです。仕入税額控除の基礎になる課税仕入税額は国内での仕入れ

にかかっているものですが，これを国外売上げ対応の課税仕入税額を排除する規定はないわけです。

大島 少し具体的にご説明願います。

木村 例えばハワイに持っている別荘を売却する場合，そのために日本国内で電話を使います。そうすると，電話を使うことは課税仕入れになる。ハワイにある別荘を売却するというのは，法31条2項の場合と違って，国外で売ったり，自分が使ったりするために国内から持ち出すという話じゃありませんが，その売却のために国内で使った電話代であっても課税仕入れとして仕入税額控除の計算対象になるということを通達11－2－13はいっているわけです。法31条2項が絡んでくる場合もあるでしょうが，そればかりではありません。それから第2に個別対応方式の場合，この電話代は課税売上げ対応となります。これが同通達第2段です。

大島 その課税売上げにのみ要するものというのは，例えばハワイの土地を売却する場合でも，土地の売却は非課税ですが，同じように課税売上げにのみ要するものということですか。

木村 法30条2項1号にいう課税資産の譲渡等とは，資産の譲渡等のうち法6条第1項の規定により非課税となっているもの以外のものをいい（法2条1項9号），この非課税となっているものとは国内において行われる譲渡をいうことになっています（法6条1項）から，国外で行われる資産の譲渡は資産の譲渡等から除かれるべき非課税となっている譲渡には入らないということです。

大島 結局は，国外において行われる資産の譲渡等は，仕入税額控除の点では課税資産の譲渡等に該当するということ，課税されないのは国外取引だからだということですね。なるほど分かりました。難しいところなのでおさらいすると，

$$\text{課税資産の譲渡等} = \text{資産の譲渡等A} - \text{国内における非課税資産の譲渡等B}$$

ですが（法2条1項9号），Aは国外における資産の譲渡を含んでいるから，細分すると，国内における課税資産の譲渡a，同非課税資産の譲渡b，国外にお

ける資産の譲渡等一切のｃの合計である，ところがこのうちＢとして控除されるのはｂだけだから，結局「課税資産の譲渡等」とはａ＋ｃ，つまり，国外における資産の譲渡等一切を含んでおり，そのうちには国内であれば非課税資産の譲渡等となるべきものも含まれている，だから個別対応方式を規定した法30条2項1号のうち，イの「課税資産の譲渡等」にのみ要する課税仕入れには，国外での資産の譲渡等のうち，国内であれば非課税資産の譲渡等となるものに要する課税仕入れが含まれるということですね。

　木村　そうです。しかし同号ロ，同項2号で使われる課税売上割合は，分母，分子とも「国内において行った」という限定が付いていますから，国外取引は除外されているわけです。

　(5)　試供品など

　大島　それでは，引き続き通達11-2-14をお話し願います。

　木村　通達11-2-14は，試供品あるいは試作品に伴う課税仕入れがあった場合に，それが得意先に課税資産の販売促進用として配布する試供品あるいは試作品に伴う課税仕入れであれば，課税資産の譲渡等にのみ要するものとして仕入税額控除ができます，ということをいっているわけです。

　大島　その試供品などを得意先に配ろうと配るまいと，試作をしたが失敗をして社内でオシャカにしてしまったという場合であっても，課税売上げ用の課税仕入れだと考えてもよろしいんじゃないでしょうか。

　木村　「得意先等に配布される……」という条件が付いているからといって必ず得意先等に配布していなければならないのか，というと必ずしもそうではありません。この通達は一般的なもので，配布しようとして試作したが失敗して社内でオシャカにしてしまったようなものの課税仕入れも，それが明らかに課税資産の販売促進のためである限り課税売上げのためのみの課税仕入れと考えてよいでしょうね。

　大島　文字どおりぎしぎし解釈しなくてもいいということですね。

　木村　この通達があるからといって，この条件から少しでも外れていればすべてアウトということではありません。

(6) 金銭以外の資産の贈与

大島　次に，通達11－2－17ですね。

木村　通達11－2－17は，例えば学校にテレビを寄附する場合のように，現物で寄附する場合のその現物の課税仕入れはどうなるかということですけれども，それが課税仕入れに当たることは当然として，法30条2項1号の適用上は事業全体について行う仕入れですから，原則として課税売上げ，非課税売上げの共通用の課税仕入れにするということです。

大島　お話のように現物で寄附する事業者が，課税売上げと非課税売上げとがある場合であっても，贈答先が課税売上げだけの得意先であるならば，その得意先に配る，例えば歳暮のための課税仕入れは，全額課税売上げ用として仕入税額控除を認めてもいいんじゃないでしょうか。必ず共通用にもっていかなければならないということはないように思いますが。

木村　例えば，絵画を購入してそれを社会事業団体に寄附した場合には，その寄附は対価がありませんから課税の対象にはなりませんが，その絵画の購入は，課税仕入れですから仕入税額控除の計算の対象になります。

そこで問題はその購入が課税資産の譲渡等を行うためにだけ必要な課税仕入れかどうかということですが，寄附という一種の資産の譲渡は対価性がありませんから，その課税仕入れを課税売上げにだけ必要なものだとか，非課税売上げにだけ必要なものだとか一概にはいえませんので，通達11－2－17では寄附するための資産の購入は，課税売上げ・非課税売上げに共通して要するものに区分するという取扱いをしています。しかしお話の歳暮など得意先に配る物品の購入のように，交際費に該当する課税仕入れは，交際費支出の目的，相手方に応じて判断し，専ら課税売上げの相手方に対する歳暮，中元などに使うための物品の購入であれば，課税売上げにのみ要するものということになります。そのことから「原則として」といっているのです。

つまり，明らかに課税売上げだけのために寄附する物品の課税仕入れは課税売上用ということでよいのではないか，ということで，その反対に明らかに非課税売上げだけのためのものは非課税売上げ用ということになりましょう。

ただ，先ほど出たような社会事業団体に寄附するための絵画の購入のように寄附するための物品の購入は，この通達11-2-17によって課税売上げ・非課税売上げに共通して要するものになります。

そこで，先ほどの通達11-2-3の現物給与の話ですが，その現物給与として給付した資産の取得としての課税仕入れも，原則として課税売上げ・非課税売上げ共通用ということになりましょう。

大島 従業員に対する寄附も「金銭以外の資産の贈与」に含まれるわけですか。

木村 この通達11-2-17に直ちに含まれて課税売上げ・非課税売上げ共通用ということでなくて，これと同じ考え方で，現物給付する資産の取得も共通用ということになります。

(7) 未成工事支出金・建設仮勘定

大島 次は課税仕入れの時期について通達11-3-5, 11-3-6をお願いします。

木村 通達11-3-5は建設工事などの受注者の方の話ですが，その工事などのための課税仕入れを未成工事支出金として経理し，工事の目的物を引き渡した期に原価計上する場合にも，消費税法上は実際に課税仕入れをした課税期間に仕入税額控除をするのが本筋ですが，事業者が継続して工事の目的物を引き渡した課税期間の課税仕入れとして処理していればこれを認めるということです。

通達11-3-6は，建設工事などの発注者の方の話ですが，建設仮勘定に含まれる課税仕入れについては，目的物の一部引渡しを受ける都度仕入税額控除をするのが本筋ですが，その都度ではなく，全部の引渡しを受けた課税期間に一括してその期の課税仕入れとして仕入税額控除をすることも認める，ということです。

両方とも仕入税額控除の繰延べですが，実務上の要請に応えて事業者の手間の軽減を図ったものです。

大島 これとは反対に，完成引渡し前に支払う中間金や出来高検収による出

来高の支払があったとしても，その支払によって課税仕入れとすることはできず，あくまで完成引渡しの日が課税仕入れの日となりますか。

　木村　さっき話が出たように元請業者が下請業者に対して工事の出来高について検収を行い，出来高検収書を作成して，それによって請負金額を支払っている場合には，その出来高検収書を請求書等になるとしています。このことにより，その出来高検収書によって仕入税額控除を行うことができ，必ずしも完成引渡しの日でなくてもよい取扱いがあります（通達11－6－6）。

　(8)　**現物出資による資産の取得**

　大島　次は課税仕入れの支払対価の問題ですが，通達11－4－1をお願いします。

　木村　これは現物出資を受け入れた方の法人の話で，その法人は対価として株式を交付しているわけですが，それが課税仕入れに該当するときは，交付した株式の時価が課税仕入れの額になるということです。現金出資も併せ行われて現物部分と込みで株式を交付している場合はもちろんそのうちの現物対応部分だけが控除対象になります。

　大島　事後設立の場合は現金出資が先にあって，後で親法人からその現金で資産を買い取るわけですね。

　木村　この場合は親法人からの買取価額が控除対象になります。通達11－4－1の(注)に書いてあります。

　大島　(注)は法12条7項3号に該当する「分割等」の場合について書いているわけですが，これに該当しない事後設立の場合はどうなりますか。

　木村　通達11－4－1の(注)は，該当する場合について疑問が多いので該当する場合について書いていますが，この(注)はもともと当然のことを念のためにいっているわけですから，該当しない事後設立の場合も同様に解すべきでしょう。

　大島　それから初めのお話で，現物出資の受入れが「課税仕入れに該当するとき」は，ということでしたが，課税仕入れになるときとならないときがあるわけですか。それはどういう区分ですか。

木村　例えば、土地の取得であれば「課税仕入れに該当するとき」にはなりませんから、こんな場合は除くという意味です。

大島　もう一つ、この通達の出だしは「事業者」になっていますが、これは個人・法人ひっくるめた用語ですよね。ここでなぜそのような言葉を使ったのでしょう。

木村　「事業者」となっているのは、一般的な用語として使っているのであり、現物出資は法人に限られていますので、ここの「事業者」とは法人のことだと素直に考えればよいと思います。

(9) **課税仕入れの支払対価の額が確定していない場合**

大島　それでは、通達11－4－5をお願します。

木村　通達11－4－5は、課税仕入れがあった場合にその支払対価の額が確定していない場合の取扱いです。これは課税売上げについての通達10－1－20と同旨ですが、その10－1－20では、課税売上げの額が確定していない場合にはそのときの現況によるということになっていますね。課税仕入れについてもこれと同じように、その課税仕入れがあった課税期間の最後の日の現況によって見積り、後日確定したらさかのぼらないで、確定した課税期間で調整するということです。

8　課税売上割合の細目

(1) **課税売上割合の計算単位**

大島　これからは課税売上割合関係ですが、まず通達11－5－1をお願いします。

木村　通達11－5－1は、課税売上割合の計算に当たって、例えば事業部制を採っていて事業部が二つ以上ある場合、あるいは工場が数工場ある場合には、その事業部単位や工場単位に課税売上割合を計算してもいいのかどうかという問題がありますが、消費税は事業者単位の税ですから、課税売上割合の計算は事業部単位や工場単位で行うのではなく、事業者単位によって計算する、ということを留意的にいったものです。

(2) 課税売上割合に準ずる割合

大島 これに関連する規定として，通達11－5－8をお願いします。

木村 通達11－5－8は，課税売上割合に準ずる割合を適用する場合には，その事業者が1本の割合を用いなければならないということはない，組合わせでもよいということで，これについて(1), (2), (3)の3通りに分けて例示しているわけです。(1)は事業の種類ごとに区分する方法。(2)は販売費とか一般管理費とか，つまり費用の種類ごとに区分する方法。(3)は事業場単位に，つまり工場単位とかあるいは事業部単位とかというふうに区分する方法。ということですから，例えばA工場は人員割り，B工場は面積割りということでもよいということです。

大島 先ほどの通達11－5－1は，課税売上割合は事業者単位で1本で計算しなくちゃいかんといっていたのですが，こちらの方はいくつかの方法に分かれても差し支えないということですね。

でもどうしてでしょうね。本来の課税売上割合は事業者1本でなくてはいけないのに，準ずる割合の方はいろいろ分かれてもかまわないというのは。

木村 準ずる割合がいろいろ分かれてもかまわないというのは，何もその場その場で有利な方法を採っていいという意味ではありません。事業の種類なり経費の性格によって最も合理的な方法を採るわけですから，自ずとその内容が幾つかに分かれてくるわけです。例えば経費の種類についていえば福利厚生費や旅費・交通費は人員割が適しているだろうし，家賃や建物の修繕費は床面積割りが適しているというように。

もちろん，そのいろいろな方法の一つとして本来の課税売上割合を使って他の方法と併用してもいいし，また事業所単位や地区単位に計算した課税売上割合（事業者一本の数値ではありませんから，法的な意味での「課税売上割合」ではありませんが）を使ってもいいわけですが，こうした方法は本来の課税売上割合ではありませんから，その合理性について税務署長の承認を得ることが必要なわけです。

11－5－1でいっているのも，事業所単位で課税売上割合を計算してはいけ

ない，ということではなく，そうした方法は本来の課税売上割合とはいえないよ，ということだけであって，その方法に合理性があれば，課税売上割合に準ずる割合として税務署長の承認を得ることも有り得るわけです。

大島 その課税売上割合に準ずる割合についてもう少し具体的にお話し願います。

木村 課税売上割合に準ずる割合とは，通達11－5－7にあるように，使用人の数や従事日数の割合など，つまり事業の種類や費用の種類に応じて合理的な基準によって算出した割合をいいます。したがって，場合によっては，ある費用については本来の課税売上割合を使うことも有り得ると思います。

例えば，総務，経理における費用のように，共通用の費用について，その費用を種類ごとに区分して，電気料は床面積割合，コンピュータのリース料は本来の課税売上割合，水道料は従業員割合というように，それぞれの区分ごとに仕入控除税額を計算することとして，その中で本来の課税売上割合を使うことも可能です。また事業所単位や地区単位で計算した割合をその事業所単位や地区単位で使うこともできます。ただ繰り返しになりますがこれは課税売上割合に準ずる割合ということになり，課税売上割合をその工場に使うことの合理性について，税務署長の承認を受ける必要があります。

(3) **課税売上割合の端数計算**

大島 それでは，通達11－5－6をお願いします。

木村 通達11－5－6は，課税売上割合の端数計算についてですけれども，これは例えば百分比を表しているという筋合いのものではありませんので，端数処理はないことになります。総売上金額分の課税売上金額ということです。

ただ，端数を切り捨てている場合には，それで結構ですといっています。この場合には端数切捨て分だけ仕入控除税額が目減りすることになります。

大島 課税売上割合を掛ける対象は何千億円にも何兆円にもなり得るわけですから，課税売上割合を四捨した場合はいいが，五入した場合は出てきた答が大きな金額で切り上げられてしまう，納付税額が不当に減ってしまう，そうしたことを防止するための取扱いですね。

木村　そうですね。
　大島　$A \times \dfrac{C}{B}$という計算の答が円の位まで正確に出てくるところまで分数を小さい単位まで計算する、あるいはA×CをBで割って、その答を円位まで出して、あとは任意に端数整理することでもいいわけでしょうね。
　木村　そうです。
　大島　それからこの通達は課税売上割合に準ずる割合についても適用されますね。
　木村　適用されます。

第9　税額控除等（その2）

I　非課税資産の輸出等の場合の仕入税額控除

1　非課税資産の輸出取引（法31条1項）

大島　これで法30条を終わって，次に法31条に進みます。まず1項の趣旨についてお話し願いましょう。

木村　非課税の売上げに対応する課税仕入れ等については，本来仕入税額控除は認められないことになっていますが，輸出取引についてこの原則をそのまま適用すると，その課税仕入れにかかった消費税分だけ輸出価格が上昇することになります。これは内国消費税である消費税を実質的に国外の消費者に負担させることになりますので，国境税調整の観点からみて適当ではない。そこで，法31条1項で，非課税資産の輸出取引については，課税資産の輸出取引とみなすことによって，その輸出取引に要した課税仕入れの税額について控除の途を開いたわけです。

大島　非課税資産の輸出といっても，非課税品は数が少ないので，その輸出のために要した課税仕入れというと具体的にはどういうことが考えられるのですか。

木村　非課税になっているものとしては，土地の売買とか金融，医療，福祉その他がありますけれども，土地を輸出するということは有り得ませんし，現実には金融取引——例えば非居住者（86頁参照）に対する金銭の貸付け（施行令17条3項，94～95頁参照）——や身体障害者用物品の輸出ぐらいでしょうかね。それについての課税仕入れというと，金銭の貸付けの場合には国内の電話代とか文房具の購入費，身体障害者用物品の場合はそれを製造するための原材料費や運送費などです。

大島　そこで，非課税資産の輸出に関連する課税仕入れの税額が控除される

ということの意味ですが，法31条は，非課税資産の輸出譲渡も課税資産の輸出譲渡とみなして「前条の規定を適用する」とある，ということは，法30条によって仕入控除税額を計算するときに，第1に今の電話代や原材料費，運送費にかかっている消費税額を課税売上対応に分類すること，第2に課税売上割合の分子にその非課税売上げを含めること，の2点であり，この二つを通じて国内電話代などにかかっている消費税が控除されることになる，とこう解してよろしいですか。

　木村　そういうことです。なおこれはあくまで非課税品の輸出ですから，法9条の「課税売上高」を計算する場合には原則どおり課税売上高には算入されません。

2　非課税資産の輸出と課税売上割合の計算（施行令51条2項）

　大島　そこで今の点と関連して施行令51条2項の説明をお願いします。

　木村　法31条1項は，非課税資産の輸出売上げを課税売上げとみなすということですので，その効果として施行令51条2項で，今いわれたように非課税資産の輸出による譲渡を課税売上割合の分子に入れ，したがってまた当然のことながらそのうちから対価の返還をした分は控除するということです。

　大島　分母の方は非課税であっても算入されるのが当然ですから，あらためて施行令51条2項で規定するまでもない。この2項では分子に入るということだけを規定したわけですね。

　非課税の輸出売上げを課税売上割合の分子に算入することは，当然法30条2項の95％を超えるかどうかということについても有利に働きますね。

　木村　そういうことです。

　大島　これに関連する規定として，施行令17条3項がありますね。この規定は94頁でも出てきましたが，立法趣旨を含めてあらためてご説明願います。

　木村　非居住者に対する金銭の貸付け，預金の預入など施行令17条3項に該当するものは，法31条1項の適用については法7条1項5号の輸出取引等としたうえ，これを課税資産の輸出取引等として仕入税額控除の対象とするという

ことです。そこで，その対価の額，例えば非居住者に対する貸付金の利子が課税売上割合の分子に算入されて，課税売上割合を高めることとなる。つまり，仕入控除税額を増やす結果になります。

3 有価証券・金銭債権等の輸出（施行令51条1項）

大島　それでは，施行令51条1項についてお話し願います。

木村　施行令51条1項は，有価証券，金銭債権などの輸出による譲渡については法31条の適用は認めない，つまり，これを課税資産の輸出とみなして課税売上割合の分子に算入したり，これに対応する課税仕入れ等を課税売上用に算入したりすることはしないということです。有価証券あるいは金銭債権などの輸出は，これを課税の輸出取引とみると，外国の支店などにどんどん有価証券を輸出して，分子をどんどん膨らますことができるので，それを防止するという意味で否定しているわけです。

大島　課税売上割合が実態を離れて作為的に膨らんでいくことを防ぐということですね。

それからここに挙がっているものの「輸出」ということが分かりにくいんですが，まずここに有価証券の輸出が挙がっていますね。ところで輸出とは，関税法2条1項2号にいう輸出，すなわち内国貨物を外国に向けて送り出すことだというお話だったんですが（80頁），有価証券も関税法にいう内国貨物なんですか。

木村　関税法上にいう内国貨物かということでは有価証券も形のあるもので，その点では内国貨物ということができます。このことは法6条2項において，保税地域から引き取られる外国貨物のうち，有価証券等の引取りを非課税としていて（法別表二），このことからみて有価証券も輸入の時は外国貨物，輸出のときは内国貨物ということになります。

大島　それでは全く形のない金銭債権の輸出の場合，どういうことになりますか。

木村　輸出の定義については消費税上は定義がなく，前にもお話したように

(80頁)，一般的には解釈によって関税法上の輸出をいうことにしていますが，この定義は金銭債権のような形のないものについてはぴったりいきません。しかし常識的に考えて，広く外国に向けてのものをいっているのであり，非居住者に対する譲渡をいうものです。施行令51条1項はこのことを前提として，「金銭債権の輸出」といっています。この金銭債権としては同9条1項4号によって貸付金・預金・売掛金があります。

大島　そうしたものを非居住者に譲渡することは，法7条1項1号の輸出にあたるということですね。

木村　その点金銭の貸付けや預入が施行令17条3項によって初めて法7条1項5号の輸出類似行為とされるのとは違っています。

大島　金銭の貸付けと金銭債権の譲渡，預入と預金の譲渡とを混同しないことが必要ですね。

そこで，今の施行令51条1項と先ほどの同17条3項との対比ですが，今お話のように，17条3項は本来的には輸出といえるかどうか疑問のあるものを法7条1項5号の輸出類似行為とする，という趣旨だし，51条1項は，本来法31条の対象となるべき輸出であるけれども，法31条は適用しないということ。

それからもう一つ，施行令51条の方は有価証券や金銭債権を輸出した場合，つまり資金流入の場合の話，施行令17条3項の方は，例えばアメリカのドル国債を買い入れたり金銭を貸し付けたりした場合，つまり資金が流出する場合（その対価の利子が課税売上割合の分子に算入される。）の話だということ，紛らわしいですけれども，そういう違いがあるわけですね。

木村　そうです。

4　みなし輸出取引（法31条2項）

大島　分かりました。

それでは，法31条2項についてお話し願います。

木村　法31条2項は，海外の支店などに貨物を輸出する行為は，本来本支店間の内部取引ですから，資産の譲渡等には当たりません。また，海外の支店で

の資産の譲渡あるいは貸付けはもともと国外の取引ですので，消費税の課税対象にはならないわけですけれども，仕入税額控除の面では，課税資産の輸出による譲渡とのバランスをとる意味から，海外の支店などに貨物を移送した場合に，海外に持ち出したことが証明されるものについては，課税資産の譲渡等としての輸出とみなすことにしたものです。

大島　今の「バランスをとるために」というお話なんですけれども，販売のために輸出をした場合には輸出免税が適用になる。それからいったん海外支店に輸出をして海外支店で売った場合には，この規定がなければ輸出免税の適用がない。それではバランスがとれないので，この規定によって後の場合も輸出免税を適用するという意味ですか。

木村　そういうことですね。

大島　それは分かりましたが，そうすると，海外で販売するためじゃなくて，支店が使用するために輸出をした場合にも輸出免税を適用するのはどんな趣旨ですか。

木村　やはりバランスの面から見れば，海外で海外支店が購入するものについては消費税は課税されないが，日本の本店で購入して，それを海外に持って行けば，課税されたものを使用することになるというのではバランスがとれないということです。

大島　結局，消費税というのはあくまでも国内消費税ですから，国外で使用する場合には国内消費税の負担はさせないということですか。

木村　そういうことですね。

5　みなし輸出取引の課税売上割合の計算（施行令51条3・4項）

大島　それでは，施行令51条3項，4項についてお話しください。

木村　施行令51条3項は，課税売上割合の計算上，外国支店などに輸出したものについての価額相当額は，施行令48条1項1号の資産の譲渡等の額，2号の課税資産の譲渡等の額にそれぞれ含まれる，つまり課税売上割合の分母，分子に含まれるということです。

また4項は、その資産の価額は、有償で輸出されたものとした場合の関税法施行令59条の2の2項の「本邦の輸出港における本船甲板渡し価格とする」ということです。

大島 法31条2項は、現実の販売がないにもかかわらず販売があったものと同じように扱うという擬制をするわけですから、施行令48条の課税売上割合の計算では、分子だけではなくて分母の方の総売上げにも加算する必要があるということですね。

同じく施行令51条4項は、販売がないにもかかわらずあったのと同様にするわけですから、現実には対価がなかった、それでは分母、分子に加算するといってもどういう金額で加算するのかという問題に答えた、ということですね。

9-1表 金銭債権等の取扱い（代表的なもの）

資産の譲渡等	対価	課否区分	課税売上割合	その他
1) 国債等の当初取得				
利付債 　（別表1三・令10①）	利子（同左）	非（同左）	対価は分母に算入し、分子には算入しない。	○
割引債 　（別表1三・令10③六）	償還差益（同左）	非（同左）		○
2) 金銭の貸付け 　（別表1三・令10①）	利子（同左）	非（同左）		○
3) 預貯金の預入 　（別表1三・令10③一）	利子（同左）	非（同左）		○
4) 金銭債権の譲受け 　（法2①八・令2①四） 　（国債等の中途取得を含む）	利子等（令48④）	非（令10③八）		○
5) 有価証券の譲渡 　（別表1二）	譲渡対価	非（同左）	輸出しても法31条適用除外（令51①）。5％ルール適用（令48⑤）。	
6) 金銭債権の譲渡 　（別表1二・令9①四）	同上	非（同左）	輸出しても法31条適用除外（令51①）。	

その他欄に○印のある資産の譲渡等は、債務者が非居住者の場合は、法31①の適用について輸出扱いとする（施行令17③）。

木村　そういうことです。

大島　金銭債権等については，非課税の関係であるとか，施行令51条1項の関係であるとか，いろいろなところに規定が出てきていて，しかも全体としてかなり難解になっているので，読者のご参考のため方々に散在している規定をまとめて9-1表にしてみました。

II　対価の返還等を受けた場合の仕入税額控除の特例

1　調整の原則（法32条1項）

大島　それでは，法32条にいきましょう。納付する消費税額の計算は一口にいうと課税標準に対する税額から仕入控除税額を引くわけですけれども，この場合に，返品をしたなどの事情で，仕入れをして支払った金額の返還を受けたような場合には，そのうちに含まれている消費税額分は当初の仕入控除税額から控除するという規定ですね。

返還額のうちの税額を引くというのは，施行令48条でも大分話をしたわけですが（264~265頁以下），こんがらないように読者のためにいっておきますと，施行令48条は返品を受けたために売上対価として受け取った金額の一部分をこちらから返した場合の話であるし，法32条の方は，逆にこちらから返品したため仕入れについて支払った金額の一部を返してもらった場合の話であるという違いですから，念のため。

木村　法32条は，お話のように仕入品を返品したり，仕入れをとりやめたりして代金の返還を受けた場合，あるいは仕入代金について値引きや割戻しを受けて買掛金などの債務を減額されたりした場合に，その返還を受けた金額などについての税額を当初の仕入れにかかった税額から控除するということです。これは後ほど出てきますけれども，売上対価を返還した場合について規定した法38条と裏返しになっています。

大島　法32条1項の柱書にある「課税仕入れに係る支払対価の額」は，かっこ書に説明があるように「第30条第1項に規定する課税仕入れに係る支払対価

の額」ですから，結局，税込みの額ということですね。

木村 そういうことです。法30条1項の「課税仕入れに係る支払対価の額」は，同条6項に定義があって消費税，地方消費税込みの価額だということになっています。

大島 同じく法32条1項の柱書のおしまいの方に，「課税仕入れ等の税額」という用語がありますが……。

木村 法30条2項で，「課税仕入れに係る消費税額及び同項に規定する保税地域からの引取りに係る課税貨物につき課された又は課されるべき消費税額」というくだりがあり，これにかっこ書があって，「(以下この章において「課税仕入れ等の税額」という。)」というくくりがあります。

大島 つまり両方を含んだ概念だということですね。

木村 そうです。

大島 それでは法32条1項について各号ごとに分かりやすいように算式で話をしていただきましょうか。

木村 まず，法32条1項1号は，課税売上割合が95％以上で，課税仕入れにかかっている税額の全額を控除される場合の規定ですが，課税標準に対する消費税額をa，課税仕入税額をb，それから返還を受けた金額に含まれる税額をcとすると，仕入控除税額は$b-c$だということですね。したがって納付する消費税額は

$$a-(b-c)$$

になります。

2号は個別対応方式で仕入控除税額を計算する場合の規定ですが，課税売上げだけに対応する課税仕入れB_1にかかっている税額をb_1，B_1について返還を受けた金額に含まれる税額をc_1，それから課税売上げと非課税売上げに共通する課税仕入れB_2にかかっている税額をb_2，B_2について返還を受けた金額に含まれる税額をc_2，課税売上割合をrとすると，仕入税額控除は次の中かっこの中ということです。したがって納付する消費税額は，

$$a-\{\underbrace{(b_1-c_1)}_{\text{2号イ}}+\underbrace{(b_2 r-c_2 r)}_{\text{2号ロ}}\}$$

になります。

　3号は一括比例配分方式で仕入控除税額を計算する場合の規定ですが、全部の課税仕入れにかかっている消費税額をｂ，返還を受けた金額に含まれる税額をｃとすると、仕入控除税額は次のかっこの中ということです。したがって納付する消費税額は

　　　ａ－（ｂｒ－ｃｒ）

になります。

　大島　返還を受けた金額というのは、いつの支払対価についての返還かということにかかわりなく、当課税期間中に受けた返還額ですね。

　木村　そうです。返還額と支払対価とは個別のひも付き対応ではありません。

　大島　この法32条の場合は通達10－1－15に見合う取扱い、つまり仕入れによる支払税額から返還を受けた税額を引くという税額同士の処理ではなく、仕入額から返還を受けた額を引いた額に105分の4を掛けた額を仕入控除税額とするという便法は認められませんか。

　木村　お尋ねは通達10－1－15（246頁）の逆のケースですが、通達12－1－12です。仕入額から返品額や値引額、割戻額を控除する経理処理を継続して行っていたら、これを認めるということです。

2　返還を受けた税額が控除しきれない場合（法32条2項，施行令52条1・2項）

　大島　法32条2項に進みましょう。

　木村　法32条2項は、今の式でいうと、1号、3号のかっこ書の中、2号の中かっこの中がマイナスになった場合には、マイナスのマイナス、つまりプラスですから、そのかっこの中の金額をａに加算するという趣旨です。

　大島　その加算については、施行令52条1項1号は今の法32条1項1号と3号の場合の式についての規定で簡単ですが、2号は法32条1項2号の場合の式で少々ややこしいですね。

木村　施行令52条1項2号はイ，ロ，ハと分かれています。

今の2番目の式で，

イは，

　$b_1-c_1>0$，$b_2 r -c_2 r<0$で，$\{\ \}<0$の場合，

ロは，

　$b_1-c_1<0$，$b_2 r -c_2 r>0$で，$\{\ \}<0$の場合，

ハは，

　$b_1-c_1<0$，$b_2 r -c_2 r<0$で，したがって，$\{\ \}<0$の場合
いずれも出てきた負の答をaに加算するという規定です。

それから，施行令52条2項は，$\{\ \}>0$の場合には，その金額を仕入控除税額とするという趣旨で，したがって，これをaから控除することになります。

3　相続・合併・分割の場合の計算（法32条3項）

大島　それでは，法32条3項をお願いします。

木村　法32条3項は，相続によって事業を承継した相続人が，被相続人が行った課税仕入れについて対価の返還等を受けた場合には，それは相続人が行った課税仕入れとして法32条1項，2項の規定を適用するということです。

大島　同条7項では，法人の合併，分割による事業の承継の場合にもこの規定を準用するといっていますね。それからこの項でいっている「仕入れに係る対価の返還等」については1項柱書に定義があるので念のため。

4　保税地域からの引取り課税貨物の消費税額の還付（法32条4項）

大島　それでは，法32条4項についてお話ください。

木村　法32条4項は，保税地域からの引取り課税貨物に対する消費税を他の法律によって還付された場合について，法32条1項，2項と同じ趣旨の規定です。ただ加算，減算の処理は法32条4項1，2，3号にかっこ書があって，それぞれ1項1号の国内の課税仕入れについて対価の返還等を受けた場合の控除をした残額から行うといっているので，1項，2項による処理後の金額に対し

て行います。

　保税地域からの引取りについて支払った消費税は、その段階で国に納付されていますから、国内取引の場合の消費税と違って、取引の過程を通じて対価の一部として取引の相手先から返還されるということはありませんが、法定の場合には国から還付されます。この法定の場合というのが、他の法律で規定されているわけです。

　なお、こんなわけですから、法32条1項は国内取引についての消費税の話であって、外国貨物の引取りに伴う消費税には関係ない規定です。ここでは両者が別々に規定されていますからご注意ください。

　大島　お話の「1項、2項による処理後の金額に対して行う」、と処理の順序を定めたのはどんな実益があるのですか。

　木村　特に実益というものはありません。交通整理として引くべき相手を特定しているわけです。

　大島　他の法律による還付というのは、どういうことを予定しているのですか。

　木村　通達12－1－13でいっていますが、例えば「輸入品に対する内国消費税の徴収等に関する法律」というのがあって、その14条1項、15条2項、16条の3、あるいは17条によって消費税の還付を受ける場合があります。具体的には、相殺関税（相手国の補助金に対抗する関税）、不当廉売関税、緊急関税（輸入増加に対抗する関税）が過大だったとか、輸入した品物が変質、損傷したとか、あるいは再輸出したとかの場合に還付を受けるということですけれども、そういう場合の還付ということです。

5　対価の返還の範囲

(1)　船舶の早出料

　大島　それでは、法32条5項、6項はそれぞれ2項、3項と同旨のことを、施行令52条3項、4項はそれぞれ同1項、2項と同旨のことを、7項後半は6項と同旨のことを、輸入品に対する消費税について規定したものであり、また

7項前半は合併・分割による事業承継について3項の相続の場合と同旨のことを規定したものですから省略して，法32条関係の通達にいきましょう。まず，12－1－1です。

　木村　通達12－1－1は，船舶の早出料といって，碇泊期間が約定されている場合で，約定された碇泊期間より早く荷役が完了し，その短縮された期間に対して荷主に支払われるものですが，この場合に荷主が受け取る早出料は，仕入対価の返還に入るということです。

　なお，これとは反対に約定の期間を超過して荷役をされた場合に運送業者が受け取る滞船料は，売上げの対価ということになります。

(2) **事業分量配当金**

　大島　それから通達12－1－3ですね。

　木村　通達12－1－3は，事業分量配当金についてですが，協同組合等から利用分量に応じて組合員が支払を受ける事業分量配当金は，その性格は協同組合等と組合員との間の取引の価格修正ですから，仕入対価の返還を受けたことになるということです。

　大島　法人税法60条の2の規定を受けていて，結局，組合員が組合の事業を利用して，その商品などを購入し支払った取引代金の割戻しを受けた場合，これが課税仕入れの返還に該当するということですね。

　木村　そうです。

(3) **債務免除**

　大島　それから，通達12－1－7ですね。

　木村　通達12－1－7は，仕入先から債務免除を受けた場合にその免除額についてどう取り扱うかということですけれども，これは対価の返還等には当たらないということにしているわけです。ですからその分についての税額は仕入税額から控除はしないということです。

　大島　ここでいう債務免除は，通常の商取引による値引きとは違って，対価の戻し・戻りではなく，いわば消費税のらち外の世界の行為ということでしょうね。

(4) 一定期間支払を受けない仕入割戻し

大島 それでは,通達12－1－11。

木村 通達12－1－11は,一定期間支払を受けない仕入割戻しの取扱いをどうするかということですけれども,現実に支払を受けた課税期間の仕入割戻しとしてその課税期間の仕入税額からその分についての税額を控除する,しかし現実に支払がなくても,例えばその割戻額についての金利が支払われているなど,現実に利益を受けている場合は,やはり割戻しを受けたものとするということです。

(5) 還付を受ける日

大島 通達12－1－13は,先ほど済みましたので,12－1－14についてお話しください。

木村 通達12－1－14は,法32条4項で,輸入に伴う消費税について,他の法律の規定によって還付を受ける場合には,還付を受ける課税期間に仕入税額から控除することになっていますが,その還付を受ける日はいつかというとその還付税額が確定した日だということです。

Ⅲ 課税売上割合の著変に伴う調整対象固定資産の仕入控除税額の調整

1 調整の原則（法33条1項,施行令53条1・2項）

大島 それでは,法33条に進みましょう。これはどういう趣旨の規定ですか。

木村 消費税では,仕入控除税額は,棚卸資産,固定資産を問わず仕入れの時の課税期間に即時一括控除することになっています。しかし,固定資産のように長期間にわたって使用されるものについては,課税売上割合が大きく変動するとか,あるいは使用形態が課税売上げ専用から非課税売上げ専用に変更されるとかいうように,即時一括控除によって仕入れのときの状況だけで仕入税額控除を完結させるわけにはいかない場合があります。

そこで，固定資産のうち消費税抜きで1単位100万円以上のものを調整対象固定資産といい（法2条16号，施行令5条），これについて3年目に一定の方法で仕入控除税額を調整することになっています。

大島 その調整の方法ですが，法33条1項1号は仕入れ時点における仕入控除税額，同じく2号は通算課税売上割合による仕入控除税額で，この二つを比べるわけですね。

木村 そうです。2号の方が大きければ仕入控除税額が足りなかったものとして3年目の納付税額を減額し，1号の方が大きければ仕入控除税額が大き過ぎたとして，3年目の納付税額を増額するわけです。

詳しくいうと，まず1号は，

　調整対象基準税額K×その仕入れをした課税期間の課税売上割合r_1

「調整対象基準税額」というのは，その調整対象固定資産について支払った消費税額のことです。ですからこの式は仕入れ時点においてその資産について受けた仕入控除税額を表すことになります。

次に2号は，

　調整対象基準税額K×通算課税売上割合r_2

これは通算課税売上割合による仕入控除税額です。

通算課税売上割合が仕入れをした課税期間の課税売上割合に対して5割以上増加したときは，Kr_2-Kr_1を3年目の課税期間の控除額に加算する（納付税額は減少），逆に課税売上割合が5割以上減少したときはKr_1-Kr_2を3年目の課税期間の控除額から減算する（納付税額は増加），ということです。

大島 なるほど。納付する消費税額Tは，

　課税標準に対する消費税額a－仕入控除税額b

で表されるわけですが，課税売上割合が著増したときはKr_2-Kr_1を控除額b，つまり課税仕入税額B×3年目の課税売上割合r_3に加算してTを減らす，つまり，

$$T = a - \{Br_3 + (Kr_2 - Kr_1)\}$$

とする，反対に課税売上割合が著減したときはKr_1-Kr_2をbから控除して

Tを増やす，つまり，

　　T＝a－｛B r₃－（K₁－K₂）｝

とするという調整ですね。

木村　そうです。法33条1項によって仕入控除税額を調整する場合としては，一つは課税売上割合が著しく増加した場合ですが，それは正確にいうと施行令53条1項で，

$$\frac{通算課税売上割合－仕入れ等の課税期間の課税売上割合}{仕入れ等の課税期間の課税売上割合}≧0.5$$

であり，更に

　　通算課税売上割合－仕入れ等の課税期間の課税売上割合≧0.05

である場合ということです。

次に，課税売上割合が著しく減少した場合ですが，それは正確にいうと施行令53条2項で，

$$\frac{仕入れ等の課税期間の課税売上割合－通算課税売上割合}{仕入れ等の課税期間の課税売上割合}≧0.5$$

であり，更に

　　仕入れ等の課税期間の課税売上割合－通算課税売上割合≧0.05

である場合ということです。

ここで仕入れ「等」といったのは，輸入を含むという意味です。

大島　施行令53条1項は，課税売上割合が5割以上増えた場合ですけれども，例えば8％が12％になった場合には，5割増えてはいるけれども，差額が4％であって5％未満だから1項は適用しないということ。

施行令53条2項は，課税売上割合が半分以下になった場合ですが，例えば8％が4％になったという場合には，半分以下になってはいるが，その差が4％で，5％未満だから2項は適用しないということですね。

なおこの規定は，課税仕入れ等をした事業者が，第3年度の課税期間の末日（この意味については318頁で述べます。）にその資産を所有していることが前提ですが，相続・合併・分割によって事業を承継した相続人・合併法人・分割承継法人が所有している場合も適用されます（法33条1項柱書かっこ書）。

そこで一つの問題ですが，相続・合併・分割の場合，通算課税売上割合の計算はどうなるのですか。

木村 合併の場合を例にとっていうと，合併までの被合併法人の課税期間の課税売上割合と，合併後の合併法人の課税期間の課税売上割合との分母同士，分子同士を合算して通算課税売上割合を算出します。

大島 被合併法人の方は合併の日の前日までがみなし事業年度になりますから問題はないんですが，合併法人の方は合併があった日の課税期間の全部についての課税売上割合を求めることになるのでしょうか。

木村 合併法人の方は課税期間の途中で合併が行われた場合，合併の日からその課税期間の末日までの一部分について課税売上割合を求めるということも考えられますが，このように課税期間ではない期間の課税売上割合によることは，通算課税売上割合が課税期間ベースによることとされ，その計算の簡便性を考慮すると，課税期間の途中で合併が行われた場合は，その合併のあった日の課税期間の全部について課税売上割合を求めることになります。

大島 このことは，相続人，分割親法人，分割承継法人についても起こるわけですね。

木村 そうです。その計算は合併法人の場合と同様になります。

2 調整対象固定資産（法2条1項16号）

大島 「調整対象固定資産」の定義は，法2条1項16号ですね。

木村 そうですね。そこでは「建物，構築物，……政令で定めるものをいう。」とし，政令で定めるものとして施行令5条にその範囲が定められています。

大島 ところでその調整対象固定資産の定義の内容ですが，法人税法施行令13条と比べると，電話加入権とかゴルフ場の利用株式などは，法人税の固定資産の定義から外れていますが，ここでは調整対象固定資産に入っていますね。この違いはどんなところからきているのですか。

木村 消費税の調整対象固定資産については，仕入税額控除を受けた資産が

継続して使用されるかどうかということが問題であって、減価償却をする資産であるかどうかは問わないということです。

　大島　法人税の方は減価償却という観点から決められているんだけれども、消費税の調整対象固定資産は考え方のポイントが違うということですね。

3　第3年度の仕入控除税額から控除しきれない場合（法33条3項）

　大島　それでは法33条1、2項関係の細目は後にして、規定の大筋をつかむため、先に同条3項をお話し願います。

　木村　法33条3項は、課税売上割合が著減した場合の話ですが、その固定資産についての仕入れ時点での仕入控除税額から通算課税売上割合による仕入控除税額を引いた税額を第3年度の仕入控除税額から引ききれないときは、その引ききれない額を課税標準額に対する消費税額に加算するということです。

　つまり、Kr_1-Kr_2がBr_3から引ききれないときは、その引ききれない額をaに加算するということです。

　この場合はさっきの式でみてみますと、

$$T = a - \{Br_3 - (Kr_1 - Kr_2)\}$$

の中かっこ内がマイナスの場合、つまりKr_1-Kr_2を控除額Br_3から控除しきれない場合はマイナスのマイナスですからこれをaに加算する、つまり

$$a + \{(Kr_1 - Kr_2) - Br_3\}$$

が納付税額になるということです。

　なお、法33条3項の話ではないんですが、課税売上割合が著増して

$$T = a - \{Br_3 + (Kr_2 - Kr_1)\}$$

となる場合で、中かっこ内がaから引ききれない場合は、その引ききれない額、つまり、

$$Br_3 + (Kr_2 - Kr_1) - a$$

が還付されることになります。

　大島　ただ今ご説明の後の方の課税標準額に対する消費税額から引ききれない場合は還付になるということは、法33条の問題ではなくて、後で出てくる法

45条1項5号，同じく46条1項の問題ですね。

木村　そういうことです。先走って法45条の話になりますが，（Kr_2-Kr_1）は法33条1項によって仕入控除税額とみなされ，またBr_3はもともと仕入控除税額ですから，Br_3＋（Kr_2-Kr_1）全体が法45条1項3号イによる控除項目となって，これが同項2号の課税標準額から引ききれなければ，その引ききれない額が同項5号の不足額になるということです。

4　比例配分法の意味（法33条1・2項）

大島　それでは法33条1，2項に戻って細目についてお尋ねします。

1項の柱書ですが，「比例配分法により仕入れに係る消費税額を計算した場合」にはこの規定が適用される，といっているわけですけれども，この比例配分法というのは，同条2項で，法30条2項1号の個別対応方式のロで課税売上げ・非課税売上げに共通の課税仕入税額に課税売上割合を掛ける場合も，同項2号の一括比例配分方式で課税仕入税額に課税売上割合を掛ける場合も，両方ひっくるめて比例配分法といっていますね。

木村　そうです。（課税仕入税額×課税売上割合）で計算する方法を比例配分法と定義しているのであって，法30条2項2号の一括比例配分方式だけを指すということではありません。

ただ購入時に個別対応方式によっていて，その際，その資産を課税売上げ専用に分類していてその資産の仕入控除税額について課税売上割合を使わなかった場合は，当然のことながら法33条の適用はないことになります。

5　課税売上割合が95％以上の場合（法33条1項）

大島　法33条1項のかっこ書では，法30条1項の規定によって，つまり課税売上割合が95％以上であって課税仕入税額が全額控除された場合，したがって，調整対象固定資産にかかっている消費税額も全額控除された場合も，法33条の適用があるんだといっていますね。この場合には仕入れ時点の仕入控除税額は，100％で計算するわけですね。

木村　それは実際の課税売上割合によることになります。

大島　じゃ，例えば課税売上割合が96％であれば96％で計算するということですか。

木村　法30条でも，課税売上割合が95％以上の場合は，その割合を100％とみなすという規定ではありませんで，課税売上割合が95％以上であれば，その仕入れにかかった消費税額の全額を控除するということだけです。この33条1項によって調整対象資産に対し調整計算を行う場合の仕入れの課税期間の課税売上割合について，その課税売上割合が100分の96であれば，やはりその100分の96の課税売上割合によって著しく変動しているかどうかをみることになります。

大島　そういうみなし規定がないことはご指摘のとおりですけれども，現実に仕入控除税額を計算するときには100％として計算しているわけですけど……。

木村　結果的に課税売上割合が100分の100であったということと同じことになるということです。

大島　95％以上ですと5割以上課税売上割合が増加することは有り得ないわけですが，減る方では，例えば96％から49％になった場合，100％基準なら半分以上減っていますが，96％基準なら半分は減っていない，この場合はどうですか。

木村　96％基準によってみますから，法33条1項によって調整計算をする必要はありません。

大島　法33条の適用があるかどうかの判断だけではなく，仕入れのときの課税売上割合も，通算課税売上割合の計算もみんな96％によるわけですか。

木村　そうです。

6　免税期間が挟まれている場合・簡易課税制度によっている場合

大島　法33条1項のかっこ書では仕入れのときに免税事業者である者を除いているわけです。これはある意味で当然の話ですけれども，固定資産を仕入れ

たときは課税事業者であったが，3年たつうちにその途中の期間に免税の期間が挟まれるという場合にはどういうことになりますか。

　木村　お話のように第1年度と第2年度，第3年度とあった場合，第1年度と第3年度に課税事業者であれば，その中間にある第2年度において免税事業者になる課税期間があっても，この33条の適用があります。通達12-3-1に，通算課税売上割合の計算ということで，留意事項としていっています。

　大島　逆にいうと第1年度なり第3年度なりが免税事業者であれば，法33条は適用にならないわけですね。

　では3年の間に簡易課税制度によった年があったらどうなりますか。

　木村　第1年度に簡易課税制度によっている場合は，比例配分法を使っていないので法33条は適用になりません。第3年度に簡易課税制度によっている場合ですが，簡易課税制度はこの制度を規定した法37条に，法30条から36条までの規定にかかわらず，とあるので，この法33条も排除されて適用になりません。法34条から36条についても同様ですが，以下ではこの点について一々言及することは省略します。第2年度に簡易課税制度によっている場合は適用があります。通達12-3-1です。

　大島　第2年度に簡易課税制度によっていても，通算課税売上割合の算定上は，第2年度の売上高，課税売上高が入ってくるわけですか。

　木村　そういうことになります。

7　みなし規定の意味（法33条1項）

　大島　それから，法33条1項の柱書後段に，「この場合において，当該加算をした後の金額又は当該控除をした後の金額を当該課税期間における仕入れに係る消費税額とみなす。」ということをわざわざいっていますが，これはどういう意味があるのですか。前段までで立法の目的は達しているのじゃありませんか。

　木村　法32条第1項1号で，「第30条第1項の規定により控除される課税仕入れ等の税額の合計額」をかっこ書で「「仕入れに係る消費税額」という」と

いっています。しかし，法33条1項の規定の適用があるときは，この仕入れに係る消費税額に調整額を加算あるいは減算しますから，放っておくとその計算をした後の金額は，定義上にいう「仕入れに係る消費税額」ではないことになります。したがってこのみなし規定が要るわけです。

大島 そして調整後の額が法45条1項3号イの額になるわけですね。

8 通算課税売上割合の求め方（法33条2項，施行令53条3・5・6項）

大島 では次の問題ですが，法33条2項の後の方に，通算課税売上割合の定義がありますが，これは割合を平均したものじゃなくて，割合の基になる実額を3年間合計して算出したものだということですね。

木村 そのとおりで，施行令53条3項では，通算課税売上割合とは，仕入れ等の課税期間から第3年度の課税期間までの各課税期間における資産の譲渡等の対価の額の合計額に対する，同じ各課税期間における課税資産の譲渡等の対価の額の合計額の割合をいうという趣旨のことをいっています。

具体的例で説明しますと次のとおりです。

(1) 前 提

第1年度の課税期間	第2年度の課税期間	第3年度の課税期間
×1/4/1	×2/4/1	×3/4/1　　　×4/3/31
課税売上割合	課税売上割合	課税売上割合
25%	80%	66.6%
課税売上高200 / 総売上高 800	課税売上高 800 / 総売上高 1,000	課税売上高 800 / 総売上高 1,200

第1年度の課税期間に仕入れた調整対象固定資産の課税仕入税額を40とする。

(2) 計 算

(a) 通算課税売上割合 　$\dfrac{200+800+800}{800+1,000+1,200}=60\%$

　　第1年度の課税売上割合 　$\dfrac{200}{800}=25\%$

(b) 調整の要否　$\dfrac{60\% - 25\%}{25\%} \geqq 50\%$ ｝……要
　　　　　　　$60\% - 25\% = 35\% \geqq 5\%$

(c) 調整対象基準税額に課税仕入れした課税期間の課税売上割合を掛けた金額
　　$40 \times 25\% = 10$

(d) 調整対象基準税額に通算課税売上割合を掛けた金額　$40 \times 60\% = 24$

(e) 第3年度の当初の仕入控除税額に加算する金額　$24 - 10 = 14$

　大島　では次に先ほど後回しにした「第3年度の課税期間」の末日についてご説明願います。

　木村　その定義は法33条2項にあるわけですが,「第3年度の課税期間」とは,仕入れ等をした課税期間,例えば×1年4月1日から×2年3月末日までの事業年度の初日——つまり×1年4月1日から3年を経過する日,つまり×4年3月末日——の属する課税期間をいいます。その課税期間の末日とはこの場合×4年3月末日です。普通の場合は仕入れ等のあった課税期間の初日の3年目の対応日の前日をいうことになりますが,変則的な事業年度だと違ってきます。

　大島　その次に施行令53条5項にいきましょう。

　木村　施行令53条5項は,法30条2項1号による個別対応方式によって仕入控除税額を計算する場合に,課税売上げ・非課税売上げ共通用の課税仕入れについて課税売上割合に準ずる割合を用いているときの通算課税売上割合をどう計算するかということを規定したものです。

　つまり課税売上割合に準ずる割合を用いる場合には,その準ずる割合の算出方法に基づいて施行令53条3項の計算の例によって通算課税売上割合を算出します。したがって,例えば課税売上割合に準ずる割合が人員割りである場合には,分母は3年間の人員の計,分子は3年間の課税売上げ対応の人員の計として計算することになります。

　大島　施行令53条5項では,「第3項の規定の例により」とありますが,これは「……準じて」という場合とはどう違うのですか。

木村　法律用語としては，この場合，「第3項の規定に準ずる」といえば第3項だけにかかわるのに対して，「第3項の規定の例による」といえば，第3項に関連する他の規定，この場合具体的には第4項にもかかわることになります。

　大島　なるほど，そこで具体的に当てはめてみると，例えば人員割りの例でいうと，課税売上げに対応する人員が，ある年は90人中60人であった。次の年は100人中55人だった。更にその次の年は80人中50人だったという場合には，

$$\frac{60+55+50}{90+100+80}$$

ということですね。

　木村　そういうことです。原則である売上金額が従事人員になったということです。

　大島　では，施行令53条6項に進みましょう。

　木村　施行令53条6項は，調整対象固定資産の課税仕入れ等の課税期間から第3年度の課税期間までの間に，課税売上割合に準ずる割合を適用したりしなかったりした場合には，それぞれの課税期間に適用した課税売上割合あるいは課税売上割合に準ずる割合を合計して課税期間の数で割った割合によるということです。

　大島　ここでは実数による加重平均じゃなくて，各課税期間に使った課税売上割合なりこれに準ずる割合なりを単純平均するということですね。

　木村　そうです。施行令53条6項は，5項とは違って3年間のうちに課税売上割合に準ずる割合を適用したりしなかったりした場合，つまりある年は準ずる割合を，ある年は本来の課税売上割合を用いている場合ですが，この場合にはこの条の3項の例によることができず，結局は単純平均によらざるを得ないということで，最終的に割り切っているということです。

　大島　それでは，ある年は床面積割りによった，ある年は人員割りによったという場合には，どうするのでしょうか。

　木村　施行令53条5項では，3年間にわたって継続して課税売上割合に準ずる割合を用いているときには，同条の3項の例によることになりますが，ある年は床面積割り，ある年は人員割りによった場合には，具体的には3項の例に

よって計算することは難しいので、6項が設けられている趣旨からみて、実務的には3年間分を単純平均することもあながち不当であるとはいえず、許されるでしょうね。

　大島　工場ごとに課税売上割合に準ずる割合として別々のものを採っている場合はどうしますか。

　木村　法33条の規定は、ある具体的な調整対象固定資産に適用した課税売上割合が著変した場合に調整しようということですから、工場ごとに違った「準ずる割合」を採っていても、他工場の割合とは無関係にその具体的な資産に適用された課税売上割合に準ずる割合によって計算します。

　大島　例えば1、2年目はその工場独自の割合であり、3年目は企業1本であっても構わず通算するわけですね。それとA工場で買った資産と、B工場で買った資産とでは別々に調整計算することになりますね。

　木村　A工場とB工場とで違う割合を使っていればそういうことになります。

　大島　それから例えば×1年から×3年までの3年間についてこの法33条によって×3年に調整をした場合、×2年から×4年の3年間の調整はどういうことになりますか。

　木村　×1年に仕入れた調整対象固定資産については×3年で調整は打ち切りになります。×1年に仕入れた調整対象固定資産については×3年で、×2年に仕入れた調整対象固定資産については×4年で、というようにして調整し、その計算は、それぞれ×1年から×3年までの、×2年から×4年までの通算課税割合を使って行います。計算対象になる期間は重なりますが、お互いに関連することはなく、別個に計算するわけです。

　大島　この法33条の規定があるために、課税売上割合の変動が大きい事業者は、常に3年間の変動に注意していなくちゃいかんということになりますね。

　木村　そういうことですね。しかし消費税法では非課税品目が少ないので、課税売上割合が大幅に変動するのは極めて特殊な場合だと考えてもいいでしょうし、50％未満の変動、絶対値の5％未満の範囲内であればいいということか

らみると，調整を要するケースは極めて少ないでしょう。

9 調整対象固定資産の支払対価

大島 それでは，通達12－2－2をお願いします。

木村 通達12－2－2は，調整対象固定資産の支払対価とは何かということについて，それはその資産の対価の額をいうということで，その調整対象固定資産を仕入れるための引取運賃とか荷役費は入らないということを留意的にいっているわけです。

大島 法人税法施行令54条1項1号イでは引取運賃，荷役費を加算することになっていますが……。

木村 調整対象固定資産は，施行令5条で1取引単位100万円以上のものと定義されているわけですが，通達では判定の簡略化のため，他の取引によるものまでは入れないで本体価格だけで判断し，引取運賃などを加算しないことにしたわけです。おっしゃるように法人税法とは違いますが，法人税の方はコストの期間配分についての規定ですから目的が違う，両方同じである必要はないので，結局はそれぞれの法律の性質に従った決め方の問題ということでしょう。

大島 次は通達12－2－5。

木村 固定資産についての資本的支出の105分の100が100万円以上かどうかは，固定資産ごと，課税期間ごとに判定するということです。

Ⅳ 調整対象固定資産を課税業務用から非課税業務用に転用した場合の仕入控除税額の調整（法34条）

大島 それでは，法34条に入りましょう。例によって規定の趣旨について概略をお話し願います。

木村 法34条1項は，課税事業者が個別対応方式によって仕入控除税額を計算する際，課税業務用だけに使うものとしていた調整対象固定資産を，取得し

た日から3年以内に転用して非課税業務用だけに使うことにした場合は、その転用をした時期に応じて、その資産についての控除済みの税額——これを調整対象税額といっていますが——の全部又は一部を、転用した課税期間の仕入控除税額から控除するということ、2項はそれが控除しきれなかったときには、その課税期間の課税標準額に対する消費税額に加算するということです。

大島 この規定は個別対応方式によっている場合にだけ適用があるわけですね。

木村 そうです。課税売上げ専用とか非課税売上げ専用だとかいう区分は、個別対応方式の場合だけにあるわけですから……。

大島 aを課税標準に対する消費税額、bを当初の仕入控除税額、cを法34条による調整額とした場合には、納付すべき税額は a − (b − c) となりますが、b − c が引ききれなくてマイナスになった場合には、マイナスのマイナスですから、納付すべき税額は a + (c − b) となるというお話ですね。

木村 そういうことです。

それからこの規定は固定資産が相続・合併・分割によって相続人、合併法人、分割承継法人に移転していても適用されます(法34条1項柱書かっこ書)。

大島 ここでは課税業務用の資産を非課税業務用に転用した場合について規定されているわけですけれども、課税業務用と非課税業務用の共通用に転用した場合も、やはりこの規定の適用があるわけですか。

木村 この調整措置は、課税業務用に使っていた調整対象固定資産を、非課税業務用に使用した場合に適用されるわけですから、課税業務用に使っていた調整対象固定資産を一部非課税業務用に使った場合とか、非課税業務用に一部使っていた調整対象固定資産を全部非課税業務用に使うとかいう場合は、これには当たりません。

大島 念のためですが、今分かりやすいように「使う」という言葉を使われましたが、法文の用語は「供する」で、更に条文の見出しには「転用」という用語があります。「使う」というと一時的なものを含む語感ですが、もっと恒久的な概念ですね。

木村　恒久的な概念ということはそのとおりですが，法4条4項1号でも「使用」という用語を使っており，「使う」というのが一時的な語感だともいえないでしょう（通達5－3－2参照）。

大島　それでは事業用から家庭用に転用したときの調整はどうですか。

木村　個人事業者が事業用に使っていたものを家庭用に転用した場合には，法4条4項1号に規定があって，転用したときの価額で譲渡があったものとみなされることになっています。

大島　関連して通達5－3－2，あるいは11－1－4があって，この間の関係が少々のみ込みにくいので，「第1　課税範囲」の「Ⅴ　みなし譲渡」のところ（31頁）でも話が出ましたがもう一度お願いします。

5－3－2は，事業用に供している自動車を家事のためにも利用する場合のように，家事のためにだけ使用する部分をはっきり区別できないような資産の利用は，家事用に使っても家事用の使用には該当しないといっていて，この場合には家事用に使われてもそのことを余り問題にしないんだという趣旨に読めるし，11－1－4は，事業用と家事用の両方に使用する場合は，初めに使用割合に応じて仕入控除税額を計算するといい，更に，12－4－1の（注）2では，調整対象固定資産を家事のために使用したときには，その使用のときに譲渡があったものとするといっているわけで，必ずしも平仄が合っていないんじゃないかという感じもしますが……。

木村　この三つの通達の関係ですけれども，例を挙げて説明しますと，例えば1戸建ての建物があって，1階を店舗に，2階を自分の住居に使用しているという場合には，1階は事業用，2階は家事用ということになって通達11－1－4が適用される。1階の店舗をあるときに居住用に改造したらその分は通達12－4－1（注）2によってそのときの価額で譲渡があったものとして調整される。1階が事業用，2階が居住用ということになっていたが，これを渾然一体として使用している状態の場合には通達5－3－2という振分けになります。

大島　事業用の一部分を住宅用に恒久的に使用するようになったら，法34条がずばり適用されるわけですね。

木村　それは通達12－4－1（注）2――もとは法4条4項1号――です。さっきもいったように事業用を家事用に転用したときは，法34条の調整という話にはなりません。

大島　なるほど。そこで12－4－1（注）2は譲渡なんですか，譲渡等なんですか。

木村　譲渡があったものとみなされるということです。

大島　使用を譲渡とみなすんですね。

木村　そうです。法4条4項がそういう構成になっています。

大島　対価は使用料ではなくて物の価額ですか。

木村　法4条4項1号でいっている使用は，一時的な使用でなく，転用という趣旨です。そこでさっきも店舗を居住用に改造するという例を出したわけで，ですから使用料ではなくて譲渡対価になるわけです。一時的な使用は通達5－3－2でいっているように，法4条4項1号にいう使用には該当しません。

大島　なるほど分かりました。それでは，次に通達12－4－2についてお願いします。

木村　通達12－4－2は，調整対象固定資産について，課税業務用として課税仕入れをした課税期間から非課税業務用に転用した課税期間の間に免税事業者になった課税期間，あるいは簡易課税制度の適用を受けた課税期間が含まれていても，法34条が適用されるということです。

大島　法34条では，課税用から非課税用に転用した場合であっても，転用した時期にその事業者が免税であれば，この転用の規定は適用しないことになっていますね。

木村　そうです。仕入控除税額を増やすとか減らすとかいうのは，もともと課税事業者である場合のことです。

大島　そうすると，課税事業者である期間の終わりごろ資産を取得して仕入税額控除を受けた，ところがいくらも使わないうちにその翌課税期間に免税事業者になり，この免税期間中に非課税用に転用した，これは計算に入ってこな

いということですね。

　木村　そういうことになります。

　大島　課税事業者が免税事業者になる場合，期末棚卸資産については法36条5項で仕入税額控除を制限する規定があるわけですが，固定資産についてはこれに見合う規定はないわけですね。

　木村　そのとおりです。固定資産は，販売目的ではありませんので，固定資産についての仕入税額控除を制限するとなれば，それがいつの課税期間にいくら寄与したかを算定しなければならなくなりますが，そんな算定は不可能ですから，固定資産については法36条に見合う規定はありません。もちろん法34条のような概算による調整の方法もありますが，さっきから説明してきたように簡明を期するため同条はかなり限定された規定です。

　大島　転用した課税期間に一括比例配分方式によっている場合もこの規定は適用されますか。

　木村　適用されます。法律はお尋ねの場合にこの規定の適用を排除するとはいっていないし，転用した課税期間に一括比例配分方式を採っていたとしてもこの規定による計算をするのに支障はありません。

　大島　転用した課税期間に簡易課税制度によっている場合にはこの規定の適用がないことは先ほどの法33条の場合（315頁参照）と同じですね。

　木村　そういうことです。

　大島　調整計算の内容については別に問題もないと思いますので省略しましょう。

V　調整対象固定資産を非課税業務用から課税業務用に転用した場合の仕入控除税額の調整（法35条）

　大島　それでは先にいって，法35条の趣旨についてお願いします。

　木村　法35条は，法34条とは逆のケースで，課税事業者が調整対象固定資産を非課税業務用だけに使うものとして，個別対応方式によってその仕入税額—

―調整対象税額――について仕入税額控除をしなかった場合に，これを取得した日から3年以内に転用して課税業務用だけに使うことにしたときは，転用した時期に応じ調整対象税額の全部あるいは一部を，転用した課税期間の仕入控除税額に加算するということです。仕入控除税額が増えますから納付税額は減少します。

大島 そこで，先ほどの法34条についてお尋ねしたこととパラレルの質問で念のためですけれども，非課税用から課税・非課税共通用に転用した場合には適用がありますか。

木村 法35条でも，法34条の場合と同じように，非課税業務用に使用していた調整対象固定資産を，課税業務用だけに使用した場合に適用があるのであって，非課税業務用に使用していたものを課税業務・非課税業務の共通用に使用した場合や，あるいは課税業務・非課税業務の共通用のものを課税業務用だけに使うことにした場合には，適用はありません。

大島 先ほどの法34条の場合の逆ですが，考え方としては同じことですね。

ところで，それでは家庭用の資産を課税業務用に転用した場合にはどういうことになりますか。

木村 個人事業者が家庭用に使用していたものを，課税業務用に使用した場合には，仕入税額控除の調整はありません。このことについては33頁に話が出ていますが，既に家事用に使用していたものを事業用に転用した場合には，全部について仕入税額控除を認めるのはおかしいが，それではどの程度認めるかということになるわけですが，こんな事例は極めて少ないので，実際面では割り切って仕入税額控除を認めないことにしたものです。

なおこの規定は，固定資産が相続・合併・分割によって相続人・合併法人・分割継承法人に移転していても適用されます（法35条1項柱書かっこ書）。

ところで，法33条から法35条までは調整対象固定資産の仕入税額控除についての規定ですが，簡易課税制度の適用を受ける課税期間を除き，課税事業者選択の強制適用期間や資本金1,000万円以上の新設法人の設立当初の基準期間がない事業年度中に調整対象固定資産を取得した場合には，その取得があった課

税期間を含む3年間は，事業者免税点制度を適用しないとする規定があります。法9条7項と12条の2第2項です（101～102頁，115～116頁）。

VI 課税事業者となった場合・免税事業者となった場合の調整（法36条）

大島 それでは，法36条に進みます。趣旨をお話し願います。

木村 まず，法36条1項ですが，免税事業者が課税事業者になる日の前日，つまり前課税期間末に所有している棚卸資産のうち，免税事業者であった課税期間中に課税仕入れしたものについては，その課税仕入税額を，課税事業者になった課税期間の課税仕入税額とみなしてその期間の仕入控除税額の計算の基礎になる課税仕入税額に加算するということです。その分仕入控除税額が増加することになります。

法36条5項は，反対に課税事業者が免税事業者になる課税期間の直前の課税期間に課税仕入れをした棚卸資産を，その直前の課税期間の末日に所有しているときには，その棚卸資産の課税仕入税額は，その直前の課税期間の仕入税額控除計算の基礎となる金額に算入することはできないということです。

大島 1項についていうと，免税事業者であった課税期間に消費税込みで仕入れたものは仕入税額控除を受ける機会がなかった。ところが，それが課税事業者となった期間に売られると，売った方には消費税がかかるのに仕入れにかかった税額は控除されないのは不合理だから，課税事業者になったときにあらためて控除をするということだし，5項は課税事業者としての最後の事業年度に課税仕入れをした棚卸資産や保税地域から引き取った課税貨物である棚卸資産が売れ残っていたら，その分については仕入税額控除は認めない，ということですね。

木村 そうです。仕入税額控除は，個別対応でなく期間対応ですから，ある課税期間に課税仕入れをしていれば，それが期末に残っているかどうかとは関係なく，課税仕入れをした課税期間に仕入税額控除をするわけです（法30条1項）が，免税から課税，課税から免税になった場合は例外ということです。

大島　それから今のお話は課税期間単位のお話でしたが，相続・合併・吸収分割によって一つの課税期間の途中で免税から課税になった場合にも適用があるわけですね。

木村　そうです。1項のかっこ書でそのことをいっています（125頁）。

大島　そのかっこ書は相続・合併・吸収分割のことはいっていますが，法12条1項の「分割等」の場合については触れていないんですね。分割等のうち新設分割と現物出資は新設ですから法36条の適用はあり得ないわけですが，事後設立の場合は設立日と分割等の日，つまり予定された資産の譲渡の日とは違いますから問題があるはずですが。

木村　通達12－6－5がその問題に答えています。同通達（注）でいっているように，事後設立法人は新設法人ですから，自分で課税を選択するか法12条の2第1項が働くかしない限り免税になります。それが予定された資産の譲渡があって，つまり分割等があって法12条1項によって課税になると，これはまさに免税から課税に移行するわけで，通達はこの場合も法36条1項は働くんだよ，ということをいっているわけです。なお事後設立の場合の設立と分割等の関係については153頁をご覧ください。

大島　なるほど。そうすると今お尋ねしたケースは免税事業者が課税事業者になった場合として，法36条1項かっこ書外の一般的な規定の適用を受けるわけで，したがって12－6－5は当然のことをいった念のための通達ということになりますね。

それから課税事業者が，相続・合併・分割によって，免税であった個人・法人から事業を引き継いだ場合も仕入税額控除が認められるわけですね。

木村　そういうことです。3項にそのことが書いてあります。この規定は今話が出た相続・合併・分割によって年なり事業年度の途中から課税になる場合の規定とまぎらわしいですが，1項の場合はその事業者自体は変わっていないし，3項はその事業者自体が変わっている点が違っていますから念のため。

大島　免税あるいは課税であった期間中に支払った課税仕入税額で，課税あるいは免税になる直前に所有していた棚卸資産にかかっているものの額は，そ

の棚卸資産の取得価額等（施行令54条）に105分の4を掛けて算出するので，その取得価額が問題になるわけですが，同じ種類の棚卸資産で仕入値が違っているものがある場合の計算はどうするのですか。

　木村　課税仕入れの金額は，個々の棚卸資産ごとの仕入れの対価とするのが原則ですけれども，煩雑さをなくすために，所得税や法人税の棚卸資産の評価方法のうち，原価法によって評価した金額によることも認められています。これは通達の12－6－1です。

　大島　原価法ということは，その事業者が採っている棚卸資産の評価方法，先入先出とか後入先出とか移動平均その他の方法によって計算してもよろしい，ということですか。

　木村　そういうことです。

　大島　低価法はどうですか。

　木村　評価方法のうち低価法による評価は除くことになっています。低価法は，実際の取得価額とは違いますからこの場合は使わないわけです。

　大島　安い方の時価ではなく，高い方の原価をベースにして仕入控除税額を計算するわけですから，1項の場合は事業者に有利，5項の場合は不利ということになりますね。

　それから法36条1項では，免税事業者から課税事業者になった場合には，免税事業者であった課税期間の末日に現存しているもので，免税期間中に仕入れたものは全部この規定が適用されるわけですけれども，5項の課税から免税になる場合は，最後の課税期間に仕入れたものだけがこの規定の対象になるということですね。

　木村　そうです。それより前の課税期間に課税仕入れとして控除したもので，長期滞留在庫として残っているものがあったとしても，その調整は不要だということです。

　大島　最後の課税期間というのが，いわゆる短縮した3か月の課税期間である場合にも，その取扱いは同じことですか。

　木村　単に課税期間とだけしかいっていませんから，それは同じことになり

ますね。

大島 最後の課税期間よりもっと前の課税期間で既に仕入税額控除を受けているものについては、課税事業者が免税事業者になったからといって、今更掘り起こして仕入税額控除を取り消すことまではしないという趣旨ですね。

木村 そうです。

大島 しかし期末在庫のうち、どれが前課税期間からの繰越しで、どれが当課税期間の仕入れ分か、個別にひもを付けるわけではないでしょうから、結局、課税事業者から免税事業者になる直前の課税期間の期末在庫についての課税仕入税額と、最後の課税期間中の棚卸資産の課税仕入税額とのうちどちらか少ない方を控除するということになりますね。

木村 そういうことですね。読者に分り易いように具体的に説明すると、課税事業者としての最後の課税期間の期末在庫の課税仕入れAが100で、その課税期間の課税仕入れBが70とすると、差額の30は前課税期間から繰り越したものとして当課税期間の課税仕入れBの70に見合う課税仕入税額だけを仕入控除税額から除外する(結局当課税期間の課税仕入税額はすべて否認するが30に見合う課税仕入税額には手をつけない)、ということです。

Aが70でBが100とすると、Aの70は全額が当課税期間の課税仕入れからなるものとしてこれに見合う課税仕入税額を仕入控除税額から除外する、ということです。それから3項の相続・合併・分割の場合は、5項に相当する規定がありませんから、課税事業者である被相続人等が課税仕入れをした資産が相続財産等に含まれており、相続人等が免税であっても、被相続人等が支払った課税仕入税額は被相続人等の最後の課税期間に控除できます。

大島 少々甘い気がしますね。弊害措置があるようなら立法措置をとる必要があるかということでしょうかね。この5項では、仕入税額控除を認めないことを表すのに、「課税仕入れ等の税額に含まれないものとする」といっていますが、例えば法33条1項柱書で「仕入れに係る消費税額から控除する」といっているのとどう違うのですか。

木村 法34条も法33条と同じ規定振りになっていますが、この場合には本来

の仕入税額でないものを，調整の必要上控除するわけですから「控除する」という表現にならざるを得ない。これに対して法36条5項の場合は，本来の仕入税額を計算から除外するわけですから，「含めない」という表現がそぐうということです。

大島 なるほど。ところで法33条，34条の控除の場合は，控除しきれなかったらその引ききれなかった額を課税標準額に対する消費税額に加算する規定がありますが，法36条5項ではこの規定は要らないわけですね。

木村 ええ。その課税期間の課税仕入税額から，そのうち期末在庫になっているものの課税仕入税額を引くわけですから，引ききれないということは有り得ないわけです。

大島 そこで，施行令54条1項1号はこの規定を適用する場合の金額についての規定で，課税仕入れをした棚卸資産について，イ，ロ，ハの合計額といっていますが，そのうちのハに「当該資産を消費……するために直接要した費用の額」とあるのですが，消費をしてしまうと，その棚卸資産はなくなってしまうのに，特にここに消費ということを挙げたのはどういう意味ですか。

木村 まず，施行令54条1項ですが，この規定は，お話のように法36条1項によって消費税額を調整する場合の棚卸資産などの取得価額とは何をいうのかということですが，その1号は国内で譲り受けた棚卸資産についてであり，2号は保税地域から引き取った課税貨物である棚卸資産についてであり，更に3号は，1号，2号にいう棚卸資産を使って製作などをした棚卸資産についての規定です。お尋ねの1号ハについては，これと同じ趣旨の規定が2号ハ，3号ロにありますが，皆同じ意味です。

1，2号についていうと「……を消費……するために直接要した費用の額」については，イとロが課税仕入れをするまでのものをいうのに対してハは課税仕入れをした後のものです。例えば自家消費するための燃料を貯蔵したり，他に移管したりする場合の保管料や運賃などは，「課税仕入れに係る棚卸資産を消費するために直接要した費用の額」ということです。燃料が残っている限りそうした費用を含めて法36条が適用されるということです。また，他に販売す

るために仕入れた棚卸資産,例えば食料品を倉庫に保管しておく場合の倉庫料は「課税仕入れに係る棚卸資産を販売の用に供するために直接要した費用の額」ということです。

3号のロについても本質的には同じことです。

大島 なるほど。「消費……するため」といっても,その期末までに消費されてなくなってしまっているものを指すわけではないのですね。なお,この54条1項でいっている額は,消費税,地方消費税込みの額で,そのことを表すのに,1号では法30条1項の「課税仕入れに係る支払対価の額」(実質的には定義は30条6項)という用語を使い,2号では課税標準額と消費税額,地方消費税額の合計額,といっているわけですね。

木村 そうです。だから法36条1項で,課税期間中の課税仕入税額とみなす額を算定するため,これに105分の4を掛けるわけです。

大島 それでは,施行令54条2項をお話し願います。

木村 施行令54条2項は,1項にいう費用の額,原材料費,あるいは経費の額については,課税仕入れの支払対価の額に該当する金額に限るということをいっているわけです。

大島 課税期間中の課税仕入税額とみなす額を算定するには,在庫品の取得費に105分の4を掛けるわけですが,その取得費には非課税仕入れについての支払対価は含まないということですね。

木村 そうです。当然の規定です。

大島 それでは,通達12-6-2,3についてお願いします。

木村 通達12-6-2は,事業者が国内で譲り受けた課税仕入れについての棚卸資産,あるいは保税地域から引き取った課税貨物で棚卸資産となっているものの取得価額には,その支払対価のほか,その課税仕入れなどにかかった引取運賃,荷役費,その他それを購入するために要した費用,あるいはこれを消費したり販売したりするために直接要したすべての費用の額が含まれるわけですけれども,例えば検収費などの一定の費用については,それが少額だということで取得価額に算入しないことにしていれば,それを認めるということで

す。

　大島　通達12－6－3も趣旨としては同じことだと思いますけれども、これは法36条1項の場合も5項の場合も適用があるのでしょうか。つまり、1項は、免税事業者の時代に課税仕入れをしたものを、課税事業者になるときに仕入税額控除を認めるということですから、少額のものを事業者が算入していないとしても、それは事業者がいわば権利を放棄したことになるわけですけれども、5項の方は、逆に課税事業者から免税事業者になるときの棚卸資産は、仕入税額控除するところだったものを控除させないという趣旨なのですが、この場合も少額の費用の分については控除しないでよろしいということですか。

　木村　法36条1項の後の方にかっこ書に「(当該棚卸資産又は当該課税貨物の取得に要した費用の額として政令で定める金額に105分の4を乗じて算出した金額をいう。第3項及び第5項において同じ。)」とあって法36条3項の場合も5項の場合も同じことになっていますので、それからみてその取扱いは1項と同じことになります。通達はむしろ5項の場合の取扱いを緩和することに狙いがあるわけです。

第10　税額控除等（その3）

I　簡易課税制度

1　規定の趣旨（法37条）

大島　それでは先にいきましょう。
法37条，いわゆる簡易課税制度についてお話し願います。

木村　法37条は，中小事業者の課税仕入れについての消費税額の控除の特例，いわゆる簡易課税制度のことですけれども，基準期間の課税売上高が5,000万円以下である課税期間について，消費税簡易課税制度選択届出書を所轄の税務署長に提出した場合には，実際の仕入控除税額の計算を省略して，その課税期間の課税標準額に対する消費税額から，その課税期間の売上対価の返還額等に含まれる税額を控除した後の金額の，例えば製造業ですと70％に当たる金額を仕入控除税額とみなして控除することができるということです。つまり製造業の場合でいうと結果的には売上げに対する消費税額（期中に売上対価を返還した額に含まれる消費税額控除後）の30％に当たる額が納付すべき消費税額になるということです。

大島　仕入れを課税仕入れと非課税仕入れに分ける必要もないし，また課税仕入れを課税売上げ対応・非課税売上げ対応・共通用に分ける必要もないのはもちろん，課税売上割合を算出する手間もかからない，課税売上げの面からだけで仕入控除税額が決まってくるということですね。

木村　そうです。その意味で中小事業者にとっては事務処理面で極めて実益の大きい規定です。

大島　課税売上割合を使わないと，非課税売上げの割合の高い事業者が不当に利益を受けるおそれもありそうですが……。

木村　課税売上げだけから仕入控除税額が計算され，非課税売上げはこの段

階で除かれていますからそんなおそれはありません。

　大島　条文を理解するためには枝葉の部分を取っぱらって，骨組みだけを拾って読んでいくと分かりやすいんで，この法37条もかなり複雑な条文ですけれども，骨組みだけを拾って読んでみると，

　「事業者が，その基準期間における課税売上高が5,000万円以下である課税期間についてこの項の規定の適用を受ける旨を記載した届出書を提出した場合には，翌課税期間以後の課税期間については，課税標準額に対する消費税額から控除することができる課税仕入れ等の税額の合計額は，課税標準額に対する消費税額から当該課税期間における売上げに係る対価の返還等の金額に係る消費税額の合計額を控除した残額の100分の60とする。」
ということです。いろいろ修飾語や形容詞がくっついていますけれども，規定の骨組みはそういうことなんですね。

　木村　数式で表すと，aを課税標準額に対する消費税額，bを対価を返還した額についての消費税額，Tを納付税額とすると，

$$T = (a-b) - (a-b) \times 0.6 = (a-b) \times 0.4$$

となるわけです。

　大島　簡単のためにb，つまり対価の返還という要素を除いていうと，課税標準額に対する消費税額aの60％を仕入控除税額とみなすということは，結局課税売上げの6割が課税仕入れだとみなす，ということですね。

　木村　そういうことになります。仕入率6割といってもいいわけで，この仕入率をみなし仕入率といっています。もっとも課税仕入れといっても普通にいう棚卸商品の仕入れだけではなく，課税されている諸経費や固定資産投資額を含む広い意味であることは今まで説明してきたとおりです。

　ところがこのみなし仕入率というのは事業の種類によって大きく変わるので，業種によって区分けをしないと実態とかけ離れてしまいます。

　大島　そうですね。それで法律がややこしくなってしまうのですが，そのことは後にして，また先ほどのbを復活させて伺いますが，法39条によると，消費税額の算出上，aからはbを引くだけでなく，貸倒れになった売上げのうち

に含まれている税額も引くわけですね。このことは簡易課税制度による税額の算定上どう織り込むのですか。

　木村　さっきのTを算出する式に法39条に出てくる貸倒額に含まれる消費税額cを絡めると，

$$T = (a - b - c) - (a - b) \times 0.6$$
$$= (a - b) - (a - b) \times 0.6 - c$$
$$= (a - b) \times 0.4 - c$$

ということになります。

　大島　ということは，c，つまり貸倒分の消費税額は丸々控除することができるということで，これは大きな特色ですね。

　木村　そうです。

　大島　$(a - b - c) - (a - b - c) \times 0.6 = (a - b - c) \times 0.4$ ではないんだということを理解する必要がありますね。

　木村　おっしゃるとおり仕入控除税額の計算上，貸倒分に含まれている消費税額は減算しないことになっています。さっきいわれた法37条の要約条文の後の方で，控除できる課税仕入税額は，課税標準に対する消費税額（a）から対価の返還についての消費税額（b）を控除した残額の60％，といっており，貸倒額に含まれる消費税額（c）を控除するとはいってないからです。ですから納税者に有利になる。貸倒れについての消費税額cは，$(a - b)$の4割から丸々控除できることになります。仮に$(a - b)$から更にcを引いた残りの4割が納付税額だとすると，貸倒れの消費税額は結果的には0.4しか控除できないことになりますが，そういうことにはなっていないわけです。

　大島　それから，仕入控除税額についてはいろいろの調整措置がありますね。「第9　税額控除等（その2）」で取り上げているような……。こうした調整措置と簡易課税制度との関係はどうなりますか。

　木村　例えば法33条の課税売上割合が著変した場合の調整（309頁参照）ですが，この規定は加算・減算した後の金額を仕入控除税額とみなしているわけですね。こうしたみなされた後の消費税額が法37条の簡易課税制度によって計算

された仕入控除税額に置き換わるわけですから，重ねて調整規定を適用することはありません。

　大島　なるほど。簡易課税制度を規定した法37条は，仕入控除税額は，「これらの規定（法30条から36条までのこと）にかかわらず」簡易課税制度によって計算した金額とする，といい，さらにその金額を，「当該課税期間における仕入れに係る消費税額とみなす」といっていますからね。

　ところで話が戻りますが，さっきの

$$T=(a-b)\times 0.4$$

の式で a－b が引ききれない場合，つまり課税標準額に対する消費税額より，返還した対価のうちに含まれている消費税額の方が大きい場合はどうなりますか。

　木村　法文ではさっきからの符号でいうと，a から b を控除した「残額」の100分の60といっていますね。残額というのは a から b を引ききれない場合は 0 とする，マイナスとはしない，という意味です。

　大島　それから新設法人に関する法12条の2第1項とこの簡易課税関係については通達1－5－19があります。102頁をご参照ください。

　木村　また，簡易課税制度は基準期間における課税売上高が5,000万円以下の課税期間について適用されますが，調整対象固定資産を取得した場合の仕入控除税額について事業者免税点制度を適用しないこととされた課税期間においては，事業を開始した日の属する課税期間を除き，消費税簡易課税制度選択届出書を提出することができないこととされています。

　大島　法37条2項ですね。

2　事業の区分ごとのみなし仕入率（施行令57条1・4・5・6項）

　大島　そこで先ほど後回しにした業種別のみなし仕入率についての説明をお願いします。

　木村　施行令57条1項，5項では，事業の種類を五つに分けてそれぞれのみなし仕入率を決めています。

まず第一種事業――これは卸売業のことですが――の場合は0.9，

第二種事業――これは小売業のことですが――の場合は0.8，

第三種事業――これは農業・林業・漁業・鉱業・建設業・製造小売を含む製造業・電気業・ガス業・熱供給業・水道業のことですが――の場合は0.7，

第四種事業――これは第一種事業から第三種事業までと第五種事業に入らない事業のことですが――の場合は0.6，

第五種事業――これは不動産業，運輸通信業，サービス業（飲食店業に該当する事業は除かれる。）で，第一種事業から第三種事業に入る事業を除く事業のことですが――の場合は0.5，

ということです。

大島 第四種事業とは主にどんな業種でしょう。

木村 通達13－2－8の3でいっていますが，まず飲食店業がありますね。ほかには，信用金庫，貸金業，質屋などの金融業，金融商品取引業や商品先物取引業など，生命保険業や損害保険業，その代理業の保険関係などがあります。なお後で出てくる（341頁）通達13－2－4また書をご覧ください。

大島 兼業者の場合はどれか一つ主力になっている業種の率を全体に適用するのですか，それとも課税売上げごとに区分して適用するのですか。

木村 それぞれの課税売上げごとにどの業種に属するかを区分してそれぞれの仕入率を適用するのが原則です。施行令57条の2，3，4項がそういう前提で出来ており，なお通達13－2－1で念のため注意しています。ただしこの原則を厳密に貫くと煩瑣になってしまうので，そこはいろいろと簡便法が工夫されています。この点については後ほど詳しくお話します（345頁）。

大島 ところで5業種の区分ですが，業種の境目のところではいろいろ問題になるケースが出てきましょうね。その辺についてお話し願います。

木村 まず施行令57条5項3号，4号でいっていることですが，第三種事業で，第一種事業あるいは第二種事業にも該当するものは第一種事業あるいは第二種事業の方にいき，加工賃などの料金を受けて役務を提供する事業は第四種事業（もともとサービス業等に該当するものは第五種事業）の方にいき，また第五種

事業で，第一種事業，第二種事業あるいは第三種事業に該当するものは，それぞれ第一種事業，第二種事業あるいは第三種事業の方にいきます。

それから業種区分の一環として，施行令57条4項は，兼業者が売上げを業種ごとに区分していない場合は，その部分にはその営んでいる事業のうち一番低い（事業者にとって一番不利な）みなし仕入率を適用する，といっています。

大島 施行令57条6項は，「他の者から購入した商品をその性質及び形状を変更しないで」，販売する事業のうち他の事業者に販売する事業が卸売業であり，それ以外の事業が小売業だと定義していますが，灰色のものは小売業ということになりますね。

木村 条文の文言からすればそうなりますが，その表現は若干ミスリードかもしれません。

ここで問題は二つありまして，他の者から購入した商品を「他の事業者」に販売するという，その「他の事業者」とは何かということが1点。2点目は，その販売する商品について「性質及び形状を変更しない」というのは何かということです。

まず，第1点の「他の事業者」には，一般法人や個人事業者はもちろん，国，地方公共団体，あるいは公益法人や公共法人など消費税法上事業者といわれるものがすべて含まれます。実例からみて区分すると，①小売業者や他の卸売業者に商品を販売する場合，例えば食品卸売業者が食品小売店に食品を販売する場合，②他の事業者にその事業者が業務用として使用するもので，購入する者が事業者であることが帳簿や書類ではっきりしている場合，例えばガソリンスタンドが運送会社にガソリンを販売する，あるいは酒屋がバーや飲食店に酒を販売する場合，③主に業務用に使用されるもの，例えば病院，レストラン，ホテル，美容院などが使用する薬，テーブル，椅子，ベッドなどを販売する場合などは卸売業に当たります。

それから，第2点の「性質及び形状を変更しない」ということですが，商品自体にちょっとでも手を加えれば，すぐに「性質及び形状を変更したもの」としてしまうのも余りにも実情に合わないので，例えば，①商標やネームなどの

貼付や表示，②販売用としての商品の詰め合わせや小分け・裁断などをして販売しても，ここにいう「性質及び形状を変更しない」範囲に入れることにしています。

　大島　分かりました。それでは，関連通達の説明をお願いします。

　木村　主なものを拾うと通達13－2－1のただし書ですが，例えばデパートが無料でお買上品を配達する，それはサービス業になるのかというと，これは常識的にみて小売業の付随行為とみていいということ。

　通達13－2－3は食料品の小売業者が，商品を加工販売する場合でも，①それが軽微な加工であること，②加工がその小売店で一般的に行われていること，③加工品がその小売店舗で販売されていること，を条件にこれを小売業と認めようということです。

　大島　抽象的では何のことだがよく分かりませんので，具体例でお願いします。

　木村　例えば魚屋で魚を料理してさしみにしパック詰めにして売る場合，肉屋で肉のミンチや，たれに漬けた味つけ肉を売る場合などはやかましくいうと「性質・形状を変更しない」に当たらないかもしれないが，その程度のものは小売の段階で行われるので，小売に認めていいということです。まあ仕入商品を切ったり，刻んだり，挽いたり，つぶしたり，こねたり，たれに漬けたり，乾かしたりは，普通小売の際に店頭で現実に行われるものは，軽微な加工といってもいいでしょう。ただ加熱するともうダメだということになりましょう。結局，加工が軽微で，その加工が店頭で普通に行われていて直接販売されている，ということで，常識的に判断することになりましょう。

　大島　通達13－2－4第1パラは，第三種事業，第五種事業に分類される事業の範囲は，日本標準産業分類の大分類を基礎とし判断するということとサービス業等の具体的内容，第2パラ（なお書）は，日本標準産業分類の大分類の区分では製造業等あるいはサービス業等に当たる事業でも，第一種事業の卸売業か第二種事業の小売業に当たるものはそちらの方にいくんだということ（これは施行令57条5項3号本文かっこ書の繰り返し），第3パラ（また書）は5項3号

かっこ書が加工賃などを対価とする役務の提供を第三種事業から除いているのを受けて、それは第四種事業だといっているわけですね。

　木村　そういうことですが、いま加工賃などを対価とする役務の提供は無条件に第四種事業になるかのようにいわれましたが、お話の施行令57条5項3号柱書で除いているのは、加工賃などを対価とする役務の提供でも、それが3号の製造業等に属している場合ですから、それがもともとサービス業等に属する業種である場合には第五種事業になりますからご注意ください。このことは通達13－2－7の(注)でいっています。

　次に、通達13－2－5は自己の計算において原材料を購入して、これをあらかじめ指示した条件に従って下請加工させて完成品として販売する、いわゆる製造問屋の事業、建設業者が請負工事の全部を下請に出したその元請の事業、新聞・書籍等の発行、出版の事業は第三種事業だということ。

　13－2－6はいわゆる製造小売は製造業だということ。

　13－2－9は、その事業で使っていた固定資産の売却は、本業の業種区分にかかわらず、すべて第四種事業だということです。

　大島　多少分かりにくい気もしますが、第一種事業から第三種事業まであるいは第五種事業には該当しないから、それ以外ということで第四種事業ということですね。

　次に通達13－2－8の2をお願いします。

　木村　これは施行令57条5項4号ハのかっこ書で、第五種事業のサービス業等から飲食店業を除いているのは、ホテルや旅館で本来の宿泊料とは別請求で行う飲食店業のことであって、食堂とかそば屋だとかはそもそもサービス業ではないので、このかっこ書の効果としてではなく、始めから第四種事業だ、といっているわけです。ホテルの飲食店業がどこにいくかは書いてありませんが当然に第四種事業ですから、結局飲食店業はすべて第四種事業ということになります。

3　兼業者のみなし仕入率──原則規定（施行令57条2項）

大島　先ほどのお話では，ある事業者の事業が第一種事業から第五種事業までのうちのどれに当たるかは，全体をひっくるめて主な事業がどれであるかを判定し，その主な事業にもっていくというのではなく，それぞれの課税売上げごとに判定するということでしたが，兼業者のみなし仕入率の適用について具体的にお話しください。

木村　施行令57条2項ですが，例えば小売業と飲食店業を兼営している事業者をとり，小売業の課税売上げに対する税額をa，飲食店業の課税売上げに対する税額をbとします。なおここで課税売上げに対する税額という場合は返品などで対価を返還した場合，法38条によってその対価のうちに含まれている消費税額を引いた後の金額ということです。

みなし仕入率は小売業は0.8，飲食店業は0.6ですね。そうするとこの事業者のみなし仕入率 r は，8

$$r = \frac{a \times 0.8 + b \times 0.6}{a + b}$$

となります。

大島　結局小売業のみなし仕入率0.8と飲食店業のみなし仕入率0.6とを，それぞれの課税売上げに対する税額 a と b とで加重平均した率ということですね。

木村　そうです。そして課税売上げに対する税額というのは，それぞれの課税売上げ（税抜き）×税率ですから，おっしゃったことはいい換えると，兼業の場合のみなし仕入率というのは，それぞれの業種のみなし仕入率を業種別の課税売上げによって加重平均した率だということです。

大島　計算としては分かりましたが，複合したみなし仕入率を算定したりしないで，業種別に計算した仕入控除税額を合計する，つまり，

$$a \times 0.8 + b \times 0.6$$

を仕入控除税額としてこれを a ＋ b から引いたのが納付税額 T だといっても同じことではないんですか。あるいは，

$$T = a - a \times 0.8 + b - b \times 0.6 = a \times 0.2 + b \times 0.4$$

といった方がもっと簡明ですね。わざわざ面倒な計算をさせるのは何か意味があるのですか。

更にさかのぼっていえば，さっきの複合したみなし仕入率は課税売上げに対する税額，つまり（a＋b）に掛けるわけでしょう。そうすると仕入控除税額は，

$$(a+b) \times \frac{a \times 0.8 + b \times 0.6}{a + b}$$

ですから結局 a×0.8＋b×0.6 になる，面倒な計算は要らないように思われますけど……。

木村 ごもっともです。大部分の場合はお尋ねのとおり業種別にみなし仕入率により仕入控除税額を算定する簡単な計算で片づけてもらっても差し支えありません。しかし例外的には業種別にみなし仕入率を掛けた計算と施行令による計算とが食い違うケースが出てきます。

大島 具体的に数字を挙げてお話し願います。

木村 次のようなケースを想定します。

	課税売上げに対する消費税額	返還対価に含まれる消費税額
第二種事業	100（a）	110（b）
第四種事業	150（c）	

この例で施行令57条で計算すると，

$$\text{みなし仕入率} = \frac{0\ (100\,(a) - 110\,(b)) \times 0.8 + 150\,(c) \times 0.6}{0 + 150}$$

$$= \frac{150 \times 0.6}{150} = 0.6$$

仕入控除税額＝（100（a）＋150（c）－110（b））×0.6＝84

納付税額＝（100（a）＋150（c）－110（b））－84＝56

となります。

ところが業種別に計算すると，

仕入控除税額＝0（100－110）×0.8＋150×0.6＝90

納付消費税額＝（100＋150－110）－90＝50

となって結果が違ってきます。

大島 なるほど。ややラフないい方ですが，業種別に計算すると業種ごとに $a-b$ が引ききれなければそこで打ち切りになる（338頁参照）が，全体として計算すれば $a+c-b$ だから引ききれる。マイナスが打ち切りにならないからそれだけ仕入控除税額が減って納付税額が増える，という違いがあるということですか。

法37条1項では，「当該課税期間の課税標準額に対する消費税額から当該課税期間における……売上げに係る対価の返還等の金額に係る消費税額の合計額を控除した残額」にみなし仕入率を掛けるとあって，あくまでその課税期間のトータル計算になっていることに注意しなければなりませんね。

それから細かいことですが，今法37条では，「課税標準額」という言葉が出てきますね。トータル計算で加重平均したみなし仕入率を使う場合と業種別に計算して合計する場合とでは課税標準額の端数切捨ての関係で違いが出てきますね。

4 兼業者のみなし仕入率——簡便計算規定（施行令57条3項）

大島 事業者が複数の事業を兼営している場合の簡便計算にいきましょう。

木村 施行令57条3項ですね。事業者が複数の事業を兼営している場合は，それぞれの事業の種類ごとのみなし仕入率を課税売上高のウェートで加重平均した率を使う——あるいは普通の場合は業種別にそれぞれのみなし仕入率を使って計算するといっても同じことですが——のが原則ですが，兼営をしている事業のうちの一つが大きなウェートを持っている場合などには計算を簡略にして事業者の手間を省こうというのがこの規定の趣旨です。

まず1号ですが，5種類の事業のうちのどれか一つの課税売上高が全体の課税売上高の75％以上を占めている場合は，課税売上げに対する税額全体に，その75％以上を占めている業種のみなし仕入率を使ってもよいということです。

この場合の課税売上高というのは、もちろん消費税抜きの額で、なお正確にいうと、輸出免税売上げ、輸出物品販売場での輸出物品の免税売上げを除き、また売上げ対価を返還している場合はその返還後の額をいいます。

大島 全体の課税売上高の75％以上を占める業種のみなし仕入率が残りの25％以下の業種のみなし仕入率より大きければ実益がありますが、反対の場合は逆に不利になりますね。

木村 そうです。例えば第二種事業である小売業の課税売上げが75％、第四種事業である飲食店業の課税売上げが25％という場合には、この規定を適用して課税売上げに対する税額全体に0.8のみなし仕入率を適用する意味がありますが、逆の場合に課税売上げに対する税額全体に0.6のみなし仕入率を使うことは納税者にとって無意味です。

大島 ですから当然のことながらこれは選択規定で、原則規定とどちらか有利な方を採ればいいわけですね。もちろん原則規定の方が少し有利だがほとんど差がなく、簡便計算を採って手数を省いた方が得だという場合もあるかもしれませんけど。

それでは2号について。

木村 2号は3業種から5業種を兼営していて、そのうち2業種の課税売上高が全体の75％以上である場合の規定です。

イは、第一種事業とそれ以外の1業種──例えば第二種事業との課税売上高の合計額が全体の75％以上である場合は次のみなし仕入率を使うことができるということです。

分母は「課税売上げに対する消費税額（返還した対価のうちに含まれる税額控除後）」 すなわち次の a＋b

分子は「前項第1号に掲げる金額」つまり「卸売業の課税売上げに対する税額（返還した対価のうちに含まれる税額を控除後）a」×0.9と「第一種事業以外の課税売上げに対する税額（同様控除後）b」×0.8との合計額。つまり

$$みなし仕入率 = \frac{a \times 0.9 + b \times 0.8}{a + b}$$

ということです。

大島 先ほどの施行令57条2項の算式と同じようにみえますが（343頁参照），ここでbというのは，第一種事業以外の事業，つまり第二種事業から第五種事業までの事業の売上げに対する消費税額で，それらにひっくるめて0.8を掛ける，本来なら0.7か0.6を掛けなければならないものにも0.8を掛けて計算してもいい，ということですから，それだけいわば「寛大な」規定ですね。

木村 そうです。それからこの計算は，それぞれの事業の課税売上げに対する税額から返還対価に含まれる税額を引いて引ききれなかったという特殊の場合（345頁参照）を別にすれば，a×0.9＋b×0.8 が仕入控除税額だということです。

大島 今のは2号イ(2)(i)を例にとっての話ですが，イからニまでを一般化していうと，3業種あるいは5業種を兼営していて，そのうちある2業種の課税売上高が全体の75％以上を占める場合には，そのうちみなし仕入率が高い方の業種の課税売上げに対する税額にはその本来のみなし仕入率を適用し，それ以外の業種についてはひっくるめて2業種のうち低い方のみなし仕入率を適用するということですね。

木村 そういうことです。ちょっと補足すると，2号ロでは，柱書かっこ書で第一種事業を除き，またロの(2)では，第二種事業以外の事業が第一種事業である場合，という項目がありません。これは例えば第一種事業が5％，第二種事業が70％，第五種事業が25％という場合，第一種事業と第二種事業を合わせて75％ですが，この場合，みなし仕入率の低い方の第二種事業の70％に0.8を掛け，残りの30％（第一種事業と第五種事業の計）に第一種事業の0.9を掛ける，という選択は認めない，ということです。

大島 そうすると今の例では第一種事業と第二種事業を合わせて75％ですから，さっきのイ(2)(i)を使って，第一種事業の5％には0.9のみなし仕入率，残りの95％には0.8のみなし仕入率を使うか，あるいは第二種事業と第五種事業の合計が95％ですから，ロ(2)(iii)を使って第二種事業の70％には0.8のみなし仕入率，30％（第一種事業と第五種事業の計）には0.5のみなし仕入率を使うかですね。もちろん前者を使った方が有利ですが。

木村 そうです。そのことは通達の13－4－2なお書でいっています。

大島　もちろん以上の説明も施行令に忠実にいうと，さっきいわれた分数式を使って，合わせて課税売上げの構成比が75％以上になる２業種のうち，みなし仕入率が高い方の業種についてその本来のみなし仕入率を使って計算した仕入控除税額と，残りの業種についてひっくるめて２業種のうちみなし仕入率の低い方の業種のみなし仕入率を使って計算した仕入控除税額との合計額の，課税売上げに対する税額に対する割合をみなし仕入率とする，ということになりますが，原則として同じことですから，以下分かりやすく，業種別にみなし仕入率を適用して計算した額の合計が仕入控除税額だということで話を進めます。

そこで２号イの先ほどの例に戻って確認したいのですが，まず第一種事業と第二種事業とで全体の課税売上高の75％ということは，そのうちのどちらかのウェートがごく少なくてもいいわけですね。例えば第一種事業は１％，第二種事業は74％というような場合……。

木村　それはかまいません。しかし第一種事業のみなし仕入率0.9を適用できるのは１％に対してだけですよ。

大島　なるほど。0.9という高いみなし仕入率は１％に対してだけしか使わないので，そこは原則どおりですが，先ほどいったように，残りについては第三種事業，第四種事業，第五種事業についても0.8を使っていいというのは，納税者に有利な規定とはいいながら少々乱暴なような気もしますが……。

木村　そんなふうにもみえますが，よく考えると実はやはり理に適っているわけです。まず，納税者に最も有利な第一種事業・卸売業に対するみなし仕入率0.9は今の話のように，卸売業にしか使わないから税額が不当に侵害されることはない，また残りには全部0.8のみなし仕入率を使うわけですが，そのうち第二種事業の課税売上げについてはもちろん0.8でいいし，第三種事業・第四種事業・第五種事業については本来のみなし仕入率より甘いわけですが，そのウェートは25％未満で比較的少ないからそこは割り切って簡便さを優先させようということです。

大島　なるほど。１号で，全体の課税売上高が75％以上を占める業種のみな

し仕入率を，残りの25％の業種にも使っていい，と踏み切っているのと同じことですね。

　実例で考えてみましょう。課税売上げの構成比が，卸売業40％，小売業35％，飲食店業25％という場合，卸売業と小売業の課税売上高が合わせて75％ですから2号イ(2)(i)が適用になる，そして40％という卸売業の課税売上げに対する税額については0.9のみなし仕入率，小売業・飲食店業の課税売上げである60％に対する税額については0.8のみなし仕入率を使って仕入控除税額を出す，この場合は小売業の課税売上げである35％に対する税額について0.8のみなし仕入率を適用することは原則どおりだが，飲食店業の課税売上げである25％に対する税額については本来の0.6ではなく，小売業に対する0.8のみなし仕入率が適用されることになるが，そこは構成比が25％以下だから割り切るんだ，ということですね。

　ところでこうした説明は2号イ(2)(ii)以下，同号ロ，ハ，ニのケースにもそれぞれ当てはまりましょうかね。

　木村　逆に納税者として不利になるので，選択しないような場合も出てきます。

　例えば今の例で小売業と飲食店業が逆になって，課税売上げの構成比が卸売業40％，小売業25％，飲食店業35％とすると，卸売業と飲食店業で計75％ですから2号イ(2)(iii)に該当します。そして卸売業の課税売上げである40％に対する税額については本来の0.9のみなし仕入率，小売業と飲食店業の課税売上げである60％に対する税額については飲食店業，つまり第四種事業の0.6のみなし仕入率を使うわけですが，この場合は小売業については本来のみなし仕入率0.8を使った方が有利ですから原則計算をすることになりましょう。

　大島　今のは2号の複数の号に該当する場合ですが，三つか四つの事業を兼営していて，そのうち一つの事業で課税売上げの75％以上を占める場合は，3項の1号のどれかと2号の複数の号に該当することになりますね。例えば課税売上げの構成比が小売業75％，卸売業5％，製造業20％という場合，①・1号ロによって全体に小売業の0.8のみなし仕入率を使うか，②・2号イ(2)(i)に

よって5％部分（卸売業部分）には0.9, 95％部分（小売業部分＋製造業部分）には0.8のみなし仕入率を使うか，あるいは③・2号ロ(2)(i)によって75％部分（小売業部分）には0.8, 25％部分（卸売業部分＋製造業部分）には0.7のみなし仕入率を使うか，という三つの選択肢があるわけですが……。

木村 その場合もどれか一番有利な号を適用してかまいません。お話の場合は②を適用するのが有利です。これは通達の13－4－2の第一段でいっています。

通達の13－4－2では，施行令57条2項と3項が競合する場合，どちらをとってもいいといっていますが，そもそも3項が2項に対する例外を選択することを認めた規定ですからこれは当然のことです。

大島 要するに簡便規定自体が選択規定ですが，そのうちの複数の号に該当するときは，どれでも一番有利なものを採っていいということですね。

それでは施行令57条3項を一覧表にしておきましょう。

	課税売上高の構成比	適用するみなし仕入率	
1号イ	第一種事業が75％以上	課税売上げに対する税額の全額に対し	0.9
1号ロ	第二種事業が75％以上	課税売上げに対する税額の全額に対し	0.8
1号ハ	第三種事業が75％以上	課税売上げに対する税額の全額に対し	0.7
1号ニ	第四種事業が75％以上	課税売上げに対する税額の全額に対し	0.6
1号ホ	第五種事業が75％以上	課税売上げに対する税額の全額に対し	0.5
2号イ(1)(2)(i)	第一種事業と第二種事業の合計が75％以上	第一種事業の課税売上げに対する税額に対し	0.9
		第一種事業以外の事業の課税売上げに対する税額に対し	0.8
2号イ(1)(2)(ii)	第一種事業と第三種事業の合計が75％以上	第一種事業の課税売上げに対する税額に対し	0.9
		第一種事業以外の事業の課税売上げに対する税額に対し	0.7
2号イ(1)(2)(iii)	第一種事業と第四種事業の合計が75％以上	第一種事業の課税売上げに対する税額に対し	0.9
		第一種事業以外の事業の課税売上げに対する税額に対し	0.6
2号イ(1)(2)(iv)	第一種事業と第五種事業の合計が75％以上	第一種事業の課税売上げに対する税額に対し	0.9
		第一種事業以外の事業の課税売上げに対する税額に対し	0.5

2号 ロ(1) (2)(ⅰ)	第二種事業と第三種事業の合計が75％以上	第二種事業の課税売上げに対する税額に対し	0.8
		第二種事業以外の事業の課税売上げに対する税額に対し	0.7
2号 ロ(1) (2)(ⅱ)	第二種事業と第四種事業の合計が75％以上	第二種事業の課税売上げに対する税額に対し	0.8
		第二種事業以外の事業の課税売上げに対する税額に対し	0.6
2号 ロ(1) (2)(ⅲ)	第二種事業と第五種事業の合計が75％以上	第二種事業の課税売上げに対する税額に対し	0.8
		第二種事業以外の事業の課税売上げに対する税額に対し	0.5
2号 ハ(1) (2)(ⅰ)	第三種事業と第四種事業の合計が75％以上	第三種事業の課税売上げに対する税額に対し	0.7
		第三種事業以外の事業の課税売上げに対する税額に対し	0.6
2号 ハ(1) (2)(ⅱ)	第三種事業と第五種事業との合計が75％以上	第三種事業の課税売上げに対する税額に対し	0.7
		第三種事業以外の事業の課税売上げに対する税額に対し	0.5
2号 ニ(1) (2)	第四種事業と第五種事業との合計が75％以上	第四種事業の課税売上げに対する税額に対し	0.6
		第四種事業以外の事業の課税売上げに対する税額に対し	0.5

5 適用される課税期間（施行令56条）

大島 それでは，次に5,000万円の問題に入りましょう。法37条1項では「基準期間における課税売上高」ということをいっていて，これは法9条1項の定義に従うといっていますが，法9条1項の定義によると，基準期間の課税売上げからその期間中の対価の返還額を控除した後の金額，ただし基準期間が1年でない法人についてはその年換算額だという定義がありますので，これは読者のために申し添えておきます。

ところで，簡易課税制度の適用を受ける届けを出したが，その後基準期間の課税売上高が5,000万円超の課税期間があり，その後更に5,000万円以下の課税期間を迎えたという場合には，前の届出はそのまま有効なんですか。それともあらためて届出をすることになりますか。

木村 簡易課税制度選択の届出の効力ですが，消費税簡易課税制度選択不適用届出書というのがあって，これを提出しない限りは基準期間の課税売上高が5,000万円以下の課税期間については有効に働きます。つまり，簡易課税制度

選択届出書が提出された場合には，その基準期間の課税売上高が5,000万円以下の課税期間については，それが継続していようが，飛び飛びであろうが，殊更手続をしないで，簡易課税制度の適用を受けることができるということです。これは通達13－1－3でいっています。

　大島　今お話の不適用届はいつでも出せるんですか。

　木村　法37条5項で制限をおいています。簡単にいうと，いったん選択届を出したら，原則として2年間（事業年度が7か月というように変則的だと例外になります。）は簡易課税制度によらなければなりません。この辺の規定ぶりは小規模事業者の課税選択届のとりやめの届けの制限についての法9条7項と同じです。同項については114頁でお話ししました。

　大島　それでは施行令にいきましょう。簡易課税制度は届出の翌課税期間から適用されるのが原則だけれども，法37条1項かっこ書とこれを受けた施行令56条1号は，事業を開始した課税期間については，その課税期間からすぐに有効になるといっていますが，これは課税期間を1か月，あるいは3か月に短縮する届出を出している事業者についてもそのまま適用になるわけですか。施行令41条1号の，課税期間短縮の場合とは規定振りが違うようですがどうですか。

　木村　施行令41条1号のかっこ書は，事業を開始した課税期間から課税期間短縮の届出の効果が生じるという場合のその課税期間というのは，届出前の本来の課税期間ではなく，届出によって短縮された課税期間であることを規定しているわけです。施行令56条1号の規定は，法19条と施行令41条によって規定された課税期間を前提に，簡易課税制度の届出の効力がいつから生ずるか，ということを明らかにした規定です。

　したがって，課税期間短縮の特例を受けて，短縮された課税期間が事業を開始した課税期間に当たる場合には，その短縮した課税期間について簡易課税制度の適用があることになります。

　大島　分かりました。

　ところで事業開始の課税期間は，「基準期間における課税売上高」がないた

めに，法9条によって免税事業者になり得るわけですから，簡易課税制度を選択するのは法12条の2第1項によって初年度から免税にはなれない法人のことでしょうね。もちろん免税となる個人事業者や零細法人でも還付を受けるために課税の選択はできますが，還付を受ける目的なら簡易課税制度を選択することはあり得ないわけですからね。

木村 必ずしもそうではありません。事例としては少ないでしょうが，例えば事業開始の課税期間に設備投資をするため仕入控除税額が大きくなって，還付を受けるため課税事業者を選択した，ところが資金繰りがつかなくなって当初の設備投資をとりやめ，その結果納付する税額が生じ，これについて簡易課税制度を適用するというような場合ですね。課税事業者を選択することは本来還付を受けるためだったわけでしょうが，何らかの事情で消費税を納める破目になりそうで，次善策として簡易課税制度を選択した，いわば第1次志望校を落ちてスベリ止め校に入ったみたいなものですね。

大島 同じく施行令56条3号なんですけれども，法人が合併によって簡易課税制度の適用を受けていた被合併法人の事業を承継した場合には，その合併の課税期間からすぐに簡易課税制度を適用できるといっていますが，これはもちろん合併法人が免税であったり，あるいは簡易課税制度を受ける資格がありながらその選択をしていなかった場合のことでしょうね。

木村 それはそういうことです。法37条1項と併せて読めばそのことがはっきりします。なおこの規定で簡易課税制度の適用を受けるには，選択届出が必要であることは当然ですから念のため。

大島 ところで合併法人と被合併法人の基準期間の課税売上高の合計が5,000万円を超えていてもこの施行令56条3号は適用されますか。

木村 簡易課税制度には，小規模事業者免税の場合の，法10条，11条，12条5項，6項に見合う規定がありませんから被相続人と相続人，被合併法人と合併法人，分割法人と分割承継法人のそれぞれの本来の基準期間ベースで通すことになります。したがって，例えば129頁のD期の判定の場合，簡易課税制度の適用を受けていた合併法人の基準期間における課税売上高と被合併法人のその

基準期間に対応する期間の課税売上高との合計額がその合計することにより5,000万円を超えることになっても引き続き簡易課税制度が適用されます。もちろんそういう場合は，将来は基準期間の課税売上高が5,000万円を超えるでしょうが，それまでは簡易課税制度が適用されるということです。

それからこの施行令56条3号は吸収合併の場合の規定であって，設立合併の場合は同条1号の事業開始の方の規定が適用されるわけですから念のため。

大島 今お話の簡易課税制度には法10条，11条等に見合う規定がないのはなぜかという問題がありますが後回しにして，この施行令56条には，法12条7項3号の事後設立による分割等があって，同条1項の規定によって分割等があった日から課税となる場合，その課税期間から簡易課税制度の選択ができるという規定が必要であるように思いますが，どうでしょう。

木村 法12条7項3号の事後設立による分割等の場合は，あらかじめ資産の譲渡が行われる日，つまり課税事業者となる日が分かっているのが普通でしょうから，そうすると事前に提出することができるのではないでしょうか。

資産の譲渡が行われる日が設立事業年度中であれば，施行令56条1号で対応できるし，譲渡が翌事業年度になるのならば，その前期である設立事業年度中に提出すればいいわけですから，何も事後設立だからといって特例を認める必要はないと考えます。

なおこの施行令56条3号については，課税事業者になることの選択についての施行令20条3号が参考になりましょう。110頁をご参照ください。

大島 それでは次に，簡易課税制度の適用を受けようとする者が税抜経理処理をしているときはどうでしょうか。

木村 簡易課税制度の適用を選択した事業者についても，その経理処理について何らの要件も設けていないというのがこの簡易課税制度の特色でもあるわけで，事業者が課税売上げ，課税仕入れについて，いわゆる税抜経理をしていたとしても，この点が簡易課税制度を適用できるかどうかの判定に影響を及ぼすことはありません。通常の経理処理について税抜経理をしても，簡易課税制度の適用は受けられるということです。

大島　簡易課税制度を受けようとする届出，やめようとする届出を，適用しようとする課税期間の前期末日までに提出できなかった場合の宥恕規定が法37条7項，施行令57条の2にありますが，内容は法9条9項，施行令20条の2（115頁参照）と同じことですから省きます。

6　分割等があった場合（施行令55条）

大島　それでは，簡易課税に絡む分割等の問題に入りましょう。
法37条1項の三つ目と五つ目のかっこ書に「分割等に係る課税期間を除く」（つまり簡易課税制度を適用しない。）と同じことが書いてありますが，これはどういうことですか。

木村　簡易課税制度は，基準期間の課税売上高が5,000万円超であるとそもそも適用できないし，また，届出があっても，その後基準期間の課税売上高が5,000万円超の課税期間には適用がないわけですが，二つのかっこ書はそのそれぞれの場合について，分割親法人，分割子法人の特定の事業年度にも適用がないということで，分割等によって課税売上高が減少した法人に対して簡易課税制度の適用を制限しようという規定ですから，考え方としては免税の規定の適用を制限した法12条と同じといっていいでしょう。なお，この場合の分割等とは，法12条1項，実質的には同7項に規定する分割等のことですから，新設分割，一定の条件を満たす現物出資・事後設立を指し，吸収分割は除外されます。

大島　その一定の条件を満たさなければそもそも分割等に入らないから，かっこ書の簡易課税制度の適用除外の規定の適用を受けない，つまり納税者にとって有利なことですね。

木村　そうです。免税制度なり簡易課税制度なりの適用を制限するのは，親法人と子法人の間に密接な関係がある場合に限る，というのがそもそも法12条7項2，3号の法意ですから……。

大島　なお読者のためにいっておくと，かっこ書に「第12条第1項に規定する分割等」とあるので，ここで除外されて簡易課税制度の適用を受けられない

のは法12条1項の分割等だけで、2項以下は関係ないんじゃないかと読まれるかもしれませんが、法12条1項に規定する、というのは、「分割等」の定義のありかを示すための修飾語で、簡易課税制度の適用除外を同項の場合に限定するという意味ではありませんから念のため。

　そこで簡易課税制度の適用の制限の内容としては、153頁の5-1図でいうと、例えば子法人のb期間については、親法人のB期とC期の課税売上高の合計額の年換算額が5,000万円超ならば簡易課税制度は適用できないということですね。

　木村　ええ。さっきのお話のように、法37条1項の三つ目、五つ目のかっこ書の「分割等に係る課税期間」というのは、結局「政令で定める課税期間」ということです。今出された例はその政令である施行令55条1項2号に当たります。

　大島　この施行令55条も大変細かい規定ですが、内容は施行令23条と同じ趣旨だと理解してかまいませんか。

　木村　施行令55条は施行令23条の各項を引用しています。要するに法12条の分割等が行われている場合には、分割親法人と分割子法人とを相互に関連させながら5,000万円以下かどうかを判定しようということです。

　大島　詮じつめていえば法12条と施行令23条の、これこれの金額が1,000万円を超えていれば免税の規定を適用しない、というところを、これこれの金額が5,000万円を超えていれば簡易課税制度を適用しない、と読み替えればいいわけですね。

　木村　そういうことです。

　大島　ところでさっき後回しにしましたが、法37条1項三つ目のかっこ書が、法12条1項から4項までの分割等について簡易課税制度の適用を制限しているのは、法12条1項から4項までが分割等について免税規定の適用を制限しているのと同趣旨で、分割等によって法人の規模が小さくなって、今まで簡易課税制度の適用が受けられなかった法人が、親法人・子法人とも簡易課税制度の適用を受けられるようになるようなことを防止しようとしていることはよく

分かるのですが，それなら法10条の相続，11条の合併，12条5，6項の吸収分割については免税規定の適用を制限しているのに簡易課税制度の適用を制限することを規定していないのはなぜでしょう。なお通達13－1－2は，特に合併，吸収分割については簡易課税制度の適用制限はなく法37条1項の原則規定がそのまま働くんだといっています。

　木村　相続，合併，吸収分割の場合についても分割等の場合と同様なことが考えられますが，適用を制限するにしても法10条，11条，12条5，6項はしょせん2年間のことであり（151頁参照），分割等のように延々と続くわけでもありませんのでその間のことは目をつぶり，事務の簡素化の点にも配慮して簡易課税制度の適用制限はしなかったということでしょう。それなら免税の制限についても同じことではないか，との反論も成り立つでしょうが，そこは立法政策の問題だというしかありますまい。

　ただ，理論的には，同様とすべきであり，これは今後の課題であると考えます。

7　簡易課税制度の適用の制限

　大島　それでは，法37条2項，簡易課税制度の適用の制限ですが，これは平成22年度の改正で入ったもので，これについてお話し願います。

　木村　これは，調整対象固定資産の仕入税額控除の調整の適正化ということで設けられたものです。

　つまり，法9条7項の規定の適用を受ける場合や法12条の2第2項の規定の適用を受ける場合には，調整対象固定資産の取得があった課税期間を含む3年間は，簡易課税制度選択届出書を提出することができないということです。

　ただし，事業を開始した課税期間など一定の課税期間から簡易課税制度の適用を受けようとする場合はこの限りではないとされています。

　大島　調整対象固定資産の仕入税額控除の調整を行う課税期間において簡易課税制度を適用することを制限するということですね。このことはその3項においても同様ですね。

8 災害などがあった場合の簡易課税制度の適用の変更（法37条の2）

大島 それでは法37条の2，簡易課税制度の適用の変更ですが，これは平成18年の改正で入ったものですね。その内容についてお話し願います。

木村 さきにもお話が出ましたが，簡易課税制度の選択の届出書やその不適用の届出書は原則として，その適用を受けようとし，又は適用を受けることをやめようとする課税期間の開始の日の前日までに提出する必要があります。

これは，その制度を選択するかどうかにより，売上げや仕入れに関する記帳義務の内容が異なること，事後的に選択することになると納税額の有利か不利かを検討したうえの選択可能となることなどから，事前の届出制となっているものです。

しかしながら，災害などにより被害を受けた場合には，選択時において考えられなかったことが生ずることがあります。

そのため，このような特別な事情に配慮し，災害などが生じたことによりその簡易課税制度の適用の変更の必要が生じたときには，その適用の変更を認めることとする特例を設けることとされたものです。

大島 災害による被害の復旧のための設備投資などをすることにより課税仕入れが発生し，その仕入控除税額を実額により計算することはその救済となりますね。

そして，これは簡易課税から実額課税への変更の場合と実額課税から簡易課税への変更のケースがありますね。

木村 そうですね。

大島 申請手続などは読めばわかると思いますので省略します。

II 売上対価を返還した場合の控除（法38条）

大島 それでは，次に法38条に進みましょう。まず規定の趣旨をお願いします。

木村 法38条は，課税事業者が国内で行った課税資産の譲渡等について，返

品を受けたり，あるいは値引き，割戻しをしたことによって，売上対価を返還した場合には，その課税期間の売上げに対する消費税額から，その返還した額に含まれている消費税額を控除するということです。

大島 法30条1項の仕入税額控除のところでも出たことですが（255頁），1項で税抜対価の5％を相手に返還して，税額としては税抜対価の4％しか引かれない，ということについてもう一度ご説明お願いします。

木村 相手からは地方消費税込みで税抜対価100の5％の5を受け取っているわけですから，返品などがあればこの5を返すのは当然ですね。

ところで国税たる消費税は4しか引かない，あとの1はどこかへ消えてしまったのではないかということですが，国税が4軽くなればその25％である地方税が1だけ軽くなるので，結局5が戻されることになるわけです。

なお，この控除は原則としてその返還等に関する明細を記録した帳簿を保存している場合に限って認められることになっています（施行令58条）。

大島 控除をするのはその課税期間に行った返還に含まれる税額であって，それがいつの売上分についての返還かは問わないわけですね。

木村 そうです。売上げと返還は期間対応であって個別のひも付き対応ではありません。

大島 法38条のかっこ書では，輸出免税を受けた者については，対価を返還した場合にも引かないんだといっていますね。施行令48条1項2号イでは輸出取引についての対価の返還等の金額を含めて引くんだといっていますが，これはどういうわけですか。

木村 法38条の方は，輸出取引は免税になっていて，課税されていませんから，それについて返還をしてもこれは当然控除しない，ところが，施行令48条の課税売上割合の計算の場合には，輸出による譲渡も課税売上割合の分母の方はもちろん，分子にも入っているので，これについて返還をすれば，その分の控除をするということです。このことは265頁でも話に出ました。ところが同条1項2号イでは法38条を引用しているので，黙っていると輸出対価を返還した額が控除されないことになってしまう，そこで特にこれを控除することを明

らかにしたということです。

　それから相続・合併・分割があった場合，相続人・合併法人・分割承継法人は，被相続人・被合併法人・分割法人が行った課税売上げについてもその対価を返還した場合には見合いの税額を控除することができます。これは法38条3，4項です。

　大島　それでは，通達14－1－2をお願いします。

　木村　通達14－1－2は，販売数量，売上高，売掛金の回収高などの金額に応じて，あるいは取引先の営業地域の特殊事情とか協力度合などを勘案して，金銭で取引先に対して支払う割戻し，あるいは販売奨励金などは売上げの対価の返還になるということ，事業者が直接の取引先に支払うもののほか，間接の取引先に対して支払う，いわゆる飛び越しリベートもこれに含まれるということをいっているわけです。

　大島　引き続いて，14－1－5をお願いします。

　木村　通達14－1－5は，ある取引先に対して課税売上げと非課税売上げを行っている場合に，その売上先に一括して売上割戻しをした場合には，割戻金額をそれぞれに合理的に区分するということです。

　大島　そして，課税資産の売上分の割戻しに区分された分だけを控除するわけで，これは余り問題はありませんね。続いて14－1－7をお願いします。

　木村　通達14－1－7は，免税事業者になった後に課税事業者であったときの課税売上げの対価の返還をした場合には，その分の消費税は，法38条の規定は適用されないということを留意的にいっているわけです。

　大島　課税事業者の時代に，返還前の金額について課税を受けているわけですから，免税事業者になった後であっても，返還をすればその分は何らかの方法で控除をするのが本来の筋かもしれないけれども，免税事業者であれば返還する方法がない，いわば取りっきりになってしまう。これは実務上やむを得ざる措置だということでしょうね。

　それでは，逆に免税事業者であった時期の売上げについて，課税事業者になってから返還した場合にはどういうことになりますか。

木村　免税事業者であった当時の売上げの対価の返還については，元の課税資産の譲渡等の対価が税抜きですから，当然法38条の適用はありません。

大島　もともと課税になっていなかったわけですから，返還しても調整の必要はない，これは実体論としては当然のことですが，文理からすると，法38条冒頭のかっこ書は免税事業者を除いているので，逆にいうと課税事業者が売上対価を返還した場合は，その売上げが免税事業者であった課税期間のものであっても税額控除すべきものともとれますがどんなものでしょう。

木村　しかしこの規定は譲渡対価とその対価に100分の5を掛けた額を返還したときに適用されるわけですね。免税事業者であった課税期間は，対価のほかにそれに100分の5を掛けた額を受け取っていないわけですから売上対価を返還してもこの規定は適用されません。

大島　そうすると，返還をした売上対価については，それが課税であった期間のものか，免税であった期間のものか，ひもを付けなければなりませんね。

木村　そうですね。その限りでは期間対応の例外ということになりますね。

大島　通達14－1－8は，売上げの場合についての通達10－1－15に見合う規定だということですね（246頁以下参照）。

通達14－1－9は，法人税基本通達2－5－1と同じ規定ですね。

次に，通達14－1－11の無効，取消しについてお話し願います。

木村　通達14－1－11は，取引が無効あるいは取消しになった場合にどうするかということですが，取引が無効であることが分かった，あるいは取消しになった課税期間と，課税資産の譲渡等の課税期間が同じであれば，課税資産の譲渡はなかったものとする。課税期間が別であれば，無効であることが分かった，あるいは取消しになったときに売上げ対価の返還をしたものとして法38条の規定を適用しているときはそれでよいということです。

Ⅲ　貸倒れの場合の控除（法39条）

大島　それでは，法39条に入ります。例によって趣旨をお話し願います。

木村　法39条は，課税事業者が国内で課税売上げをした場合に，その課税売上げの相手先に対する売掛金などの債権について債権の切捨てがあったこと，そのほか一定の事実が生じたために債権が貸倒れになったときには，その貸倒れになった課税期間の課税標準額に対する消費税額から，その貸倒れによる消費税額を控除するということです。なおいったん貸倒れとして税額を控除したが，その後対価を回収したらそのときに税額を加え戻すこと，貸倒れの税額の控除，回収した税額の加え戻しの規定は事業を承継した相続人・合併法人，分割承継法人に及ぶことが規定されています。
　また，この税額控除については，法38条の場合と同じように，課税売上げと貸倒れとは期間対応であって個別対応ではなく，また原則として貸倒れがあった事実を証する書類の保存を条件として認められます。
　大島　この貸倒れについては，課税売上割合の算定上は控除をしないわけですね。
　木村　施行令48条1項で，課税売上割合の計算上には，貸倒れを控除するとは書いていないので，貸倒れは控除しません。
　大島　その趣旨については，107頁で話が出ましたね。
　通達14-2-1は，法人税の基本通達9-6-3の(注)と同じですね。
　木村　そういうことです。施行規則18条3号イにいう「取引を停止した時」とはいつをいうか，ということを明らかにし，たまたまの取引についてはこの規定の適用がない，といっているわけです。
　大島　法人税法52条1項の個別貸倒引当金を積んだときはこの貸倒れに該当しますか。
　木村　それはあくまで引当であって貸倒れそのものとは違いますから，法39条1項にいう「……全部又は一部を領収することができなくなったとき」には該当しません。

第11　申告・納付・還付

I　中間申告

1　前年実績による中間申告（法42条）

大島　以上で第3章の「税額控除等」を終わって，第4章の「申告・納付・還付等」に入りましょう。

まず，法42条は中間申告の規定ですが，これについて，その趣旨をお話し願います。

木村　消費税は間接税ですから，事業者はその売上先に消費税相当額を上乗せした価格で販売する，いわば消費税を預かっている恰好になるので，それが事業者の手許に長く滞留してこれから運用益を生じるようなことになっては公正でない，また一時に納付するよりもあらかじめ小きざみに納めておいた方が事業者にとって好ましいこともある，かたがた国にとっても早期に税収を確保するというメリットがある，というような事情からこの中間申告制度が採用されているわけです。

大島　そうかといって，中間申告の期間が余り短く，頻繁に申告することになると，事業者にとっても国にとっても手間がかかる，また売掛期間が長く回収の遅い事業者の資金繰りを圧迫するおそれがある，というような事情もあって，中間申告義務も納税額の多少によって1か月ごと，3か月ごと，6か月ごとと三つに分かれているということですね。これに中間申告不要の零細業者を入れると4分類ということですか。

(1)　法42条1項

それではまず法42条1項についてお願いします。

木村　これはある課税期間の直前の課税期間の確定消費税額（以下では単に確定税額といいます。）の1か月分，つまり確定税額を課税期間の月数で割った額

を，その額が400万円以下である場合を除いて，所定の期日までに申告しなければならない，という規定です。ただ同項柱書の一つ目のかっこ書で法19条によって課税期間の短縮の特例を受けている事業者が，同じく二つ目のかっこ書で課税期間短縮の特例を受けているわけではないが事業年度の関係で3か月以下になっている法人の課税期間が除かれています。なお二つ目のかっこ書では外に，直前の課税期間というものが存在しない個人事業者の開業した課税期間，法人の設立した課税期間——新設合併をした課税期間は別ですが——が除かれています。

　また三つ目のかっこ書では1か月ごとに区切った最後の課税期間について中間申告は不要といっています。個人でいえば12月ですが，申告期限の2月末日は確定申告期限と一致するので中間申告を求める実益がないからです（申告期限については367頁以下をご覧ください。）。もっとも租税特別措置法で個人事業者の確定申告期限は3月末日に延びていて，12月分の中間申告の申告期限である2月末日よりは後になりますから，12月分について中間申告を求めることも考えられますが，1か月のずれにすぎませんから，税法はそこはのみ込んで最後の1か月についての中間申告は不要としています。

　大島　前に事後設立法人について，事後設立のための資産の譲渡の日が設立の日の次の事業年度の途中になり，その事業年度の開始の日から資産の譲渡の日の前日までは免税，資産の譲渡の日からその事業年度の末日までは課税，という場合，この資産の譲渡の日以後は「課税期間」ではない，課税期間はあくまで法19条によってその事業年度だというお話でしたが（112頁），そうするとその資産の譲渡があった事業年度の次の事業年度の中間申告は，資産の譲渡の日からその事業年度末日までの期間，例えば3か月の確定税額をその課税期間（事業年度），例えば12か月で割った税額がベースだということになりますか。課税期間中の一部の期間の税額を求めることも問題ですが，それができるとしてこの計算は少々甘いような気がしますが，ここは3か月で割るべきではないかと思いますがどんなものでしょうか。

　木村　法42条1項1号では「当該課税期間の直前の課税期間の……消費税

額……を当該直前の課税期間の月数で除して……」と規定されていることからみて，3か月の確定税額を12か月に割った税額ということになります。

　大島　1か月の消費税額が400万円というと年税額4,800万円ですが，単純にいって課税仕入税額が課税標準額の例えば6割とすると，課税売上高30億円を超える事業者がこの1か月申告をしなければならないということですね（30億円×0.04＝1.2億円。30億円×0.6×0.04＝7,200万円。1.2億円－7,200万円＝4,800万円）。

　それではこの法42条1項についていろいろお尋ねしていきたいと思います。

　まず一つ目のかっこ書では，法9条1項本文の規定による免税事業者を除いていますが，課税事業者になることを選択している事業者はどうなるのですか。

　木村　納税義務が免除されている事業者が除かれているわけですから，たとえ還付が目的であるにしても，法9条の免除規定の適用を受けない選択をした事業者は中間申告義務あり，ということになります。

　大島　次に一つ目と二つ目のかっこ書についてですが，1か月ごとに区切って申告を求める趣旨からいえば，3か月以下の課税期間についても1か月中間申告を求めるべきではないでしょうか。

　木村　一つ目のかっこ書については，課税期間短縮の特例を受けているのは大抵は還付を受ける事業者でしょうから1か月申告を求める実益が乏しいこと，二つ目のかっこ書については，3か月を超えない事業年度ではすぐに確定申告をすることになること，を考慮して手間を省いたものでしょう。

　大島　それから三つ目のかっこ書ですが，課税期間を1か月ごとに区分していって最後に1月未満の期間ができたらその半端な期間についても中間申告をするように読めますが，これはそのすぐ次の最後の1か月は申告不要といっていることと矛盾しませんか。

　木村　ここは1か月未満の期間も一つの期間なんだといっているだけで，それについて申告をしろといっているわけではない，とご理解ください。

　大島　これがないと1か月未満の半端な期間はどうなるんだ，という疑問が

残ってしまう，ということでしょうかね．

　次に，直前の課税期間の確定税額といっても，修正申告・更正などによって動くわけですが，いつの税額をベースにするんですか．

　木村　法42条1項1号ですが，課税期間の初日から2か月間の各1か月はその初日から2か月目の末日，それから後の各1か月はそれぞれの末日現在の確定税額がベースで，これを前課税期間の月数で割った額を申告することになります．

　大島　個人事業者を例にとると，1月と2月は2月末，3月以降は各月末現在の確定税額がベースだということですね．1月分は2月末日現在の確定税額がベースだというのは，前課税期間の確定申告期限に合わせたわけですね．

　木村　ところが租税特別措置法86条の4によって，個人事業者の場合は確定申告期限が3月末に延ばされていて，2月末には前課税期間の税額が確定していませんから，同法施行令46条の4によって，2月分も3月末現在の確定税額がベースになります．結局1月分，2月分，3月分が3月末の確定税額をベースにするわけです．

　大島　なるほど．そこで念のためですが，ある月の月末における前課税期間の確定税額によって中間申告をした，ところが翌月以降その税額が増加あるいは減少しても，そのある月の申告税額には影響はないわけですね．

　木村　そのある月の末日の現況をベースにすることで割り切っていますから影響はありません．

　大島　ということは，前課税期間が無申告で，そのある月の末日まで期限後申告・決定もない場合は中間申告は要らないということですね．

　次に前課税期間は簡易課税制度を選択していた，しかし今課税期間は基準期間の課税売上高が5,000万円を超えていて簡易課税制度を選択できない，という場合もやはり簡易課税制度により計算した前課税期間の確定税額の1か月分を申告すればよろしいわけですか．

　木村　お尋ねの場合もまたその逆の場合も前課税期間の確定税額の1か月分ということです．

大島　それでは中間申告の申告期限についてお願いします。

　木村　原則はその1か月中間申告対象期間の末日（例えば3月分の中間申告なら3月31日）の翌日（4月1日）から2か月以内（つまり5月末日）になります。しかしその課税期間の最初の1か月分（個人事業者でいえば1月分）は，前課税期間の確定申告期限に合わせて，その課税期間の初日（1月1日）から2か月経過した日（3月1日）から2か月以内，つまり4月末日が申告期限，というのが消費税法の規定ですが（法42条1項柱書四つ目のかっこ書），個人事業者の場合は租税特別措置法で確定申告期限が3月末日になっているので，1月分，2月分の中間申告期限は5月末になります（租税特別措置法施行令46条の4第1項）。

　大島　消費税法上は1月分と2月分の中間申告を4月末に同時に出すわけですが，租税特別措置法上は1月分，2月分，3月分を5月末日に出すことになりますね。

　木村　そうです。通達15－1－4の2でそのことをいっています。

　大島　そうしてその申告のベースになるのが366頁で話されたように，同じ3月末現在の確定税額ということですね。

　後は法文の書き方の問題ですが，法42条1項1号イでは「2月を経過した日の前日」という表現をしていますが，「2か月を経過する日」といえば済むわけです。他の場所では「経過する日」という表現も使っている，なるべく簡明な表現で統一してもらいたいところです。

　もう一つ，同じイ号のかっこ書ですが，国税通則法10条2項の，申告期限が休日に当たる場合の特例規定をもち出していますが，この法律は黙っていても当然税法一般に適用されるものですから，一々断る必要もないのではないでしょうか。

　木村　イ号のかっこ書の外は，もともと提出期限のことをいっているのではなく，いつの時点の確定税額によって中間申告をするのか，ということを規定しているわけですから，申告期限が延びていたらそのみなし提出期限の確定税額によって中間申告をするのだということはやはり断っておく必要がありましょう。

大島　それではちょっと性質が違う2項，3項を飛ばして4項，5項を飛ばして6項に進みましょう。

(2) 法42条4項

木村　4項は課税期間を3か月ごとに区切って，そのそれぞれの最後の日現在における前課税期間の確定税額の3か月分を，その日の翌日から2か月以内に中間申告しなければならないという規定です。免税事業者，課税期間短縮の特例を受けている事業者，開業・設立事業年度，法人の3か月以下の課税期間，3か月ごとに区切った最後の課税期間の特例，簡易課税の関係などは1項と同じです。

この規定はもちろん1項の1か月中間申告義務のない事業者に適用されるわけですが，前課税期間の確定税額の3か月分が100万円以下の事業者，したがって年税額400万円以下の事業者——税抜きの課税仕入れの支払対価の額が課税標準額の6割とすると課税売上高が年2億5,000万円以下の事業者——は除かれます。またその3か月の間に1項の1か月ごとの申告をしなければならない月が含まれている場合は申告は要りません（法42条4項柱書ただし書）。

大島　前課税期間の1か月分の確定税額が，4月末は400万円以下だった，5月末は修正申告によって400万円を超えた，6月末は減額更正でまた400万円以下になったという場合，5月分について1か月中間申告義務があるので，3か月申告の義務はないことになりますが，そうすると4月分と6月分は中間申告から抜けてしまいますね。

木村　そのとおりです。6月に3か月分の申告義務を課すると，5月の1か月分の申告との調整の問題が出てくる，煩雑を避けて簡明を期した，ということでこれは割り切りの問題でしょう。

大島　ここでまた租税特別措置法施行令46条の4第1項が出てきますね。

木村　個人の場合，租税特別措置法によって確定申告期限が3月末日に延ばされていて，翌年の3か月中間申告の末日と一致するわけです。そこでその日が休日等に当たって国税通則法10条2項が適用される場合は3月末日ではなく，同項によるみなし提出期限の日の確定税額がベースになるということで

(3) 法42条6項

それでは6項にいきましょう。

木村　第6項は，1項，4項の申告義務がない事業者で，その課税期間の初日から6か月目の末日現在における前課税期間の6か月分の確定税額が24万円を超える事業者が，その6か月分の確定税額を，8か月目の末日までに申告しなければならないという規定です。ただその6か月のうちに1項の1か月申告又は4項の3か月申告の期間が含まれているときは申告不要です。そのほか細かい点は4項のところで述べたのと同じですから省略しましょう。

大島　6か月分の確定税額が24万円というと年48万円，さっきと同じ前提で計算すると課税売上高が年3,000万円になりますね。

木村　そうですね。それから基準期間の課税売上高1,000万円以下で課税を選択している事業者は課税事業者ですから中間申告義務があります。もちろん直前の課税期間の課税売上高にもよりますけどね。

2　合併の場合の特例

大島　それではさっき飛ばした2項，3項，5項，そして7項の合併の場合の特例をお願いします。

木村　2項は，1か月中間申告をすべき法人が吸収合併法人である場合は，今の1項による中間申告ではなく，一定の方法によって計算した額を中間申告しなければならないということです。

3項は，1か月中間申告をすべき法人が新設合併法人である場合は，吸収合併法人の場合と同じように，1項による中間申告ではなく，一定の方法によって計算した額を中間申告しなければならない，ということです。

(1) 法42条2項

大島　それでは，まず2項の吸収合併の場合ですが，その「一定の方法によって」というのを具体的にお話しください。

木村　次の11－1図をご覧ください。ある法人（8か月事業年度）はB期（4月

から11月まで)が4か月たったところで8月1日に他の法人を吸収合併した,被合併法人の合併期b期は2か月,その前期のa期は6か月で確定税額は3,000というケースです。

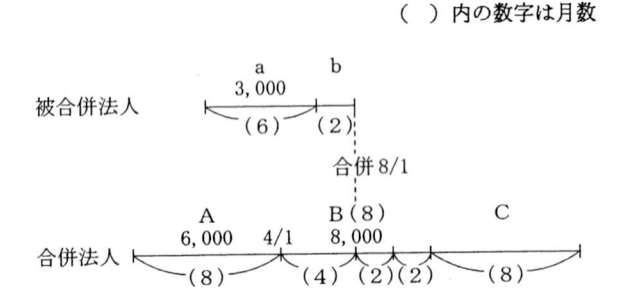

11-1図
( )内の数字は月数

```
                    a    b
                  3,000
被合併法人        ┝━━━┿━┥
                   (6) (2)
                         ┆
                         合併8/1
                         ┆
               A       B(8)       C
             6,000 4/1 8,000
合併法人     ┝━━━┿━┿━┿━┿━━━┥
              (8)  (4)(2)(2) (8)
```

(2) 法42条2項1号

そこで2項1号はこのケースのC期の中間申告額の計算ですが,次の式で算定します。

$$\text{通常計算による中間申告税額} + \frac{\text{被合併法人のa期の確定税額}}{\text{被合併法人のa期の月数}} \times \frac{\text{合併法人の直前の課税期間開始の日から合併の日の前日までの期間の月数}}{\text{合併法人の直前の課税期間の月数}}$$

$$= 8,000 \times \frac{1}{8} + \frac{3,000}{6} \times \frac{4}{8}$$

計算は,b期が3か月以上ならb期の月数と確定税額を使いますが,3か月未満ですとかっこ書によりa期の月数と確定税額を使います。またb期が3か月以上でも無申告で期限後申告も決定もない場合——法文にいう「当該確定したものがない場合」——もa期の確定税額を使います。ここではb期が2か月としましたからa期の数字を使うケースになります。

大島 b期が3か月以上ならば,式中a期の数字である$\frac{3,000}{6}$というところをb期の月数とその確定税額に置き換えればいいわけですね。

ところで今の式は変形すると,

$$(8{,}000+3{,}000\times\frac{4}{6})\times\frac{1}{8}$$

ということ，つまり合併法人の前課税期間（B期）の確定税額に被合併法人の4か月分の確定税額を加えてB期の初めから合併があったとした場合の確定税額を出す，いい換えれば被合併法人の分をも含めた8か月分の確定税額を出す，これがかっこの中で，これを8で割って1か月分に圧縮したのが中間申告額だということですね。

木村 そうです。そこでC期の1か月中間申告額の計算は各月とも全部同じです。ただこの間に合併法人，被合併法人の計算の基礎になる前課税期間の確定税額が，修正申告や更正によって変わってくればもちろんその数字は違ってきます。

大島 ところで今はb期が3か月未満なのでa期の確定税額を使いましたが，b期の確定税額を使う場合，2項1号にはb期の「確定申告書に記載すべき……」とあります。合併によって消滅する被合併法人のb期の申告はどうなるのか，という疑問が起こるのですが，これは申告の規定とは随分離れて，「雑則」の章の59条で，中間申告，確定申告義務が合併法人に承継されることが規定されていますので読者のため申し添えておきます。この規定についてはまた後ほど取り上げます（379頁）。

それはいいんですが，今度は逆に，被合併法人の申告義務は合併法人が承継するのに加えて，合併法人の中間申告には被合併法人の計数が織り込まれる，ということになると二重課税になるのではないか，という疑問が出てくるかとも思うのですがどうでしょう。

木村 そうですね。ごもっともな疑問かとも思いますが，法42条の中間申告は前課税期間の実績を基礎にするとはいいながら，できるだけその課税期間の確定申告の計数に近いことが望ましく，その点からいえば被合併法人の計数を取り込む方が合理的といえましょう。

大島 もし合併法人の中間申告に被合併法人の計数を取りこまないとすると，それだけ中間申告による納税額が少なく，したがって確定申告による納税

額が大きくなるわけですから、全体的にみれば二重課税でないことは明らかですね。

　それから話が先に飛びますが、この加算制度は、前事業年度ベースの中間申告の場合に必要なのであって、合併後の状態をそのまま反映する仮決算による中間申告では必要ないわけですね。

　ところで話が変わって、法42条2項1号には「合併の日」という用語が出てきますが、これは通達1－5－7の「合併があった日」と同じ意味、つまり合併の効力を生ずる日のことですね。

木村　それで結構です。なお今までの説明で簡単に「b期」といってきましたが、法42条2項1号に従って厳密にいうと「合併の日の前日の属する課税期間」ということです。合併の効力を生ずる日が8月1日とすると、7月31日が属する課税期間のことをここではb期といっているわけです。また、前の式の二つ目の分子「……から合併の日の前日までの期間」は、4月1日から7月31日までの期間です。

大島　2項1号かっこ書の計算で、原則としてb期の月数と確定税額を使うが、b期が3か月未満ならa期の数字を使うのは、期間が短いと異常な数値が出かねないから、ということでしょうが、a期についてもそれが3か月未満のものを除いています。a期が3か月未満とはどんな場合を予想しているのか、そして除く場合はどういう計算をするのか、3か月未満のb期に戻るのか、その場合1号にいう「確定したものがない場合」はどうするのか、といろいろ疑問が起こってくるのですがどんなものでしょう。

木村　a期が3か月未満というのは、設立後間もない法人か、あるいは決算変更があった法人ではないでしょうか。

　そしてa期も3か月未満であれば、加算するものがなく、結局合併法人の確定税額だけを使って、今の例でいえば$8,000 \times \frac{1}{8}$で中間申告をするということになります。b期に戻るわけではないのでb期に確定税額がない場合という問題は起こりません。

(3) 法42条2項2号

木村 次に2項2号B期。つまり合併があった課税期間の，合併をした月以降の1か月中間申告についての規定です。

大島 そこが少し読みにくいんですが，11－1図で具体的にお話しください。

木村 「当該課税期間開始の日から」というのはB期の初日の4月1日から，ということ，「当該1（か）月中間申告対象期間の末日までの期間」に合併があった，ということですから，8月1日合併ですと，4月から7月までの各1か月はそれぞれの末日までに合併が行われていませんから，この規定の対象外です。

大島 平たく言えば4月から7月までの各1か月は合併前だから，合併とは関係なく法42条1項の申告をすればいいわけですね。

木村 8月以降は，例えば10月をとると，4月1日から10月末日までの間の8月1日に合併が行われていますから，この2項2号の適用がある，ということです。

大島 では8月以降の1か月中間申告の計算を……。

木村 8月の1か月中間申告税額を式で表すと，

$$\text{通常計算による中間申告税額} + \frac{\text{被合併法人のa期の確定税額}}{\text{被合併法人のa期の月数}} = 6{,}000 \times \frac{1}{8} + \frac{3{,}000}{6}$$

ということになります。つまりA課税期間の確定税額の1か月分に，被合併法人のa期の月当たり確定税額を加算することになります。

この計算式も1号かっこ書によってC期の計算式同様，被合併法人のb期が3か月未満なのでa期の月数と確定税額を使っていますが，これが3か月以上ならばb期の月数と確定税額を使います。

大島 この場合の申告不要限度の400万円は，1号のC期，2号のB期ともここに挙げたそれぞれの計算式の答によるわけですね。

木村 2項の柱書によって2項の1号と2号が1項の1号に当たることになっていますからお話のとおりです。

(4) 法42条3項

大島　それでは法42条3項について。

木村　新設合併法人の設立後最初の課税期間の1か月中間申告の規定ですが，各被合併法人の合併直前の課税期間の確定税額で，その1か月中間申告対象期間の末日現在の確定税額の1か月分の合計額を申告することになります。ただし新設当初の1か月の末日には被合併法人の確定税額がまだ決まっていませんから，この場合だけは設立2か月目の月末の確定税額が基準になります。

大島　今「ただし」としていわれたことは3項の条文には出てきていませんがどこで読むんですか。

木村　3項に「被合併法人の確定消費税額」という字句がありますが，その定義は2項1号にあり，その定義の内に「確定日」という字句があり，その定義は1項1号の柱書と同号イにあります。こうしてたどっていくとさっき「ただし」としていった結論になります。

大島　根気よくさかのぼっていくことが必要ですね。では次の5項。

(5) 法42条5項

木村　これは2項，3項の合併法人の1か月中間申告の規定を3か月中間申告に準用する規定です。まず吸収合併が前の期に行われている場合（つまり11－1図のC期）ですが，370頁の算式を次の式に置き換えてください。

$$8,000 \times \frac{3}{8} + \frac{3,000}{6} \times \frac{4}{8} \times 3$$

大島　要するに3項の1か月を3か月に直したわけですね。この式は次のように変形すると分かりやすいでしょう。

$$(8,000 + 3,000 \times \frac{4}{6}) \times \frac{3}{8}$$

その考え方は371頁で述べているので省略します。

それでは合併があった課税期間（つまり11－1図のB期）の3か月中間申告について。

木村　11－1図で，B期の最初の3か月——4月から6月までは合併と関係なく単純に前課税期間の確定税額6,000万円の8分の3が3か月中間申告税額になります。

大島　これは2項2号にいう合併が課税期間の初日からその3か月中間申告期間の末日，つまり6月末日までの間に行われていないから，そもそも合併規定の適用外にあるわけですね。

木村　次に8月1日合併の場合の7月から9月までの3か月（つまりその3か月申告対象期間の末日までに合併があった場合）は，5項にある2項の2号の読み替え規定によって，373頁の式に代わる次の算式で計算した額が申告税額になります。

$$6,000 \times \frac{3}{8} + \frac{3,000}{6} \times 2$$

最後の2という数字は5項の読み替え規定による，合併の日（8月1日）から3か月中間申告対象期間の末日である9月末日までの月数です。

大島　3か月のうち終わりの2か月は合併後ですから，被合併法人の2か月分の税額を加算するわけですね。

ところが5項には合併の日から申告対象となる3か月の末日までの月数が3を超えるときは，3を乗じる，とありますね。

木村　例えば合併が5月1日に行われていると，合併の日である5月1日から3か月中間申告対象期間（7月〜9月）の末日である9月30日までの月数は5になるが，5ではなく3を掛けるということです。

大島　3か月に区切った期間の中間申告ですから当然のことで，この場合は申告の対象となる7月から9月の3か月が全部合併後ですから，被合併法人の3か月分の確定税額を加算するわけですね。

新設合併の場合は，各被合併法人の合併直前の課税期間の3か月分の確定税額の合計額が申告税額ということで説明は不要でしょう。この場合その直前の課税期間が3か月未満であるときの特例は370頁のb期が3か月未満であるときと同じです（法42条2項1号二つ目のかっこ書）。

(6)　法42条7項

大島　7項は今の5項の読み替え規定の「3」を「6」に置き換えるわけですが，ただここでは今しがたの課税期間の初日から6か月中間申告対象期間の

末日までの月数が6を超える場合は6,という断り書がありませんね。

　木村　課税期間を1年として,前半の6か月申告では今の月数が6を超えることはないし,後半の6か月は中間申告の対象にならないので断り書は要らないわけです。

3　仮決算による中間申告（法43条）

　大島　それでは,法43条にいきましょう。趣旨からお願いします。

　木村　法43条は,仮決算による中間申告で,この場合の中間申告額は,前課税期間の確定税額に応じてその1か月分,3か月分あるいは6か月分ということではなく,その課税期間の1か月ごと,3か月ごとの実績あるいは始めの6か月分の実績によって申告してもよい,ということです。

　大島　1か月,3か月あるいは6か月を一の課税期間とみなして,仮決算をして税額を計算するわけですね。この場合,1か月ごと,3か月ごとの申告になるか6か月の申告になるか,あるいは中間申告が不要であるかは前課税期間の実績によって判断するわけですか。

　木村　そうです。中間申告する場合の申告税額は前課税期間の実績によるか,あるいはこれに代えてその課税期間の仮決算額によるわけですが,法43条1項の文言から読み取れるように,本則はあくまで前課税期間実績であって,仮決算はこれに代わるものにすぎませんから,中間申告が必要かどうか,必要であれば何度申告するか,ということは前課税期間の確定税額の1か月分が400万円以下かどうか,3か月分が100万円以下かどうか,6か月分が24万円以下かどうかで決まります。したがって例えば3か月間で仮決算した税額が100万円以下であっても,前課税期間の確定税額の3か月分が100万円を超えていれば3か月ごとの中間申告をしなければなりません。6か月間で仮決算した税額が24万円以下の場合も同様です。これは通達15－1－4でいっています。

　大島　新設法人は資本金が1,000万円以上であっても仮決算をして中間申告をする必要はありませんか。

　木村　その必要はありません。法12条の2第1項を念頭においてのお尋ねで

しょうが，前年実績がなければ中間申告の必要もないわけです。

　大島　仮決算によって中間申告をする場合の記載事項が法43条1項1号から5号までありますが，ここでは2号から3号を引いた金額が赤字である場合に，その赤字を記載するということが書いてありません。ということは，この段階で還付をすることは予定していないということですか。

　木村　仮決算で控除不足額，つまり還付額が生じても，それは還付しません。このことは，通達15－1－5で念のためにいっています。

　大島　それから，この法43条では，「課税標準である金額」，「課税標準額」という紛らわしい用語が使ってありますが，それぞれどういう意味ですか。

　木村　「課税標準である金額」というのは，法43条1項柱書かっこ書に規定している「国内において行った課税資産の譲渡等に係る課税標準である金額」ということです。

　「課税標準額」というのは，法43条1項1号に規定していて1号と2号で使われる用語ですが，「課税標準である金額の合計額」ということです。

　大島　そうすると「課税標準である金額」には，保税地域から引き取る貨物についての課税標準は含まれていないわけですね。

　木村　そうです。「課税標準である金額」の定義に該当しませんし，輸入についての消費税は，法47条によって保税地域から貨物を引き取る都度申告するわけですから，ここで申告する必要はありません。

　大島　「課税標準額」とは「課税標準である金額の合計額」だということは，「課税標準である金額」という用語は，その課税期間中の課税資産の譲渡等の対価の額の合計額ではなくて，個々の課税資産の譲渡等の対価の額をいうわけですね。

　木村　ええ。そしてその課税期間中の合計である課税標準額が法43条1項1号であり，この1号から2号を計算するわけです。

　大島　次に，法43条の仮決算による中間申告の場合には，簡易課税制度を選択している事業者は，この簡易課税制度を適用してもよろしいのですか。

　木村　よろしいというより，当然に簡易課税制度を適用して申告することに

なります。このことは，通達15－1－3でもいっています。ただ前課税期間の基準期間は課税売上高が5,000万円以下であったが，今期の基準期間は5,000万円を超えていたら，簡易課税制度は適用できません。

大島 通達15－1－3は「簡易課税制度を適用すべき事業者」は，仮決算をして中間申告をする場合，簡易課税制度を適用するんだといっていますが，基準期間の課税売上高が5,000万円を超えていたら，その事業者はここにいう「簡易課税制度を適用すべき事業者」ではない，ということですね。

木村 そういうことです。

大島 一方，前課税期間の実績で中間申告をするときには，前課税期間が簡易課税であったとしたら，今課税期間の基準期間の課税売上高が5,000万円を超えていても，かまわずに前課税期間の実績によって申告するんでしたね（366頁）。

木村 そこは前年実績と今期実績による仮決算との違いです。

大島 ところで，法42条の前課税期間の確定税額を基準にした中間申告と法43条の仮決算による中間申告は，毎年，自由にどちらかを選択してもかまいませんか。

木村 通達15－1－2でいっていますが，それはかまいません。ある年は前課税期間の確定税額の1か月分，3か月分あるいは6か月分，ある年は仮決算による1か月分，3か月分あるいは6か月分ということで差し支えありません。

大島 別に継続性は要求されていないわけですか。

木村 そういうことは要求されていません。

大島 それでは一つの課税期間で，1回目の中間申告は前課税期間の実績による申告，2回目の中間申告は仮決算による申告，ということはどうでしょう。

木村 それもかまいません。中間申告は，原則としては前課税期間の実績によるわけですが，法43条1項では，中間申告対象期間を一課税期間とみなして仮決算によって申告することを認め，法42条1・4・6項の事項に代えて課税

標準額などを記載することができることになっています。

　大島　それから，仮決算による申告額については更正ということは有り得るのですか。また，仮決算による申告額について滞納処分を執行することは有り得ますか。

　木村　申告であるからには更正ということは当然に有り得るわけで，法2条1項20号はそのことを前提にしています。更正は法43条の仮決算による申告だけでなく，法42条の前年実績による申告についても有り得るわけです。

　ただ，その後確定申告書が提出されるわけで，中間申告に対する更正は現実問題としては余り例はないでしょう。

　また，中間申告による納付税額については，これによって納付義務が確定することになりますから督促の対象になり，滞納処分も行われます。関係条文としては国税通則法37条，40条などです。

　大島　法43条の仮決算による中間申告をした以上，その税額が過少であれば，法42条による前課税期間の税額基準による税額を上回っていても，あるいは更正の結果上回ることになっても更正できるわけですか。

　木村　余り実例はないでしょうが，理屈の上ではそうなりますね。

　大島　この仮決算による中間申告書には，その中間申告対象期間中の資産の譲渡等の対価の額などを記載した書類を添付しなければなりませんね。

　木村　法43条3項です。

4　中間申告義務の承継（法59条）

　大島　事業者が死亡した場合の中間申告義務の承継についてお話しください。

　木村　中間申告義務の承継については法59条に規定があるわけですが，1か月中間申告についていうと，個人事業者がその年の中間申告を全部行わないまま6月に死亡したとすると，1月から3月までは申告期限を過ぎていますから法44条（381頁参照）によって中間申告をしたものとみなされ，申告義務の承継の問題は起こりません。

4月分と5月分については期間が過ぎてから申告期限までの間なのでこの2か月分について申告義務の承継の問題が起こるわけです。このことは施行令63条5項でも前提とされています。3か月，6か月中間申告についても考え方は同じです。なお1月分の1か月中間申告は申告期限がずれていますがその辺の話は省略します。
　6月分はまだ中間申告義務が発生していないので承継の問題は起こらないわけです。
　大島　4月分と5月分についてですが，法45条3項によると，相続人は被相続人の死亡時までの実績について確定申告をしなければならないわけですがそれでも4月分，5月分について中間申告をしなければならないのですか。
　木村　法59条の中間申告義務の承継については期限の規定がないので，4月分，5月分についてはそれぞれ6月末，7月末が期限ということでしょうね。そうすると法45条3項の承継確定申告期限の死亡を知ったときから4か月（ラフないい方ですが）よりはかなり早いわけで，そういう点からいってやはり中間申告を求める実益がありましょう。
　大島　しかし6月に死亡して4月分を6月一杯に出せというのも無理がありますね。
　木村　中間申告は機械的計算ですからそんなに時間的余裕はなくてもいいでしょうが，ただ死亡を知らなかったときについての手当ては必要でしょうね。
　大島　今機械的計算だからといわれましたが，法59条は法42条の申告義務の承継のことだけを規定していて，機械的計算でない法43条には触れていませんね。
　木村　前にもいったとおり（378頁）前年実績方式と仮決算方式とは選択自由ですから，被相続人が仮決算で中間申告をしていても相続人は前年実績方式によってかまいません。もちろん逆もいいわけですが，中間申告義務の基本規定は法42条の前年実績方式ですから，ここでは42条だけを挙げておいていいわけです。
　なお今まで中間申告義務の承継について，1か月中間申告ばかりを例に挙げ

てきましたが，3か月中間申告，6か月中間申告についても考え方は同じです。

　大島　それから今まで話が個人に集中してきましたが，合併法人が被合併法人の中間申告義務を引き継ぐことも当然ですから（法59条）念のためつけ加えておきましょう。この場合の引継ぎと法42条2項の加算制度との関係については372頁以下で触れました。

　それでは関連して通達15－1－1をお願いします。

　木村　通達15－1－1は，事業者が相続した場合の中間申告について，課税事業者が相続によって被相続人の事業を承継した場合でも，その個人事業者は，相続とは関係なくその個人事業者のその直前の課税期間についての確定税額に基づいて中間申告をするのだ，ということをいっています。

　大島　法人の場合には，法42条2項で，合併の場合には被合併法人分の確定税額を加算する規定があるわけですけれども，個人事業者については簡明を期してそういう必要はない，ということですね。ところが同通達(注)では，法人も分割の場合は法律上手当てはなく，分割とは関係なく中間申告をすることになっていますね。これはなぜでしょう。

　木村　分割とは関係なく中間申告をする結果，吸収分割の場合の分割承継法人は実態より過少の申告になるし，分割法人は実態より過大の申告になりますが，正確に実態を反映しようとすると分割割合が計算要素に入ってきて複雑になるので簡明を期してそこは割り切ったということでしょう。

　大島　法12条7項1号の新設分割の場合の分割親法人も実態より過大の申告になりますがそこも割り切ったということだし，分割子法人は新設だから中間申告の義務はないということですね。

5　中間申告がない場合のみなし規定（法44条）

　大島　それでは，法44条にいきましょう。法44条は，中間申告書の提出がない場合には提出があったものとみなす，という規定なんですが，この規定はいったいどういうところに実益があるのですか。みなしたことの効果は何です

か。

木村　中間申告書を提出する義務がある事業者が，その申告書を提出しなかった場合には，本来であれば，その申告についての課税標準及び税額を決定することになるわけですが，中間申告の場合には，直前の課税期間についての確定税額を基礎にして算出すればいいわけで，その計算は客観的でしかも簡単明瞭ですから，あえて決定処分を待つまでもなく，法律の要求する税額の記載がある申告書の提出があったものとみなす，ということにしたわけです。

したがって，中間申告にあっては無申告という事態は発生しないことになります。

それで，「中間申告書を提出しだ事業者」とか「中間申告書を提出した者」という文言があれば，中間申告書の提出があったものとみなされた課税事業者が含まれるということで，これは通達15－1－7でいっています。

法45条1項6号，つまり確定申告における中間納付額の控除，それから法48条，つまり中間申告による納付，それから法53条1項，つまり中間納付額の控除不足額の還付，更には，法55条1項・2項の確定申告についての更正あるいは決定による中間納付額の控除不足額の還付，これらのところに規定されている「中間申告書を提出した事業者」あるいは「中間申告書を提出した者」には，法44条によって，中間申告書を提出したものとみなされる事業者を含む，ということです。

もちろんみなされた税額の納付がなければ督促・滞納処分も有り得るわけです。

大島　みなされるのは無申告の場合だけで，誤った申告が出された場合，正しい申告が出されたとみなすことはしないわけですね。

木村　その場合はさっきも話が出されたように要すれば更正の手続を採ることになります。

大島　ところでこの法44条には法43条の仮決算による中間申告のことはいっていませんね。

木村　仮決算による中間申告はみなしようがありません。今まで仮決算によ

る中間申告をしていた人でも，中間申告がなければ前年実績による中間申告があったものとみなすわけです。

Ⅱ 確定申告・還付申告

1 確定申告（法45条）

大島 それでは，法45条の確定申告にいきましょう。

これは，課税事業者は課税期間ごとに，法人の場合は課税期間の末日の翌日から2月以内に，個人事業者の場合は租税特別措置法86条の4によって翌年3月末日までに申告書を出さなければならない，という規定ですが，1項の柱書のただし書で，申告が要らない場合として，「国内における課税資産の譲渡等がなく，かつ，第4号に掲げる消費税額——つまり納付すべき消費税額——がない場合には申告しなくてもよろしい」といっています。この規定からいうと，国内における課税資産の譲渡等がないけれども，しかし，納付税額がある場合というのが予定されているわけですが，これはどんな場合ですか。

木村 具体的には，
(1) 法32条2項，つまり仕入値引きなどによって返還された対価に含まれる消費税でその課税期間の課税仕入税額から控除しきれなかった金額がある場合
(2) 同じく5項の輸入の場合の同性質の金額がある場合
(3) 法33条3項の課税売上割合が著減した場合の同性質の金額がある場合
(4) 法34条2項の調整対象固定資産を課税業務用から非課税業務用に転用した場合の同性質の金額がある場合
(5) 法39条3項の貸倒れとして処理した額を回収した場合にそれに含まれる消費税額がある場合

に発生することになります。

大島 法36条の課税事業者から免税事業者になった場合の当課税期間中に仕入れたもので期末在庫として残っているものにかかっている税額については，

引ききれなくて課税標準に対する税額に加算するということは有り得ない，ということでしたね。

木村　そのとおりです。

大島　このことは，331頁に出ています。

なお，今の規定に関して，逆に納付税額がなくても国内における課税資産の譲渡等があれば申告しなければいけない，ということになるわけですね。

木村　そうです。

大島　同じく法45条1項柱書に，申告不要の条件の一つである「国内における課税資産の譲渡等」がない，という場合のその譲渡等には「第7条第1項の輸出免税……を除く」，とあるのはどういうことですか。

木村　輸出免税になるものはもともと申告が要らない（法45条1項1号），だから今課税資産の譲渡等があるとかないとかということを問題にするのは，輸出免税以外のものなんだ，ということです。

大島　ということは，輸出免税も課税資産の譲渡等ではあるけれども，それがあっても法45条にいう課税資産の譲渡等がある場合には入らない，ということですね。

木村　そうです。もちろん輸出に伴う仕入控除税額は法45条1項3号で控除されるし，還付が生じれば他の条件いかんで確定申告あるいは還付申告（390，392頁）によって還付されることになります。

大島　次に課税資産の譲渡等がなく，4号の税額がなければ，輸入に伴う納税義務があってもこの法45条の申告は要らないわけですか。

木村　そうです。輸入に伴う申告は法47条の問題であって45条には関係ありません。

大島　1項1号の課税標準，2号のそれに対する税額ともに輸入に伴うものは含まれない，一方3号の仕入控除税額は輸入についての税額も含んでいますね。

木村　そうです。3号イの法32条1項1号に規定する仕入れに係る消費税額には当然輸入に伴う税額が含まれています。

大島　輸入に伴う納税は，事業者にとって本質的には課税仕入れだから，国内での課税仕入れと一緒にして法45条なり46条なりで仕入税額控除を受けるということですね。このことは法30条のところでも話されました（253頁）。

　それから先ほどのお話のように，その課税期間に課税資産の譲渡等がない場合でも，例えば貸倒債権の回収などがあった場合には，納税義務が生じる場合があるわけですけれども，この場合，法45条1項2号の「課税標準額に対する消費税額」というのは，今の貸倒債権の回収等に含まれる消費税額などを含んだ金額をいうわけですか。

　木村　そういうことです。法32条2項，5項，33条3項，34条2項，39条3項には「課税標準額に対する消費税額に加算する」という字句があるわけですけれども，こういった条文で加算されたその加算後の金額が法45条1項2号の課税標準額に対する消費税額だということです。

　ただ，申告書の様式については，その辺のところは，本来の消費税額と加算すべき金額とを分けて記載することになっています。

　大島　次にこの2号の「消費税額」は，課税標準額，つまり1号にいう「その課税期間中に国内において行った課税資産の譲渡等に係る課税標準である金額の合計額」に税率を掛けたものですから，いわばその課税期間中の課税売上げのトータルに4％を掛けたものであって，個々の取引額ごとに4％を掛けたものの合計とは一致しませんね。

　木村　端数の関係で一致しません。個々の取引の際に例えば円未満を四捨五入している場合，その合計は，四捨の方が大きければ2号の額に不足するし，五入の方が大きければ2号の額をオーバーすることになります。そこで税抜経理の場合は，税抜きの課税売上げのトータルと仮受消費税額等を合計し，これに105分の100を掛けて課税標準額を出します（502頁参照）。もっとも当分の間簡便措置が認められていますが（平成15年財務省令92号附則2条），暫定措置なので説明は省略します。

　大島　それでは今度は税込経理をした場合の税額の算出について説明をお願いいします。

木村 税込経理の場合には，課税期間中の税込みの課税売上げの対価の合計額に105分の100を掛けて消費税の課税標準を求めます。

　税抜き・税込みを通じて課税標準が出たら，その課税標準額の千円未満の端数を切り捨ててこれに4％を掛けて消費税額を出し，その消費税額から仕入控除税額などを差し引き，納付が確定した金額の100円未満の端数を切り捨てます。地方消費税は，この消費税額を基に計算しますが，その端数計算は税抜きの場合と同じです。

　税込経理，税抜経理については487頁，具体的には501頁以下でお話します。

大島 お話では，課税期間中の地方消費税相当額を含めた課税売上げのトータルの105分の100（消費税4と地方消費税1を引いた本体価格）が「課税標準額」で，それに4％を掛けて消費税額を出しますが，この途中の105分の100を省いて，いきなり105分の4を掛けて消費税額を求めることはどうなんでしょうかね。

木村 仕入控除税額を計算する場合は，課税標準額というようなことは関係なく，免税事業者からの課税仕入れも対象となりますから，いきなり税込みの仕入価額の105分の4としていますが，納付税額の計算の場合には，法45条などで課税標準額を申告することになっており，また，申告する消費税額も課税標準額に対する消費税額ですから，まず課税標準額を出し，それから消費税額を出すということになり，途中省略はできません。

大島 それでは，次に法45条1項3号にいって，課税標準額に対する消費税額から控除される金額の計算についてお話しください。

木村 法30条1項・6項によると，その課税期間中の消費税・地方消費税を含む課税仕入れに係る支払対価の額の105分の4が仕入控除税額の計算の基礎になります。したがって税抜経理の場合は，個々の取引ごとに区分計上している仮払消費税額等を期末にトータルし，本体の価額のトータルと合計し，その合計額に105分の4を掛けた額が仕入控除税額の基礎になります。しかしこの点については平成16年2月19日課消1－8他通達の「14」で，税抜経理をしている場合，次の便法を認めています。以下ここでは消費税額等という場合は地方消費税込みの額，単に消費税額という場合は国税としての消費税額ですから

ご注意ください。
 (1) 仕入先が，受取額を本体価額と，端数を１円未満で処理した消費税額等に区分した領収書等（領収書・請求書等をいいます。）を発行している場合に，その消費税額等を仮払消費税額等として経理し，期末にその合計額の８割を課税仕入れにかかっている消費税額とする。
 (2) 仕入先が発行する領収書等に，税込価格の105分の５の端数を１円未満で処理した額が明示されている場合，これを仮払消費税額等として経理し，期末にその合計額の８割を課税仕入れにかかっている消費税額とする。
 (3) 仕入先が発行する領収書等が，(1)，(2)の要件を満たしていない場合で，こちら側の帳簿で支払対価の105分の５の１円未満の端数を切捨て又は四捨五入した額を仮払消費税額等として経理する方法を継続している場合，期末にその合計額の８割を課税仕入れにかかっている消費税額とする。

 大島 仕入先が(1)，(2)，(3)のどれを採用しているか，ばらばらである場合は，それぞれについて計算し，その合計額を仕入れにかかっている消費税額とするわけですか。

 木村 そういうことです。

 大島 仕入控除税額については，法30条によって計算した額に対して，いろんな加算項目・控除項目がありましたね。控除項目としては例えば，法33条の課税売上割合が著しく減少した場合の控除過大税額など。このような控除が行われるのはほかにどんな場合があるか，おさらいとして，ここでひとまとめにお話し願います。

 木村 一つは仕入値引きなどを受けて税込対価の返還を受けた場合，これは法32条１項，同性質の同条４項。一つは課税売上割合が著減して調整対象固定資産の仕入控除税額を調整する場合，これは法33条１項。一つは，調整対象固定資産を課税業務用から非課税業務用に転用した場合の控除過大税額があった場合，これは法34条１項ですね。

 もう一つは，課税事業者から免税事業者になった場合の当課税期間の仕入れ

で期末棚卸資産となっているものにかかっている消費税額，これは法36条5項です。

大島 先ほど「課税資産の譲渡等はないけれども，4号に掲げる税額がある場合」として幾つかの場合を挙げられましたが，このケースと重なるわけですね。つまり，本来は仕入控除税額から控除するのだけれども，それが控除しきれなかった場合に課税標準額に対する消費税額に加算する，ということですから，この二つの規定は同じ性質ですね。

なお先ほどは以上挙げられたもののほか，(5)として貸倒れの回収額がありましたが，これは仕入税額控除するという性質のものではなく，売上げに対する税額に加算するわけですね（法39条3項）。

木村 そうです。

大島 それでは次に，仕入控除税額に加算する場合，これもおさらいとして一括してお話し願います。

木村 一つは，課税売上割合が著しく増加した場合で法33条1項です。次に，調整対象固定資産を非課税業務用から課税業務用に転用した場合で法35条1項。次に，免税事業者から課税事業者になった場合の，その課税期間の初日の前日の棚卸資産の在庫にかかっている消費税額で，これは法36条1項。要するに先ほどの仕入控除税額から控除するものの反対ということです。

大島 分かりました。法45条1項3号イの金額というのは，今お話の仕入控除税額に加算する場合，これから控除する場合の，それぞれの加算・控除をした後の金額ということですね。

木村 そうです。法32条1項は，返還を受けた仕入対価に含まれる消費税額を控除後の額を仕入れに係る消費税額とみなす，法33条1項は調整後の額を仕入れに係る消費税額とみなす，更に法34条1項は控除後の額を仕入れに係る消費税額とみなす，法35条1項は加算後の額を仕入れに係る消費税額とみなす，といっていて，いずれも調整後の額がお話の「イ」の金額として控除されることになります。

大島 法36条5項は表現が違って「……に含めない」といういい方になって

いるわけですけれども，この点については329～331頁で話に出ました。

ところで，法45条1項3号イでは，課税標準額に対する消費税額から控除すべきものとして，「法第32条第1項第1号に規定する仕入れに係る消費税額」とありますが，法32条は対価の返還を受けた場合の規定ですね。うっかりすると，オヤ，法30条の本来の仕入控除税額はどうなるんだといぶかるところですが，ここで法32条1項1号といっているのは単に定義の所在場所を説明したということですね。

木村 そうです。お話の「イ」で「第32条第1項第1号に規定する仕入れに係る消費税額」といっているのは，同号のかっこ書で「(以下この章において「仕入れに係る消費税額」という。)」と定義している，その「仕入れに係る消費税額」を引用するためです。つまり法30条1項の規定により控除される課税仕入れ等の税額の合計額を「仕入れに係る消費税額」として法32条1項1号で定義しているためです。

大島 関連して二つばかり注意事項があるのですが，一つは法32条1項1号のかっこ書の「(以下この章において「仕入れに係る消費税額」という。)」という定義は，既に章が変わっている法45条ではもう通用しない，そこで特に法32条1項1号をもう一度引っぱって「仕入れに係る消費税額」を定義していること。

もう一つはそこで引用された法32条1項1号で定義している「仕入れに係る消費税額」は，「第30条第1項の規定により控除される課税仕入れ等の税額の合計額」で，一見法30条1項の仕入控除税額だけを指し，同2項の仕入控除税額は含まないようですけれども，2項はある特定の場合は必要な調整をした金額を1項の金額とする，ということで，2項による仕入控除税額も「法30条1項の規定により控除される課税仕入れ等の税額」に含まれている，ということですね。

次に法45条1項5号。これは2号の課税標準額に対する消費税額から3号の仕入控除税額を引ききれない場合のその赤字額ということですが，ここが赤字でも，さっきのお話のように国内で課税売上げがあれば確定申告の義務がある。この点7号も同様で，この5，7号の額は還付になるわけで，したがって

還付の申告に，この法45条の確定申告と，次の46条の「還付を受けるための申告」と2通りあるわけですね。

　木村　そういうことです。そこで還付についての規定——法52条と53条に，45条申告と46条申告とが並べて書いてあるわけです。

　大島　それでは，法45条1項6号にいって，ここに「中間納付額」という言葉が出てくるのですけれども，これについてお話し願います。

　木村　中間納付額については，法2条1項19号に定義があって，法48条の規定により納付すべき消費税額ということになっています。

　これについては更に通達15－1－8で説明しています。

　大島　つまり，この法45条1項6号で書いているのは，中間申告書によって納付すべき金額であって，それが現実に納付されているかどうかは問わない，ということですね。

　木村　そうです。現実に納付されていなくても4号，5号の金額から引く。したがって，その未納の消費税額は，また別途徴収するということです。

　大島　次に法45条1項7号。この規定は同項5号の不足額があってしかも中間申告がある，つまり㈠に㈠を加算するという場合をも含んでいるのですか。

　木村　いいえ。それは含んでいません。お話の場合は解釈によって補うことになりますが，㈠＋㈠の額が還付されることになります。

　大島　こうして消費税額を出したうえ，それに25％を掛けて地方消費税を算出するわけですね。5，7号の赤字が出る場合も，同様に赤字の25％が地方消費税の還付額になるんですか。

　木村　そのとおりです。消費税額の還付があるときには，その還付額の25％が地方消費税の還付額となります。

　大島　法45条2項と3項，それから，これに関連する施行令63条は中間申告関係を別にすると，所得税の規定と同じ趣旨だと思うのですが，所得税の場合と違って出国した場合の申告規定が入っていないのはどういうわけですか。

　木村　出国とは，所得税法では納税管理人の届出をしないで国内に住所等を持たないこととなることをいいます（所得税法2条1項42号）が，同法127条に

よって居住者が年の中途で出国する場合には申告しなければなりません。

ところで，消費税の場合は，国内に居住しない個人事業者あるいは国内に事務所等を持たない法人であっても国内で課税資産の譲渡等を行う限り，消費税の納税義務者になります（2頁）。

仮に所得税法と同じような規定を置くと，出国後に課税資産の譲渡等があった場合，出国までの分を申告し，また出国後の分を申告するということが起こりますね。このことは年の中途の廃業や開業についてもいえることです。こんなわけで出国の場合の申告義務は規定されていないわけです。

なお，個人事業者については，課税期間は1月1日から12月31日までですが，死亡の場合には，財産は死亡後相続財産となるわけで，被相続人の売上げは死亡の日で確定することになり死亡後売上げはないので，実質的には死亡の日までということになりますね。

大島 それから確定申告義務は，相続，合併があった場合は相続人，合併法人が承継することを中間申告の場合と一緒に法59条で規定しています。法人の合併の場合については必要な規定ですが，相続の場合については今の法45条2項，3項と重複してはいないでしょうか。

木村 もともと条文の書き方の問題かと考えます。つまり，法45条2項は，法59条1号の規定によって死亡した個人事業者の確定申告義務を承継した相続人がその死亡した個人事業者の確定申告書を提出する場合の提出期限，いわば手続を定めたものです。このことは3項についてもいえることです。

そして，法59条1号はこの確定申告義務を含めて申告義務全体を承継するという規定です。

法45条2項において，まず，確定申告義務を承継すると規定し，その上で手続を定める方法もありますが，ここでは，申告義務の承継は確定申告義務の承継も含めて法59条1号で1本として定めたということです。

大島 次に，法45条4項の規定は法人税の規定と同じ趣旨かと思いますが，清算中残余財産確定前の課税期間の申告義務については，1項で読んで2か月以内の申告というふうに理解してもよろしいですね。

木村　そうです。4項は残余財産が確定した課税期間についての規定で，この場合だけが特別に確定日から1月以内に申告ということです。

大島　次に，関連して通達15－2－6についてお願いします。

木村　通達15－2－6は，残余財産の確定の取扱いを規定しているわけですけれども，法45条4項に規定する「残余財産が確定した場合」というのは，基本的には「一切の資産，負債の額が具体的に確定したこと」をいうわけです。ただ，解散した会社などの資産，負債の一切を首脳者などが引き継いで事業を承継し，実質的に営業譲渡をしたと認められるような場合には，その引継ぎがあったときに残余財産が確定したものとして取り扱う，ということにしています。これは法人税基本通達19－1－4と同旨です。

2　還付申告（法46条）

大島　それでは，法46条に進みましょう。これはどういう趣旨の規定ですか。

木村　法46条1項は，法45条1項柱書で，課税事業者であってもその課税期間に国内における課税資産の譲渡等がなく，更に課税仕入れについての消費税額などを控除した残額，つまり納付すべき消費税額がない場合には確定申告の義務はない，ということになっていますが，その課税期間の消費税について，仕入控除税額があったり，中間申告をしたりしていた場合には，還付を受けるための申告書を提出することができる，ということです。

2項は，個人事業者が課税期間の中途で死亡し，その事業者が還付を受けることができる場合には，その相続人がその還付申告書を提出することができるということです。

大島　法46条は「提出することができる」のであって，提出が義務づけられているわけではない，ということですね。

木村　そうです。

大島　申告についての添付書類の規定（法45条5項），納付関係の規定（法48，49条）は読めば分かりますから省略しましょう。

3　引取り課税貨物についての申告・納付・延納（法47・51条）

大島　それでは，次に法47条にいきましょう。

木村　保税地域から引き取られる外国貨物については，その外国貨物についての関税が申告納税方式によるものか，あるいは賦課課税方式によるものかに応じて消費税額の確定方式が違っています。

　関税の確定が申告納税方式のものについては，課税される外国貨物を保税地域から引き取る者が，課税標準額と消費税額を申告することによって確定するし，関税の確定が賦課課税方式のものについては，課税貨物を保税地域から引き取る者が課税標準額を申告し，これに対して税関長が消費税額を賦課決定することになっています。

　法47条はこのような保税地域から引き取られる課税貨物の消費税の申告についての手続を定めています。

大島　法47条2項の賦課課税方式による場合にも申告が義務づけられているわけですけれども，同じ申告といっても1項の申告納税方式の場合の申告とは意味が違うわけですね。

木村　1項の場合には申告納税方式による申告ですし，2項の場合は賦課課税のための資料としての課税標準額などの申告ということです。ですから1項はその申告によって納付税額が確定するという法律的効果があるが，2項の申告は税額が確定するという法律的効果は与えられていない，ということです。

大島　それに伴って納付方法も違ってくるわけですね。

木村　納付方法は法50条ですけれども，1項は申告納税方式が適用されるものはその引き取るとき——特例申告を行う場合はその申告書の提出期限——までに申告した消費税額を納付しなければならないこと，2項は賦課課税方式が適用されるものは引き取る際に税関長が徴収することをそれぞれ規定しています。

大島　この2項の賦課課税方式が適用される課税貨物というのは具体的にどんなものですか。例示的にお願いします。

木村　主なものとしては，日本国内への入国者の携帯品についての課税貨

物，通常は課税が免除されているものについて一定の事実が生じたことによって直ちに徴収することになる貨物，外国からの郵便物，といったようなものです。

大島 では次に3項について。

木村 法47条1項の申告書は，課税貨物を保税地域から引き取る時までに提出することになりますが，3項はその特例で，課税貨物を引き取った月の翌月末日が提出期限になっています。納付もこの特例申告書の提出期限が期限になっています。特例申告書については254頁をご覧ください。

大島 それでは，法48条，49条，50条は，それぞれ中間申告した税額の納付，それから確定申告による納付，課税貨物の引取りに当たっての納付ということで，別段お尋ねすることもないので，次に法51条にいきましょう。まず，1項からお願いします。

木村 法51条1項は，保税地域から引き取られる課税貨物に対する消費税について，納期限延長の申請書を提出して担保を提供した場合には，特例申告の場合を除いて，3か月以内の納期限の延長が認められる，ということです。

大島 国内での課税資産の譲渡等についての納税の場合には，別段延納の規定はないわけですけれども，輸入についてだけ特に配慮しているのはどういう意味ですか。

木村 引取り課税貨物については，保税地域からの引取りのときまでに納付することになっています。

一方，国内での課税資産の譲渡等についての申告は，事業者の規模に応じて，中間申告と確定申告によって1か月分，3か月分，6か月分あるいは1か年分を，その2か月後に申告するということでタイムラグがある。そこで保税地域からの分についても特例申告によるものを除いて，これとの見合いで3か月以内の延長を認めることにしているわけです。

大島 なるほど。それでは，2項，3項についてお願いします。

木村 2項は，関税について申告納税方式が適用される課税貨物を保税地域から引き取る場合に，特定月の前月末日までに，その特定月に引き取ろうとす

る貨物についての納期限延長の申請書を提出して担保を提供した場合には，特例申告によるものを除いて3か月以内に限って納期限の延長が認められるということで，1項の個別延長に対して包括的な延長ということになるわけです。

また，3項は特例申告書の場合には，その延長が2か月以内ということです。

大島 ある月の前月末までに申請すれば，そのある月の輸入について個々の申請をしなくても，すべて延納することができる，という意味ですか。

木村 そうです。ですから法51条1項の場合には，例えば1月4日に保税地域から引き取ったものについては4月4日まで延長できるし，1月5日に引き取ったものについては，4月5日まで個別延長されるということですが，今の2項の場合ですと，1月4日に引き取ったもの，あるいは1月5日に引き取ったものは，特定月を1月とすると，この1月に何回引取りがあっても，すべて4月の末日まで延長されることになります。

大島 2項では前月である前年の12月末日までに申請することを要件として，ということですね。

Ⅲ 還付

1 仕入控除税額等の控除不足額の還付（法52条，施行令65条）

大島 次は法52条以下の還付に関する規定です。先に一通り条文の構成をみておいた方が分かりやすいかと思いますが，まず法52条が法45条1項5号の不足額があるときの還付の規定，法53条が同じく7号の不足額があるときの還付の規定，法54条が減額更正があって5号の不足額が増加した場合の還付の規定，それから法55条が減額更正・決定があって7号の不足額が増加したり発生したりした場合の還付の規定ですね。

順を追って，まず法52条，つまり繰り返すと，法45条1項5号の不足額がある場合の，言葉でいうと仕入控除税額などの控除不足額がある場合の還付あるいは還付加算金の計算についての規定ですが，まずこの法52条1項からお願いしましょう。

木村　法52条1項は，おっしゃるとおり，法45条の確定申告書，法46条の還付を受けるための申告書の提出があった場合に，法45条1項3号イの仕入れに係る消費税額，ロの売上対価の返還等をした金額に係る消費税額，更にはハの貸倒れに係る消費税額を，課税標準額に対する消費税額から引ききれなかったときには，その控除不足額を還付する，ということを定めたものです。

大島　つまり，法45条1項2号の課税標準額に対する税額から3号のもろもろの控除される税額を引いて，引ききれなかった金額，つまり5号の金額を還付するということですね。

木村　そうです。それから同じ還付の申告でも，法45条1項7号の還付，つまり中間申告額の還付については次の法53条で規定していて，この法52条とは別の話になります。

大島　それでは，2項にいって，還付の場合の還付加算金の話をお願いします。還付の場合は，国税通則法58条の還付加算金が付くわけですね。

木村　法52条2項は，その還付加算金の計算の期間を定めているわけです。終期は支払決定日又は充当日ですが，始期は申告の時期・内容によって違います。1号は，確定申告書が期限内に提出された場合には，確定申告期限（例えば5月31日）の翌日（6月1日）が還付加算金の計算期間の始期になるということ。2号は，確定申告書が期限後（例えば6月20日）に提出された場合には，その提出があった月の末日（6月30日）の翌日，つまり翌月（7月）の1日が還付加算金の計算期間の始期になるということです。図にすれば11－2図のとおりです。

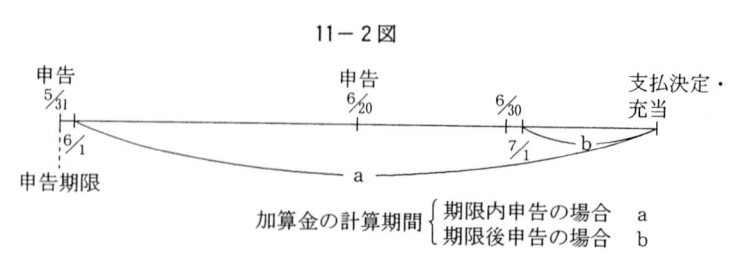

11－2図

加算金の計算期間 ┤期限内申告の場合　a
　　　　　　　　 └期限後申告の場合　b

更に，法52条2項3号は，1号や2号にいう確定申告書のように提出が義務

づけられていないもの，つまり法46条の還付を受けるための申告書の場合の規定で，申告期限がないので表現は違っていますが，実体は1，2号と同じです。例えば課税期間が3月31日に終わるとすると，還付申告書の提出があった月（例えば6月）の末日の翌日，つまり翌月（7月）の1日が還付加算金の計算期間の始期になるということです（同号かっこ書外）。ただ，その申告書の提出がその課税期間の末日の翌日（4月1日）から2月を経過する日（5月31日）前（5月30日以前）である場合には，その経過する日の翌日（6月1日）が還付加算金の計算期間の始期になる，ということです（同号かっこ書）。5月31日提出の場合も同様6月1日が始期ですが，これはかっこ外で読むわけです。

　大島　実質的には3号は1・2号と同じことですね。ただ1号では期限内申告の場合について「当該申告書の提出期限の翌日から……」という表現をしているわけですけれども，3号は申告期限がないものですから，1号の「当該申告書の提出期限の日」と実質的には同じ日を「課税期間の末日の翌日から2月を経過する日」と表現している，申告が任意だから，こういう難しい表現になってしまったということですね。

　木村　はい。そうです。

　大島　それでは，3項をお願いします。

　木村　法52条3項は，課税仕入れ等についての還付金を同じ課税期間の未納の消費税に充当する場合には，その充当相当額については還付加算金を付けない一方，未納になっている消費税については延滞税を免除するということです。

　大島　お話の「同じ課税期間の未納の消費税」というのは，3項にいう，「……同項に規定する申告書に係る課税期間の消費税……」のことですね。これは具体的にどういうことか，例を挙げてお話しください。

　木村　設例をご覧ください。

	申　告	更正後	増　差
法45条1項5号の控除不足額（更正後は同4号の残額）	△500	100	600

　△は還付を表す。

申告では法45条1項5号の控除不足額で還付することになる額が500、ところが更正があって逆に要納付額が100になった。つまり増差が600あったとすると、この還付する500は、増差税額である600に充当することになりますが、この500の還付金については還付加算金を付けない、一方それに見合う増差税額についての延滞税は免除するということです。

大島　還付加算金と延滞税とが両落ちになるということですね。

木村　そうです。つまり同じ課税期間の消費税額について発生した還付加算金であり、延滞税であるということで、両方についてそれぞれの額を計算して充当するという形式的な処理を避けて簡単に処理するため、還付加算金と延滞税を両落ちにするということです。

大島　還付加算金は年7.3％ですが、延滞税の方は納期限の翌日から2か月を経過した日からは14.6％になりますがそれでも両落ちですか。

木村　そのこととは関係なく両落ちになります。

大島　今の例では、法45条1項5号の還付の申告があった、ところが、その還付をしない状態で更正があった、ということを前提にしているわけですね。

木村　ええ。

大島　ということは、施行令64条に、還付の申告があると「……遅滞なく、……還付……をしなくてはならない。」という規定があるわけですが、にもかかわらず還付が行われず更正までそういう状態が続いた、ということになるわけですか。

木村　仕入控除税額の控除不足額があるという申告書が提出されたら遅滞なく還付しなければならない、ということになっていますけれども、その場合にその控除不足額が本来の控除不足額から見て過大である、要するに過大還付になるというような場合には、施行令64条で「……当該不足額が過大であると認められる事由がある場合を除き……」といっていて、遅滞なく還付をしなければならないという規定からは除かれることになっています。

大島　なるほど、そうですね。今の場合のほかに、法45条1項5号の不足額があって還付をするが、その課税期間の中間申告額が未納であるためこれに充

当する場合も同じ課税期間の未納のものに充当することになりますね。

　木村　いえ。そういうことにはならないのですが，その話は後の方の規定が関係するので後回しにしましょう（417頁）。

　大島　次の4項は政令への委任規定ですね。

　木村　そうです。具体的には施行令65条です。

　大島　では，その施行令の65条をお願いします。

　木村　先ほど説明したように，法52条3項が還付加算金を付けない一方延滞税を免除するのは，充当する方とされる方が同じ課税期間の消費税である場合に限られているわけですが，それでは法45条1項，同46条1項の申告で仕入控除税額などの控除不足額のあるものが提出された場合，同じ課税期間の消費税とそれ以外の未納の国税あるいは未納の滞納処分費があったら，どの国税あるいは滞納処分費から先に充当すべきかということが問題になるわけです。施行令65条は，こんな場合の充当順位を定めているわけです。

　まず，第1順位としては，その課税期間の消費税で，修正申告あるいは更正によって納付すべきもの，第2順位はその他の未納の国税あるいは滞納処分費ということです。

　大島　しかし，申告から更正するまでの間に，ほかの税について充当適状が起こった場合には，まず，他の税から充当せざるを得ないのではないでしょうか。それと今の規定とはどういう関係になりますか。

　木村　その時点では，第1順位であるその課税期間の消費税で修正申告あるいは更正によって納付すべきものがないわけですから，さっき話した施行令64条の規定による還付を留保すべき理由がない限り，直ちにその他の未納の国税や滞納処分費に充当することになります。

　大島　つまりその時点を捉えると，還付金が生じた課税期間と同じ課税期間の消費税の修正や更正による未納税額はない，それならその時点の状況で他の国税の未納分に充当する，後でその課税期間の消費税について更正があったとしてもこの規定に違反することにはならないわけですね。

　木村　そういうことです。

大島　それから充当について優先順位になっているのは，同じ課税期間についての修正や更正の増差額ですから，同じ消費税でも，例えば前の課税期間の税額に未納があってもこれには別に優先充当はしない，他の税目の未納と同順位ということですね。

木村　そういうことです。

大島　この1号では更に，同じ課税期間の消費税についての充当を優先するとしながら，そこで「……（中間納付額を除く）……」とありますから，中間申告税額やこれに対する修正・更正の増差税額への充当は優先するわけではない，これらは2号のその他の未納の国税に含まれるということですね。

木村　ここで中間納付額を除いている意味は後回しにしますが（417頁以下），理由はともあれここで同じ課税期間の消費税に優先充当するといっているのは確定申告についての修正申告，更正による納付額のことです。

大島　ところで今の法52条2項の柱書で還付加算金の計算の終期である充当をする日について，「……（同日前に充当をするのに適することとなった日がある場合には，その適することとなった日）……」といっていますがこれはどんな日ですか。

木村　そうですね。充当する日前，つまり充当することを決める日前に充当するのに「適することとなった日」がある場合には，その「適することとなった日」が還付加算金の計算の基礎となる期間の終期となっています。

で，この「適することとなった日」，つまり，国税通則法上の充当適状日というのは，充当される国税の法定納期限，期限後申告の場合はその申告日，更正・決定の場合は更正決定通知書の発出日，のそれぞれと還付金等が生じたときのどちらか遅いときです。これは国税通則法施行令の23条1項です。

それで充当は充当適状日以後においてするもので，充当される国税の納付税額が確定し法定納期限が到来するなど，いわゆる充当適状になっていなければ充当することができません。

しかし，例えば輸入品についての消費税は，保税地域から引取りの際に法定納期限が到来し，しかも納税が引取りの要件となっていますので，納税者から

書面で申出があったら，法定納期限前でも既に申告がされている消費税に充当することができることになっています。これは国税通則法施行令23条2項です。

　また，これ以外にも明文の規定はありませんが，納税者から期限の利益を放棄して法定納期前に充当されたい旨の申出があったら充当してもよいと解されます。

　大島　充当適状日は分かりましたが，充当をするからには，当然その前に充当適状になっているはずですから，還付加算金の計算の終期は，いつも充当の日ではなく充当適状日ということになりませんか。

　木村　多少観念的な話になりますが，充当適状日に即日充当する場合は，充当日前に充当適状日があったことになりません。この即日充当の場合には，これを充当適状日としてではなく充当日として捉え，充当日を還付加算金計算の終期と考えるわけです。もちろんどちらを終期としてももともと同じ日ですから還付加算金額は同じことです。

　大島　充当日以前といえば充当日を含むが，充当日前といえば充当日を含まないで充当日の前日以前ということですね。そこで充当日前に充当適状日があったらその適状日が還付金の計算終期だという規定は即日充当の場合は当てはまらない，即日充当の場合は適状日ではなく充当日が計算終期だと，こういうことですね。

2　中間納付額の控除不足額の還付

　大島　それでは，次に法53条にいきましょう。法52条が仕入控除税額などの赤字の還付であったのに対して，これは中間納付額の赤字の還付ということですね。

　木村　まず，法53条1項ですけれども，これは中間納付額の控除不足額があるという確定申告書あるいは還付を受けるための申告書が提出されたら，その控除不足額相当額を還付するということです。

　2項は，中間納付額を還付する場合に，その中間納付額について延滞税が納

付されていたら，その延滞税の額のうち中間納付額の還付金に対応する部分を併せて還付する，ということです。

3項は，中間納付額の還付金についての還付加算金の計算期間を定めたもので，原則として，還付の対象となる中間納付額の納付の日の翌日から支払決定あるいは充当の日までの期間について還付加算金を付ける，ということです。

4項は，中間納付額の還付金を同じ課税期間の未納の消費税に充当する場合には，その還付金については還付加算金を付けず，一方充当される方の未納の消費税については延滞税を免除する——これは先ほどの両落ちという話ですけれども——ということです。

5項は，中間納付額の還付金に併せて還付する延滞税——2項で規定している延滞税ですけれども——については還付加算金を付けない，ということです。

(1) 法53条1・4項

大島 それではまず1項から例を挙げて，お話しください。

木村 次の例をご覧ください。話を単純にするため，中間申告額は一括計上しています。

法45条1項4号の控除残額	1,000
中間申告額	1,800
法45条1項7号の控除不足額	△ 800

△は還付を表す。

法45条1項4号の控除残額が1,000，中間申告額が1,800ですから法45条1項7号の不足額は800ということになります。1項はこの800を還付するということです。

この場合，中間申告額がたとえ未納であっても，還付金はいったん発生し，未納となっている中間申告額に充当するという仕組みになっているということに注意する必要があります（通達15−1−8参照）。この場合法53条4項によってその充当額についての還付加算金と充当された未納額についての延滞税は両落

ちになります。

大島 4項では「中間納付額に係る課税期間の消費税」といっているので，その中間申告をした課税期間の中間納付額，確定申告に対する修正申告，更正・決定による税額をいうわけですね。多少読みにくいので念のため。

(2) 法53条3項，施行令69条2項

大島 それでは，2項を後回しにして，3項の還付加算金を付ける期間の計算について，例を挙げてお話し願います。

木村 11-3図をご覧ください。これは申告期限が2月末日である中間申告分についての納付が遅れたというケースです。

11-3図

課税期間は4月1日から3月31日まで　　　　　　　　月は各月末

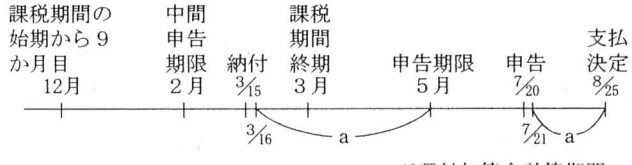

```
課税期間の      中間       課税
始期から9      申告       期間                           支払
か月目         期限  納付  終期    申告期限   申告     決定
12月          2月   3/15  3月     5月        7/20     8/25
 ├────────────┼─────┼┼─────┼─────────┼──────────┼
                      3/16 ─── a ──────────  7/21 a
```

aが還付加算金計算期間

この設例の場合の還付加算金の計算期間は，「……納付の日の翌日からその還付のための支払決定をする日……までの期間」ですから，納付の日である3月15日の翌日，つまり3月16日から8月25日までということになります。ただし，この設例の場合，申告期限が5月末日であるのに7月20日に期限後申告をしているので，法53条3項1号によって「当該申告書の提出期限の翌日からその提出された日までの日数」，つまり6月1日から7月20日までの日数は先ほどの3月16日から8月25日までの日数から除くことになります。

大島 先ほどの法52条2項では，期限後申告の場合に還付加算金の計算期間から除かれるのは，申告期限の翌日から「申告があった月の末日」まででしたが，ここでは申告期限の翌日から「期限後申告日」までになっているので注意する必要がありますね。

それから細かい点ですけれども，期限内に納付があった，例えば2月28日

(土,日は無視します。)が中間申告の納付期限であるのに,これを例えば既に1月31日に納付したという場合には,納付の日の翌日である2月1日からの起算ではなくて,申告期限の翌日である3月1日からの起算だということですね。

木村　そうです。これは法53条3項の中ほどに「……納付の日(その中間納付額がその納期限前に納付された場合には,その納期限)の翌日から……」とありますからね。

大島　今のお話では3回目の中間申告分から還付されていますが,1,2回目の中間納付からは返さないのか,またある回の納付が数回にわたって行われている場合にはどうするかなどの問題がありますね。

木村　これは施行令69条2項です。まず1号では中間納付額のうち法定納期限が違っているものについてはその遅いものを先順位にし,2号では法定納期限が同じであるもののうち確定の日が違っているものについてはその確定の日の遅いものを先順位とし,次に3号では確定の日が同じであるもののうち納付の日が違っているものについては納付の日の遅いものを先順位として,納付の額に達するまでさかのぼって求めた各中間納付額を還付すべき額として還付加算金を計算する,ということです。

大島　具体的に例を挙げてお話し願います。

木村　次の例をご覧ください。これは年3回の中間申告の場合の例です。

```
課税期間　　×1年4月1日から×2年3月31日まで
確定申告・納期限　×2年5月31日
確定申告において納付すべき消費税額
　(法45条1項4号の残額)　　　　　　　　　　1,200,000円
中間申告額計　　　　　　　　　　　　　　　　4,500,000円
中間申告分の納付状況
　内訳
　×1年4月～6月　1,500,000円（納期限　×1年8月末日）
　納付　　　　　　　×1年8月31日
　　　　　　　　　　　　　　　　　　　　　　1,500,000円
　×1年7月～9月　1,500,000円（納期限　×1年11月末日）
　納付　　　　　　　×1年11月20日
　　　　　　　　　　　　　　　　　　　　　　　600,000円
```

	×2年3月10日	900,000円
×1年10月〜12月	1,500,000円（納期限 ×2年2月28日）	
納付	×2年2月28日	1,500,000円
中間申告額の還付金	3,300,000円（1,200,000円－4,500,000円）	
支払決定の日	×2年6月10日	

この例では，中間申告による納付額の還付金は，中間申告による納付額である4,500千円から確定申告において納付すべき消費税額1,200千円を引いた3,300千円ということになります。

そこでまず一番納付期限の遅い×1年10月〜12月分の1,500千円が先順位になります。この分は×2年2月28日に納付されていますから，

$$1{,}500千円 \times \underline{\frac{2}{10{,}000}} \times 102日 \begin{pmatrix} ×2年3月1日から \\ 同年6月10日まで \end{pmatrix} = 30{,}600円$$
　　　　　　1日当たり還付加算金

の還付加算金。

次に，×1年7月〜9月分のうち×2年3月10日納付の900千円について

$$900千円 \times \frac{2}{10{,}000} \times 92日 \begin{pmatrix} ×2年3月11日から \\ 同年6月10日まで \end{pmatrix} = 16{,}560円$$

の還付加算金。

大島 今の900千円の納付の日は×2年3月10日であって，×1年10月〜12月分1,500千円の納付の日の×2年2月28日より遅いわけですが，これは2回目の中間申告の納付であって法定申告期限が早いので，×1年10月から12月分1,500千円の方が先順位となるわけですね。

木村 そういうことです。

これで1,500千円＋900千円＝2,400千円が済んで，次が×1年7月〜9月分のうち，×1年11月20日納付の600千円について，

$$600千円 \times \frac{2}{10{,}000} \times 192日 \begin{pmatrix} ×1年12月1日から \\ ×2年6月10日まで \end{pmatrix} = 23{,}040円$$

の還付加算金。

大島 納付は×1年11月20日ですが，国税通則法58条によって法定納期限の

翌日の12月1日から計算するわけですね。

木村 これで2,400千円＋600千円＝3,000千円が済みましたので、後は3,300千円－3,000千円の300千円が残りました。これは、×1年8月31日に納付になっている1,500千円のうち300千円が取り出されることになって、

$$300千円 \times \frac{2}{10,000} \times 283日 \begin{pmatrix} ×1年9月1日から \\ ×2年6月10日まで \end{pmatrix} = 16,980円$$

の還付加算金。

還付加算金の合計は、

30,600円＋16,560円＋23,040円＋16,980円＝87,180円→87,100円

ということになります。

大島 今の計算式でいわれた$\frac{2}{10,000}$というのは、還付加算金の年利7.3％を日歩に直したものですね。それから法定納期限、確定日、納付日の遅いものから順々にさかのぼるというのは通常はそれだけ還付加算金は少ないことになりますね。

木村 そうです。

大島 ところで今の例は先ほどのご説明のうち、「納期限の違うもの」、「納付の日が違うもの」についてのものでしたが、「確定の日が違うものについては云々」とはどういうことですか。

木村 中間申告について更正があったような場合です。

大島 申告分の納付が更正分の納期限以後に行われた場合、それがどの分の納付であるか、ひもが付くのですか。

木村 納付書に何の税のどの徴収決定分に対する納付なのか記載して納付しますから、どの分の税が納付されたかは分かります。

ただ延滞税の問題もありますから、実際には納期限の早いものから納付することになると思います。

　(3) 法53条2・5項、施行令69条1項

大島 それではさっき後回しにした法53条2項に戻りましょう。中間申告分の納付が納期限後になった場合は、中間納付額については延滞税がかかってい

るわけですね。

　ところが，中間納付額を還付する場合には，この法53条2項によって，その延滞税について政令で定められている額は還付する，ということになっていますけれども，この場合，問題が二つあります。第1が，中間納付額について納付された延滞税のうち，還付されるのはどの部分かということ。第2が中間納付が数回にわたって行われ分納されている場合の具体的な計算をどうするかということ。そこで第1の問題からいきましょう。

　木村　これは施行令の69条1項ですね。

　中間納付額の還付金に併せて還付される延滞税の額は，中間納付額について納付された延滞税の合計額から，その課税期間の納付すべき税額について計算される延滞税の額を控除して計算するということです。

　大島　402頁の例でいうと，施行令69条1項1号は1,800について納付された延滞税額で，これから同項2号の額を引いた残りを還付するわけですね。2号は法45条1項4号に掲げる金額，つまり1,000ですが，これについての延滞税。そこで1号から2号を引いた額，つまり800についての延滞税額を還付するということですね。ということは確定申告からみて，結果的に納めなければならない1,000についての延滞税は返さないが，結果的にみて納め過ぎであった800についての延滞税は返すということですね。

　それでは次に，延滞税のうち，どの部分が1,000に対するものとして還付されないのか，どの部分が800に対するものとして還付されるのかについて説明をお願いします。

　木村　1,000に対する延滞税，つまり還付されない方ですが，それは2号に規定されていて，まず1,000は1,000に達するまで，法定納期限が違うものについてはその早いものを先順位とし，法定納期限が同じものについては確定の日の早いものを先順位とし，次に確定の日が同じものについてはその納付の日の早いものを先順位として算定し，これに対する延滞税として求めるわけです。

　大島　納めるべきものが先に納まって，後で納めた分が余分なんだ，と考えればいいですね。

木村　今までは分かりやすいように，中間申告を一本として話してきましたが，ここでは年3回の中間申告について考えてみましょう。次の例をご覧ください。

```
課税期間　　×1年4月1日から×2年3月31日まで
確定申告・納付期限　×2年5月31日
確定申告において納付すべき消費税額
 （法45条1項4号の残額）　　　　　　　　　　　　2,500,000円
中間申告額計　　　　　　　　　　　　　　　　　　4,500,000円
中間申告分の納付状況
　内訳
×1年4月～6月　　1,500,000円
　納付　　　　×1年8月31日　　　　　　　　　　　700,000円
　　　　　　　×1年9月30日　　　　　　　　　　　800,000円
×1年7月～9月　　1,500,000円
　納付　　　　×1年12月10日　　　　　　　　　　600,000円
　　　　　　　×1年12月30日　　　　　　　　　　900,000円
×1年10月～12月　1,500,000円
　納付　　　　×2年3月20日（土，日は無視する）1,500,000円
```

この例によると，中間申告による納付額の還付金額は，

　　4,500千円－2,500千円＝2,000千円

となります。

そこで，まず施行令69条1項1号の額ですが，これは中間申告額の納付がその期限までに行われていないものについての延滞税額の合計額です。

×1年4月～6月分

　　$800千円 \times \dfrac{2}{10,000} \times 30日（\times 1年9月1日～同年9月30日）＝4,800円$

×1年7月～9月分

　　$1,500千円 \times \dfrac{2}{10,000} \times 10日（\times 1年12月1日～同年12月10日）＝3,000円$

　　$900千円 \times \dfrac{2}{10,000} \times 20日（\times 1年12月11日～同年12月30日）＝3,600円$

×1年10月～12月分

$$1,500千円 \times \frac{2}{10,000} \times 20日（\times 2年3月1日〜同年3月20日）=6,000円$$

この合計は17,400円になります。

これが1号です。

次に、2号の延滞税額、つまり今の1号の延滞税額から控除すべき延滞税額、これを控除した後の延滞税額を還付するわけですから、2号は即ち還付しない延滞税額ということです。それは確定申告において納付すべき2,500千円に対する延滞税です。そこでこの2,500千円に対してどれだけの延滞税がかかっているかの計算ですが、2,500千円はまず法定納期限の早い×1年4月〜6月分の1,500千円から成っているものとします。そしてこのうちでは納付が早い方、つまり8月31日納付の700千円を先順位としますが、これは納期限内に納付されているので延滞税はかかっていません。次は同じ1,500千円のうち納付の遅い800千円。

この800千円に対する延滞税は前に計算したとおり4,800円……①

これで×1年4月〜6月の1,500千円が済んで、あと残りは1,000千円（2,500千円−1,500千円）となり、これは次の納期限である×1年7月〜9月分の1,500千円のうちから取り出すことになります。この1,500千円は全額期限後納付で、その延滞税額は、今お話したように、1,500千円について10日分、900千円について20日分という計算になっていますが、残額が1,000千円ですから、12月10日納付の600千円と、あとは同月30日納付の900千円のうち400千円（1,000千円−600千円）についての延滞税を計算します。

$$1,000千円 \times \frac{2}{10,000} \times 10日 + 400千円 \times \frac{2}{10,000} \times 20日$$
$$=2,000円+1,600円=3,600円……②$$

①+②=4,800円+3,600円=8,400円

これが同項2号です。

1号の17,400円から2号の8,400円を引いた9,000円、これが納め過ぎになった2,000千円に対する延滞税、つまり還付される延滞税の額ということになります。そして2,500千円——といってもそのうち700千円には延滞税がかかって

いないので実際には1,800千円——に対する延滞税は，納付すべきものを延滞したわけですから取りっきりということになるわけです。

大島 繰り返しになりますが，納付すべき2,500千円は，納期，確定日，納付日の早いものから成る，というルールで，1回目申告分の700千円，同じく800千円，2回目申告分の600千円，同じく900千円のうちの400千円から順次成っているものとして，これに対する延滞税を計算するというのが2号，その答が8,400円でこれは返さない，1号の全体の延滞税17,400円からこの8,400円を引いた9,000円は即ち2,000千円に対する延滞税で——2回目の申告分のうち12月30日に納めた900千円のうちの500千円，3回目の申告分で10年3月20日に納めた1,500千円に対する延滞税の合計に一致するわけですが——，この分は延滞はしているが，元来が納めなくてもよかったものに対する延滞税だからこれは返す，ということですね。

そこで，このように2,500千円を納期，確定日，納付日の早い分から成るものとする規定は，納税者にとって一体有利なのか不利なのかを考えてみると，さっきの例で，1期は滞納なし，2期は1,000千円期限内納付という場合は，これだけで2,500千円になり，全体の延滞税額から控除すべき額はなく，延滞税額全額が還付されて納税者に有利になりますが，滞納が早い方に集中している場合は，控除される額が大きくて逆に不利になってしまう，結局施行令69条1項の規定は具体的状況によって納税者に有利にも不利にもなる，ということのようですね。

木村 そういうことです。どちらが有利かは，その人の中間申告の各回の納付の状況によるわけで，一概に決めるわけにはいきません。

それから中間納付についての延滞税が還付される場合も，この還付金には還付加算金は付きません。これは法53条5項です。

大島 施行令69条1項2号柱書には，かっこ書が二つありますね。

木村 当然の話ですが，第1のかっこ書は，中間納付額といっても，これは実際に納付された額の話であって，充当によって納付されたことになる額は含まないということ，第2のかっこ書は，さっきの例でいうと，確定申告の

2,500千円が例えば3,000千円に更正されて増差の500千円が中間納付の4,500千円から充当される場合，この500千円も納付すべき額ですから，結局3,000千円に達するまでの中間納付に対する延滞税は還付されない，1,500千円（4,500千円－3,000千円）分に対する延滞税だけが還付されるということです。

(4) 施行令68条1項

大島 中間申告額が未納になっている場合の法45条1項7号の還付金の充当については先ほど話をされました（402～403頁）。おさらいすると，確定申告の4号の金額が1,000，それから中間申告が1,800，したがって7号の還付金が800という場合，施行令68条1項2号によって還付金の800は中間未納付の1,800に充当する。そうすると中間申告分の納付未済が1,000残るわけですが，この1,000は延滞税付きで納付をしてもらう。それから，還付する800については法53条4項によって還付加算金は付かない。同時にこの800分については両落ちで延滞税なし，ということでした。

そこで次にもう少し複雑なケースで確定申告に対する修正・更正が絡んだ施行令68条1項にいきましょう。法45条1項7号の不足額が出たが，中間申告分が未納であった状態のところに更正が加わった場合の還付がどんなことになるか，という問題ですね。

木村 中間納付額の還付金については，たとえその還付の対象となる中間納付額が未納であっても発生する，という基本的な考え方をしていて，確定申告によって生じた中間納付額の還付金を，その未納の中間納付額に充当することになるわけですけれども，その中間納付額の還付金が実際に還付される前に確定申告に対する更正があったという場合には，その還付金は，その更正によって納付すべき消費税にも充当することになります（なお，中間納付額の還付前に更正があるということについては，さっき説明した施行令64条に見合う規定として同67条がありますので念のため。）。そこでこの充当の順位がどうなるかということを定めたのが施行令68条1項ですが，それによると，まず第1順位は，その課税期間の消費税で確定申告に対する更正によって納付すべきものに充当することになります。もちろん修正申告の提出があった場合にも同じことです。

第2順位は、その課税期間の未納の中間納付額に充当する、第3番目は、その他の未納の国税あるいは滞納処分費に充当するということになります。

大島 402頁のお話は、その第2順位の未納だけがあった場合のことですね。そこで今のお話を具体例でお話し願います。

木村 次の例で、申告の欄は先ほどからの設例と同じですが、ただ中間分のうち250が未納付になっています。

	申　　　告	更正後	増　差
法45条1項4号の控除残額	1,000	1,200	200
中間申告額	1,800 (内 1回目申告分未納 100 　　3回目申告分未納 150)	1,800	
法45条1項7号の控除不足額	△ 800	△ 600	200

△は還付を表す。

まず、800の還付は、中間申告額が未納であっても発生し、未納の中間申告額に充当するわけですが、一方では更正増差額も発生した、さあ充当の順序をどうするかということですが、この場合は、還付金の800はまず更正によって増加した200に充当し（施行令68条1項1号）、更に、その200を引いた600は中間申告の未納分のうちまず3回目申告分の150、ついで1回目申告分の100に充当し（同2号）、更に、それを引いた残りの350は、他の未納の国税・滞納処分費に充当し（同3号）、その充当後に残額がある場合には還付することになります。

大島 ほかの国税の未納がないとすれば、350がそのまま還付になるわけですね。

木村 そうです。

大島 この350というのは、中間申告で現実に納付した額が1,550（1,800－250）であった。ところが、更正による法45条1項4号の金額、つまり、その課税期間の納付しなければならない金額は1,200ですから、差引き350だけ過納になっている、その350を返すと考えてもいいし、あるいは、更正後の還付金額、つまり更正後の7号は600になっているわけですが、それから中間未納分の250を引いた残りの350は還付するというように考えてもよろしいかと思います。

なお、今の場合には、3号の充当は別にして法53条4項によって、還付加算金と、これに見合う延滞税は両落ちになる、ということですね。

木村　はい、そうです。

大島　ところで施行令68条1項2号の、還付金は未納の中間納付額のうち、その法定納期限が還付の日に近いものから順次さかのぼって充当するという規定はどんな実益がありますか。逆の決め方をした場合に比べて、納税者にとって有利ですか不利ですか。

木村　未納分に対する延滞税が、一口は納期限の翌日から2か月経過していて14.6％、一口は2か月経過していなくて7.3％、という場合はまず前者に充当した方が有利ですが、そうでなければどちらから先に充当しても同じことです。

大島　そして中間申告額のうち何回目の分が14.6％の延滞税が付く状態になっているかは全く不定ですから、施行令の決め方が納税者に有利かどうかも不定だということになりますね。

ところで、この施行令68条は同65条と見合う規定ですが、中間申告の未納付分という要素が一つ加わっている点が違うわけですね。

それでは、参考のために別の例を考えてみましょう。

	申　告	更正後	増　差
法45条1項4号の控除残額	1,000	1,900	900
中間申告額	1,800	1,800	
法45条1項7号の控除不足額	△　800	100	900

△は還付を表す。

この例の場合には、まず申告された7号の金額800は更正増差額の900に充当する。これが施行令68条1項1号。この場合に、800に対する還付加算金と、900のうち800の延滞税は両落ちになる。それから900のうち800は充当されましたけれども、残りの100は延滞税付きで納付しなければならない、ということになりますね。

木村　そのとおりです。

3 法52条と同53条が競合する場合

大島 そこで今度は，法52条が仕入控除税額などの赤字の還付，それから法53条が中間納付額の赤字の還付ということですが，両方が競合した場合，つまり法45条1項4号の金額が既に赤字であった，つまり5号の控除不足額があった。ところが，その人が中間申告をしているので，5号の控除不足額と中間申告額の合計額について還付が発生したという場合についてお話し願います。なおこうしたケースについては390頁で一度話が出ています。

木村 次の設例をご覧ください。

この例で説明すると，控除不足額の1,500は法45条1項5号の500と中間納付額の1,000とから成るわけです。

	申　告	更正後	増　差
（申告）法45条1項5号の不足額 （更正後）同4号の残額	△　500　a	300	800　c
中間申告額	1,000　b （内未納400d）	1,000	
控除不足額の合計額	△1,500	△　700	800

△は還付を表す。

大島 中間納付額というのは，法2条1項19号に定義があって，現実の納付額ではなく，納付すべき額である，ということについては前に話されましたね（390頁）。

木村 そこでまず，法45条1項5号の控除不足額のaの500をcの増差税額の800に充当する，そこでaは0，cが300になります。これは施行令の65条1項1号です。

次に，中間納付額bの1,000をcの残りの300に充当する，するとbは700，cは0になります。これは施行令の68条1項1号です。

更に，bの残りの700を，中間申告の未納のdの400に充当する，そこでbは300，dは0になります。この場合中間申告の未納が中間申告の複数の回にある場合の処理は前に話したとおりです（412～413頁）。これは施行令の68条1項2号です。

以上の結果，他の未納なり滞納処分費がなければ中間申告額のbの残りの300を還付するということになります。

大島 今のご説明でよく分かりましたけれども，念のため申しますと，「初めにaの500をcの800に充当する」といわれましたが，これはaの500をまずcに充当するのか，それとも中間申告額の未納のdに先に充当するのかという選択があるわけですけれども，これはdではなく，cに先に充当するということ，つまりa→cをa→dに優先するということですね。

木村 はい。それが施行令65条です。

大島 それから，もう一つの問題は，このcの800は，aから先に充当を受けるのか，bから先に充当を受けるのかということですが，これはaから先に充当を受けるということ，つまりa→cをb→cに優先するということで，これは施行令の68条2項1号ですね。

次に，bの充当について，cの残りの300に先に充当するのか，あるいは中間申告額の未納付のdの400に先に充当するのかといえば，それはcに対する充当を先にするということ，つまりb→cをb→dに優先するということで，これが施行令の68条の1項1号ですね。

ところで今の設例では，aをcに充当しcに残りが出ましたが，逆にaの方が大きくてaが残る場合についてお話しください。

木村 それでは，次の設例をご覧ください。

	申　　告	更　正　後	増　　差
法45条1項5号の控除不足額	△1,000　a	△400	600　c
中間申告額	800　b （内未納500d）	800	
控除不足額の合計額	△1,800	△1,200　e	600

△は還付を表す。

この設例でいうと，充当順序は，aの1,000はまずcの600に充当し，またcの増差税額600はまずaの1,000のうちから充当を受けます。これは施行令65条1号と68条2項1号です。その結果cは0になり，aは1,000からcの600を

引いて400が残ります。

　それから、中間未納額dの500はこのaの残り400より先にbの800のうちから充当を受けます。これは施行令68条2項2号です。bの残りの300はaの残り400とともに還付されることになり、還付額は合わせて700になります。

　この700は、更正後の還付金額eの1,200から中間申告による未納額のdの500を引いたものということであり、いい換えれば、更正後の法45条1項5号の400に中間納付した300を加えたもの、ということです。

　この設例の充当についても、先ほど出たように還付加算金とこれに見合う延滞税は両落ちになります。これは法52条3項と法53条4項です。

大島　もう一度繰り返しますと、更正増差のcの600は、aの1,000から先に充当を受けるか、それとも中間申告によるbの800から先に充当を受けるかというと、これはaから先に充当を受ける、つまりa→cをb→cに優先するということで、これが施行令の68条2項1号です。

木村　お話の場合、同号の「第65条第1号に規定する消費税」からは、中間納付額が除かれていることに注意する必要がありますね（施行令65条1号かっこ書）。

大島　それから、aをcに先に充当するか、それとも中間申告による未納付分のdに先に充当するかというと、まずcに充当する、つまりa→cをa→dに優先するということで、これが施行令の65条1号。

　更に、中間申告による未納付分のdの500は、aの還付が余っている400と、中間申告bの800のどちらから先に充当を受けるかといえば、それは中間申告のbの800が先になる、つまりb→dをa→dに優先する、というのが施行令68条2項2号ということですね。

木村　そのとおりです。以上の優先順位をまとめると、＞が優先を表すものとして、a→c＞b→c＞b→d＞a→dということになります。

大島　難しいところなので、念のためにそこだけを11－4図にしてみました。これは法45条1項5号の控除不足額があり、同時に中間納付額があるので、両者の合計額が還付金になるというケースです。

まず施行令の65条は，図のaを充当するときには，cを先にし，dを後にする。それから68条の1項は，bを充当するときには，cを先にし，dを後にする。

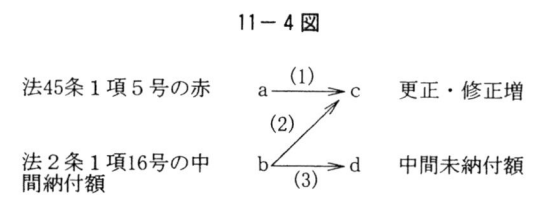

11－4図

法45条1項5号の赤　　a ─(1)→ c　　更正・修正増
　　　　　　　　　　　　(2)↗
法2条1項16号の中　　b ─(3)→ d　　中間未納付額
間納付額

施行令68条の2項1号は，cに充当するときには，aからの充当を先にして，bからの充当を後にする。

施行令68条2項2号は，dに充当するときには，bから充当するということになろうかと思います。

つまり図の(1)(2)(3)の順序ということになりますね。

この場合のbとdの関係ですけれども，bは中間申告額の還付金であり，法45条1項5号の赤（a）がある限り中間申告額そのものですから，dに等しいかあるいはdより大きいわけで（法45条1項5号の赤がない場合，例えば402頁の例では，中間申告の還付金800は，中間申告の未納額より大きいとは限らない。），bからdに充当すればaからdに充当する余地はないことになります。bをcに充当すれば，bが減りますからdより小さくなることがありますが，bをcに充当するのはaでcを充当しきれなかった場合ですから，aは既になくなっている，つまりbが減ってdより小さくなっているときというのはaからは充当できないときですから，aをdに充当することは有り得ない理屈になりますね。さっきa→cをa→dに優先するといいましたが，後者は実際には起こらないわけです。11－4図でa，bを結ばなかったのはこのためです。

　木村　aからdに充当することはない，ということになると，先ほど399，400頁で答を保留した問題も自ずと解決するわけですね。施行令65条1号で「（中間納付額を除く。）」，つまりaを充当する先としてdを除くといっているのも，dに対する充当が1号から外れて2号に入るという意味ではなく，dに

対して充当することは論理的に有り得ないということをいっているわけです。

大島 ところで充当の順序は分かったとして、このように詳細な順序を決める実益はどこにあるんですか。

木村 還付加算金が付くのは中間申告による納付分を納付する場合だけではなく、仕入控除税額などについて控除不足額があった場合にも還付加算金が付く場合があります。他方、修正や更正による増差税額が生じたり、中間納付額が未納となっている場合もあるでしょう。そういう意味で、それぞれの順番を決めておかなければいけないということです。

大島 さっきの表でいうと、ｃについてａから先に充当を受けてｂが残る場合と、ｂから先に充当を受けてａが残る場合とでは還付加算金の計算が違う。またａを先にｃに充当してｄが残る場合と、先にｄに充当してｃが残る場合とでは延滞税の計算が違う、ということですね。

木村 そうです。あらゆる場合を通じて、公平が保たれるように、言葉を換えていいますと、滞納したり、過少申告をしたりした納税者が期限内に完納したり、正当な申告をした納税者よりも利益を受けることのないように、還付金の処理順序を決めているわけです。

4 更正・決定による還付

(1) 法54条

大島 それでは、法54条にいきましょう。

木村 法54条１項は、確定申告に対する減額更正によって仕入控除税額などの控除不足額が増加したり、あるいは新たに発生したりする場合には、その増加した部分の消費税額を還付するということで、これは法52条の仕入控除税額などの控除不足額の還付の規定に対応するものです。また、２項以下は、その還付金の還付加算金の計算期間についての規定です。設例をご覧ください。

	申　　告	更　正　後	増　　　差
法45条１項５号の控除不足額	△500	△600	△100

△は還付を表す。

法45条1項5号の控除不足額500の申告があり，更にこれが600に減額更正されて，還付額が100増加したという場合です。

この還付加算金の計算などについては，法52条2項と3項の場合と同じことです。

大島 この場合に，法54条の規定では「……その更正により第45条第1項第5号に掲げる金額が増加したときは，……」，つまり「赤字が増加したとき」ということをいっているわけですが，当初申告は黒字であったけれども，それが減額更正によって新たに赤字が発生した。つまり，増加したのではなくて，黒字から赤字に変わったという場合にはどんなことになりますか。

木村 その場合にも，新たに還付金が発生したわけで，還付金が0から幾ら幾らになったということですから，やはり「増加したとき」に含まれるということです。

(2) 法55条

大島 それでは，次に法55条をお願いします。

木村 法55条1項，2項は，更正あるいは決定が行われた結果，その課税期間の税額が中間納付額に満たないことになった場合，その過大になった中間納付額を還付する，という規定です。

例えば，中間納付額500，その課税期間の決定による消費税300とした場合，500－300＝200を還付するということ。あるいは中間納付額500，確定申告400，差引還付100だったのが，減額更正により400が350になった場合，100に加えて減差の50を還付するということです。

また，3項は，更正・決定によって中間納付額を還付するときにその中間納付額について納付遅延により納付された延滞税があるときには，その還付金に見合う延滞税は還付するということで，法53条2項の確定申告の場合の中間納付額の還付の規定とパラレルになっていますが，この政令は施行令70条1項で，これも施行令69条1項とパラレルになっています。

4項は還付加算金の計算期間を定めたもので，これは法53条3項とパラレル

になっていますが，還付加算金の計算期間から除外される期間が，決定の場合には確定申告書の提出期限の翌日から決定があった日まで，また，期限後申告あるいは決定に対する更正の場合には確定申告書の提出期限の翌日から期限後申告書の提出の日あるいは決定の日まで，となっています。この政令は施行令70条2項ですが，これも施行令69条2項とパラレルになっています。

以下，5項，6項は，それぞれ法53条4項，5項と同趣旨のものですから省略します。

Ⅳ 前課税期間の更正に伴う更正請求 (法56条)

大島 それでは，法56条に移りましょう。

木村 法56条は，国税通則法23条の更正の請求の特例として，前の課税期間の消費税額の更正・決定に伴う更正の請求，あるいは輸入取引についての消費税額の更正などに伴う更正の請求の期限についての規定です。

まず1項ですが，確定申告について修正申告あるいは更正・決定があったことによって，その課税期間の翌課税期間以後の既に確定している消費税の額が過大になったり，あるいは還付金額が過少になる場合の更正の請求について期限の特例を定めたものです。

また，2項は保税地域からの外国貨物の引取りに課された消費税についての更正等に伴う更正の請求について1項と同様のことを定めたものです。

大島 具体的にいうと，例えば，個人事業者で×1年分と×2年分の申告が既に出ていた。ところがその納税者が×2年分の課税売上げに計上していたものを，×1年分の売上げに繰り上げるという更正があった場合には，×2年分の申告は当然減額されるはずですが，その減額のための更正の請求の期限の特例規定だということですね。

木村 そうです。

大島 ところで，この法56条の規定には，確定申告についての修正申告などによって，その翌課税期間の申告などに影響があった場合が規定してあります

けれども，法46条の還付を受けるための申告については，こういう特例は働かないのですか。

　木村　法56条1項は冒頭にあるように「確定申告書等」についての規定ですが，法2条1項17号に，「確定申告書等」というのは，「第45条第1項の規定による申告書……及び第46条第1項の規定による申告書をいう。」と規定していますから，法46条の還付のための申告書にも，法56条の規定が働くわけです。

V　届出・記帳の義務，申告義務等の承継（法57～59条）

　大島　なるほど，そういうことですね。
　次に法57条から法59条までは問題もないので簡単にお願いします。ここは本来節をあらためるべきところですが，便宜申告などの節で間に合わせます。
　木村　法57条はややラフにいうと，基準期間における課税売上高が1,000万円を超えることとなったとき，1,000万円以下になったときあるいは課税事業者が事業を廃止したとき，更には個人の課税事業者が死亡したとき，法人の課税事業者が合併によって消滅したとき，資本金1,000万円以上で直ちに納税義務が発生する新設法人に該当することになったときには，それぞれ一定の事項を記載した届出書を速やかに提出しなければならないということです。
　大島　所得税法229条や法人税法148条の開業等の届出と同じですね。その届出の期限は「速やかに」といっているだけで，所得税の場合の1月以内とか法人の場合の2月以内というようなものはなく，いつまでとはいっていませんね。
　また，届出書を出さないからといって罰則はありませんね。
　木村　そうですね。この届出は，これによって権利義務が発生するものではなく，もともと課税事業者になるとか廃業するとかというのは客観的に決まるものでそれを確実に把握するため設けられているものですから，届出がないからといって直ちに脱税になるものではなく，また所得税や法人税の届出義務にも罰則がないということとのバランスもあり，罰則規定が設けられていないも

のと考えます。
　次に法58条も課税事業者などに対する義務規定で，課税事業者などは帳簿を備え付けて必要な事項を記録して保存しなければならないということです。
　ただ，この規定があるからといって消費税のために特別に帳簿を付けなければいけないかといえばそんなことはありません。要はここに要求している記載事項を記録しているものであればいいわけで，通常の商業帳簿で十分です。
　また，法59条は相続・合併があった場合の申告義務や帳簿の記録，保存義務の承継ということで，379頁以下，391頁で説明済みです。

第12 国，地方公共団体等に対する特例（その1）

I 国・地方公共団体の納税単位（法60条1項）

1 施行令72条1項

大島 それでは，次に法60条の国，地方公共団体等に対する特例に入りましょう。

まず，法60条1項，施行令72条1項からお話し願います。

木村 その前にまず，法60条全体ですけれども，これは国，地方公共団体などに対する特例ということです。消費税法では，国，地方公共団体，公共法人，公益法人あるいは人格のない社団なども，資産の譲渡等を行った場合には，一般の事業者と同様消費税の納税義務者になるわけですが，こうした法人の特殊性を考慮して，ここでいろいろな特例を設けているわけです。

まず，法60条1項は，法人の納税単位は，本来事業所単位ではなく，法人ごとの事業者単位ですが，国や地方公共団体については，一般会計や特別会計ごとにそれぞれ一つの法人が行うものとみなすことにしています。

つまり，一般会計や特別会計ごとに納税単位になるということです。というのは，国や地方公共団体の一般会計では，主として一般の行政事務を行うわけですから資産の譲渡等はほとんどなく，租税収入などを財源として課税仕入れ等が行われている一方，特別会計は交通事業や水道事業などの特別の事業を行うために設けられ，こうした事業収入によって経費を支弁するものが多いわけです。

このように一般会計と特別会計とでは事務の性質・内容が違っていますから，これを合わせて消費税を計算するのは実態に合わない，そこで一般会計，特別会計ごとに一つの法人とみなして消費税を計算することにしているわけです。ただ，特別会計で行う事業のうち，専ら一般会計に対して資産の譲渡等を

行う特別会計は一般会計の事業とみなすことになっています。これは施行令72条1項です。

　大島　それは，どういう趣旨ですか。

　木村　今お話したように，一般会計と特別会計とではその事業内容が違っていて，特別会計で行う事業は一般会計の業務から独立した内容のものが多いので，これを各別の法人とみなしているわけですが，特別会計で行う事業でも，一般会計の業務の一環として行われるものについては，一般会計から独立した事業主体として捉えるよりも，一般会計に含めて消費税法を適用した方が実情に合っているという考え方です。

　大島　一般会計に対して資産の譲渡などをしている特別会計を一般会計の業務とすることで，特別会計から一般会計への売却を，一々特別会計の譲渡，一般会計の仕入れということにしないで，一体として，内部取引として計算をする，それだけ事務を簡略化する趣旨ですね。

　木村　そういうことです。

　大島　この規定の適用を受けるものの実例は，通達の16－1－1にありますね。

　木村　通達の16－1－1は，施行令72条1項にいう「専ら当該特別会計を設ける国又は地方公共団体の一般会計に対して資産の譲渡等を行う特別会計」というのはどういう特別会計なのかということをいっているわけで，それは経常的に一般会計に対して資産の譲渡等を行うために設けられた特別会計をいう，として代表的なものを例示しています。

　具体的なものの一つは物品調達特別会計，用品会計。その二つは自動車管理事業特別会計，自動車集中管理特別会計。その三つは，印刷事業特別会計，印刷所特別会計ということです。

2　施行令72条2項

　大島　それでは，施行令72条2項ですが，これは，地方行政組織の非常に特殊なことですので深入りは避け，読者には詳しくは通達16－1－2をお読み願

うことにしますが，一言だけお願いします。

　木村　施行令72条2項は，地方自治法285条の一部事務組合の特別会計について，事業の種類，議決の方法によってはこれを一般会計とすることを規定しています。つまり，一部事務組合が特別会計を設けて行う事業について，1号から4号までに掲げる事業でない限り，一定の要件に当てはまれば，これを一般会計の事業とみなしています。1号から4号までの事業は必ず特別会計ということになります。

　このように一部事務組合の特別会計のうち一定のものを一般会計としたのは，一部事務組合が複数の事業を行う場合には，その事業ごとに会計を設けて経理処理をしますが，この場合，一般会計が二つあるというわけにはいきませんから，一つの事業は一般会計で，それ以外の事業は特別会計で処理することになりますけれども，地方自治法285条の一部事務組合──いわゆる複合事務組合──では，複数の事業を行うことが前提になりますから，放っておくと，一般の市町村ならば一般会計で処理する事業も特別会計の事業として処理されることになり，一般の市町村における取扱いと違ったことになります。そこで，複合事務組合が特別会計で処理する事業でも，それが一般の市町村では一般会計で処理されているようなものは，一般会計の業務として行う事業とみなしているわけです。

　大島　みなすことの効果は何ですか。

　木村　後で出てきますが，法60条6項・7項が適用されて納付税額はなく，申告は要らない，ということです。

　大島　場合により，一般会計とみなされる会計が二つ以上あることも有り得るわけですか。

　木村　複数の事業を行っているわけですから，そういうことも有り得ます。

　大島　一般会計が行う「事業」というのがちょっと気になるのですが，ここは事業という言葉から普通連想されるような，営利目的という要素は入らないわけですね。

　木村　そうです。さっきもいったように，国や地方公共団体が行政の一環と

してサービスを提供する場合も，それが非課税かどうかは別として，広く事業という概念に入ります。そうであるからこそそれに対する課税について法60条の特例が規定されているわけです。

大島　さっきのお話の1号から4号までのものは一般会計の業務とはしないということですが，例えば3号は「対価を得て資産の譲渡又は貸付けを主として行う事業」ということで，今お話の広い意味の事業ではなく，もっと限定された意味のいわゆる事業会計であって，性格的に一般会計とはなり得ないものを挙げているわけですね。

3　施行令72条3・4項

大島　それでは，続いて施行令72条の3項と4項ですね。

木村　施行令72条3項は，地方公共団体の組合が行う事業のうち，対価を得て資産の譲渡や貸付けを主として行う事業，あるいは地方競馬，自転車競走などの事業については，一般会計で処理されていても特別会計の事業とみなすということです。

これは，このような組合が単一の事業を行っている場合には一般会計しかないことになりますが，施行令72条2項3，4号の事業は，地方公共団体が行う場合には特別会計を設けて行うのが普通であり，またその事業内容が実質的に課税の対象とすべきものですから，特別会計を設けて行う事業とみなしているわけです。

4項は，地方自治法1条の3第3項の地方開発事業団が行う事業は，すべて特別会計とするということです。

大島　3項・4項の場合は，先ほどとは反対に法60条6項・7項は適用しない，ということですね。

参考のため，地方自治法のうちから関係条文を挙げておきましょう。

地方自治法
第1条の3　地方公共団体は，普通地方公共団体及び特別地方公共団体とする。
②　普通地方公共団体は，都道府県及び市町村とする。
③　特別地方公共団体は，特別区，地方公共団体の組合，財産区及び地方開発事業団とする。
（組合の種類及び設置）
第284条　地方公共団体の組合は，一部事務組合，広域連合，全部事務組合及び役場事務組合とする。
②　普通地方公共団体及び特別区は，第6項の場合を除くほか，その事務の一部を共同処理するため，その協議により規約を定め，都道府県の加入するものにあっては総務大臣，その他のものにあっては都道府県知事の許可を得て，一部事務組合を設けることができる。この場合において，一部事務組合内の地方公共団体につきその執行機関の権限に属する事項がなくなったときは，その執行機関は，一部事務組合の成立と同時に消滅する。
③　普通地方公共団体及び特別区は，その事務で広域にわたり処理することが適当であると認めるものに関し，広域にわたる総合的な計画（以下「広域計画」という。）を作成し，その事務の管理及び執行について広域計画の実施のために必要な連絡調整を図り，並びにこれら事務の一部を広域にわたり総合的かつ計画的に処理するため，その協議により規約を定め，前項の例により，総務大臣又は都道府県知事の許可を得て，広域連合を設けることができる。この場合においては，同項後段の規定を準用する。
④　総務大臣は，前項の許可をしようとするときは，国の関係行政機関の長に協議しなければならない。
⑤　町村は，特別の必要がある場合においては，その事務の全部を共同処理するため，その協議により規約を定め，都道府県知事の許可を得て，全部事務組合を設けることができる。この場合においては，全部事務組合内の各町村の議会及び執行機関は，全部事務組合の成立と同時に消滅する。
⑥　町村は，特別の必要がある場合においては，役場事務を共同処理するため，その協議により規約を定め，都道府県知事の許可を得て，役場事務組合を設けることができる。この場合において，役場事務組合内各町村の執行機関の権限に属する事項がなくなったときは，その執行機関は，役場事務組合の成立と同時に消滅する。

> 第285条　市町村及び特別区の事務に関し相互に関連するものを共同処理するための市町村及び特別区の一部事務組合については，市町村又は特別区の共同処理しようとする事務が他の市町村又は特別区の共同処理しようとする事務と同一の種類のものでない場合においても，これを設けることを妨げるものではない。
>
> **（議決方法の特例及び理事会の設置）**
> 第287条の2　第285条の一部事務組合の規約には，その議会の議決すべき事件のうち当該一部事務組合を組織する市町村又は特別区の一部に係るものその他特別の必要があるものの議決の方法について特別の規定を設けることができる。
> ②　第285条の一部事務組合には，当該一部事務組合の規約で定めるところにより，管理者に代えて，理事をもって組織する理事会を置くことができる。
> ③　前項の理事は，一部事務組合を組織する市町村若しくは特別区の長又は当該市町村若しくは特別区の長がその議会の同意を得て当該市町村又は特別区の職員のうちから指名する者をもって充てる。

Ⅱ　国・地方公共団体の取引期日の特例（法60条2・3項）

　大島　それでは，法60条2項にいきましょう。

　木村　法60条2項は，国や，地方公共団体が行った資産の譲渡等，あるいは課税仕入れ等は，会計年度の末日に行われたものとすることができるということです。

　国や地方公共団体の会計は，予算決算及び会計令，あるいは地方自治法施行令の規定で歳入や歳出の所属年度が規定されていますが，これらの規定では歳入は収納基準，歳出は支払基準によることになっていることなど，一般の民間企業とは違った会計処理になっているため，これを消費税法が求めている資産の譲渡等の時期や課税仕入れ等の時期にひき直すと，事務処理上大変だということで，便宜会計年度の末日に行われたことにしてもいいという選択制にしたものです。その具体的なことは施行令73条にあります。

予算決算及び会計令

（歳入の会計年度所属区分）
第1条の2　歳入の会計年度所属は，次の区分による。
　一　納期の一定している収入はその納期末日（民法（明治29年法律第89号）第142条，国税通則法（昭和37年法律第66号）第10条第2項又は行政機関の休日に関する法律（昭和63年法律第91号）第2条の規定の適用又は準用がないものとした場合の納期末日をいう。）の属する年度
　二　随時の収入で納入告知書を発するものは納入告知書を発した日の属する年度
　三　随時の収入で納入告知書を発しないものは領収した日の属する年度
②　前項第1号の収入で納入告知書を発すべきものについて，納期所属の会計年度において納入告知書を発しなかったときは，当該収入は納入告知書を発した日の属する会計年度の歳入に組み入れるものとする。
③　法令の規定により他の会計又は資金から繰り入れるべき収入及び印紙をもってする歳入金納付に関する法律（昭和23年法律第142号）第3条第5項の規定により納付される収入は，前2項の規定にかかわらず，その収入を計上した予算の属する会計年度の歳入に繰り入れるものとする。

（歳出の会計年度所属区分）
第2条　歳出の会計年度所属は，次の区分による。
　一　国債の元利，年金，恩給の類は支払期日の属する年度
　二　諸払戻金，欠損補塡金，償還金の類はその決定をした日の属する年度
　三　給与（予備自衛官及び即応予備自衛官に対する給与を除く。），旅費，手数料の類はその支給すべき事実の生じた時の属する年度
　四　使用料，保管料，電灯電力料の類はその支払の原因たる事実の存した期間の属する年度
　五　工事製造費，物件の購入代価，運賃の類及び補助費の類で相手方の行為の完了があった後交付するものはその支払をなすべき日の属する年度
　六　前各号に該当しない費用で繰替払をしたものはその繰替払をした日の属する年度，その他のものは小切手を振り出し又は国庫金振替書若しくは支払指図書を発した日の属する年度
②　法令の規定により他の会計又は資金に繰り入れるべき経費は，前項の規定にかかわらず，その支出を計上した予算の属する会計年度の歳出として支出するものとする。

地方自治法施行令

(歳入の会計年度所属区分)

第142条　歳入の会計年度所属は，次の区分による。
一　納期の一定している収入は，その納期の末日（民法（明治29年法律第89号）第142条，地方自治法第4条の2第4項，地方税法（昭和25年法律第226号）第20条の5又は当該期日が土曜日に当たる場合にその翌日をもって納期の末日とする旨の法令，条例若しくは規則の規定の適用がないものとしたときの納期の末日をいう。次項において同じ。）の属する年度。ただし，地方税法第321条の3の規定により特別徴収の方法によって徴収する市町村民税及び同法第41条第1項の規定によりこれとあわせて徴収する道府県民税（同法第321条の5の2の規定により納入するものを除く。）は，特別徴収義務者が同法第321条の5第1項又は第2項ただし書の規定による徴収をすべき月の属する年度
二　随時の収入で，納入通知書又は納税の告知に関する文書（以下本条において「通知書等」という。）を発するものは，当該通知書等を発した日の属する年度
三　随時の収入で，通知書等を発しないものは，これを領収した日の属する年度。ただし，地方交付税，地方譲与税，交付金，負担金，補助金，地方債その他これらに類する収入及び他の会計から繰り入れるべき収入は，その収入を計上した予算の属する年度
②　前項第1号の収入について，納期の末日の属する会計年度の末日（民法第142条，地方自治法第4条の2第3項，地方税法第20条の5又は納期の末日が土曜日に当たる場合にその翌日をもって納期の末日とする旨の法令，条例若しくは規則の規定の適用があるときは，当該延長された日）までに申告がなかったとき，又は通知書等を発しなかったときは，当該収入は，申告があった日又は通知書等を発した日の属する会計年度の歳入に組み入れるものとする。
③　普通地方公共団体の歳入に係る督促手数料，延滞金及び滞納処分費は，第1項の規定にかかわらず，当該歳入の属する会計年度の歳入に組み入れるものとする。

(歳出の会計年度所属区分)

第143条　歳出の会計年度所属は，次の区分による。
一　地方債の元利償還金，年金，恩給の類は，その支払期日の属する年度
二　給与その他の給付（前号に掲げるものを除く。）は，これを支給すべき事実の生じた時の属する年度
三　地方公務員共済組合負担金及び社会保険料並びに賃借料，光熱水費，電信電話料の類は，その支出の原因である事実の存した期間の属する年度。

ただし，賃借料，光熱水費，電信電話料の類で，その支出の原因である事実の存した期間が2年度にわたるものについては，支払期限の属する年度
　四　工事請負費，物件購入費，運賃の類及び補助費の類で相手方の行為の完了があった後支出するものは，当該行為の履行があつた日の属する年度
　五　前各号に掲げる経費以外の経費は，その支出負担行為をした日の属する年度
② 旅行の期間（外国旅行にあっては，その準備期間を含む。）が2年度にわたる場合における旅費は，当該2年度のうち前の年度の歳出予算から概算で支出することができるものとし，当該旅費の精算によって生ずる返納金又は追給金は，その精算を行なった日の属する年度の歳入又は歳出とするものとする。

大島　会計年度の末日に行われたものとみなすと，実額による仮決算はできないことになりますね。

木村　中間申告額の計算は，もともと前課税期間の税額を月数割で中間申告の月数に換算した額による方式（法42条）と，中間申告期間で仮決算をした額による方式（法43条）との選択になっています。この仮決算の方式に法60条2項を機械的に適用するとすると，中間申告の課税標準はいつもゼロということになってしまいます。しかしこれは同項の法意ではありますまい。その法意から考えると，結局国・地方公共団体も，中間申告については法60条2項の適用はなく，前年実績方式又は普通の納税者と同じ仮決算方式ということになるというのが妥当ではないでしょうか。

大島　次に法60条3項，施行令74条ですが，これは国，地方公共団体そのものではなくて，これに準ずる法人で会計処理の方法も国・地方公共団体に準ずるものについて，今の法60条2項で国，地方公共団体に対して認めたのと同じように，資産の譲渡等，課税仕入れ，保税地域からの課税貨物の引取り（以下では課税仕入れとこの引取りを合わせて簡単に「課税仕入れ」ということにします。）が会計年度末に行われたものとすることができる特例を認めるということ，施行令74条3項以下は関連する手続を定めたものですが，16－1－2の2は，この「準ずる」会計処理とは，発生主義以外の特別な会計処理をいう，といっています。その他のことはあらためてお話を伺う必要もないと思いますので先に進めましょう。

Ⅲ 特定収入による課税仕入れについての仕入税額控除の制限
（法60条4項）

1 規定の趣旨

大島 それでは，法60条4項ですが，これに付属する施行令75条を通じて少々難しい規定ですけれども，いったいどういうことをいおうとしているのか，そのねらいについてお話しください。

木村 法60条4項は，仕入税額控除の特例，つまり，法30条から36条までの規定に対する特例です。概括的に説明しますと，国や地方公共団体の特別会計，あるいは法別表三の公共法人，公益法人，更には人格なき社団などが，課税仕入れを行った課税期間に，補助金や寄附金などの収入——これを特定収入といっていますが——がある場合には，その課税期間の課税仕入税額から特定収入に見合う課税仕入税額を差し引くということ，つまりその補助金や寄附金などの特定収入で賄われた課税仕入税額は，仕入税額控除の対象としないということです。

大島 つまり，課税仕入税額を控除するのは，本来的には，課税仕入れが課税売上げの対価から支払われていることが前提になっているわけで，課税仕入れが課税売上げの対価から行われるのではなくて，例えば補助金から行われるような場合には，その補助金で賄われた課税仕入税額は控除しないんだということですか。

木村 そうです。例えば，ある市で10億円の美術館を建設した，その10億円がすべて補助金か寄附金，あるいは交付金で賄われたとすると，この特例規定がないと，その美術館の建設費として支払った10億円に対する課税仕入税額はすべて仕入税額控除ができますから，全く消費税を負担しないで美術館が建設されるばかりでなく，還付まで受けることになるわけです。そこで，こういう場合には，その美術館の建設による課税仕入税額は消費者と同じ立場に立って仕入税額控除はできないことにするという趣旨です。

大島 これからの理解の便のために式で表しておくと，課税売上げに対する税額をA，仕入控除税額をBとすると，納付税額Tは，

$$T = A - B$$

となる，ところがBのうちでも補助金などの特定収入で賄われた課税仕入税額Cは控除しない。したがって

$$T = A - (B - C)$$

になる，ということですね。

木村 もっとも正確にいうと，お話のBは仕入控除税額で，法45条1項3号イの金額ですから，同号のロ，ハの合計をDとすると，法45条の納付税額は，

$$T = A - (B + D)$$

ということになります。これに今のCを織り込むと

$$T = A - \{(B - C) + D\}$$

ということです。

大島 なるほどそうですね。法60条4項でも同条で計算した金額を，法32条1項1号の「仕入れに係る消費税額」とみなしているので，お話のDはこの規定のラチ外ということですね。しかし以下では簡単のためDの要素は省いて話を進めることにしましょう。

2 特定収入の範囲（施行令75条1項）

大島 規定の大筋は分かりました。そこで，今いわれた特定収入とは何かということを，もう少し細かく考えていきたいと思いますが，これから先を読んでいくに当たっては，特定収入に分類されるということは，今の式から分かるようにそれで賄われた課税仕入税額については仕入税額控除ができないということ，つまり納付税額が増加する要素だということをまず頭に入れておく必要がありますね。

先ほど，特定収入というのは補助金や寄附金あるいは交付金のようなものをいうのだというお話がありましたが，特定収入というのはまず資産の譲渡等の対価でない収入ですけれども，それでは資産の譲渡等の対価でない収入がすべ

て特定収入かというとそうではないわけで、資産の譲渡等の対価でない収入であっても特定収入に当たらないものが施行令75条1項に規定されているわけですね。そこでこの75条1項をお話し願います。

木村 特定収入というのはまず資産の譲渡等の対価以外の収入です——これは法60条4項の中ほどの定義です——が、このように対価性のない収入であっても、一定のものは特定収入から除くことになっています。除かれる収入には、第1に除かれる結果その収入によって賄われた課税仕入税額については仕入税額控除が認められるもの（もちろん非課税売上げ対応部分を除いて）と、第2にその収入では課税仕入れが行われないことがはっきりしているものとがあります。特定収入というのは、その収入で賄われた課税仕入税額について仕入税額控除を否認しようということですから、そもそも課税仕入れに使われない収入は特定収入にはなり得ないわけです。

この関係を図示しておくと12－1図のとおりです。

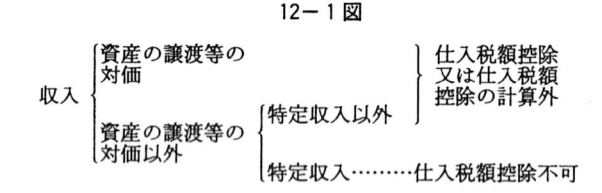

12－1図

収入 ｛ 資産の譲渡等の対価 → 仕入税額控除又は仕入税額控除の計算外
　　　資産の譲渡等の対価以外 ｛ 特定収入以外 → 仕入税額控除又は仕入税額控除の計算外
　　　　　　　　　　　　　　 特定収入………仕入税額控除不可

大島 そこで資産の譲渡等の対価以外の収入で特定収入から除かれるものとしては、まず、1項1号の借入金と債券発行収入ですが、借入金で代表することにして話を進めると、借入金で返済のための補助金の交付が法令で規定されていないものは特定収入ではないということですね。

木村 その借入金で課税仕入れをしても、その借入金が売上金から返済されれば売上金で課税仕入れをするのと同じことですから、仕入税額控除を認めてもいいわけです。借入れの段階ではその辺が未確定だから一応特定収入から除外して、それからの課税仕入税額については仕入税額控除を認めるということです。

大島 一方、補助金で返済することが規定されている借入金での課税仕入れ

は，補助金での課税仕入れと同じことですから，その借入金は特定収入で，その借入金で賄われた課税仕入税額については仕入税額控除を認めないわけですね。それではその返済のため交付される補助金はどんな扱いになるのでしょう。

　木村　結論としてはその補助金は特定収入から除かれるわけですが，詳しくは同条6号のところに譲りましょう（437頁）。

　大島　ところで特定収入から除かれた，返済のための補助金の交付が規定されていない借入金について，返済の段階で補助金が交付されると，結果的には返済のための補助金の交付が規定されている補助金と同じことですから，おかしいことになりませんか。

　木村　これも結論的にはその補助金は特定収入になるのですが，詳しくは後の6号に譲ります（437頁）。

　大島　それでは施行令75条1項2号以下に入りましょう。まず2号の出資金から。

　木村　出資金は一定の事業目的のために設立された法人の原資となる金銭で，その法人の解散の際にはその金銭は出資者に残余財産として帰属するものであり，受け入れる法人の貸借対照表上も資本勘定あるいは正味財産として計上されるものですから，特定収入から外しているものと考えます。いわば1号の，返済のための補助金の交付が規定されていない借入金と同様のものということができます。

　3号の預金（これは預金者から見ての預金ではなく，受け入れた銀行等から見ての，つまり資金の流入，即ち収入としての預金ですから念のため。）も2号と同じく1号の借入金と考えればいいでしょう。それが特定収入で返済されればその特定収入があった段階で特定収入としての処理をすればいいわけで，始めの預金受入れの段階で特定収入の処理をする必要はありません。

　大島　それならば返済のための補助金交付が規定されている借入金も，その補助金が交付された段階でこれを特定収入として処理すればいいので，借入れの段階では特定収入から除外してもいいのではないか，という疑問も起こりま

すが，そこは，始めから返済資金が補助金だと分かっている場合は借入れの段階で特定収入の処理をし，その代わり補助金交付の段階ではその補助金を特定収入としない（437頁参照）ということで，いわば決め方の問題でしょうね。

木村　4号，5号は債権の回収金で，いわば資産の振り替えですが，当初の貸付けなり納税なりの段階でその資金源が特定収入であるかどうかを問うべきであって，回収の段階ではこれを特定収入とすることは適当でない，ということです。

大島　そうですね。繰り返しですが，預金なり貸付回収金は，関連して特定収入があれば，つまり借りて後で特定収入で返す，特定収入を貸して後で回収する，ということならば，その特定収入の方の問題として考えればいいので，金を預かって返す，貸して回収する，という行為自体は消費税法上は何ごともなかったのと同じこととして特に取り上げる必要はないわけですね。

大島　それでは6号に入りましょう。イは(1)，(2)，(3)に掲げる支出以外の支出のためにだけ使われることが明らかにされている収入は特定収入ではない，ということですね。この明らかにされているということの意味は後にして，実質的内容について順次見ていきましょう。

(1)と(2)は同じ性質のものですが，課税仕入れ以外の支出にだけ使われる，つまり課税仕入れの支出には使われない収入は（(3)に使われるものは別として）特定収入ではない，ということですね。

木村　これは先ほど（434頁）話した特定収入から除かれる収入のうち第2のタイプのものですね。重ねて説明する必要はないでしょう。

大島　問題は(3)ですね。これも借入金返済用の収入で課税仕入れには使われませんから，今お話の第2のタイプの非特定収入に当たりそうに思えるのですが，話はそう簡単ではない，(1)，(2)，(3)に掲げる支出以外の支出——つまり特定支出——のためだけに使われる収入が特定収入から除かれるということですから，逆にいうと「(3)に掲げる支出に使われる収入は特定収入である。」ということですね。

木村　そういうことです。(3)の「借入金等」には同項1号の定義がかぶって

いますから，いわれたことを詳しくいうと，「返済のための補助金等の交付が規定されていない借入金の返済のために使われる補助金は特定収入である。」ということです。これはなぜかというと，先に補助金で返済することが規定されていない借入金は，売上げから返済されるかもしれないということで特定収入から除いて，その借入金で賄われた課税仕入税額について仕入税額控除を認めてしまった（434頁），今補助金などで返済が行われてみると，結果的に先の措置は誤りであって仕入税額控除は認めるべきでなかったわけです。そこで今度は課税仕入れには使用されない収入として本来特定収入から除くべき返済用の補助金を特定収入として仕入税額控除を認めないことで平仄を合わせているわけです。なおここでいったことは，先ほど（435頁），1号の箇所で答を保留した問題に答えているわけです。

　大島　なるほど。そこで先ほど（435頁）の私からのお尋ねに対する答が見えてくるわけですが，返済のための補助金の交付が規定されている借入金は，1号に該当しないので特定収入ですが，返済のための補助金収入は課税仕入れに使われないことがはっきりしているのでこの6号によって特定収入から除外するわけですね。

　ところで話が戻りますが，返済のための補助金の交付が規定されていない借入金について補助金が交付されたら，その補助金は特定収入だというお話は，始めの借入金が課税仕入れに使われていればお話のとおり平仄が合うのですが，借入金が特定支出，例えば人件費に使われているとすると，借入れで人件費を払った，補助金で借入れを返済した，という，消費税とは関係のない一連の金の動きなので，その補助金収入を特定収入とすることは酷になりませんか。

　木村　ごもっともなお話です。そこで通達16－2－2がその疑問に答えて，返済のための補助金交付が規定されていない借入金の返済のための補助金を非特定収入とする途を開いていますが詳細は後に譲ります（439頁）。

　そこでこの6号と1号の関係ですが，返済のための補助金交付が規定されている借入金は，1号の規定では特定収入からは除外されませんが，その借入金が課税仕入れには使われないことが所定の方法で明らかになっていれば今度は

6号で特定収入から外される、1号の試験にはパスしなくても、6号の2次試験にパスすれば首尾よく特定収入から免れることができるわけです。

大島 6号を縮めていえば、(1)、(2)、(3)の用途に使われないことが明らかにされていれば特定収入から除外する、ということですからその範囲は極めて広い。特定収入から除かれる収入はむしろこの6号が本体で、あとこの6号で特定収入に該当することになる収入であっても、1号から5号に該当すれば特定収入から除かれる、と理解した方が素直で分かりやすいかもしれませんね。この関係を図にすると12－2図のようなことになりましょうか。

12－2図

6号(1)(2)(3)の支出には使われないことが明らかにされている収入	左 以 外	
	1 ～ 5号	その他
非 特 定 収 入		特定収入

次に6号のロについて。

木村 ロは内容的にはイと全く同じ、ただその収入が特定支出、つまりイの(1)、(2)、(3)以外の支出のためにだけ使われることを確認する根拠が違うわけです。イは法令又は交付要綱等、つまり国、地方公共団体、特別法人がその資金を交付する際に作成した文書を根拠とするものであり、ロはそれまでの厳格性はないが、それと同様のものについてもそれに準じることとし、国、地方公共団体が合理的な方法で使途を明らかにした文書を根拠とするものです。

大島 そこで、通達16－2－1ですね。

木村 通達16－2－1は、施行令75条1項の裏側で、特定収入の方の具体的な範囲を示しているわけで、「(1) 租税」から「(8) 資産の譲渡等の対価に該当しない負担金、他会計からの繰入金、会費等、喜捨金等」というように例示しています。

大島 このうち租税、補助金、交付金というようなものは、国なり地方公共団体の独特の収入であって、一般の営利企業にはないものですが、(4)以下の寄附金とか配当金とか保険金、損害賠償金といったような一般の企業にもある収入も特定収入になっている点は注意しておく必要がありますね。

木村　消費税における仕入税額控除は，課税の累積を排除するために設けられたものであり，基本的な考え方としては，課税売上げの対価によって課税仕入れした分にかかっている税額だけを控除すべきものです。この点からいうと，公共法人などはそもそも資産の譲渡等の対価以外の収入でその支出を賄うことが多く，その局面では消費者と同じ立場にあるといえます。そこで法60条で，資産の譲渡等の対価以外の収入による仕入税額控除を認めていないわけです。

　お話のように通達16－2－1の寄附金以下に示されているものは，営利法人にも発生する場合がありますけれども，営利法人にとってこれらは恒常的に発生するものではなく，収入の中心を占めるものでもありません。こうした本質の違いがあるので，営利法人について例外的にそのような収入があっても，あえて仕入税額控除の否認まではしない，ということです。

大島　では次の16－2－2です。先に（437頁）返済のための補助金の交付が規定されていない借入金，つまり施行令75条1項1号の借入金が，課税仕入れに使われていれば返済用補助金は特定収入でいいけれども，人件費などの特定支出に使われていれば返済用補助金が特定収入になるのは酷ではないか，とお尋ねしたのに対して，通達16－2－2がこの返済用の補助金について非特定収入とする途を開いているとのお話でした（437頁）がここでその辺についてご説明願います。長い通達なので読めば分かるところは省略して，必要なところだけについてお話しください。

木村　施行令75条1項6号は，補助金等の使途を法令・交付要綱その他の合理的方法で特定することを定めていますが，この通達は更にふみ込んで返済用補助金の交付が規定されていない借入金等，つまり1号借入金の返済用補助金の使途を特定して課税仕入れ用とその他用に区分する方法を述べています。

大島　1号借入金の返済用補助金は6号によって特定収入であると既に規定されているので，更にその使途を云々とすることは通達の範囲を外れてはいないか，また返済用補助金の使途は正に返済であって，更にその使途がどうこうというのは論理矛盾ではないか，との疑問が当然に起こるわけですが，ここは

437頁で提起した問題に答えるため、あえてその辺はふみ切ったということですね。

木村　そういうことです。ここは1号借入金返済用の補助金の使途の一部を特定支出と擬制することによって当初の借入金の一部が特定支出に充てられたのと同じ効果を上げようとしたものと解してください。

大島　なるほど、返済用補助金の一部が特定支出に使われたものとして特定収入から除かれれば、当初の借入金が特定支出に使われたものとして特定収入から除かれるのと同じことですからね。そう考えればこの通達も通達の範囲をはみ出ているというより、法令で書ききれなかったところを補うものとして肯定的に理解すべきでしょうね。

それでは通達の(1)の(注)の内容に進みましょう。

木村　(1)の(注)は、1号借入金を財源として事業を行った後、その借入金返済のための補助金が交付された場合、その補助金の交付要綱等に、その事業に充てられた借入金の返済のための、つまり事業にひも付きの補助金であることが明示されている場合は、その補助金は、専らその事業の経費に使用される補助金として使途を特定する、ということです。

大島　その事業の経費に使用された、ということで具体的にどう特定されることになりますか。

木村　通達ではその辺ははっきりしない感じもありますが、結局その収入を分けて、課税仕入れに使われた部分は特定収入とし、人件費等の特定支出に使われた部分は非特定収入として特定することになりましょう。

大島　なるほど。正に当初の借入金の使途によって補助金の使途を特定することになっていますね。その点合理的ですが、実務上はその事業に問題の借入金のほか、他の収入も注入されている場合とか、事業が数課税期間にわたって行われる場合とか、いろいろ難しい問題が出てくるでしょうね。

木村　(2)のハが一部その問題に答えています。これは1号借入金を使って事業が行われている場合、その借入金返済のために交付された補助金の額を、その事業が行われた課税期間中における課税仕入れの支出の額とその他の支出の

額との割合で按分して使途を特定するということです。

大島 その事業に他の収入が注入されていても，総支出額のうち問題の事業費の割合が小さくてもかまわない，ということですね。この場合，「他の支出」には借入金返済のための支出も含まれますか。

木村 それは除外して計算します。

次にニは1号借入金の返済とか，事業とかにかかわりなく，補助金一般について，課税仕入れ用か特定支出用かを，補助金が出た課税期間の課税仕入れの支出の額とその他の支出の額との割合で按分して算定しようということです。

大島 そうするとこのニは，1号借入金が特定支出に使われた場合の，その返済のための交付金の処理という，始めに提起した問題（437，439頁）とは別の話ということになりますね。補助金の使途特定の最後の手段としてはこんなところにもっていくしかない，ということでしょうかね。

それからこの通達ではハの第一段の結び，ニの第二段で，こうした計算過程を国や自治体が作成する「令75条1項6号ロに規定する文書において明らかにする。」といっていますが，これは国や自治体の文書の内容を国税庁の通達で規制しているみたいで不自然な感じがしますが。

木村 そうもとれますが，ここはこれらの計算は納税者なり税務署が行うのではなく，国なり自治体なりが行って文書で明らかになっていればいいんだよ，ということを国税庁から税務署に示したものだ，と理解してください。したがってお話のように計算過程に多少問題があったとしても，そこは国・地方公共団体に一任して，税務署はその文書に従っていればいい，ということです。

3 「借入金等」の債務免除（施行令75条2項）

大島 次の施行令75条2項は，「借入金等」の債務の免除があった場合に，その免除額は「資産の譲渡等の対価以外の収入とする。」といっているわけですが，この「借入金等」も今の1項1号の定義がかぶっていて，返済のための補助金交付が規定されていないものですね。

木村 債務の免除を受けること自体はもともと法60条4項、施行令75条1項が予定している「収入」ではありません。しかしこれを分解すると、債務の返済のための資金の交付を受けてそれで返済支出することと実質的には同じことですから、その交付を受ける段階を捉えてこれを収入と擬制し、その収入の性質としては当然資産の譲渡等の対価以外の収入であるということです。では次にそれが特定収入か非特定収入かは同条1項によって判断すべきこととして、2項ではこれこれの収入とする、というところで打ち切っているわけです。

そこで1項によって判断すると、この収入は、実質的に6号イ(3)に当たりますから特定収入になります。

大島 そうするとさっきの通達16－2－2の適用もあるわけですね。

4 特定収入割合が僅少でない場合 (施行令75条3項)

大島 補助金などについては、その使途が何であるかによって扱いが違ってくるので、使途の特定をどうするか、ということが大きな問題になるわけで、これについては通達16－2－2がありますが、極めて技術的なことなので省略して法60条4項の具体的な計算方法に入りたいと思いますがその前に施行令75条3項についてお話しください。

木村 施行令75条3項ですが、法60条4項は、特定収入割合、つまり、

$$\frac{特定収入}{資産の譲渡等の対価の額＋特定収入}$$

が僅少でない場合に適用になるわけですが、その僅少でない場合とはどういう場合をいうかについて、それは特定収入割合が5％より大きい場合だということと、つまり特定収入からの課税仕入れについては、仕入税額控除を制限するのだけれども、特定収入割合が5％以下なら事務簡素化の見地から制限は省略するということです。

大島 分かりました。そこでもう一つ、地方公共団体なども簡易課税制度を採ることが認められているわけですね。

木村 国や地方公共団体などについても簡易課税制度の適用対象から排除さ

れる規定がない以上当然適用されます。法60条4項では法37条の規定（簡易課税制度）の適用を受ける場合を除いて同項を適用するといっています。簡易課税制度の適用を受ける場合はこの特例規定の適用を受けないわけです。

なお，補足すると，国や地方公共団体の特別会計，公共法人，公益法人あるいは人格なき社団等についても，法9条の1,000万円以下という免税点が適用されます。

大島 その辺はすべて一般の営利企業並みということですね。

5 仕入税額全額控除の場合の計算の1（施行令75条4項1号柱書かっこ外）

大島 そこで，施行令75条4項の計算ですが，ここで念のため先ほど（433頁）の

$$T = A - (B - C)$$

をもう一度振り返っておきましょう。Bは仕入控除税額，つまり課税仕入れのため支払った税額のうち課税売上げに対応する部分，Cはそのうち補助金などの特定収入で賄われた部分，つまり特定収入対応分です。ここで計算しようとしているのはこのCであり，この額は本則計算による仕入控除税額Bから控除される，それだけ仕入控除税額が減らされるわけですから，このCが大きければかっこの中が小さくなり，したがって納付税額が大きくなるということですね。まずこのことをよく頭に入れておく必要があろうかと思います。

それでは施行令75条4項1号の計算に入りましょう。

木村 施行令75条4項は，法60条4項を受けた，その課税期間の仕入控除税額から控除する（つまり仕入税額控除ができない。）額の計算規定で，その計算規定は1号から3号までの三つに分かれています。以下その計算方法についてご説明します。

この説明では分かりやすい言葉を使いますが，それは法令上の次の言葉を置き換えたものです。

△「本則計算による仕入控除税額」→施行令75条4項1号ロの「法第30条から第36条までの規定により計算した場合における法第30条第2項に規定する

課税仕入れ等の税額」（433頁以降Bと表示）つまり一般の事業者にとっての仕入控除税額，もう一ついい換えればこの特例規定が適用される前の仕入控除税額，即ち上の算式のBです。

△「課税仕入れ専用の特定収入」→施行令75条4項1号イの「課税仕入れ等に係る特定収入」（以下の設例でcと表示）つまり課税仕入れにだけ使用される特定収入です。

△「特定収入で賄われた課税仕入税額」→法60条4項の「特定収入に係る課税仕入れ等の税額として政令で定めるところにより計算した金額」即ち施行令75条4項の金額（433頁以降Cと表示）。つまり課税仕入税額は資産の譲渡等の対価で賄われていて仕入税額控除ができる部分（非課税売上対応部分は別として）と，特定収入で賄われていて仕入税額控除ができない部分とに分かれますが，この後者の分です。

そこでまず1号は，仕入控除税額の計算について，法30条1項，つまり課税売上割合が95％以上で，その課税期間の課税仕入税額はすべて仕入税額控除ができる場合の「特定収入で賄われた課税仕入税額」の計算規定です。この場合は課税仕入税額をbとするとb×$\frac{4}{105}$がBとなります。

＜算　式＞

特定収入で賄われた課税仕入税額C＝イ＋ロ

イ $\begin{pmatrix}本則計算による仕入控除税額Bのうち課税仕\\入れ専用の特定収入（c）で賄われた部分\end{pmatrix}$

　＝ $\begin{pmatrix}課税仕入れ専用\\の特定収入c\end{pmatrix}$ ×$\frac{4}{105}$

ロ $\begin{pmatrix}Bのうち課税仕入れ専用でない\\特定収入（c'）で賄われた部分\end{pmatrix}$ ＝ $\begin{pmatrix}本則計算による仕\\入控除税額B－イ\end{pmatrix}$ ×$\begin{matrix}調整\\割合\end{matrix}$

調整割合＝$\frac{c'}{課税売上げ・非課税売上げの合計額＋課税仕入れ専用でない特定収入c'}$

仕入税額控除＝B－C＝B－（イ＋ロ）

納付する消費税額＝売上げに対する消費税額A－$\underbrace{\{B－（イ＋ロ）\}}_{C}$

ということになります。

第12 国，地方公共団体等に対する特例（その１） 445

大島 お話を12－3図にしたうえ意味を考えてみましょう。

12－3図 本則計算による仕入控除税額Ｂの構成

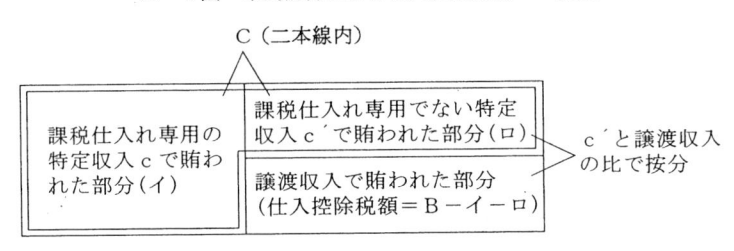

```
          C（二本線内）
┌─────────┬──────────────┐
│         │課税仕入れ専用でない特定│  ┐
│課税仕入れ専用の│収入ｃ´で賄われた部分（ロ）│  │ ｃ´と譲渡収入
│特定収入ｃで賄わ├──────────────┤  ├の比で按分
│れた部分（イ）│譲渡収入で賄われた部分  │  │
│         │（仕入控除税額＝Ｂ－イ－ロ）│  ┘
└─────────┴──────────────┘
```

特定収入を課税仕入れだけに使われるいわば課税仕入れ専用のものと，ほかの使途にも使われる共用のものとに分ける，課税仕入れはまず課税仕入れ専用の特定収入ｃから行われたとみて，それに対応する税額「イ」をＢ（1号の場合は課税売上げ対応分だけでなく課税仕入税額の全額）から引く，残りは課税仕入れ専用でない特定収入ｃ´と譲渡収入から按分で行われたものとする，その按分割合が「調整割合」であり，これを使って「ロ」，つまり課税仕入れ専用でない特定収入ｃ´で賄われた課税仕入税額を出す。このイとロ，図でいうと2本線で囲った部分がＢのうち特定収入で賄われた部分Ｃ，ＢからＣつまりイとロを引いた残りが譲渡収入で賄われた部分として仕入控除税額になるということですね。

木村 そのとおりなのですが大事なところなので繰り返すと，仕入税額控除は，譲渡収入で賄われたものに限るという考え方，つまり補助金や交付金などの特定収入で賄われる課税仕入れは最終消費と見るべきであって，これに含まれている税額については仕入税額控除をしないというのが基本的な考え方です。

ここで調整割合を使う意味は，特定収入がある場合の仕入控除税額の調整は，特定収入で賄われた課税仕入れにかかっている税額についてはその控除を認めないということですが，課税仕入れ専用でない特定収入については，そのうち幾らが課税仕入れのために充てられたのか特定できません。そこで，図の(イ)以外の課税仕入れのために使用することができる全収入――正確には課税，非課税の譲渡収入と課税仕入れ専用でない特定収入ｃ´との合計額――のうち

にc'の占める割合（これを「調整割合」というわけですが）を使って，c'によって賄われた部分を算定しようとしているものです。

なお，この場合，課税仕入れ専用の特定収入は，当然課税仕入れに充てられているので，この調整割合の計算上は除外されています。

大島 除外するというか，先に引いているわけですね。

木村 ええ。したがって，調整割合の計算には入りません。

大島 先ほど，始めから課税仕入れに使わないことが分かっている収入は特定収入ではないといわれたこと（434頁）がここに関連するわけですが，課税仕入れに使われていない収入なのにそれがイに入るとその全額が課税仕入れに使われたものとしてその105分の4が本則計算による仕入控除税額から引かれてしまう，ロに入ると調整割合の分母・分子が同額だけ大きくなって割合が高くなりロが大きくなる，イ＋ロ＝Cが大きくなるからB－Cが小さくなる，即ち仕入控除税額が小さくなって納付税額が大きくなる，ということですね。

そこで細目に入りましょう。確認ですが，ただ今お話の調整割合の分母には非課税売上げも含んでいるわけですね。

木村 そうです。この号のロにある調整割合の定義で分母の構成項目になっている「資産の譲渡等の対価の額」には，法2条1項8号によって，非課税売上げも含んでいます。

大島 課税仕入れは非課税売上げからも賄われるわけですからね。

次に「資産の譲渡等の対価の額」には国外での売上げを含みますね。

木村 そうです。法2条1項8号の定義からそういうことになります。

大島 課税仕入れのうちには，譲渡収入からでも特定収入からでもなく，施行令75条1項の収入，例えば出資金から賄われる分もあるはずですが，こうしたものはこの計算には入ってこないのですか。

木村 入ってきません。そうしたもので賄われたものも課税仕入税額として，仕入税額控除ができるものとできないものとに分かれてきます。一種の簡便計算ですが，この点は法30条の計算で課税売上割合を掛けるべき課税仕入税額も同じことです。調整割合の計算にはもちろん入ってきません。

大島 それから同じく調整割合の「資産の譲渡等の対価の額の合計額」ですが、売上対価を返還したり、あるいは貸倒れがあったりしたような場合にも控除しないで計算するわけですか。

木村 そうです。施行令75条4項1号ロには同48条1項1号のような断りがありませんから、法38条、法39条の規定は適用しないことになります。

大島 それからBは本則計算による仕入控除税額ですから、例えば仕入値引きを受けたらそれに対応する税額は当然引いた残りがBですね。ところがイの計算は単純に課税仕入れ専用の特定収入に105分の4を掛けていて、これから特定収入による仕入れについて受けた仕入値引き分についての税額は控除していませんね。

木村 そこまで複雑な計算は省いています。課税仕入れ専用の特定収入は課税仕入れだけに充てられるわけですから、仕入値引きを受けても、その値引き分で更に課税仕入れをすることになります。

大島 それでは、数字を挙げて具体的な例でご説明願います。

木村 具体的な計算例を挙げると、次のとおりです。

------〔計算例〕------

課税売上げ a （税抜き）	1,950
非課税売上げ a′	50

（注） $\dfrac{a}{a+a'} > 0.95$ ……全額控除可

課税仕入れ b	4,200
課税仕入れ専用の特定収入 c	3,150
c以外の特定収入（課税仕入れ専用でない特定収入）c′	8,000

（ⅰ） 売上げに対する税額　1,950（a）×0.04＝78……A

（ⅱ） 本則計算による仕入控除税額（この場合は課税仕入税額そのもの）

$$4,200（b）\times \frac{4}{105} = 160 \cdots\cdots B$$

（ⅲ） Bのうち特定収入cで賄われた部分

$$3,150（c）\times \frac{4}{105} = 120 \cdots\cdots イ$$

（iv） Bのうち特定収入c'で賄われた部分

$$160（B）-120（イ）=40$$

$$40 \times \frac{8,000\,(c')}{1,950\,(a) + 50\,(a') + 8,000\,(c')}（調整割合\ r）=32\cdots\cdots ロ$$

（v） Bのうち特定収入で賄われた部分の計

$$120（イ）+32（ロ）=152\cdots\cdots C$$

（vi） 納付消費税額 $T = A-(B-C)$

$$=78（A）-（160（B）-152（C））=70$$

納付地方消費税額 $T' = T \times \dfrac{25}{100} = 70 \times \dfrac{25}{100} = 17.5$

$T + T' = 70 + 17.5 = 87.5$

大島 税法が税額で規定していることを本体価格にひき直していうと，課税仕入れ4,000（税抜き）のうち3,000（税抜き）はまず課税仕入れ専用の特定収入で賄われた。残りの1,000は売上げ2,000と課税仕入れ専用でない特定収入8,000から按分で賄われたとみるということですね。

そこで，通達16－2－3がここに関係しますので，ご説明願います。

木村 通達16－2－3は，施行令75条4項1号にいう「課税仕入れ等に係る特定収入」，ここでいう課税仕入れ専用の特定収入について書いているわけですが，この課税仕入れ等に係る特定収入というのは，その特定収入の全部が課税仕入れのための支出だけに充てられることになっているものに限定されるのか，それとも，例えば100万円の特定収入のうち，60万円が課税仕入れのための支出に充てられることになっている場合のその60万円も課税仕入れ専用の特定収入に該当するのかどうかについて，このように特定収入のうちの一部が課税仕入れのための支出に充てられるようなものであっても，その一部はこれに該当するといっているわけです。

6　仕入税額全額控除の場合の計算の2（施行令75条4項1号柱書かっこ内）

大島 それでは，施行令75条4項1号の柱書のかっこ内の場合についてお話

しくください。

　木村　柱書かっこ内は，さっきの＜算式＞ロの「(本則計算による仕入控除税額B－イ)」(444頁参照)がマイナスになる場合のことで（前頁〔計算例〕では，(iv)にあるように，これがプラス40だった。)，この場合の算式は次のとおりです。

　＜算　式＞
　　柱書かっこ内の計算(かっこ外のイ＋ロ＝イ＋（B－イ）×調整割合に当たる部分)
　　イ－（イ－B）×調整割合
　　イ＝課税仕入れ専用の特定収入 $c \times \dfrac{4}{105}$
　　B＝本則計算による仕入控除税額

　大島　柱書かっこ内の法文に当てはめていうと，本則計算による仕入控除税額Bから控除すべき額Cは「課税仕入れ等の税額の合計額（B）からイに掲げる金額を控除して控除しきれない金額があるときは（(B－イ)＜0)，イに掲げる金額から，当該控除しきれない金額（イ－B）にロに規定する調整割合（r）を乗じて計算した金額を控除した金額」ということで，これがイ＋ロ＝Cに置き換わるわけですから，仕入控除税額は，
　　B－｛イ－（イ－B）×調整割合 r｝
となり，したがって納付税額は，
　　T＝A－〔B－｛イ－（イ－B）r｝〕。中かっこ内をCとすると，
　　T＝A－（B－C）　となるわけですね。
　中かっこの中は書き換えれば，
　　｛イ＋（B－イ）r｝
ですから，結局条文の柱書のかっこの外と全く同じですが，ただB－イがマイナスになるが，税法の算式でマイナスのマイナスはプラスだという代数みたいな書き方をするわけにはいかないので，かっこ内のような書き方をしたということですね。

木村 そしてこれも代数的には同じことですが，

$$T = A - (B - \underline{C})$$

でカッコの中が引ききれなければ，

$$T = A + (\underline{C} - B)$$

とするわけです（法60条5項）。

具体的な計算例を示すと次のとおりです。

------〔計算例〕------

課税売上げ a（税抜き）	1,950
非課税売上げ a′	50

（注） $\dfrac{a}{a+a'} > 0.95$ ……全額控除可

課税仕入れ b	4,200
課税仕入れ専用の特定収入 c	6,300
c 以外の特定収入 c′	3,000

(ⅰ) 売上げに対する税額　1,950 (a) × 0.04 = 78 …… A

(ⅱ) 本則計算による仕入控除税額　$4,200\,(b) \times \dfrac{4}{105} = 160$ …… B

(ⅲ) イの計算　$6,300\,(c) \times \dfrac{4}{105} = 240$ …… イ

(ⅳ) 柱書かっこ内の計算　（イ－B）r が448頁の計算（ⅳ）に，<u>C</u>が同（V）のCに相当

$$\text{イ} - (\text{イ} - B) \times 調整割合\,r$$

$$= 240(イ) - (240(イ) - 160(B)) \times \underbrace{\dfrac{3{,}000(c')}{1{,}950(a) + 50(a') + 3{,}000(c')}}_{調整割合\,r}$$

$$= 240 - 80 \times 0.6 = 192 …… \underline{C}$$

　　　　（<u>C</u>はマイナスにならない……∵ⅳ式より）

(V) 納付消費税額 T = 78 (A) + (192 (<u>C</u>) − 160 (B)) = 110

　　　（注）<u>C</u> > B なので T = A + (<u>C</u> − B)（法60条5項）

　　納付地方消費税額 $T' = T \times \dfrac{25}{100} = 110 \times \dfrac{25}{100} = 27.5$

> T＋T′＝110＋27.5＝137.5

　この場合，特定収入 c の105分の4（イ）の方がBより大きく，Bの一部が特定収入 c の105分の4から賄われたわけではないので，(iii)，(iv) の見出しはかっこ外の場合の計算例の (iii)，(iv) の見出しとは違っていますし，またかっこ外の計算例のCもここでは<u>C</u>ということにしています。

大島　この例は今の話のように，Bからイが引ききれないと同時にBから<u>C</u>が引ききれないので法60条5項によってその引ききれない額（<u>C</u>－B）をAに加える，というケースですね。これは一見特殊なケースのようですけど，実はこの（B－イ）＜0のときは，（B－<u>C</u>），つまり449頁下から8行目の式の大かっこ内は必ずマイナスになって，法60条5項が働くことになります。大かっこ内は

　　　〔B－｛イ－（イ－B）r｝〕

ですが，書き直すと，

　　　｛(B－イ)＋(イ－B)r｝＝(イ－B)r－(イ－B)
　　　　＝(イ－B)(r－1)

となりますが，(イ－B) は前提によってプラス，(r－1) はマイナスですから，その積はマイナスということです。

　そこで式は算術の問題としては分かりますが，では，かっこの中は税法の上からいうとどんな意味があるか，その辺のところをお話しください。

木村　かっこ内はBからイが引ききれない場合，つまりイがBより大きい場合，詳しくいえば，その年度の課税仕入れ以上の課税仕入れ専用の特定収入を受けた場合——正確には課税仕入れの105分の4(B)より課税仕入れ専用の特定収入 c の105分の4(イ)が大きい場合——いわば課税仕入れ専用の特定収入のもらい過ぎ，という場合についての規定です。

　どんな年にこんなことが起こるかといえば，例えば設備投資のための補助金や交付金をもらったが実際の設備投資は翌年になったとか，逆に補助金や交付金が出ることを前提に設備投資をしたがその交付が遅れて翌年になってしまっ

たとか，あるいはあらかじめ何年かにわたって寄附金を募ってその後会館を建設したとかいうようなずれがあると，補助金などをもらった年だけを切り放してみればこうした現象が起こることになります。

　大島　とすると，そのような現象があった年の前か後には逆の現象が起こることがあるということになりますね。

　木村　そうですね。そこで柱書かっこ内と外とで2年分を平均するとちょうどバランスがとれることになります。

　大島　具体例で考えてみましょう。経常的には，

本則計算による仕入控除税額B（経常分）…100

Bのうち課税仕入れ専用の特定収入cで賄われた部分イ…40

　（注）　40……経常的な課税仕入れ専用の特定収入の105分の4

調整割合r…0.4

という法人（甲）をとると，特定収入で賄われた課税仕入税額Cは，

　　イ＋（B－イ）r

ですから，

　　40＋（100－40）×0.4＝64……C

納付税額Tは，売上げに対する税額をAとすると，

　　A－（B－C）

ですから，

　　T＝A－（100－64）＝A－36

であった。

　（注）　課税仕入れ専用でない特定収入は調整割合0.4の計算に入っていますが表には出てきません。

　この法人（甲）が，補助金を受けることを前提に課税仕入税額160の設備投資をしたが，実際その補助金160の交付は翌年になったとすると，ほかの条件はすべて経常年と同じとして，

① 設備投資をした年は,

$$\begin{matrix}\text{本則計算による}\\ \text{仕入控除税額B}\end{matrix} = \begin{matrix}\text{経常的な本則計算によ}\\ \text{る仕入控除税額100}\end{matrix} + \begin{matrix}\text{設備投資の課税}\\ \text{仕入税額160}\end{matrix} = 260$$

Bのうち課税仕入れ専用の特定収入で賄われた部分イ…40

調整割合 r …0.4

Bのうち特定収入で賄われた部分 $C = 40 + (260-40) \times 0.4 = 128$

納付消費税額 $T = A - (B-C) = A - (260-128) = A - 132$ ……①

② 補助金を受けた年は,

本則計算による仕入控除税額（この年は経常分しかない）B……100

課税仕入れ専用の特定収入の105分の4（イ）　40+160=200

　（注）　40……前頁上から11行目の（注）参照

　　　　160……この年の設備投資のため特別に交付された課税仕入れ専用の特定収入の105分の4

調整割合 r　0.4

75条4項1号柱書かっこ内の額 $\underline{C} = 200 - (200 - 100) \times 0.4 = 160$
　　　　　　　　　　　　　　　イ　　イ　　B　　r

納付消費税額 $T = A - (B - \underline{C}) = A + (\underline{C} - B)$　（法60条5項適用）

$\qquad\qquad\qquad = A + (160 - 100)$

$\qquad\qquad\qquad = A + 60$……②

①+② $= (A-132) + (A+60) = 2A - 72 = (A-36) \times 2$

つまり経常状態の2年分と同額ということですね。

木村　そういうことです。もし設備投資をした年と補助金の交付が同じ年だとすると,

$$\begin{matrix}\text{本則計算による}\\ \text{仕入控除税額B}\end{matrix} = \begin{matrix}\text{経常的な課税}\\ \text{仕入税額100}\end{matrix} + \begin{matrix}\text{設備投資の課税}\\ \text{仕入税額160}\end{matrix} = 260$$

$$\begin{matrix}\text{課税仕入れ専用の特定収入}\\ \text{で賄われた課税仕入税額イ}\end{matrix} = 経常分40 + 設備投資分160 = 200$$

調整割合 r　0.4

$$\begin{matrix}\text{特定収入で賄われ}\\ \text{た課税仕入税額C}\end{matrix} = 200 + (260 - 200) \times 0.4 = 224$$

納付消費税額 T＝A－（B－C）＝A－（260－224）＝A－36

になり，経常年と同じになります。

設備投資と補助金交付に $\overset{..}{\text{ずれ}}$ がなければ納付消費税額は毎年同じA－36であったということです。

大島 ずれがなければ波風もなく済んだのに，ずれたばかりに波風が立った，つまり補助金を受けたが設備投資をしなかった年は当然ながら納付税額は増えた。しかし平均すれば期ずれがなかった場合と全く同じ負担になるということですね，これでかっこ書の意味が分かりました。

ところで，もう一つの問題は，今の例では調整割合を一定の0.4にしましたが，別の法人（乙）ではこれが0.6だったとすると，補助金を受けたが設備投資をしなかった年は，ほかの条件が同じなら，

　　課税仕入税額（この年は経常分だけ）B…100

　　課税仕入れ専用の特定収入×105の分の4（イ）…200

　　　（注）　経常分40＋設備投資分160＝200

　　調整割合 r …0.6

　　令75条4項1号柱書かっこ内の額 C＝200－（200－100）×0.6＝140

　　納付消費税額 T＝A－（B－C）＝A＋（C－B）

　　　　　　　　　　　　＝A＋（140－100）＝A＋40……（法60条5項適用）……②′

で調整割合が0.4の法人（甲）の場合の②のA＋60よりかえって少ないことになります。調整割合が大きいということは，それだけ課税仕入れ専用でない特定収入が大きいということで，本則計算による仕入控除税額から控除すべき額が大きく，それだけ納付税額が大きい，ということにならなければならないのに，逆ではないか，という気がするんですがどんなものでしょう。

木村 そうですね。単年度だけをとって横に比較すればご指摘のようなことがありますが，乙法人をさっきと同じ方法で時系列的に比較するとバランスがとれるわけですから，それでいいんじゃないんでしょうか。

もう一度同じ計算を繰り返すと，乙法人の設備投資だけをした年をみると，中間は省略して，

納付消費税額 T＝A－〔260－｛40＋(260－40)×0.6｝〕＝A－88……①′

ですから，

①′＋②′＝(A－88)＋(A＋40)＝2A－48＝(A－24)×2

また，設備投資年度と補助金交付年度が同じだとすると，

納付消費税額 T＝A－〔260－｛200＋(260－200)×0.6｝〕＝A－24

で，①′＋②′の平均額に等しいわけですから平仄が合います。

通じてみれば，調整割合が0.4と低い甲法人の平均負担額がA－36だったのに対して，調整割合が0.6と高い乙法人の平均負担額はA－24で高くなるということです。

大島 なるほど。そしてこの平均負担額は，特別の設備投資も特別の補助金もなく，課税仕入税額Bが100，課税仕入れ専用の特定収入で賄われた課税仕入税額イが40，調整割合rが0.6という経常年の納付税額

T＝A－〔100－｛40＋(100－40)×0.6｝〕＝A－24

に一致するわけですね。

そこで今の例を表にしてみましょう。

納付税額	経常年	投資年(I)	補助金交付年(S)	(I), (S)年と経常年の差
甲法人（r＝40％）	A－36	A－132 ①	A＋60 ②	±96
乙法人（r＝60％）	A－24	A－88 ①′	A＋40 ②′	±64
乙法人－甲法人	12	44	－20	

補助金交付の年だけをとると，調整割合が大きい乙法人の負担が20だけ小さくて不合理のようですが，投資の年は乙法人の負担の方が44大きいから，合わせると乙法人の方が24(＝44－20)負担が大きい。それはちょうど経常年1年の開き12の2年分だということですね。

いい換えると，甲法人の方は経常年に対するぶれが大きい。経常年に対して投資の年の税額の減少が大きい(96)反面，補助金を受けた年の税額の増加も大きい(96)，一方乙法人の方は補助金交付の年の税額が増加はするが増え方が少ない(64)ので，補助金交付の年だけをとると甲法人の負担の方が大きく

なってしまった，甲法人はいわば谷深くして山高いわけですが，平均すればバランスがとれていて乙法人より負担は少ないということですね。

ところで1号の計算式をもう一度おさらいすると，

$$T=A-〔B-\{イ+（B-イ）r\}〕$$

ですね。マイナスが三つありますが，それぞれが引ききれない場合の処理を，ここで一度まとめてお話し願います。

木村 第1に小かっこの中のマイナスが引ききれないときは，$\{イ-（イ-B）r\}$とする（施行令75条4項1号柱書かっこ内）。

第2に今の中かっこの中のマイナスはみれば分かるように引ききれないことは有り得ない。

第3に大かっこの中のマイナスが引ききれないときは（中かっこ-B）をAに加算する（法60条第5項．450頁）。

第4に大かっこがAから引ききれないときは引ききれない額は還付する。ということです。

大島 第1から第3までは今までに説明ずみですが，第4は64条4項によって大かっこの中の数字が仕入控除税額とみなされるからですね。

7 一括比例配分方式の場合の計算（施行令75条4項3号）

(1) 柱書かっこ外

大島 それでは，先に進みましょう。先に簡単な方からいくことにし，施行令75条4項2号を飛ばして3号をご説明願います。

木村 施行令75条4項3号は，仕入税額控除の計算を一括比例配分方式，つまり法30条2項2号によって行う場合です。

この場合は，「本則計算による仕入控除税額」Bは，課税仕入税額 $\left(b\times\dfrac{4}{105}\right)$ をB′とすると，B′×課税売上割合（R）です（B=B′R）。そうして，課税仕入専用の特定収入cによる課税仕入れも，それ以外の特定収入c′による課税仕入れも，全体と同じ割合で課税売上げ対応分と非課税売上げ対応分に振り向けら

れているものとして，特定収入による課税仕入税額をこのB′Rから控除するわけです。

そこでまず3号柱書かっこ外の場合。

<算　式>

B（B′R）のうち特定収入でまかなわれた部分C＝イ＋ロ

イ　Cのうち課税仕入れ専用の特定収入cで賄われた部分 ＝ $c \times \dfrac{4}{105} \times$ 課税売上割合R

ロ　Cのうち課税仕入れ専用でない特定収入c′で賄われた部分 ＝ $\left(\begin{array}{c}\text{本則計算による仕}\\\text{入控除税額B－イ}\end{array}\right) \times$ 調整割合r

仕入控除税額＝B－（イ＋ロ）

ロをこの式に代入すると，

仕入控除税額＝B－{イ＋（B－イ）r}

納付税額T＝A－〔B－{イ＋（B－イ）r}〕

となります。

大島　納付税額の式は一見1号の場合と同じですが，仕入税額控除について，課税売上割合が計算に入ってくる点が違いますね。式のうち，BをB′Rとし，また　イ＝$c \times \dfrac{4}{105} \times R$　ですが，簡単のため

$c \times \dfrac{4}{105} = \hat{C}$と置いてイ＝$\hat{C}R$としてこれを納付税額の式に代入すると

T＝A－〔B′R－{$\underbrace{\hat{C}R}_{\text{イ}}$＋$\underbrace{(B′R－\hat{C}R)r}_{\text{ロ}}$}〕

となって1号の計算との違いがよく分かります（1号についての433頁の計算を$\hat{C}$を使って表すと，T＝A－〔B－{C＋$\hat{(B-C)}\hat{r}$}〕で，Rが入っていない点だけが違います。）。

木村　そうです。課税仕入れ専用の特定収入cも，専用でない特定収入c′も課税売上げ対応の課税仕入れと非課税売上げ対応の課税仕入れに使われるわけですが，イの$\hat{C}R$，ロの$(B′R－\hat{C})r$はそれぞれ課税売上割合Rが掛けてありますから，それぞれ$\hat{C}$，$(B′－\hat{C})r$のうちの課税売上げ対応の課税仕入

税額で、このイ＋ロを本則計算による仕入控除税額$B=B'R$（ここでも課税売上割合を掛けています。）から引いた額がこの場合の仕入控除税額ということです。

大島 それでは、具体的な計算でお話しください。

木村 具体的な計算例を挙げると、次のとおりです。

〔計算例〕

課税売上げ a （税抜き）	2,000
非課税売上げ a′	2,000
課税仕入れ b	5,250
課税仕入れ専用の特定収入 c	3,150
c 以外の特定収入 c′	6,000

（ⅰ） 売上げに対する税額　$2,000 \text{(a)} \times 0.04 = 80 \cdots\cdots A$

（ⅱ） 本則計算による仕入控除税額

$$\underbrace{5,250 \text{(b)} \times \frac{4}{105}}_{\text{課税仕入税額}} \times \underbrace{\frac{2,000 \text{(a)}}{2000 \text{(a)} + 2,000 \text{(a')}}}_{\text{課税売上割合 R}} = 100 \cdots\cdots B$$

（ⅲ） B のうち特定収入 c で賄われた部分

$$3,150 \text{(c)} \times \frac{4}{105} = \hat{C} \qquad \hat{C} \times \frac{2}{4} \text{(R)} = 60 \cdots\cdots イ$$

（ⅳ） B のうち特定収入 c′ で賄われた部分

$$(\underbrace{100 \text{(B)}}_{B'R} - \underbrace{60 \text{(イ)}}_{\hat{C}R}) \times \underbrace{\frac{6,000 \text{(c')}}{2,000 \text{(a)} + 2,000 \text{(a')} + 6,000 \text{(c')}}}_{\text{調整割合 r}}$$

$= 24 \cdots\cdots ロ$

（ⅴ） B のうち特定収入（c＋c′）で賄われた部分の計

$60 \text{(イ)} + 24 \text{(ロ)} = \hat{C}R + (B'R - \hat{C}R)r = 84 \cdots\cdots C$

（ⅵ） 納付消費税額 $T = A - (B - C)$

　　　　　　　　　　$= A - [B'R - \{\hat{C}R + (B'R - \hat{C}R)r\}]$

　　　　　　　　　　$= 80 \text{(A)} - (100 \text{(B)} - 84 \text{(C)}) = 64$

納付地方消費税額 $T' = T \times \frac{25}{100} = 64 \times \frac{25}{100} = 16$

$$T+T'=64+16=80$$

(2) 柱書かっこ内

大島 次に,施行令75条4項3号の柱書のかっこ内についてお話し願います。

木村 かっこ内は3号ロのB－イ(上の例のiv)がマイナスの場合で算式は次のとおりです。

＜算　式＞

　　柱書かっこ内の計算＝イ－(イ－B)×調整割合 r

　　イ,Bはかっこ外の場合のイ,Bと同じです。

大島 そうすると,仕入控除税額と納付税額は次のようになりますが,これは1号のかっこ内の場合(449頁)と同じ形であり,代数的にはかっこ外と同じですね。

　　仕入控除税額＝B－｛イ－(イ－B)r｝

　　納付税額T＝A－〔B－｛イ－(イ－B)r｝〕

それでは計算例をお願いします。

木村 計算例を示すと,次のとおりです。

------〔計算例〕------

課税売上げ a (税抜き)	2,000
非課税売上げ a′	2,000
課税仕入れ b	5,250
課税仕入れ専用の特定収入 c	6,300
c 以外の特定収入 c′	6,000

（i）　売上げに対する税額　2,000 (a) ×0.04＝80……A

（ii）　本則計算による仕入控除税額　$5,250 \text{ (b)} \times \dfrac{4}{105}$

　　　　$\times \dfrac{2,000 \text{ (a)}}{2,000 \text{ (a)} +2,000 \text{ (a′)}}$ (課税売上割合R)＝100……B

（iii）　イの計算　　$6,300 \text{ (c)} \times \dfrac{4}{105} \times \dfrac{2}{4}$ (R)＝120……イ

(iv) 柱書かっこ内の計算　　（イ－B）rが458頁の計算の(iv)に，C
が458頁の計算の(v) Cに相当　　イ－（イ－B）×調整割合 r
　　＝120（イ）－（120（イ）－100（B））

$$\times \frac{6,000 (c')}{2,000 (a) + 2,000 (a') + 6,000 (c')}$$（調整割合 r）

　　＝120－20×0.6＝108……C

　　　（Cはマイナスにならない……∵ iv式より）

(V) 納付消費税額 T＝A－（B－C）＝A＋（C－B）

　　　　　　　　　＝80＋（108－100）＝88（法60条5項適用）

（注）必然的に法60条5項適用（450頁参照）

納付地方消費税額 $T' = T \times \frac{25}{100} = 88 \times \frac{25}{100} = 22$

T＋T′＝88＋22＝110

8 個別対応方式の場合の計算（施行令75条4項2号）

(1) 柱書かっこ外

大島　それでは，戻って施行令75条4項2号にいきましょう。

木村　施行令75条4項2号は，仕入税額控除の計算を法30条2項1号の規定，つまり個別対応方式によって行っている場合です。この場合は課税仕入専用の特定収入が，更に課税売上げだけに対応する課税仕入れに専用のものと，課税売上げと非課税売上げに共通用の課税仕入れに専用のものとに区分されます。

計算内容に入る前に個別対応方式の仕入控除税額Bの計算をおさらいしておくと，課税売上げ対応の課税仕入れをb_1，$b_1 \times \frac{4}{105} = B_1$とし，課税売上げ・非課税売上げ共通用の課税仕入れをb_2，$b_2 \times \frac{4}{105}$をB_2，課税売上割合をRとすると，$B = B_1 + B_2 R$ でした。

このBから特定収入による課税仕入税額を控除するのですが,その考え方の基本は3号の説明の冒頭でお話したこと(456頁)と同じです。

大島 詳しくいうと,その仕入控除税額を計算する場合,今まで課税仕入れ専用の特定収入cとして一括していたものを,「課税売上げに対応する課税仕入れ専用の特定収入c_1」と「課税売上げ・非課税売上げ共通用の課税仕入れ専用の特定収入c_2」とに分け,それぞれの105分の4をC_1,C_2とし,そのC_1の全額とC_2に課税売上割合を掛けたものとの合計を課税仕入れ専用の特定収入(今までのc,ここではc_1+c_2)で賄われた額とするということですね。

木村 そうです。そこでまず柱書のかっこの外の場合,つまり,2号ハのB－(イ+ロ)がプラスの場合の算式は次のとおりです。

<算 式>

本則計算による仕入控除税額のうち特定収入で賄われた部分C ＝ イ+ロ+ハ

イ Cのうち課税売上げに対応する課税仕入れ専用の特定収入c_1で賄われた部分……$c_1 \times \dfrac{4}{105} = C_1$

ロ Cのうち課税売上げ・非課税売上げ共通用の課税仕入れ専用の特定収入c_2で賄われた部分……$c_2 \times \dfrac{4}{105} = C_2$ として

$C_2 \times$課税売上割合$R = C_2 R$

ハ Cのうち課税仕入れ専用でない特定収入c'で賄われた部分……{本則計算による仕入控除税額B－(イ+ロ)} ×調整割合r

＝ {B－$(C_1+C_2 R)$} r ＝ {$B_1+B_2 R－(C_1+C_2 R)$} r

イとロが課税仕入れ専用の特定収入c(ここではc_1とc_2)関連であることは1,2号のイと同じ,ハが専用でない特定収入c'関連であることは1,2号のロと同じです。

Bから,そのうち特定収入c_1,c_2,c'に対応するものとしてこのイ+ロ+ハを引いた額がこの場合の仕入控除税額ということです。

大島 次に具体的な計算例をお願いします。

木村 具体的な計算例を挙げると,次のとおりです。

〔計算例〕

課税売上げ a （税抜き）	1,500
非課税売上げ a′	500
課税仕入れ（課税売上げ対応）b_1	2,100
課税仕入れ（課税売上げ・非課税売上げ共通用）b_2	1,260
課税売上げ対応の課税仕入れに専用の特定収入 c_1	1,050
課税売上げ・非課税売上げ共通用の課税仕入れ専用の特定収入 c_2	1,680
c_1, c_2 以外の特定収入 c′	2,000

(ⅰ) 売上げに対する税額　　$1,500 (a) \times 0.04 = 60 \cdots\cdots A$

(ⅱ) 本則計算による仕入控除税額　$2,100 (b_1) \times \dfrac{4}{105} + 1,260 (b_2)$

$\times \dfrac{4}{105} \times \dfrac{1,500 (a)}{1,500(a) + 500(a')}$ （課税売上割合R）

$= 80 + 48 \times \dfrac{3}{4} = 116 \cdots\cdots B$

(ⅲ) Bのうち課税仕入れ専用の特定収入（C_1とC_2）で賄われた部分

① c_1対応分(C_1)　$1,050(c_1) \times \dfrac{4}{105} = 40 \cdots\cdots$ イ

② c_2対応分　$\underbrace{1,680(c_2) \times \dfrac{4}{105} \times \dfrac{3}{4}(R)}_{C_2} = 48 \cdots\cdots$ ロ

(ⅳ) Bのうち特定収入c′で賄われた部分　$\{(116(B) - (40(イ) + 48(ロ)))\}$

$\times \dfrac{2,000 (c')}{1,500 (a) + 500 (a') + 2,000 (c')}$ （調整割合 r）

$= 28 \times \dfrac{1}{2} = 14 \cdots\cdots$ ハ

(ⅴ) Bのうち特定収入で賄われた部分の計
$= 40 (イ) + 48 (ロ) + 14 (ハ) = 102 \cdots\cdots C$

(ⅵ) 納付消費税額 $T = A - (B - C)$

$= A - [\underbrace{B_1 + B_2 R}_{B} - \{\underbrace{C_1 + C_2 R}_{イ\ ロ} + (\underbrace{\langle B_1 + B_2 R \rangle}_{B} - \underbrace{\langle C_1 + C_2 R \rangle}_{イ\ ロ})r\}]$

(ハ)

$= 60 (A) - (116 (B) - 102 (C)) = 46$

納付地方消費税額 $T' = T \times \dfrac{25}{100} = 46 \times \dfrac{25}{100} = 11.5$

$T + T' = 46 + 11.5 = 57.5$

(2) 柱書かっこ内

大島 では2号柱書かっこの中にいきましょう。

木村 施行令75条4項2号の柱書のかっこ内，つまり2号ハのB－（イ＋ロ）がマイナスである場合のBから控除すべき額Cの算式は次のとおりです。

＜算　式＞

柱書かっこ内の計算　C＝（イ＋ロ）－｛（イ＋ロ）－B｝×調整割合 r

イ，ロ，Bはかっこ外の場合のイ，ロ，Bと同じです。

大島 そこで納付税額の計算ですが，少々複雑なので仕入控除税額と納付税額を分けていうと次のとおりですね。

仕入控除税額＝B－C＝B－〔イ＋ロ－｛（イ＋ロ）－B｝×調整割合 r〕

納付税額　T＝A－（B－C）＝A－上記の仕入控除税額

木村 この具体的な計算例を示すと，次のとおりです。

〔計算例〕

課税売上げ a（税抜き）	1,500
非課税売上げ a′	1,500
課税仕入れ（課税売上げ対応）b_1	2,100
課税仕入れ（課税売上げ・非課税売上げ共通用）b_2	1,260
課税売上げ対応の課税仕入れ専用の特定収入 c_1	4,200
課税売上げ・非課税売上げ共通用の課税仕入れ専用の特定収入 c_2	
	1,680
c_1，c_2以外の特定収入 c′	1,000

（ⅰ）　売上げに対する税額　1,500(a)×0.04＝60……A

（ⅱ）　本則計算による仕入控除税額

$2,100(b_1) \times \dfrac{4}{105} + 1,260(b_2) \times \dfrac{4}{105}$

$$\times \frac{1,500\,(a)}{1,500\,(a)+1,500\,(a')}\,(課税売上割合R)=104\cdots\cdots B$$

(iii)　イ，ロの計算

① c_1対応分　　$4,200\,(c_1) \times \dfrac{4}{105} = 160 \cdots\cdots$ イ

② c_2対応分　　$1,680\,(c_2) \times \dfrac{4}{105} \times \dfrac{1}{2}\,(R) = 32 \cdots\cdots$ ロ

(iv)　柱書かっこ内の計算　　$\{(イ+ロ)-B\}\,r$ が462頁の計算（iv）に，<u>C</u>が同（V）Cに相当

$(イ+ロ)-\{(イ+ロ)-B\}\times 調整割合\,r$

$=(160\,(イ)+32\,(ロ))-\{(160\,(イ)+32\,(ロ))-104\,(B)\}$

$\times \dfrac{1,000\,(c')}{1,500\,(a)+1,500\,(a')+1,000\,(c')}\,(調整割合\,r)$

$=192-88\times \dfrac{1}{4}=170\cdots\cdots$ <u>C</u>

(v)　納付消費税額 $T=A-(B-\underline{C})=A+(\underline{C}-B)$

　　　　　　$=60\,(A)+(170-104)=126$（法60条5項適用）

(注)　必然的に法60条5項を適用（450頁参照）

納付地方消費税額 $T'=T\times \dfrac{25}{100}=126\times \dfrac{25}{100}=31.5$

$T+T'=126+31.5=157.5$

第13 国，地方公共団体等に対する特例（その2）
・価格の表示

I 通算調整割合による調整（施行令75条5項）

1 規定の概要

大島 それでは，引き続いて施行令75条5項にいきましょう。

木村 施行令75条5項ですが，特定収入がある場合には，今までみてきたとおり，仕入控除税額は，本則計算による仕入控除税額Bから特定収入で賄われた課税仕入税額C（同条4項1，2，3号柱書かっこ内の場合はCの代わりに多少意味合いの違う<u>C</u>となりますが，簡単のため，以下はこのかっこ内のケースのことは除外して話を進めます。また引き続き法45条1項3号ロ，ハの要素を省くことにします。）を控除した残額であり，納付消費税額は，

$$T = A - (B - C)$$

です（433頁参照）。

ところで，この「特定収入で賄われた課税仕入税額」ですが，その計算の基礎になる調整割合は年によって変動するわけで，その変動が大きい場合，具体的にはその課税期間の調整割合が通算調整割合に対して20％以上増加，あるいは減少したときは，一定の方法によって調整しようというのがこの施行令75条5項です。調整は過去にさかのぼることなく，過去の分を含めて当課税期間で一遍に行います。

通算調整割合というのは，その課税期間を含む通算課税期間の調整割合を通算したもので，分母にその課税期間の「課税売上げ・非課税売上げ＋課税仕入れ専用でない特定収入 c'」の合計，分子に c' の合計をとって計算した割合，つまりその課税期間の調整割合の加重平均のことです（施行令75条6項）。

大島 そこで，また通算課税期間の説明が必要になってきますね。

木村　通算課税期間の定義は施行令75条5項1号ロにありますが，課税期間を暦年としていうと，×3年の課税期間の通算調整期間は，×3年1月1日の2年前の日（つまり×1年1月2日）の前日——同年1月1日ですが——の属する課税期間，つまり×1年から，当課税期間，即ち×3年までの各課税期間，要するに×1年，×2年，×3年を指しています。法律は特殊な場合をも想定して難しい表現をしていますが，これからの説明では，1年の課税期間を前提として，前々期，前期，当期，ということにします。

　大島　調整の考え方についてご説明願います。話は皆施行令75条のことなので，簡単に4項，5項とおっしゃってください。

　木村　当期の調整割合と通算調整割合との差が大きくて，調整が必要ということになったら，調整の計算は次のように行います。

　まず，(1)。当期を含めて最近3年間の各期の特定収入で賄われた課税仕入税額Cを合計します。これが5項1号の<u>イ</u>です（4項のイと区別するため＿を付けました。）。

　大島　4項1号・3号のイ＋ロ，2号のイ＋ロ＋ハの3年間合計ですね。

　木村　次に(2)。4項でこのイ＋ロなりイ＋ロ＋ハを計算するときには，それぞれその期の調整割合を使っているわけですが，この調整割合の代わりに通算調整割合を使って計算し直した額を3期分合計します。これが5項1号の<u>ロ</u>です（4項のロと区別するため＿を付けました。）。

　そして(3)。当期は4項で計算した額Cに代えて，次の額を本則によって計算した課税仕入税額Bから控除します。

① 　5項1号の<u>イ</u>＞<u>ロ</u>なら，

$$C \begin{pmatrix} 4項で計算した「当期の特定収 \\ 入で賄われた課税仕入税額」\end{pmatrix} - (\underline{イ} - \underline{ロ}) \cdots\cdots (5項1号)$$

② 　5項1号の<u>イ</u>＜<u>ロ</u>なら，

$$C + (\underline{ロ} - \underline{イ}) \cdots\cdots (5項2号)$$

　この<u>イ</u>と<u>ロ</u>の差額が要調整額であり，これを過去にさかのぼるのではなく，当期の「特定収入で賄われた課税仕入税額C」に加減して，過去の分を含めて

当期に一度に調整するわけです。

そこで当期税額は,

　　T＝A－〔B－｛C－(イ－ロ)｝〕

あるいは,

　　T＝A－〔B－｛C＋(ロ－イ)｝〕

となります。

　大島　代数的にいえばどちらもC－(イ－ロ)でいいわけですね。

　そこで4項1号(つまり,法30条1項の場合)のかっこの外の場合で代表させていうと,特定収入で賄われた課税仕入税額C(4項のイ＋ロ)の3年間の実績が,通算調整割合を使って再計算した数値より大きければ,3年間のCの実績が大きすぎたと考えて,その大きすぎた分を当期のCから引いて調整する(納付税額減),逆なら加算して調整する(納付税額増)ということ,いい換えると一期ごとの調整割合を使った計算を通算調整割合を使った計算に置き換えようということですね。

　木村　そうです。T＝A－(B－C)ですからCの実績が大きすぎたということはBからの控除が大きすぎた,つまり納付税額が大きすぎたということです。

　大島　当期の調整割合と通算調整割合との差が大きいということは,調整要否の判定として意味があるのであって,その差は調整計算そのものには使われないわけですね。

　木村　そうです。それから,当期調整割合と通算調整割合の大小と,イとロの大小とは無関係だということに注意しておいてください。ちょっと考えると,例えば通算調整割合の方が当期調整割合より大きければ,必ずロの方がイより大きいように感じられるかもしれませんが,そういうことではありません。

2 施行令75条5項1号（イ＞ロの場合）

大島 それでは具体的な計算例をお願いします。

木村 具体的な計算例は次のとおりです。

まず施行令75条5項1号のイ＞ロの場合，つまりCの実績が大きすぎたためこれを減額調整し，したがってまた税額を減額調整する場合です。次の例はそのうち当期の調整割合に比べて通算調整割合が大きい場合です。なお簡単にするため4項1号，2号，3号のうち1号の柱書かっこの外の例にし，また非課税売上げはないものとします。表の中でイ，ロとあるのは，4項1号のイ，ロのことです。

第1例　5項のイ＞ロで通算調整割合＞当期調整割合のケース

（前提）	前々期	前期	当期
課税売上げ a（税抜き）	4,000	4,000	4,000
課税仕入れ b	3,150	11,550	4,200
課税仕入れ専用の特定収入 c	1,050	1,050	1,050
c以外の特定収入 c'	2,000	12,000	2,000
売上げに対する消費税額（a×0.04）…A	160	160	160
本則計算による仕入控除税額（b×$\frac{4}{105}$）…B	120	440	160
cで賄われた課税仕入税額（c×$\frac{4}{105}$）…イ	40	40	40
調整割合（$\frac{c'}{a+c'}$）…r	$\frac{1}{3}$	$\frac{3}{4}$	$\frac{1}{3}$
c以外で賄われた課税仕入税額（B−イ）	80	400	120
c'で賄われた課税仕入税額（B−イ）r…ロ	26.7	300	40
特定収入で賄われた課税仕入税額（イ＋ロ）…C	66.7	340	80
納付消費税額 A−（B−C）	106.7	60	80

（調整の要否）

$$当期調整割合 = \frac{2,000(c')}{4,000(a)+2,000(c')} = 0.333$$

$$通算調整割合 = \frac{(2,000+12,000+2,000)}{(4,000+4,000+4,000)+(2,000+12,000+2,000)} = 0.571$$

0.571−0.333＞0.2……要調整

（調整計算）

（i）　施行令75条5項1号イ（各期のCの合計額）

前々期 66.7＋前期 340＋当期 80＝486.7…イ

(ⅱ) 施行令75条5項1号ロ

前々期　　80（B－イ）×0.571＝45.7
　　　　　40（イ）＋45.7＝85.7

前　期　　400（B－イ）×0.571＝228.4
　　　　　40（イ）＋228.4＝268.4

当　期　　120（B－イ）×0.571＝68.5
　　　　　40（イ）＋68.5＝108.5

85.7＋268.4＋108.5＝462.6……ロ

イ＞ロ……施行令75条5項1号適用

(ⅲ) 施行令75条5項1号の額（当期の「特定収入で賄われた課税仕入税額」を調整した額）

80－（486.7－462.6）＝55.9
当期C　上記イ　上記ロ

(ⅳ) 調整当期消費税額

160－（160－55.9）＝55.9（A－〔B－｛C－（イ－ロ）｝〕）
当期A　当期B

（注）　当初当期消費税額＝160－（160－80）＝80
　　　　　　　　　　　　　　　当期A　当期B　当期C

調整による納付消費税額減＝80－55.9＝24.1＝486.7－462.6

大島　イ＞ロで、「特定収入で賄われた課税仕入税額」Cの3年間の実績が、通算調整割合で計算した額に比べて大きすぎるのを調整するわけですから、調整前より納付税額は減っていますね。

ところで、今の例は、（調整の要否）の計算では当期分の調整割合が0.333、通算調整割合が0.571で、通算調整割合の方が大きいわけですから、当期調整割合を通算調整割合に置き換えて再計算すると、特定収入で賄われた課税仕入れが増――仕入控除税額が減――納付税額増となるのなら分かりますが、結果は逆になっている、これはどういうことでしょう。

木村　当期調整割合より通算調整割合が大きいことは、必ずしも通算して特

定収入で賄われた課税仕入れが少なすぎたことを意味するものではありません。設例のように，かえって過去に使った調整割合が大きすぎるから，これを修正調整して通算の特定収入で賄われた課税仕入れを減らす方向で調整することも有り得るわけです。

大島 前期は多額の課税仕入れ専用でない特定収入（c'）を受け取る一方，多額の課税仕入れをした，そこで調整割合も大きいし，それを掛けるべき対象である（B－イ）も大きい（課税仕入れ専用の特定収入 c は必ずしも大きくないから，その105分の4である控除項目イは必ずしも大きくない。），結果として課税仕入れ専用でない特定収入で賄われた課税仕入税額ロ，したがって，特定収入全体で賄われた課税仕入れCが大きくなる，ところが通算調整割合はほかの期の調整割合が低いのに引きずられて前期の調整割合より低いですから，前期のCが是正されますね。もちろん前々期と当期はその期の調整割合より通算調整割合の方が大きいので，調整するとロ，Cも大きくはなりますが，もともとc以外で賄われた課税仕入税額（B－イ），つまり調整割合を掛ける対象が小さいですからその影響は小さい。具体的にいうと特定収入で賄われた課税仕入税額Cを，通算調整割合を使って再計算をすると，前々期は19（85.7－66.7）増，当期は28.5（108.5－80）増なのに対して前期は71.6（340－268.4）減，差引24.1減で，調整割合が大きかった前期が減となる影響が大きい，つまり，前期の調整割合が大きすぎたのを調整したことになりますね。

ここで，当期調整割合と通算調整割合の大小関係と税額の増減を示す例をもう一つ出しておきましょう。簡単にするため課税仕入れ専用の特定収入（第1例のc）はなく，それ以外の特定収入 c' だけがあるものとします。符号はすべて第1例と同じです。

ケースⅠ　5項のイ＞ロ・通算調整割合＞当期調整割合

	前々期	前　期	当　期
課税売上げaに対する消費税額（a×0.04）A	120	120	120
本則計算による仕入控除税額B	90	440	90
c'（課税仕入れ専用でない特定収入）×0.04	30	380	30

前期は，例年より大きな課税仕入れがあってBも大きかった一面，課税仕入

れ専用でない特定収入c′も多く受けたというケースです。以下0.04で割る数字が度々出てくるのは，例えば30はc′に0.04を掛けた答ですから，これを0.04で割って元のc′に直しているわけです。

（i） 各期の消費税額

各期とも課税仕入れ専用の特定収入がなく，したがってイがありませんから今までの例ではC＝イ＋（B－イ）rだったのが，C＝Brになります。

そうすると各期の納付税額は，

　　A－（B－C）＝A－（B－Br）

です。数字を入れると

　前々期

$$120 - (90 - 90 \times \frac{30 \div 0.04}{30 \div 0.04 + 120 \div 0.04})$$

　　A　　B　　B　　　c′　　　a

$$= 120 - (90 - 90 \times \frac{30}{30 + 120})$$

$$= 120 - (90 - 18) = 48$$

　　　　　　　　　　C

　前期

$$120 - (440 - 440 \times \frac{380 \div 0.04}{380 \div 0.04 + 120 \div 0.04})$$

$$= 120 - (440 - 440 \times \frac{380}{380 + 120})$$

$$= 120 - (440 - 334.4) = 14.4$$

　　　　　　　　　　　C

　当期　48（前々期と同じ）

消費税額3期計

　　48＋14.4＋48＝110.4

（ii） 調整の要否（rは調整割合）

当期 $r = \frac{30 \div 0.04}{(30 + 120) \div 0.04} = \frac{30}{150} = 0.2$

通算 $r = \frac{(30 + 380 + 30) \div 0.04}{(30 + 380 + 30 + 120 \times 3) \div 0.04} = \frac{440}{800} = 0.55$

通算 r ＞当期 r

差　0.55－0.2 ＞0.2……要調整

(iii) 調整計算

① 施行令75条5項1号イ（各期のC合計額）＝18＋334.4＋18＝370.4

② 同ロ＝90×0.55＋440×0.55＋90×0.55＝341

（注）ロもイがないためB×通算rの3期計ということになります。

③ イ＞ロ……施行令75条5項1号適用

調整当期消費税額＝ 120 －〔90－｛18－（370.4－341）｝〕
　　　　　　　　　当期A　当期B 当期C　　イ　　　ロ

＝18.6＝48－（イ－ロ）
当期当初消費税額

（注）この計算でイ－ロ＝29.4をCの18から引ききれないので、施行令75条7項によってその引ききれない額11.4をBの90に加えています（代数的には式のとおりに計算すればよいわけです。）。

④ 調整後3期消費税額計＝48＋14.4＋18.6＝81＝110.4－（イ－ロ）
　　　　　　　　　　　　　　　　　　　　　　　　　当初消費税額計

(iv) 計算の意味

(ii)にあるように通算r＞当期rだが、第1例と同様、イ＞ロでその差額だけ当期税額、3期税額計が減っています。

次にケースⅡとして、ケースⅠの前期と当期が入れ替わったらどうなるか、を見てみましょう。

ケースⅡ　5項のイ＞ロ・通算調整割合＜当期調整割合

(i) 各期の消費税額、調整の要否

前期と当期が入れ替わるだけですから3期税額計、通算rはケースⅠと同じくそれぞれ110.4、0.55。

ただ当期rは違ってきます。

$$当期 r = \frac{380 \div 0.04}{(380+120) \div 0.04} = \frac{380}{500} = 0.76$$

通算 r ＜当期 r

差　0.76－0.55 ＞0.2……要調整

（ⅱ）　調整計算

イ－ロはケースⅠと同じ370.4－341（要するに3期分を合計する計算は皆ケースⅠと同じ。）。

$$調整当期消費税額 = \underbrace{120}_{当期A} - [\underbrace{440}_{当期B} - \{\underbrace{334.4}_{当期C} - (\underbrace{370.4 - 341}_{イ\quad ロ})\}]$$

$$= \triangle 15 = \underbrace{14.4}_{当期当初消費税額} - (イ - ロ)$$

調整後3期消費税額計＝48＋48－15＝81

ケースⅠでは通算rの方が大きかった。ケースⅡでは逆に通算rの方が小さかった。しかし両方ともイ＞ロで税額は減少し、調整した3期計の消費税額は81で一致している（調整前3期税額計も110.4で一致）、ケースⅠとケースⅡでは前期と当期が入れ替わっただけで通算したところでは実態は同じですから、税額合計が変わらないのは当然ですが、両方のケースを比べれば調整要否を判定する際の通算rと当期rの大小と、調整の方向（税額が増えるか減るか）とは無関係であることがよく分かりますね。両方のケースともある期の調整割合と課税仕入れが突出して高いのが調整されて調整により3期計税額が減少しています。

木村　今のお話で当期の消費税額がマイナスになっていることについて補足しますと、中かっこ内の額が法60条4項にいう、本則計算による仕入控除税額Bから控除すべき額、大かっこ内の額がBからその控除をした額、これを法60条4項は本則計算による仕入控除税額とみなしているわけですから、それをAから引いてマイナスになれば、そのマイナス額は当然に還付されるわけです。

3 施行令75条5項2号（イ＜ロの場合）

木村　それでは，次にイ＜ロの場合，つまりCの実績が小さすぎたためこれを増額調整し，したがってまた税額を増額調整する場合です。次の例はそのうち当期調整割合よりも通算調整割合の方が大きい場合です。なお非課税売上げはないものとします。

第2例　5項のイ＜ロで通算調整割合＞当期調整割合のケース

（前提）	前々期	前期	当期
課税売上げa（税抜き）	4,000	4,000	4,000
課税仕入れb	13,650	3,150	3,150
課税仕入れ専用の特定収入c	1,050	1,050	1,050
c以外の特定収入c′	1,000	13,000	1,000
売上げに対する消費税額（a×0.04）…A	160	160	160
本則計算による仕入控除税額（b×$\frac{4}{105}$）…B	520	120	120
cで賄われた課税仕入税額（c×$\frac{4}{105}$）…イ	40	40	40
調整割合（$\frac{c'}{a+c'}$）…r	$\frac{1}{5}$	$\frac{13}{17}$	$\frac{1}{5}$
c以外で賄われた課税仕入税額（B－イ）	480	80	80
c′で賄われた課税仕入税額（B－イ）r…ロ	96	61.2	16
特定収入で賄われた課税仕入税額（イ＋ロ）…C	136	101.2	56
納付消費税額A－（B－C）	△224	141.2	96

（調整の要否）

$$\text{当期調整割合}\quad \frac{1,000\,(c')}{4,000\,(a)+1,000\,(c')}=0.2$$

$$\text{通算調整割合}\quad \frac{(1,000+13,000+1,000)}{(4,000+4,000+4,000)+(1,000+13,000+1,000)}=0.555$$

0.555－0.2＞0.2……要調整

（調整計算）

（i）　施行令75条5項1号イ（各期のCの合計額）

前々期 136＋前期101.2＋当期 56＝293.2…イ

(ⅱ) 施行令75条5項1号ロ

前々期　480（B－イ）×0.555＝266.4
　　　　40（イ）＋266.4＝306.4

前　期　80（B－イ）×0.555＝44.4
　　　　40（イ）＋44.4＝84.4

当　期　80（B－イ）×0.555＝44.4
　　　　40（イ）＋44.4＝84.4

306.4＋84.4＋84.4＝475.2……ロ

イ＜ロ……施行令75条5項2号適用

(ⅲ) 施行令75条5項2号の額（当期の「特定収入で賄われた課税仕入税額」を調整した額）

$$\underset{当期C}{56}+(\underset{上記ロ}{475.2}-\underset{上記イ}{293.2})=238$$

(ⅳ) 調整当期消費税額

$$\underset{当期A}{160}+(\underset{}{238}-\underset{当期B}{120})=278$$

（注）　当初当期消費税額＝$\underset{当期A}{160}-(\underset{当期B}{120}-\underset{当期C}{56})=96$

調整による消費税額増＝278－96＝182＝475.2－293.2

大島　この例ではイ＜ロですから納付税額は増加しており、また（ⅲ）の額238がB120より大きいので法60条5項によって（ⅳ）ではA＋（（ⅲ）の額－B）となっています。繰り返していうと（ⅲ）式の＋の符号は施行令75条5項2号の効果、（ⅳ）式の＋の符号は法60条5項の効果ということですね。

今度は、やはりイ＜ロで、通算調整割合が当期調整割合よりも小さい場合の計算例をお願いします。

木村　ご注文の計算例を挙げると、次のとおりです。なおここでも非課税売上げはないものとします。

第3例　5項のイ＜ロで通算調整割合＜当期調整割合のケース

（前提）	前々期	前期	当期
課税売上げa（税抜き）	4,000	4,000	4,000
課税仕入れb	13,650	3,150	3,150
課税仕入れ専用の特定収入c	1,050	1,050	1,050
c以外の特定収入c′	1,000	1,000	16,000
売上げに対する消費税額（$a \times 0.04$）…A	160	160	160
本則計算による仕入控除税額（$b \times \frac{4}{105}$）…B	520	120	120
cで賄われた課税仕入税額（$c \times \frac{4}{105}$）…イ	40	40	40
調整割合（$\frac{c'}{a+c'}$）…r	$\frac{1}{5}$	$\frac{1}{5}$	$\frac{16}{20}$
c以外で賄われた課税仕入税額（B－イ）	480	80	80
c′で賄われた課税仕入税額（B－イ）r…ロ	96	16	64
特定収入で賄われた課税仕入税額（イ＋ロ）…C	136	56	104
納付消費税額A－（B－C）	△224	96	144

（調整の要否）

当期調整割合　$\frac{16,000 \ (c')}{4,000 \ (a) + 16,000 \ (c')} = 0.8$

通算調整割合　$\frac{1,000+1,000+16,000}{(4,000+4,000+4,000)+(1,000+1,000+16,000)}$
$= 0.6$

$0.8 - 0.6 = 0.2$……要調整

（調整計算）

（i）　施行令75条5項1号イ（各期のCの合計額）

　　　前々期 136＋前期 56＋当期 104＝296…イ

（ii）　施行令75条5項1号ロ

　　　前々期　　480（B－イ）×0.6＝288

　　　　　　　　40＋288＝328

　　　前　期　　80（B－イ）×0.6＝48

　　　　　　　　40＋48＝88

　　　当　期　　80（B－イ）×0.6＝48

第13　国，地方公共団体等に対する特例（その２）・価格の表示　477

$$40+48=88$$
$$328+88+88=504……ロ$$

イ＜ロ……施行令75条5項2号適用

(iii)　令75条5項2号の額（当期の「特定収入で賄われた課税仕入税額」を調整した額）

$$\underset{当期C}{104}+(\underset{上記ロ}{504}-\underset{上記イ}{296})=312$$

(iv)　調整当期消費税額

$$\underset{当期A}{160}+(\underset{当期B}{312}-120)=352$$

（注）当初当期消費税額＝$\underset{当期A}{160}-(\underset{当期B}{120}-\underset{当期C}{104})=144$

調整による消費税額増＝352－144＝208＝504－296

大島　このケースもイ＜ロですから納付税額は増加しており，また（iv）では法60条5項が適用されているわけですね。

ところで，各期の調整割合を通算調整割合に置き換えて再計算し，当期で一遍に調整することは分かりましたが，計算としては相当複雑ですね。国，地方公共団体などに対してこのような面倒な計算をさせることの意味についてもう一度突っ込んでお話し願います。

木村　課税仕入れ専用でない特定収入がある場合には，その課税期間の調整割合を使って課税仕入れに充てられた部分を計算するわけですが，ある課税期間の調整割合が突出高の場合の調整については第1例で話が出ました。また，こうした特定収入があった課税期間と，大きな課税仕入れがあった課税期間とがずれる場合にも不合理な結果が生じます。そこで通算調整割合が大幅に増減している場合には，3年目の課税期間に仕入控除税額の見直しをして，必要な調整を行うわけです。

例えばある年度に寄附金を受け入れ，これを預金しておいて，その後の年度で数年間にわたって使用する場合，寄附金は特定収入ですが，預金の引き出し

は特定収入から除かれていますから、年度間の調整をしないと、寄附を受け入れた年度で課税仕入れをした場合と、いったん預金をして別の年度で預金を引き出して課税仕入れをした場合とでは不均衡になってしまいます。そのために、こんな調整を行うわけです。

大島 特定収入が大きい年と課税仕入れが大きい年とのずれがある場合の調整は、課税仕入れ専用の特定収入についてはさっき施行令75条4項のところで話が出ましたが（4項各号柱書かっこ内の説明・448, 459, 463頁以下参照）、この5項は課税仕入専用でない特定収入についての調整規定だということになりますね。では第2, 第3例もそうでしたが、その課税仕入れ専用でない特定収入と課税仕入れとがずれた場合について、もう少し具体例でお話し願います。

木村 次のケースⅢは、基礎数字はさっきのケースⅠ、Ⅱと同じで、ただ大きな課税仕入れがあった期と大きな特定収入（課税仕入れ専用でないもの）の受入れがあった期がずれているという場合です。

ケースⅢ　イ＜ロ・通算調整割合＜当期調整割合

	前々期	前期	当期
課税売上げaに対する消費税額（a×0.04）… A	120	120	120
本則計算による仕入控除税額B	90	440	90
c′（課税仕入れ専用でない特定収入）×0.04	30	30	380

（注）ケースⅠに比べc′×0.04の前期と当期が入れ替わっている点だけが違っています。

　　（ⅰ）各期の消費税額

　　　　前々期　48（ケースⅠに同じ）

　　　　前　期　（消費税額はA－（B－C）＝A－（B－Br）──471頁参照）

$$120 - (440 - 440 \times \frac{30 \div 0.04}{30 \div 0.04 + 120 \div 0.04})$$
$$ABBc'a$$
$$= 120 - (440 - 440 \times \frac{30}{30+120}) = 120 - (440 - 88) = \triangle 232$$
$$C$$

当　期

$$120 - (90 - 90 \times \frac{380 \div 0.04}{380 \div 0.04 + 120 \div 0.04})$$

$$= 120 - (90 - \underbrace{68.4}_{C}) = 98.4$$

消費税額3期計　48＋△232＋98.4＝△85.6

(ⅱ)　調整の要否（rは調整割合）

当期 $r = 0.76$ $(= \frac{380}{500}$…ケースⅡ当期に同じ$)$

通算 $r = 0.55$ （ケースⅠ，Ⅱに同じ）

差　　0.76−0.55＞0.2……要調整

(ⅲ)　調整計算

① 施行令75条1項1号イ（各期のCの合計額）＝18＋88＋68.4＝174.4

② 同ロ　　341（ケースⅠ，Ⅱに同じ）

③ イ＜ロ　　同項2号適用

調整当期消費税額＝$\underbrace{120}_{A} - [\underbrace{90}_{B} - \{\underbrace{68.4}_{C} + (\underbrace{341}_{ロ} - \underbrace{174.4}_{イ})\}]$

$= 265 = \underbrace{98.4}_{当初消費税額} + (ロ−イ)$

④ 調整後消費税額3期計＝48−232＋265＝81＝$\underbrace{△85.6}_{当初消費税額計}$＋（ロ−イ）

　大きな課税仕入れをした期と大きな特定収入を受け入れた期がずれていても，通じて見れば実態はケースⅠ，Ⅱと同じことなのに，3期計の消費税額は放っておくと，△85.6とケースⅠ，Ⅱの81とは大きく食い違う，これを調整してケースⅠ，Ⅱと同じ81にもってきたわけです。

ケースⅣ　このことは前期と当期の数字が入れ替わっても同じことです。繰り返しですから詳細は省略しますが，この場合の通算rは0.55（ケースⅠ，Ⅱ，Ⅲに同じ），当初消費税額は

① 前々期 48（ケースⅢと同じ）＋前期 98.4（ケースⅢの当期と同じ）

　　＋当期△232（ケースⅢの前期と同じ）＝△85.6（ケースⅢと同じ）

② 調整計算による当期消費税額

$$= 120 - [\underline{440} - \{\underline{440} \times \frac{30 \div 0.04}{(120+30) \div 0.04} + (\underline{341} - \underline{174.4})\}] = \triangle 65.4$$
　　　A　　B　　　B　　　　　　　　　　　　　　　ロ　　イ

(注)　$\frac{30 \div 0.04}{(120+30) \div 0.04} =$ 当期 $r = \frac{c'}{a+c'} = 0.2 <$ 通算 r

　　イ，ロの数字はケースⅢと同じ

③ 調整後消費税額3期計＝48＋98.4－65.4＝81

となって調整後の3期計の消費税額はケースⅠ，Ⅱ，Ⅲと同じ81に落ち着きます。

大島　読者の労を省くためケースⅠ～Ⅳを並べておきましょう。イとロの大小関係，通算調整割合と当期調整割合の大小関係について四つの違うパターンになっています。

	ケースⅠ (イ＞ロ)　通算r＞当期r			ケースⅡ (イ＞ロ)　通算r＜当期r		
	前々期	前期	当期	前々期	前期	当期
A	120	120	120	120	120	120
B	90	440	90	90	90	440
c'×0.04	30	380	30	30	30	380

	ケースⅢ (イ＜ロ)　通算r＜当期r			ケースⅣ (イ＜ロ)　通算r＞当期r		
	前々期	前期	当期	前々期	前期	当期
A	120	120	120	120	120	120
B	90	440	90	90	90	440
c'×0.04	30	30	380	30	380	30

ケースⅠとⅡ，ケースⅢとⅣはそれぞれ前期と当期が入れ替わっているし，ケースⅢをケースⅠと，ケースⅣをケースⅡと比べると，c'×0.04の課税期間，つまり課税仕入れ専用でない特定収入の課税期間が入れ替わっていますが，3期間の税額計はイ＞ロであるケースⅠとⅡでは共に当初の110.4から調整後81に減少し，イ＜ロであるケースⅢとⅣでは共に当初の△85.6から調整後81に増加しています。それぞれ必要な調整が行われて，3期を通じてみれば実態は同じと考えられる四つのケースの調整後税額が同じ81になっていることがよく分かります。

ところでこの施行令75条5項の計算をもう一度繰り返すと，1号の場合

T＝A－〔B－｛C－(イ－ロ)｝〕

でしたね。マイナスが四つ並んでいてこんがらがってしまうので，それぞれが引ききれない場合にどうするのか，今まで説明済みの分を含めて，ここでまとめてご説明願います。

木村 第1に小かっこ内のイ－ロが引ききれない場合は｛C＋(ロ－イ)｝とします(施行令75条5項2号)。

第2に中かっこ内の(イ－ロ)がCから引ききれないときはその引ききれない額をBに加算します。〔B＋｛(イ－ロ)－C｝〕です(施行令75条7項，472頁の注)。

大島 イ－ロは，過去特定収入で賄ったとした課税仕入税額が大きすぎたことの修正として，それを当期のC，つまり特定収入で賄った課税仕入税額から控除する，それでも引ききれないときは当期のB，つまり仕入控除税額に加えてAから引く，当然のことですけど納税者にとって有利な計算ですね。

木村 第3に大かっこの中の中かっこがBから引ききれないときはその引ききれない額をAに加算します。A＋〔｛C－(イ－ロ)｝－B〕です。

大島 これは，施行令75条5項が，中かっこの中の額をC，つまり特定収入でまかなった仕入控除税額とする，といっている，そこで法60条5項が働いてそれがBから引ききれなければAに加算する，ということになるわけですね。イ＞ロで過去特定収入で賄ったとした課税仕入税額が大きすぎたというのに〔 〕をAに加算して納付税額が増加するのは一見変なようですが，これは(イ－ロ)をCから引いてもなおBより大きいということですから，もともとC＞BでC－BをAに加算することになっている，(イ－ロ)をCから引くということは，Aに加算する額をその分減らす，ということですね。

木村 第4に大かっこがAから引ききれないときはその引ききれない額を還付します(473頁)。〔 〕－Aが還付額です。

大島 今お話の第1から第3までは，結局マイナスのマイナスはプラスだということで，代数的にそのまま計算すればいいわけですね。

ところで最後に実務的な問題なんですが，調整割合はきちっとした数字になるとは限りませんね。端数が出た場合には，小数点以下の数字はどこで打ち切ったらいいんですか。

　木村　調整割合の端数ですが，先に分子を掛けて後で分母で割れば割合としての端数の問題は出てきません。この場合は割算の答を円の位まで出してもらって，あとは任意の端数処理ということになりますが，実際問題として切上げならそれだけ特定収入による仕入れが大きくなるわけですから，納税者の都合のいいところで処理しても問題はありません。百分比で計算するときは，調整割合を掛けるべき相手の数字が大きければそれだけ下の位まで出す必要があります。理屈をいえば掛算の結果が円の位まで正確な数字が出るところまで出してもらって，あとは任意の端数処理ということになりますが，実際問題として適当なところで切り上げれば問題ないことは先ほどと同じです。

　大島　ところでこの複雑な計算は毎年しなければならないのですか。

　木村　いえ，今までの例でいうと，前々期か前期にこの計算をしていれば当期はこの計算をする必要はありません。

　大島　課税期間を暦年としていうと，×1年か×2年にこの計算をしていれば×3年にはこの計算の必要はない，ということですか。別のいい方をすると×2年にこの計算をしていれば，×3年，×4年はこの計算は必要ないことになりますね。すると次は×5年に計算することになりますか。

　木村　×5年には一応のテストが必要ですが，そこで当年分調整割合と通算調整割合の開きが2割未満ならそれ以上の計算の必要はない。そうすると×5年はこの計算をしなかったわけですから，次の×6年にはまたテスト計算をしてこの計算の要否を決めることになります。

Ⅱ　法60条 5 項以下

　大島　それでは法60条 5 項をお願いします。

　木村　法60条 5 項は，4 項で特定収入で賄われた課税仕入税額Ｃを本則によって計算した仕入控除税額Ｂから控除することになりますが，ここで引ききれなかったら，その引ききれない額を課税標準額に対する消費税額に加算するということです。法32条 2 項，33条 3 項，あるいは34条 2 項と同じことで，既に今までの計算例に出てきました（例えば第 2 例）。

　大島　それでは法60条 6 項にいきましょう。

　木村　法60条 6 項は，一般会計については，課税標準額に対する消費税額から控除することができる消費税額は，課税標準額に対する消費税額と同額とするということです。したがって，国や地方公共団体の一般会計については納付する消費税額が発生しない一方，課税仕入税額が課税標準額に対する消費税額を上回ることがあっても還付は発生しないことになります。

　大島　ということは，一般会計は非課税だというのと同じことですか。

　木村　一般会計は課税売上げはほとんどなく，租税収入などを財源として課税仕入れを行っているわけですから，普通の消費税の計算では多額の還付を受けることになってしまいますが，それはちょっとおかしいのでこの規定を置いているわけです。一般会計は非課税というのとどこが違うかということですが，消費税では非課税は取引ごとに定められていて，ある団体を非課税とする制度は採っていません。

　大島　なるほど，そうですね。消費税には人的非課税という考え方はないわけですね。それと実態的には，国，地方公共団体を非課税にすると，非課税団体から課税仕入れをした場合には，課税仕入れをした人の仕入税額控除がどうなるかという問題も出てきかねませんね。

　木村　その問題もあり，できるだけ簡素な制度にするために考えられたものだということでしょう。

大島　そうすると，国の一般会計から課税仕入れをした方の計算はどうなりますか。

木村　こういう規定の仕方をしたために，仕入税額控除ができることになります。

Ⅲ　価格の表示（法63条の2）

大島　それでは，法61条以下が残りました。読めば分かるところは省略して法63条の2の価格の表示をお願いします。

木村　この規定は，事業者が課税資産の譲渡等を行う際の値段の表示には，消費税額と地方消費税額を含めた税込価格が含まれていなければならない，ということです。税抜価格と税額だけだと相手方は足し算をしなければならないし，税抜価格だけだとそれが最終価格だと誤解することになりかねない，こうしたことを防ぐための規定です。

大島　お話の「税込価格が含まれる」とはどういうことですか。

木村　税抜価格や税額を表示していてもかまわないが，何らかの表示をする場合は税込価格は必ず表示しなければならない，ということです。

大島　とすると価格表示を全然しないことはかまわないわけですね。

木村　それはかまいません。

それからこの規定は一般の消費者に分かりやすいことを狙っているわけですから，不特定多数の者に販売などをする場合にだけ働きます。

大島　条文ではかっこ書で「専ら他の事業者に課税資産の譲渡等を行う場合を除く」といっていますが，不特定多数の条項と重複してはいませんか。

木村　不特定多数の者が相手でも，もっぱら他の事業者に販売する場合には税込価格を表示しなくてもいいということですから，やはり必要な規定です。

大島　価格の表示とは，正札を念頭に置いているのですか。

木村　正札に限らず，ポスター，チラシ，DMなどおよそ価格を表示する場合すべてを含みます。

木村 それから消費税関連法規としては，租税特別措置法85条，86条，86条の2，3，4，5があることに注意する必要があります。このうち86条の4とこれを受けた同施行令46条の4第1，2項については366頁で触れました。

第14 消費税額等の経理処理

I 税抜経理・税込経理

大島 それでは,次に経理処理の問題についてお尋ねします。

経理のやり方については税抜経理方式,税込経理方式があるということですが,それぞれどういうことか,お話し願います。

木村 消費税額等(地方消費税額を含めて「消費税額等」といいます。)の経理処理については,税抜経理方式と税込経理方式とがあるわけですけれども,税抜経理方式は,課税売上げに対する消費税額等は仮受消費税額等として,課税仕入れにかかった消費税額等は仮払消費税額等としてそれぞれ計上し,その仮受消費税額等と仮払消費税額等を基礎として,原則として納付すべき消費税額等あるいは還付を受ける消費税額等を計算するということで,仮受消費税額等と仮払消費税額等とが一種の通過勘定として両建てになるということです。もっとも法律的には,仮受消費税額等の5分の4と,仮払消費税額等の5分の4を基礎として消費税額を出し,これに25%を掛けて地方消費税額を出すわけですが,経理の説明としては消費税額と地方消費税額とを一括して考えて差し支えありません。

これに対して税込経理方式というのは,課税売上げ,課税仕入れにかかる消費税額等については,収入金額あるいは資産の取得価額,経費などの金額に含めて計上し,期末に税込みの課税売上げの105分の4と税込みの課税仕入れの105分の4を基礎として納付すべき消費税額あるいは還付されるべき消費税額を出し,また地方消費税額はその消費税額の25%とする方式です。この納付すべき消費税額等なり還付されるべき消費税額等なりはそれぞれ必要経費あるいは損金又は総収入金額あるいは益金に算入することになります。

大島 ということは,税抜経理方式ですと仮勘定で一種の通過勘定ですか

ら，非課税売上げがなければ消費税等が課税になる前の売上げ，仕入れ，損益の額と変わらない。これに対して，税込経理方式ですと消費税等の課税前に比べて売上げ，仕入れ，損益の額も変わってくるので，継続性の点からは税抜経理方式の方が優れている。しかし一方，経理の簡易性という点からいうと税込経理方式の方が優れている，結局は企業がその経理能力なり，仕事の内容に応じてそれぞれ選択すべき事柄である，ということでしょうね。

　木村　そうですね。

II　控除対象外消費税額等

　大島　税抜経理方式について，仮受消費税額等と仮払消費税額等を基礎として納付すべき消費税額等又は還付されるべき消費税額等を算出する，ということでしたが，法30条2項以下の規定で，仕入控除税額が課税売上割合によって制限されるときには，課税仕入れ──外国貨物の引取りを含む──にかかっている消費税額等で控除されなかった部分についての所得税，法人税法上の処理はどんなことになるか，お話し願います。

　木村　その課税期間の課税売上割合が95％以上ならば，課税仕入税額の全額が仕入税額控除の対象になるので，税抜経理方式を採用した場合は，仮払消費税額等と仮受消費税額等との差額がそのまま未払消費税額等あるいは還付消費税額等となり，損益には関係しません。

　しかし，その課税期間の課税売上割合が95％未満である場合，つまり，法30条2項の適用を受ける場合には，仕入税額控除の制限を受けて，課税仕入税額のうち一定の方法によって計算した額が仕入税額控除の対象外になります。

　で，その一定の方法は，法30条のおさらいですが，まず2項1号，つまり，個別対応方式の場合には，課税資産の譲渡等と非課税資産の譲渡等とに共通の課税仕入税額に（1－課税売上割合）を掛けたものと非課税資産の譲渡等にのみ要する課税仕入税額との合計額が仕入税額控除の対象外の消費税額等ということになります。

次に，法30条2項2号，つまり，一括比例配分方式の場合でいうと，課税仕入税額に（1－課税売上割合）を掛けたものが，仕入税額控除の対象外の消費税額等ということになります。

大島 つまり，一括比例配分方式の場合には，課税売上割合が例えば0.7だとすると，課税仕入税額の0.7は控除できるけれども，残りの0.3は控除できない，したがって，この分がはみ出して控除対象外の消費税額等になる，ということですね。

もっとも法33条から36条までが働くときは控除対象外消費税額等の計算はもう少し複雑になると思いますが……。

木村 そうです。ここでは大筋をつかむためにはしょりましたが，その辺のくわしいことはまた後でお話します（497頁以下）。

そこで，その仕入税額控除の対象外となる仮払消費税額等，つまり控除対象外消費税額等については，所得税，法人税の計算上一時に必要経費あるいは損金の額に算入することになるのか，あるいは外の処理の仕方をするのかということになるわけですが，これについては，所得税法施行令182条の2，あるいは法人税法施行令139条の4にそれぞれ規定があって，一定の方法によって区分した額を必要経費や損金の額に算入することになっています。

大島 それでは法人税法施行令139条の4を例にとって，その内容についてお話しください。

木村 同条では，税抜経理方式の場合，資産対応の控除対象外消費税額等について，資産の区分とその事業年度の課税売上割合に応じて処理を定めているわけですが，これに経費対応の控除対象外消費税額等を含めて全体の姿を表にすると，14－1図のとおりです。

まず，その事業年度の課税売上割合が80％以上ならば，棚卸資産であるとその他の資産であるとを問わず，資産に対応する部分について，即時に損金算入できます。これは法人税法施行令139条の4第1項です。

14－1図

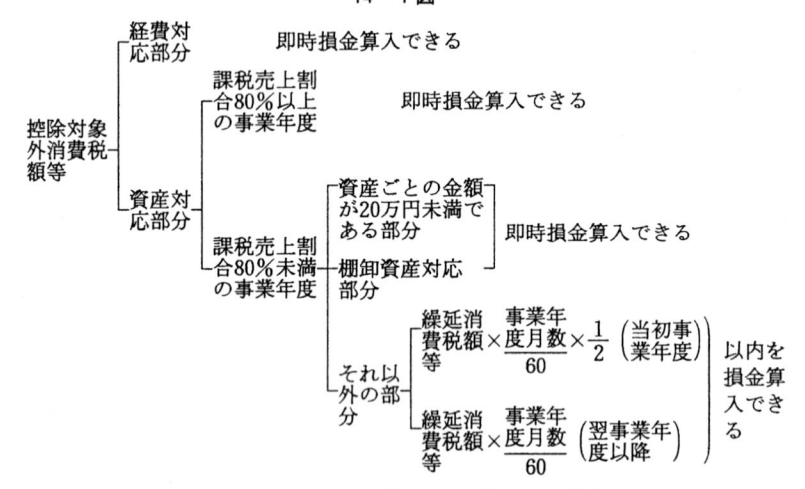

```
                        ┌ 経費対応部分 ── 即時損金算入できる
                        │
                        │              ┌ 課税売上割合80％以上の事業年度 ── 即時損金算入できる
                        │              │
控除対象外消費税額等 ──┤              │              ┌ 資産ごとの金額が20万円未満である部分 ┐
                        │              │              │                                       ├ 即時損金算入できる
                        └ 資産対応部分─┤              ├ 棚卸資産対応部分                     ┘
                                       │              │
                                       └ 課税売上割合80％未満の事業年度 ┤
                                                      │              │              ┌ 繰延消費税額等 × 事業年度月数/60 × 1/2  (当初事業年度)  ┐
                                                      └ それ以外の部分┤                                                                      ├ 以内を損金算入できる
                                                                     └ 繰延消費税額等 × 事業年度月数/60              (翌事業年度以降)          ┘
```

（注）繰延消費税額等には，控除対象外消費税額等で即時損金算入できるにもかかわらず損金算入しなかった部分を含みます。

大島 経費に対応する部分は，もちろん即時に損金に算入することができるわけですね。

木村 そういうことです。同条の規定外ですが一般の例により，損金経理をして損金に算入するという処理をすることになります。

大島 それと，この139条の4第1項では，「課税売上割合」といわず，「課税売上割合に準ずる割合として大蔵省令で定めるところにより計算した金額」といっているのはなぜですか。法人税法施行規則28条1項は消費税法施行令48条1項を引いているので，「準ずる割合」ではなく，課税売上割合そのものだと思われますが……。

木村 課税売上割合というのは，消費税の課税期間を単位として計算するわけですが（法30条6項），ここは法人税の上での処理なので，課税期間単位でなく法人の事業年度単位の計算ですから「準ずる」といったわけです。

大島 なるほど。両者は原則として一致するが，法19条で課税期間の短縮を選択する場合は食い違うわけですね。

木村 次にその事業年度の課税売上割合が80％未満のときは，棚卸資産対応

分についてはその全額，その他の資産対応分については個々の資産ごとの控除対象外消費税額等が20万円未満のものは即時に損金算入できます。これは法人税法施行令139条の4第2項です。なお，ここでいっている「棚卸資産に係る控除対象外消費税額等」というのは，当期中に仕入れた棚卸資産に対応する控除対象外消費税額等のことですから，そのうちには，期中に売却した資産に対応するものと期末在庫に対応するものとが含まれているわけです。期末在庫対応分だけをいっているわけではありません。

　大島　なるほど。棚卸資産対応分というのは，控除対象外消費税額等の中の概念であり（法人税法施行令139条の4第2項），その控除対象外消費税額等というのは，課税仕入税額の中の概念ですからね（同条5項）。

　木村　個々の資産ごとの金額が20万円以上になると控除対象外消費税額等が生じますが，これについて，前に挙げた所得税法あるいは法人税法の施行令は，繰延消費税額等という処理方法を規定しています（個々の資産に配賦する方法と繰延方式との関係については後ほどお話します。──次頁，515頁）。

　この方法によると，こうした部分の金額は，まずその生じた事業年度はこれを60で割ってその事業年度の月数を掛けた額の2分の1以内を，翌事業年度以降は繰延消費税額等を60で割ってその事業年度の月数を掛けた額以内をそれぞれ損金算入することになります（法人税法施行令139条の4第3，4項）。

　以上話したように，控除対象外消費税額等は，これを経費対応分，棚卸資産対応分，その他の個々の資産対応分に分けなければならないわけですが，その分け方は実例でお話した方が分かりやすいと思いますので後に譲ります（505～506頁）。

　大島　一つの資産対応分が20万円未満のものあるいは棚卸資産対応分でも即時損金算入しないこともできると思いますが，この場合，前者は全部即時損金算入だが後者は全部繰延資産，あるいはその逆，というだけではなく，前者なり後者なりの中で別の扱いをしてもかまいませんか。

　木村　かまいません。課税売上割合が80％以上である場合を含めて，即時損金算入するのは，会社が損金経理をすることを条件としているわけですから，

(法人税法施行令139条の4第1，2，3項）損金算入と繰延経理とは会社の任意に委ねられているわけです。

大島 所得税法施行令182条の2も趣旨は同様ですが，資産対応の控除対象外消費税額等のうち即時損金算入できる部分は，本人の経理にかかわらず必要経費に算入されることになっている点が違いますね。

ところで原点に戻ってお尋ねしますが，法人税なり所得税なりで，繰延消費税額等という概念をわざわざ持ち出して償却方法を定めたのはどんな意味があるのですか。

経費算入を認めない部分は個々の資産に配賦して取得価額に加算すれば事足りるのではありませんか。

木村 控除対象外消費税額等の計算には，課税売上割合を使うわけですが，その課税売上割合は期末にならないと決まらない，そこでこの規定がないとすると，控除対象外消費税額等を，期末に一度に個々の資産に配賦しなければならないことになってしまいますが，これは実務上大変な負担をかけることになるので繰延消費税額等として一括処理することを認めたというわけです。

大島 繰延処理の方式の場合も，期末に控除対象外消費税額等を一つの資産について20万円以上かどうかで区分しなければならないわけではありますが，計算はずっと簡単ですね。

ところで平成元年直法2－1通達「消費税法の施行に伴う法人税の取扱いについて」は，資産対応の控除対象外消費税額等を対応資産個々の取得価額に算入する方法も認めるといっています（同通達13）が，通達のこの方法と法人税法施行令の繰延方式とはどんな関係になるんですか。施行令は強制規定で他の方法との選択は認められないようにも読めますが……。

木村 個々の資産の取得価額に算入する方式は法令以前の公正な会計処理方法として当然に認められます（同通達2）。

大島 つまり法人税法施行令139条の4は，資産対応の控除対象外消費税額等の処理方法として，税法が創設した特別規定だということですね。

木村 そこで施行令が強制しているのは，資産対応の控除対象外消費税額等

を個々の資産の取得価額に算入する方法を採らなかった場合の処理方法であって，繰延方式自体を強制しているわけではありません。

　大島　なるほど。それでは，税込経理方式の場合には控除対象外消費税額等はどんなことになるんですか。

　木村　法人税法施行令139条の４では，「控除対象外消費税額等」というのは税抜経理方式を採用した場合に使う用語であり，税込経理方式の場合に控除対象外消費税額等という言葉を使うのは不適当なんですが，それはともかくとして，税込経理方式の場合は，税込みの売上げの105分の５（消費税率と地方消費税率を合わせたもので，消費税率が105分の４，地方消費税率はその100分の25，つまり105分の１）から，税込みの課税仕入れの105分の５を引いて税額を出すわけですが，非課税売上げがあれば控除できるのは課税仕入税額のうち課税売上対応部分に限られますから，やはり仕入税額控除ができない部分が生じ，その分非課税売上げがない場合に比べて消費税額等が増え，損金が膨らむことになります。

　大島　ということは，税込経理方式の場合にも課税売上割合が95％未満なら実質的に控除対象外消費税額等が生じるけれども，その分は全額が消費税額等の納付税額，つまり，損金算入額の増加として表れてくるのであって，資産に対応する分だとか経費に対応する分だとかの議論はもともと生じないということですね（もっとも他方で益金増加が生じて税抜経理と平仄が合うことになりますが，詳しくは503〜504頁以下参照）。

　木村　そのとおりです。

　大島　ここまでは，繰延消費税額等の処理についての原則的なお話でしたが，一歩進めて，法人が合併・分割などのいわゆる組織再編成を行った場合の繰延消費税額等の処理をどのようにするかという問題がありますね。

　木村　組織再編成については，法人税法上，適格組織再編成と非適格組織再編成とがあり，前者は組織再編成に伴って形式的には資産等が移転するが，実質的には移転がなかったものとして譲渡損益の計上を繰り延べるものであり，後者は実質的にも資産等が移転したものとして譲渡損益の計上を求めるもので

す。

　大島　組織再編が行われた場合の繰延消費税額等の問題は，更に進んで法人税そのものの損金の額の計算の問題であり，ここでは割愛させていただきましょう。

Ⅲ　税抜経理・税込経理の具体例

　大島　それでは，税込経理方式・税抜経理方式の計算を具体例を挙げて説明してください。

　木村　具体例としては，前提を

	消費税等の課税前の価格	仮受・仮払の消費税額等	計
課　税　売　上　げ	7,000	350	7,350
受　取　利　子	3,000		3,000
課税仕入れ（棚卸資産）	3,000	150	3,150
課　税　経　費	1,000	50	1,050
固　定　資　産　購　入	2,000	100	2,100
期　首　在　庫	300		315 ）（注）
期　末　在　庫	400		420 ）

　（注）　課税前の価格と差があるのは税込経理方式の場合は税込みの評価となるため。
　　　　なお期首・期末在庫は所得計算に関係するが（508〜509頁参照），消費税額等の計算には関係しない。

とすると次のようになります。簡単にするため人件費はないことにしています。またやはり簡単のため一括比例配分方式で計算することにします。　以下消費税額等という場合は地方消費税額を含む意味であり，等がない場合は国税としての消費税額の意味です。

1 税抜経理方式——都度税抜き

(イ) 取引時

(借)	売　掛　金	7,350	(貸)	売　　　上	7,000
				仮受消費税等	350
(借)	仕　　　入	3,000	(貸)	買　掛　金	3,150
	仮払消費税等	150			
(借)	経　　　費	1,000	(貸)	未　払　金	1,050
	仮払消費税等	50			
(借)	固 定 資 産	2,000	(貸)	預　　　金	2,100
	仮払消費税等	100			

(ロ) 決算

(借)	仮受消費税等	350	(貸)	仮払消費税等	300
	繰延消費税額等 未 償 却 分 A 租 税 公 課 B	90		未払消費税等	140

決算の消費税額等，A＋Bと消費税額，地方消費税額の計算の関係は次のとおりです。

(1) 消費税額算定上の仮受消費税額の計算 (385頁参照)

$$（売上7,000＋仮受消費税額等350）\times \frac{100}{105} = 7,000$$

$7,000 \times 0.04 = 280$

(2) 同じく仮払消費税額の計算 (386頁参照)

$$（仕入3,000＋経費1,000＋固定資産2,000＋仮払消費税額等150＋50＋100）\times \frac{4}{105} = 240$$

あるいは通達で認められた便法 (386頁) により

$(150＋50＋100) \times 0.8 = 240$

(3) 仕入控除税額の計算

$$\underset{\text{仮払消費税額}}{240} \times \frac{\underset{\text{課税売上げ}}{7,000}}{\underset{\text{課税売上割合}}{\underset{\text{課税売上げ}}{7,000} ＋ \underset{\substack{\text{非課税売上げ}\\\text{(受取利子)}}}{3,000}}} = 168 \cdots\cdots 仕入控除税額$$

(4) 未払消費税額と控除対象外消費税額の計算
  280－168＝112……未払消費税額
  240－168＝72……控除対象外消費税額
  （240－240×0.7＝240×0.3）

(5) 未払消費税額等と控除対象外消費税額等の計算
  112×0.25＝28……未払地方消費税額
  未払消費税額112＋未払地方消費税額28＝140……未払消費税額等
  72×0.25＝18……地方消費税についての控除対象外消費税額
  72＋18＝90……控除対象外消費税額等

この控除対象外消費税額等のうち，資産に配賦される額が法人税法施行令139条の4第5項にいう「資産に係る控除対象外消費税額等」ですが，その配賦のことについては後でお話します（505頁）。

大島 税抜経理方式で個々の取引に際して発生する仮受消費税額，仮払消費税額の端数はどうなりますか。また個々の仮受消費税額・仮払消費税額それぞれの合計額と，お話により決算時に算定した仮受消費税額・仮払消費税額との差額はどうなりますか。

木村 個々の取引に際して発生する端数は円位未満で一貫した方法で，また期末に発生する差額は雑益・雑損としてそれぞれ処理することになりましょう。ただし仮払消費税額については例外があります。386頁をご覧ください。

大島 お話は目でみると分かりやすいかもしれませんね。

経理処理上は消費税額，消費税額等の計算とはかかわりなく，地方消費税額を含めた495頁(ロ)決算の数字を使います。

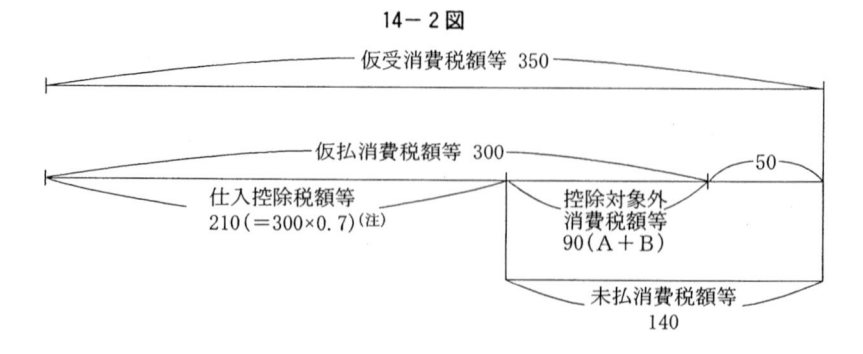

14－2図

仮受消費税額等 350
仮払消費税額等 300
仕入控除税額等 210(＝300×0.7)(注)
控除対象外消費税額等 90(A＋B)
未払消費税額等 140
50

（注）仕入控除税額等とは、仕入控除税額168に、これに相当する地方消費税額計算上の額（168×0.25）を加算した額であり、それはこの場合仮払消費税額300に課税売上割合0.7を掛けた額に等しい。

それから㈹決算の借方では控除対象外消費税額等90がAとBに分かれていますが、Aが資産計上分、Bが損金計上分ということですね。決算仕訳借方で損金算入額Bを租税公課と表示したのは、仕入れの際消費税額等として支払った額のうち、仕入控除税額とはならず、損金として扱われる部分ということでしょうか。

木村　そうですね。このBは控除対象外消費税額等のうち、
① 経費に対応する額
② 棚卸資産対応分で当期損金計上した額
③ 一つの資産に対応する額が20万円未満のもので当期損金計上した額
から成り立っています。

㈢　納　付　時

（借）　未払消費税等　　　140　　　（貸）　預　　　金　　　140

この経理では、取引から納付に至るまで、消費税額等は損失勘定であるBを除いて損益勘定を通らないことになります。

大島　14－2図にある、それぞれ地方消費税込みの仮受消費税額等350から仮払消費税額等300を引いた50がそのまま納付すべき消費税額等なら損益は消費税等の課税前と全く変わらないのに、仕入控除税額が制限されて納付すべき消費税額等が140に増えてしまった、つまり、50をA＋Bの90だけオーバーしてしまった、A＋Bの90というのはこのオーバー額であり、もう一ついい換えると、さっきお話の「課税仕入税額」×（1－課税売上割合）＝300×0.3ということですね。

それではここで先に後回しになった（489頁）法33条以下の場合の控除対象外消費税額等についてお話ください。

木村　法33条の場合についてお話しますと、310頁の

$$T = a - \{Br_3 + (Kr_2 - Kr_1)\}$$

の式を思い出してください。

大島 少し一般的にいうと，

$$T = a - \{Br_3 \pm (Kr_2 \sim Kr_1)\}$$

ということですね。

木村 そこで

$$控除対象外消費税額 = B - \{Br_3 \pm (Kr_2 \sim Kr_1)\}$$

ということになります。この式のBというのは，310頁のBで，課税仕入税額のことですから念のため。ここで控除対象外消費税額といって……「等」といわなかったのは，法33条の今の算式は，国税である消費税額の算式だからです。

大島 495頁の計数を使って第3年度の仮受消費税額が280，仮払消費税額が240，課税売上割合が7割，法33条によって3年目の仕入控除税額に加算する額$Kr_2 - Kr_1$が20とすると，

消費税額 $= 280 - (240 \times 0.7 + 20) = 92$

地方消費税額 $= 92 \times 0.25 = 23$

消費税額 ＋ 地方消費税額 $= 92 + 23 = 115$

ということですね。

木村 そうです。なお，

控除対象外消費税額 $= 240 - (240 \times 0.7 + 20) = 52$

控除対象外消費税額等 $= 52 \times 1.25 = 65$

となります。

大島 65は別の面からいうと，仮受消費税額等が350で，消費税額等が115ですから差引235が控除されたわけで，これと仮払消費税額等300との差額65が控除対象外消費税額等ということですね。

では次に簡易課税制度を採った場合の計算についてお話し願います。

まず簡易課税制度では，控除対象外消費税額等は課税売上高とみなし仕入率から決まってくるので，本則の場合に課税仕入税額と課税売上割合で決まるのとは計算過程がすっかり違うわけですが，法人税法施行令139条の4の適用について，これだけ条件の違うものを本則の場合と同じに考えてよろしいんですか。

木村　簡易課税制度を適用した場合，仮払消費税額等から，仮受消費税額等にみなし仕入率を掛けた額を引いた額が控除対象外消費税額です。この控除対象外消費税額等の扱いは本則適用の場合と同じです。

　大島　ただちょっと気になるのは，施行令139条の4第5項では控除対象外消費税額等の定義に，「法第30条第1項の規定の適用を受ける場合で云々」とありますが，簡易課税制度の場合はこの要件に該当しますか。

　木村　法37条1項では，「第30条から前条までの規定による」仕入控除税額は，「これらの規定にかかわらず」簡易課税制度を適用して計算した金額とする，この金額は仕入控除税額とみな̇す̇，といっていますから，簡易課税制度によっている場合もやはり法30条1項の適用を受けていることになります。

　そこでさっきの話を具体的な数字でおさらいすると，簡易課税制度を選択している事業者の仕入控除税額は売上げに対する税額にみなし仕入率を掛けた額です。492頁の計数を使い，小売事業者をとってみなし仕入率を0.8とし，仮受消費税額280，仮払消費税額240とすると，

　　未払消費税額＝280－280×0.8＝56
　　未払地方消費税額＝56×0.25＝14
　　未払消費税額等＝56＋14＝70
　　控除対象外消費税額＝240－280×0.8＝16
　　控除対象外消費税額等＝16×1.25＝20

ということです。

　簡易課税制度による場合は本則の場合と違って，課税売上割合とは関係なく控除対象外消費税額等が決まってきます。しかし，発生した控除対象外消費税額等の処理は本則の場合と同様で，この場面では課税売上割合が関係してきます。つまり，この例の場合の課税売上割合が70％（495頁）で80％未満ですから，控除対象外消費税額等の20は全額をその期に損金算入というわけにはいかず，翌期に繰り延べる部分と損金に算入できる部分とに区分されます。その課税期間の課税売上割合が80％以上の場合には控除対象外消費税額等の全額を損金に算入することができます。

なおこの業者が卸売専業者だとすると，
　　未払消費税額＝280－280×0.9＝28
　　未払地方消費税額＝28×0.25＝7
　　未払消費税額等＝28＋7＝35
　　控除対象外消費税額＝240－280×0.9＝△12
　　控除対象外消費税額等＝△12×1.25＝△15
つまり15の雑益が生じることになります。

大島　ここでも図を入れておきましょう（14－3図）。
　図中350，300については495頁をご覧ください。

14－3図

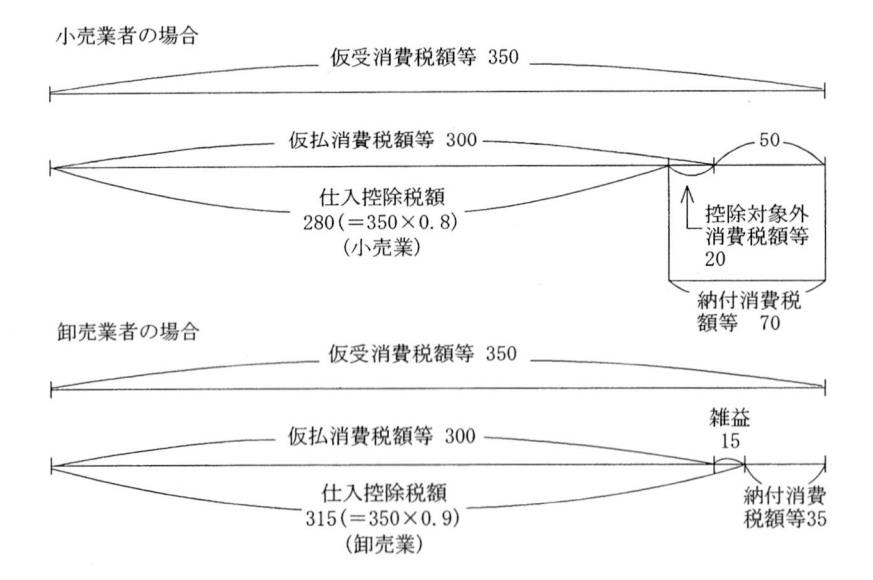

小売業者の場合

仮受消費税額等　350

仮払消費税額等　300　　　　　　　　　　　50

仕入控除税額
280（＝350×0.8）
（小売業）

控除対象外
消費税額等
20

納付消費税
額等　70

卸売業者の場合

仮受消費税額等　350

仮払消費税額等　300　　　　　　　　　雑益
　　　　　　　　　　　　　　　　　　　　15

仕入控除税額
315（＝350×0.9）
（卸売業）

納付消費
税額等35

ところで例外的なケースとしては，簡易課税制度によったため，次のように本則による場合よりかえって控除対象外消費税額等が増えてしまうケースもありますね。499頁の数字でみなし仕入率を0.6とすると，
　　簡易課税制度による控除対象外消費税額＝240－280×0.6＝72……①
　　実額によって計算した仕入率を0.8とすると

本則計算による控除対象外消費税額＝280×（1－0.8）＝56……②
で①＞②　①－②＝16

このオーバー額16はどんなことになりますか。

木村　簡易課税制度を適用して計算した場合の控除対象外消費税額等が本則計算による控除対象外消費税額等をオーバーする額については，その期の損金としてもいいことになっています。これは平成元年直法2－1通達の6です。

大島　オーバーする額16の全額を損金に認める，課税売上割合を使って計算した本則による控除対象外消費税額等部分56だけについて法人税法施行令139条の4を適用し，A，Bの計算をすればいい，ということですね。しかしそのため，折角簡易課税制度を適用して消費税額等を計算しようというのに，本来の消費税額等の計算もしなければならないから，簡素化の趣旨には反しますね。

木村　ですからこの取扱いを受けて負担を軽減するか，簡素を優先するかは納税者の選択ということです。

それからこれはこの対談の目的から外れますが，卸売業者の例では簡易課税制度の適用事業者は消費税等の課税前に比べて15の増益になっていますね。しかし業者は税負担による値上げを5％以下に抑え，価格競争力を発揮して売上げ増加を図ることもできます。この場合は直接の増益はなくなるかあるいは小さくなる一方，消費者も値上げ抑制の利益を受けることになります。つまり簡易課税制度は消費者にとっての利益にもなり得るわけですので，蛇足ながら一言付け加えておきます。

2　税抜経理方式――一括税抜き

大島　それでは先に進みましょう。平成元年直法2－1通達の4では，税抜経理方式のうちでも，いわゆる都度税抜経理方式のほか，決算期末に一括して税抜きにする方式も認められているようですが，一括税抜きの場合には，どんな経理になりますか。

木村　事務処理の負担をなくす一方，計数の継続性や交際費や減価償却費な

どへの影響（514，509頁参照）を考慮して，お話のように期中では税込経理方式を採り，決算期末に税抜経理方式を採ることも認められています。この方法を採用した場合の経理処理は次のとおりです。494頁の数字を使います。

(イ) 取引時

(借) 売掛金 7,350　　(貸) 売上 7,350
(借) 仕入 3,150　　(貸) 買掛金 3,150
(借) 経費 1,050　　(貸) 未払金 1,050
(借) 固定資産 2,100　　(貸) 預金 2,100

(ロ) 期末

(借) 売上 350　　(貸) 仮受消費税等 350(注1)
(借) 仮払消費税等 300　　(貸) 仕入 150(注2)
　　　　　　　　　　　　　経費 50(注3)
　　　　　　　　　　　　　固定資産 100(注4)

こうして売上げ，仕入れの額を税抜きとしたうえ，495頁(1)～(5)の手続を経て同頁の「(ロ)決算」の仕訳に続きます。

(注1) $7,350 \times \dfrac{5}{105}$

$\dfrac{5}{105}$ は，$\dfrac{100}{105} \times \dfrac{5}{100}$，つまり $\dfrac{100}{105}$ を掛けることによって税抜対価を求めた上それに税率を掛けるわけです（法28条）。

(注2) $3,150 \times \dfrac{5}{105}$

(注3) $1,050 \times \dfrac{5}{105}$

(注4) $2,100 \times \dfrac{5}{105}$

大島　取引時税込み，決算時税抜きとなると，棚卸資産の経理についてはいろいろ問題が出てきそうですね。

木村　そうですね。問題は期末在庫の評価ですが，個別法，最終仕入原価法，売価還元法によっている場合は，期首評価額が関係しませんから，税込評価額の105分の100とすればいいわけです。その他の評価方法の場合には，期首評価は既に税抜額になっているし，期中仕入れは税込額になっているわけです

が，期中税込みで記帳していたものを期末で一括税抜きに計算し直すのは困難でしょうから，前期末で税抜きになっている評価額を期首に税込額に戻して期中の税込仕入れにつなげ，期末にいったん税込評価額を出したうえ，その105分の100を採ることになりましょう。

大島 事務上は棚卸資産に限っては都度税抜きにするとか，あるいは後で出てくる混合方式のルールに乗って棚卸資産は税込みにするとかということも考えられますね。それから低価法を採る場合はどうしますか。

木村 この方式は中途は税込みですが，結局は税抜き方式ですから，税抜き額をベースにして低価法を適用します。

(ハ) 決 算・納 付 時

さっきの　税抜経理方式――都度税抜き――495頁(ロ)決算　と同じ。

3　税込経理

大島 それでは，次に税込経理方式の具体例をお願いします。

木村 税込経理方式の場合の具体例を示すと，次のようになります。

(イ) 取　引　時

税抜経理方式―― 一括税抜き――502頁(イ)　と同じ。

(ロ) 期　　末

　　　（借）　租 税 公 課　140　　　（貸）　未 払 消 費 税 等　140
　　　　　（損益勘定で処理）

(ハ) 納　付　時

　　　（借）　未 払 消 費 税 等　140　　　（貸）　預　　　金　140

この場合の消費税額の140というのは，次のような算式で出てくる数字です。

$$7,350 \times \frac{4}{105} - (3,150 + 1,050 + 2,100) \times \frac{4}{105} \times 0.7 = 112 \cdots 消費税額等$$

　　税込売上げ　　　　　　税込仕入れ　　　　　　課税売上割合

112×0.25＝28……地方消費税額等

112＋28＝140……未払消費税額等

大島 租税公課の140が損金になりますが，他方売上げに対する消費税額等

350と仕入れに払った消費税額等300との差の50が益金になっていますから、差引90の損失、これが税抜経理の場合の控除対象外消費税額等90（495頁の(ロ)決算の借方A＋B）に見合うわけですね。

木村 そういうことです。そして税抜経理の場合は控除対象外消費税額等のうちAは当期損金になりませんから、その分は税抜経理の方が利益が増える要素になるわけです。

大島 税込経理の場合も仕入れにかかっている消費税額等、(150＋50＋100)×0.3は実質的意味では控除対象外消費税額等であるわけですが、これは、300×0.7とともに既に資産、経費の額に含まれているわけですから、これを更に資産・経費に配賦するということは有り得ないわけですね。

その結果、税込経費に比べてどんな損得が出るかについては別途検討することにしましょう。

木村 それから税込経理方式で簡易課税制度を選択した場合は次のようになります。ここでも小売専業者をとって、みなし仕入率を0.8とします。

$$7,350 \times \frac{100}{105} \times \frac{4}{100} = 280 \cdots\cdots 受取消費税額$$

$$280 - 280 \times 0.8 = 56 \cdots\cdots 消費税額$$

$$56 \times 0.25 = 14 \cdots\cdots 地方消費税額$$

$$56 + 14 = 70 \cdots\cdots 消費税額等$$

$$6,300 \times \frac{4}{105} = 240 \cdots\cdots 仮払消費税額$$

$$240 - 280 \times 0.8 = 16 \cdots\cdots 控除対象外消費税額$$

$$16 \times 1.25 = 20 \cdots\cdots 控除対象外消費税額等$$

こうした経理の損益計算上の影響については後でお話します。

大島 今のお話は期間対応で未払消費税額等を立てていますが、翌期の申告時に消費税額等を損金計上してもいいわけですね。

木村 そのとおりです。納付する消費税額等は、翌期の申告時に確定しますから、そのときの損金になるという方が実は原則なんですが、税込経理方式を採っている場合には、その消費税額等が売上げなどの収入金額に含まれている

関係上，期間対応で未払消費税額等を立て損金に算入することを特例として認める，という考え方で取扱いが定められています。これは前に挙げた元年直法2－1通達の7です。今の例は，実際は期間対応による場合が多かろうということで未払消費税額等を立てる方法を採ったということです。

4 控除対象外消費税額等の配賦

大島 実例は分かりました。そこで，先ほどお話の法人税法施行令139条の4の具体的な適用について，もう少し伺いたいのですが，まず第1に課税売上割合が80％未満ならば，控除対象外消費税額等は，棚卸資産対応分と経費対応分と固定資産対応分とで処理が違いますから，それぞれに分類する必要がありますが，この分類はどんなふうにするのですか。

木村 さっきの税込経理方式・税抜経理方式の計算のときに挙げた具体例（494頁）を引いて説明すると，まず，課税売上割合が70％でしたから，逆にいうと，非課税売上げの割合は30％になります。

控除対象外消費税額等の配分は次のとおりです。

　　棚卸資産対応分　　150×0.3＝45……a
　　経費対応分　　　　50×0.3＝15……b
　　固定資産対応分　　100×0.3＝30……c

この処理は，おさらいになりますが，aは期間費用にできます。bは期間費用です。a，bは具体例の税抜経理方式（都度税抜き）の㈡・決算時のB（495頁）にいきます（もっともaのうち損金経理しない部分はA）。

cは，一つの資産について20万円未満であれば期間費用にできるし，20万円以上であればその期には5年定額償却の半額が損金になります。これは㈡・決算時のA又はBです。A（繰延消費税額等──一つの資産について20万円未満の部分と棚卸資産対応分とのうちで期間費用にしなかった額を含みます。──のうち当期未償却分）は法人税法施行令139条の4の3項，4項によって償却します。

大島 一つの資産に対応する額が20万円以上であって損金算入できない控除対象外消費税額等は，その資産が譲渡されたり廃棄されたりしても，それとは

関係なくやはり5年償却ということですか。

　木村　そういうことです。その資産が現存するかどうかは関係ありません。譲渡・廃棄とともに償却残額を一時に償却すると，控除対象消費税等を個々の資産に配賦したのと同じことになります。

　大島　簡易課税制度によった場合は，課税仕入税額300のうち控除対象外消費税額等は499頁によると20ですから，その割合は15分の1，これを150，50，100に掛けて，10，3.3，6.7がa，b，cになりますね。

Ⅳ　税抜経理・税込経理方式の比較

　大島　税抜経理方式・税込経理方式の計算の仕方は分かりましたが，消費税等の課税前に比べてそれぞれ損益がどう変わるか，それから税込経理方式と税抜経理方式とでは損益がどう違うかということについてお話し願います。

　木村　さっきの税込経理方式・税抜経理方式の計算のときの具体例に沿ってお話しましょう。以下は消費税と地方消費税を区別せず，一括して話を進めます。まず，

(1) 消費税等の課税前の利益は，494頁の例で

売上げ7,000＋受取利子3,000－（期首在庫300＋仕入れ3,000－期末在庫400）－経費1,000－償却400(注)＝5,700

です。

　　（注）　当期購入分2,000の2割とした。

(2) 税抜経理方式によっている場合の利益は，

5,700－B＝5,700－（90－A）

になります。つまり消費税等の課税前よりB，あるいは同じことですが90－Aだけ減益です。Aは繰延消費税額等ですが，これは翌期から5年間にわたって償却されるので，長期的には消費税等の課税前に比べて90（A＋B），即ち控除対象外消費税額等だけ減益になります。

　大島　つまり，消費税等を課税されたことにより，本質的には控除対象外消

費税額等A＋Bだけ減益になるが，Aが5年償却になるので，その期だけを採るとAだけ減益が少ない，ということですね。

木村　そうです。なお，この例ではA＋B＝90ですが，簡易課税方式によっている場合は小売専業者の例でA＋B＝20であることは前にみたとおりです（499頁。したがって消費税等の課税前に比し20－Aの減益）。

(3)　次に，税込経理方式によっている場合です。消費税等の課税前に比べて，

　　売　上　げ　増　　＋350　　売上げに対する消費税額等
　　仕　入　れ　増　　－150　　仕入れ（棚卸資産）にかかった消費税額等
　　経　　費　　増　　－ 50　　経費にかかった消費税額等
　　償　　却　　増　　－ 20　　固定資産にかかった消費税額等×0.2
　　消　費　税　額　等　　－140
　　原　　価　　減　　＋ 5
　　差　引　利　益　　－ 5

となります。この場合＋は消費税等の課税前に比べて増益要素ということです。買入れ固定資産にかかっている消費税額等100は消費税法上は減額要素ですが経理上は資産計上されますから減益要素になりません。

大島　原価減で5の増益になっているのは，期首在庫は315と評価されていて，期末在庫は420なので，消費税等の課税前に比べて原価は20－15だけ減っているということですね。この場合は原価減→増益となりますが，期末在庫が期首在庫より減っていれば逆に原価は増加する，つまり，この項目はプラスかマイナスかは不定だということですね。

木村　そうです。それから簡易課税方式によっている場合は，小売専業者の例で原則課税の場合に比べて消費税額等が140から70に減る（499頁），その差額の70だけ原則計算の場合より利益が増え，消費税等の課税前に比べると65（－5＋70）増益になります。

大島　この例では，原則の場合は，結局消費税等の課税前と比べて5だけ減益になります。これは

　　　　－5＝350－150－50－20－140＋5

ですが，

$$140 = \{350 - (150 + 50 + \underbrace{100}_{\substack{固定資産の課\\税仕入税額}} - \underbrace{90}_{\substack{控除対象外\\消費税額等}})\}$$
(注)

ですから

$$-5 = \underbrace{100}_{\substack{固定資産の課\\税仕入税額}} - \underbrace{20}_{償却増} - \underbrace{90}_{\substack{控除対象外\\消費税額等}} + \underbrace{5}_{原価減}$$

ということですね。もっとも税込経理方式ですから「控除対象外消費税額等」というのは適当でないかもしれませんが，要するに非課税売上げ対応の課税仕入税額のことで，実質は控除対象外消費税額等と同じことですから，ここではこの用語を実質的意味で使っています。

（注） 課税仕入税額というのは地方消費税を含める意味で，この場合は固定資産の消費税額等込みの支払対価2,100の105分の5のことです。

結局，税込経理方式の場合，消費税等の課税前に比べて損益に影響するのは，

① 固定資産関係，つまり，消費税額等分だけ取得価額が増加した額（この額が消費税額等の減額要素となります。）からその償却を引いた残額が増益（消費税額等は減益要素だからそれを減額する要素は増益要素）

② 控除対象外消費税額等が減益

③ 在庫関係は増減益不定

ということになりますね。

木村 そうです。さかのぼっていうと次のとおりです。

第1に売上げに対する消費税額等は，その分，売上げ（益金）が増える一方損金である消費税額等が増えますから，損益計算上±0。

第2に課税仕入税額は，仕入税額控除に制限がなければ，

㋑ 経費に対するものは，その分，損金が増えるとともに損金である消費税額等が減りますから，損益計算上±0。

㈠ 棚卸資産に対するものは，期首，期末在庫の評価がその分増加しますから，在庫の増減によって増益あるいは減益要素。

㈡ 固定資産に対するものは資産計上されますから，その点では損益計算に影響ない一方で消費税額等の減額要素になるので，その分増益要素，ただし償却増加分だけは減益要素。もっとも取得価額が増加する分，将来償却が増えますからこの点では長期的には課税前の利益と一致します。

第3に課税仕入税額について仕入税額控除が制限されれば，その分は実質的な控除対象外消費税額等であり減益要素。その処理について，税抜経理方式の場合の繰延処理は行われませんから，その分その期の減益が大きくなりますが，税抜きの場合の繰延消費税額等も5年間で償却されますから，この点では長期的には税抜経理方式と損益は一致することになります。

大島 お話を一般式で表すと次のようになりますね。

・税込経理方式の場合の消費税等の課税前に対する利益増減の一般式

　　　売上げ増　　　　　a
　　　仕入れ・経費増　　b
　　　償却増　　　　　　c
　　　消費税額等　　　　t
　　　原価増減　　　　　d
　　　固定資産購入費増　e
　　　利益増＝a－b－c－t±d

ところが，課税売上割合 0.7として，$t = \{a - (b+e) \times 0.7\}$ですから，これを代入すると，

　　　利益増加＝a－b－c－$\{a - (b+e) \times 0.7\}$ ±d
　　　　　　　＝－0.3b－c＋(e－0.3e)±d
　　　　　　　＝(e－c)－(b＋e)×0.3±d
　　　　　　　＝$\begin{pmatrix}固定資産の課\\税仕入税額\end{pmatrix}$－同償却$\Big)$ －$\begin{matrix}控除対象外\\消費税額等\end{matrix}$±原価増減

で507頁の算式に戻るわけで結局a（売上高）は損益に関係ないわけですね。

(注) 控除対象外消費税額等＝（b＋e）×（1－0.7）＝（b＋e）×0.3

それではここで税込経理方式と税抜経理方式の利益を比較してみましょう。

木村 税抜経理方式の場合の利益は

5,700（消費税等の課税前の利益）－B＝5,700－（90－A）

でした（506頁）。

税込経理方式の場合の利益は，同じ上記の算式によって，

5,700＋2,000×0.05－20－90＋5

です。

後者から前者を引くと

2,000×0.05－20－90＋5＋90－A＝（2,000×0.05－20）＋5－A＝85－A

になります。この式の答が0より大きければ税込経理方式の方が利益が大きいし，0より小さければ税抜経理方式の方が利益が大きいことになります。

大島 2,000×0.05－20は固定資産に対する消費税額等から，その償却額を引いた残額で当然＋ですから，問題はこれとAの大きさ，それからこの例では＋5になっている原価要素が＋か－か，その大きさということですね。そこでここでも一般式で比較してみましょう。

・税抜経理方式による利益

　　＝消費税等の課税前の利益－（控除対象外消費税額等－A）

・税込経理方式による利益

　　＝消費税等の課税前の利益＋（e－c）－（b＋e）×0.3±d

・税込経理方式による利益－税抜経理方式による利益

　　＝（e－c）－（b＋e）×0.3±d－{－(控除対象消費税額等－A)}
　　　　　　　　　　　　　　　　　　　　　(b＋e)×0.3

　　＝（e－c）±d－A

この式は

① （e－c），つまり固定資産の課税仕入税額からその期の減価償却額を引いた額については税込経理の方が利益が大きい。

② 一方税抜経理では控除対象外消費税額等の一部を繰延経理して当期損と

しないからその額（A）だけ税抜経理の方が利益が大きい。
　③　期首・期末の棚卸評価の関係（d）はどちらの方式の方が利益が大きい
　　かは不定。
ということですが，しかしAもe－cも償却されるし，在庫関係も翌期にはならされますから，長期的には両者の利益は一致する，ただ利益の出た年には法人税がかかるので，法人税差引後の所得は長期的にも一致しない，ということになりますね。

　木村　そういうことですね。なお簡易課税方式を採る場合の利益の税抜き・税込みの比較は，この例（小売専業者）では，課税前に比べ税抜経理方式の場合は20－Aの（－）（507頁），税込経理方式の場合は原価減を5として65の（＋）でした（507頁）から後者から前者を引いて

$$65－\{－(20－A)\}＝85－A$$

だけ税込経理方式の方が利益が大きい，これは原則課税の場合の差（510頁）と一致することになります。

　大島　一般式を使っての説明は省略しましょう。

V　混合方式

　大島　今までのお話は，税抜経理方式・税込経理方式がそれぞれ純粋な形で行われた場合ですけれども，先ほど挙げた平成元年直法2－1通達の3では混合方式を認めているようですね。

　木村　消費税額等の経理処理としては，税抜経理方式を選択した場合には，すべての取引についての消費税額等を仮受消費税額等あるいは仮払消費税額等で経理するのが建前ですけれども，事務の手数などを考慮して，売上げなどの収入について税抜経理方式を採っている場合に，資産の取得か経費支出のどちらか一方について，税込経理方式とすることを認めています。

　大島　資産取得も経費支出も税込みというわけにはいかないんですね。

　木村　それは認められていませんが，資産のうち棚卸資産について，回転率

が速いことを考慮して，継続適用を条件に固定資産・繰延資産とは違った経理方式を選択することも認めています。

大島 税抜経理方式を採るか税込経理方式を採るかということについては，税務面では必ずしも継続性を要求していないわけですね。

木村 そうです。いったん一つの方式を採ったら，それをずっと押し通せということまで税務で要求するのはやや酷な面がある，という考慮でしょう。

大島 同時に，収入について税抜方式を採った場合，資産と経費のどちらかを税込みにすることができるわけですけれども，このやり方についても同じく継続性は要求されていない，ただ，棚卸資産については，固定資産・繰延資産と別の方式によることもできるけれども，その方式についてだけは継続性が要求されている，ということですね。

木村 はい。棚卸資産だけは一貫した方式でないと売上原価がぐらつきますからね。

大島 それでは，今いわれたいろいろな方式をまとめてみると，次の表のようなことになろうかと思いますが，こうした場合の経理はどうなりますか。

収　益 (売上げなど)	固定・繰延 資産の取得	仕　入　れ (棚卸資産)	経　費
税　抜　き	税　抜　き	税　抜　き	税　抜　き
税　抜　き	税　抜　き	税　抜　き	税　込　み
税　抜　き	税　込　み	税　込　み	税　抜　き
税　抜　き	税　抜　き	税　込　み	税　込　み
税　抜　き	税　込　み	税　抜　き	税　込　み
税　抜　き	税　込　み	税　抜　き	税　抜　き
税　抜　き	税　抜　き	税　込　み	税　抜　き

木村 混合方式の場合でも税抜経理をした部門には控除対象外消費税額等の概念が入ってきます。494頁の例で経費を税込経理したとすると，

　取引時の経費関係の仕訳は

（借）経　　　　　　費　1,050　（貸）未　　払　　金　1,050

決算時は

（借）仮受消費税等　　　350　（貸）仮払消費税等　　250
　　　控除対象外消費税等　 40　　　　未払消費税等　　140

ということになります。仮払消費税額等の250は495頁の(ﾛ)決算の（貸）仮払消費税額300から，経費についての50を引いた額で，未払消費税額等と控除対象外消費税額等の計算は次のとおりです。

　　未払消費税額等140＝350－（250＋1,050×$\frac{5}{105}$）×0.7
　　控除対象外消費税額等40＝250－（250＋1,050×$\frac{5}{105}$）×0.7

大島　控除対象外消費税額等の計算式で，引かれる方の250は純粋税抜経理の場合の上記300（495頁）より50だけ，つまり税込経理で支払った消費税額等だけ減っており，したがって損金となるべき控除対象外消費税額等が90から40に減っているが，一方税抜経理に比べてその経費関係の支払消費税額等50だけ損失増があるから丁度見合うわけですね。なお控除対象外消費税額等が減少すればその分繰延消費税額等――495頁の(ﾛ)決算の借方のＡ，510頁の税抜方式の利益と税込方式の利益の比較の算式に出てくるＡ――が減少することになります。さらに494〜495頁の例で経費のほかにも棚卸資産の課税仕入額3,000も税込みの3,150で経理していると，決算時は，

（借）仮受消費税等　　　350　（貸）仮払消費税等　　100
　　　　　　　　　　　　　　　　　未払消費税等　　140
　　　　　　　　　　　　　　　　　雑　　　　　益　　110

となって控除対象外消費税額等が消滅する一方，雑益110が発生しますが，この場合は棚卸資産3,000と経費1,000に対する支払消費税額等200が損失にあがるので差引90の損失でやはり平仄が合うことになりますね。この例では上に述べたＡが消滅すること，棚卸資産が税込仕入れになるため期首・期末の棚卸資産の価格が変わってきて510頁の算式の±ｄが変化することに注意する必要がありましょう。

ところで混合方式のいろんなタイプについて、納税者としての利害・得失はどんなことになりますか。

木村 今まで出てきた話とダブる点もありますが、まとめて申しますと、第1に今お話のように棚卸資産の仕入れを税込経理方式で処理した場合には在庫評価が税込みになり、税抜経理方式に比べて原価が違ってくることになります。期首在庫の方が多ければ原価増・反対ならば原価減となりますから、利益に対してはプラスになるかマイナスになるかは不定ということです。

第2に固定資産を税込経理方式で処理した場合には、消費税等の課税前に比べて固定資産の購入費に含まれる消費税額等からその部分の償却費を引いた分だけが当面増益になります（508頁）。

第3に法人税法施行令133条の少額償却資産、同133条の2の一括償却資産を判定する場合には、税込経理だと5％分だけ価額が高くなるのでその分不利になります。同134条の少額繰延資産についても同様です（前記直法2－1通達9関連）。

第4に法人税法33条2項の資産の災害損に伴う評価損の算定は、評価換前の簿価は当然として、評価損を計上する年度末の時価の算定もその経理方式に応じてそれぞれ税込みあるいは税抜きで行います。税込みの場合の方が差額、つまり評価損額は大きくなります（同通達10関連）。

第5に法人税法37条の6・7項の資産を寄附し、あるいは低額譲渡した場合の寄附金の損金不算入額の計算も経理方式に応じてそれぞれ税込みあるいは税抜きで行います。この場合は損金不算入額は税込みの方が大きいわけですが、もとの寄附損も税込みの方が大きいですから、一応は差引きトントンです（同通達11関連）が、税込みと税抜きとで所得が違う分だけは結局損金算入限度額に違いがでます。

第6に措置法61条の4の交際費の損金不算入規定については、経費を税込経理方式で処理した場合には、税込みで損金不算入の計算をします。税抜経理方式の場合は控除対象消費税額等部分は交際費に含まれません。控除対象外消費税額等部分は法人税法施行令139条の4の場面では経費対応分として損金算入

するわけですので，交際費本体と同様あらためて交際費に含めて処理をすることになります（同通達12）。

大島　ということは，冒頭にもいったように，こういった点からみた損得と，もう一つ，税込経理方式にすれば処理としては簡単だという両方の要素をにらみ合わせて，それぞれの企業が決めるべきこと，ということですね。

VI　一括繰延べと取得価額算入

大島　それでは最後に，同通達の13についてお話し願います。
木村　同通達の13は三つのことをいっている，といったらいいかと思います。

まず，法人税法施行令139条の4によって，資産にかかっている控除対象外消費税額等を一括して5年償却にするか，あるいは，これを個々の資産に配賦して取得価額に算入するかということについては法人の選択に任せる，ということが第1点です。

大島　前に話されましたが（492～493頁），法人税法施行令139条の4は，控除対象外消費税額等を個々の資産の取得価額に算入することを排除して繰延経理を強制しているわけではないわけですね。

それから，ここで控除対象外消費税額等の個々の資産への配賦，取得価額算入は，課税期間終了時に一時に行わなければならないことを思い出しておく必要がありますね（492頁参照）。

なおごく初歩的な注意ですが，ここで取得原価に算入するのは控除対象外消費税額等ですから，税込方式で資産の取得原価を税込みで表すのと混同しないよう念のため。

木村　それから二つ目は，選択は自由なんだけれども，部分的な選択は認められない。つまりある一部分について取得価額に算入し，残りについては一括繰延方式をするというような方式は認めない，ということです。

三つ目は，それにもかかわらず，法人が法人税法施行令139条の4を部分的

に適用した場合には、個々の資産の取得価額に算入されている控除対象外消費税額等を個々の資産の取得価額から引きはがして法人税法施行令139条の4を適用する、つまり、その控除対象外消費税額等のうちその事業年度で損金算入できるものを除いて、一括繰延方式の方に持って行って5年ベース・初年度2分の1償却をする、ということです。

　大島　部分的な選択を認めないということは法令のどこで読むんですか。

　木村　法人税法施行令139条の4第5項に控除対象外消費税額等を定義して、「(仕入税額)控除をすることができない金額で資産に係るものの合計額をいう。」といっていて、部分選択を認めていないわけです。

　大島　お話の一括繰延べとするか、個々の資産に配賦するかは法人の選択に任せるが、部分的な選択は認めない、どちらか一方でなくてはならない、という点ですが、棚卸資産対応のもの、個々の資産への配賦額が20万円未満のもののように、損金処理も認められていて、選択肢が三つある場合はどうなりますか。いい換えると、取得価額算入方式と一括繰延方式との併用は認めない、ということは、一つの固定資産についての控除対象外消費税額等が20万円以上のもの、つまり損金算入という選択肢のないものについてのことであって、20万円未満のものや棚卸資産についてのものは損金算入してもかまわないという話なのか、それとも原価算入方式を採った以上すべての資産について控除対象外消費税額等を原価算入しなければならないのか…。

　木村　20万円未満のものや棚卸資産についてのものは、損金経理をしているものはその事業年度で損金処理ができ、取得原価に算入しているものは一括繰延べの方にもっていくことになります。

　大島　そうすると二つの方式の有利性の比較は、そのことと、固定資産の耐用年数による償却と5年繰延償却との得失、それともう一つ、その資産を譲渡・廃棄したときに違いがありますね。

　木村　そうです。繰延処理方式の場合は、その資産を譲渡・廃棄しても、5年間一括繰延べに変わりがありませんが、取得原価に算入した場合はその資産を譲渡すれば当然に譲渡原価を構成するし、廃棄すれば廃棄損のうちに含まれ

ることになります。

　大島　それから個々の資産の取得原価に算入されていた控除対象外消費税額等をはがして繰延消費税額等の方にもっていく破目になった場合，耐用年数と5年との相異からくる償却超過の処理，譲渡損益，廃棄損の修正，など相当の手間がかかりますね。

　木村　ですからそのようなことにならないように，繰延方式でいくか，原価算入方式でいくか，初めにきちんと方針を立てて，両方式が混在することのないようにすることが必要ですね。

第15　経　過　措　置

I　平成元年4月1日からの適用関係

1　旅客運賃など（法附則2・25・26条）

　大島　消費税の経過措置は今となってはほとんど役割を終わっているわけですが，経過規定の考え方を記録として残しておくことも意義があると思われますので，一通りお話を伺うことにしましょう。

　なお消費税法の適用日は平成元年4月1日ですから，これからIの中では平成元年の何月何日という場合は特に断らずに簡単にただ何月何日ということにしましょう。

　そこでまず法附則の1条は，消費税法は4月1日以降の資産の譲渡等，4月1日以降の課税仕入れ，保税地域から引き取る外国貨物に関する消費税について適用するという原則をうたっているわけですね。ここでは別に伺うこともありませんので，次の法附則2条からお話し願います。

　木村　法附則2条1項は旅客運賃などに関する経過措置で，適用日，つまり4月1日以後に課税資産の譲渡等——この場合はサービスの提供ですが——が行われる場合には，本来今の1条によって課税されるのだけれども，その旅客運賃，映画・演劇などの入場料金などが適用日前，すなわち3月31日以前に領収されている場合には，乗車させたり映画を見せたりするサービスの提供が4月1日以後に行われても消費税は課税しないという趣旨です。

　それから2項は，契約によって適用日前，つまり3月31日以前から継続して供給あるいは提供する電気，ガス，水道水，電気通信役務の料金で，適用日から4月30日までの間に料金の支払を受ける権利が確定するものについては，その供給なり提供なりは，適用日の前日，つまり3月31日に行われたものとみなされ，消費税は課税しないということです。

3項は、1項の旅客運送、映画・演劇の役務について、その提供を受ける側からみた場合には、それは適用日前に行われたものとみなして仕入税額控除は認めないという規定です。

大島 法附則の1条では、4月1日以降の課税資産の譲渡や役務の提供に対して消費税が適用になるわけですが、2条1項は、サービスの提供は4月1日以降であるにもかかわらず消費税は課税しないということだし、2項は、例えば月極めで料金が請求されるので、その中に4月以降の分と3月以前の分が混在している可能性があるわけですけれども、4月中に料金が確定するものは、内訳を問わないで全部適用日前に提供されたものとみなすんだと、こういう趣旨ですね。

木村 そういうことです。

大島 1項では「4月1日前に領収している場合」といっていますが、この場合、4月1日はどちらに入るんですか。

木村 4月1日前という意味は、3月31日までということで、4月1日は含みません。そのすぐ後に「適用日以後」という用語が出てきますが、この場合は適用日である4月1日を含みます。

大島 法附則2条1項と2項を比べると、1項ではこれこれこういうものは「消費税を課さない」という結びになっているのに対して、2項では「課税資産の譲渡等は適用日の前日に行われたものとみなす」という結びになっていて、同じ消費税をかけないということを表すのに表現が違っていますが、これはどんな意味があるんですか。

木村 2条1項の場合には、もともと乗車・搭乗、映画・演劇を催す場所への入場など、つまり電車に乗るとか、あるいは映画を見るとか、こういう行為は4月1日以後に行われるわけですけれども、3月31日までにその料金を領収しているものについては課税しないということで、もともとは課税になるものを課税しないという書き方をしています。

2項の方は電気、ガス、水道水等、4月1日前後に区分することが困難なものについては、一定部分を適用日の前に行った、即ち3月31日以前に行ったも

のとみなすということで振り分けをしているわけです。

　大島　ということは，仕入れたの方からみての仕入税額控除，あるいは売り手の方からみての課税売上割合の適用について差異があるわけですか。

　木村　そこのところが2条の3項にあります。1項は課税資産の譲渡等，この場合乗車等のサービスの提供ですが，これについて課税しない，といっているだけです。そこで今度は3項で，資産の譲受け等，つまりサービスを受けた方について，実際は4月1日以後に受けているわけですけれども，これを適用日前，すなわち3月31日以前に受けたものとみなすということです。

　大島　仕入れた方も仕入税額控除はできないということですね。

　2項の方は適用日の前日に行われたものとみなされているわけですから，これは受け入れた方もそもそも初めから仕入税額控除はできない，3項のような規定を置くまでもない，とこういうふうに読むわけですね。

　木村　そういうことです。

　大島　売った方の課税売上割合なり，あるいは法9条の課税売上高には影響があるのですか。

　木村　2条1項はこれこれこうしたものには「消費税を課さない」といっているだけでそのほかのことには触れていないので，経過措置の適用を受けた売上げも，原則どおり4月以降の課税売上げにカウントされますが，2条2項の方は供給や提供が適用日の前日に行われたとみなされているので，売った方の課税売上割合の計算には入らないことになります。

　大島　読み方として難しいところですね。

　1項についてですけれども，法附則25条と26条で，入場税なり通行税なりの廃止に伴う経過措置が講じられていますが，この経過措置と2条1項との関係はどんなことになりますか。

　木村　法附則25条，26条ですが，本来の税率は入場税，通行税ともに10％ですが，3月31日を境として直ちにこれが消費税の3％に移行すると購入に影響が出るなどの問題がありますので，その前段階として，施行日（昭和63年12月30日）から3月31日までの間に料金を受け取る場合の入場税及び通行税につい

て，税率を軽減しているわけです。もっともこの期間であっても，入場税については4月1日以後に使われることが明らかな場合に限られます。

大島　つまりあらかじめ入場税なり，通行税なりの税率を消費税に合わせて3％に切り下げているということですね。

そうすると，3月に売り出して4月に使う切符については，入場税が課税になるが，消費税は課税にならないということですか。

木村　そういうことです。3月31日までに販売したものについては，消費税は先ほどの2条1項の規定によって，料金を領収しているものは，仮に入場や乗車が4月1日以降であっても消費税は課税されず，入場税・通行税の課税対象になることになっています。

大島　入場税なり，通行税なりはサービスの提供はいつだという観念はありませんので，3月に発売したものは当然にそれぞれの課税対象になるということですね。

木村　そうです。

大島　法附則の2条1項みたいな経過規定がないと，下手をすると，3月に売り出したからというので通行税の対象になる，4月にサービスの提供があるというので消費税の適用があるということで，二重課税になるおそれもある，2条1項はそれを防ぐという意味も持っているわけですね。

木村　そういうことですね。

大島　もう一つ，4月に売り出して4月に使う切符は当然3％の消費税がかかっている。ところが，3月に売り出して4月に使う切符については3％の入場税がかかっている。入場税と消費税の違いはありますけれども，そこで税率は3％に統一されているという結果になりますね。

木村　そうです。3月31日を境にして，3月31日までに販売して料金を領収しているものは3％の入場税，4月1日以降に販売するものについては3％の消費税ということです。

大島　分かりました。そこで，2条1項では，1回限り使う切符というものはよく分かるんですけれども，この2条1項は定期券とか回数券とか，長い期

間にわたって使用されるものにも適用があるわけですか。

木村 施行令附則2条1項1号は汽車，電車，乗合自動車，船舶又は航空機に係る旅客運賃といっていて，特に定期券とか回数券とかを除外する規定がありませんので，こうしたものはすべて経過措置の適用があることになります。

大島 例えば相撲の座席券を年間通じて売り出すとか，あるいは東京ドームの野球の切符を年間通じて売るとか，こういうものを3月31日以前に売ればすべて適用があると考えてよろしいわけですね。

木村 そういうことになります。

大島 次に一般には回数券といわれているものにも，単にそれだけの金銭を受け取ったということを示すにすぎない，いわゆる「金券」もあるわけですが，これを4月以降使うときは，税額分を別に支払わなければなりませんね。

木村 金券は回数券ではない，有効期限，あるいは乗車日の指定があるものが本来の回数券で，これに対して経過規定が適用されるわけです。金券の場合は理屈ではおっしゃるように税額を追加することになりますが，現実には税込みでその金額まで使用するということになるのではないでしょうか。

大島 法附則2条1項の姿がだんだん分かってきました。

2項に進んで，ここで多少分かりにくいところを拾ってみると，「料金の支払いを受ける権利の確定される日」という表現があるんですけれども，これは具体的には検針日を指すのか，あるいはその検針に基づいて計算をした日か，それに基づいてお客さんに請求書を出した日か。そのどれを指すんですか。

木村 この規定は，電気，ガスなどの使用料を，電力量計その他の計量器を定期的に検針するなどして確認する方法を採る場合に適用されます。つまり一定期間における使用量を把握し，これに基づいて料金が確定される，こういうものが該当することになります。権利が確定するのは具体的には検針の時ということです。

大島 2項には，電気通信役務という耳慣れない言葉があって，電気通信事業法を引用しています。引用された法律の詳しい中味は別にして，ここでいっている電気通信役務というのは，簡単に分かりやすく例示するとどんなものが

入るんですか。

　木村　電気通信役務というと分かりにくいかもしれませんが，具体的には電話，電信，デジタルデータ伝送，ファクシミリなど，こういうものがこれに該当します。

　大島　こういうものは該当しないから要注意というものがありますか。

　木村　該当しないものとしては，料金が月ごとの定額で定められている場合の専用電気通信役務，データ通信役務，あるいは無線の呼出しの役務などがあり，こうしたものはこの経過措置の適用を受けることはできないことになっています。

　大島　それからここでは特定継続供給という用語がありますね。電気やガスは大体月ごとに検針が行われるわけですけれども，特定継続供給というのはそうでもないもの，月ごとでないものがあることを予定しているわけですか。

　木村　そういうことになります。適用日の前後を通じて継続供給される電気，ガス，水道水などで，料金の確定日が5月1日以降になる場合は，前回の確定日から4月30日までの期間に相当する部分が適用日の前日に行われたものとみなされて課税にならないということです。

　大島　施行令附則2条ですが，例えば前回の検針が3月15日，その次の検針が5月20日というときの具体的な適用はどうなりますか。

　木村　5月20日の検針に基づいて，前回の3月15日から4月30日までの期間に相当する部分が課税の対象外になります。

　具体的には適用日以後初めて確定する料金に，前回確定日から今回確定日までの期間の月数に対する前回確定日から4月30日までの期間の月数の割合を掛けた額ということです。

　大島　暦に従って計算し，端数は1月とする。そうすると，5月20日に検針した場合は，3月15日から5月20日までは切り上げて3か月，3月15日から4月末日までは切り上げて2か月ですから，5月20日の検針による料金の額の3分の2は課税しないということですか。

　木村　そのとおりです。

大島　法附則2条で,ほかに何かあったら補足をお願いします。

木村　具体的な例でいうと,貸切バスの料金については法附則2条1項の経過措置の適用はありません。経過措置の適用を受ける施行令附則2条1項1号の乗合自動車の旅客運賃というのは,一般乗合旅客自動車運送事業に供する,いわゆる乗合自動車の運賃をいいます。しかし,貸切自動車の料金は,次に出てくる3条1項の経過措置を受けることができます。

2　工事の請負など（法附則3条）

大島　それでは次に法附則3条のあらましをご説明願います。

木村　まずこの法律の施行日,つまり昭和63年12月30日前（同月29日以前）に締結された工事の請負契約に基づいて,適用日以後に目的物の引渡しが行われるものについては,消費税は課税しないというのが1項です。

それから2項は,施行日前に締結した資産の貸付契約に基づいて,適用日前から適用日以後にわたって引き続き行われる資産の貸付けについて,一定のものは消費税は課税しないということです。

それから,3項は,施行日前に締結された役務の提供契約で,適用日以後にその役務の提供が行われるもののうち,一定のものについては消費税は課税しないということです。

大島　そうしますと,立法の趣旨としては先ほどの法附則2条と同じで,今挙げられたような資産の譲渡・貸付け,役務の提供は,4月1日以後に行われたわけではあるけれども,施行日前に契約が締結されていて値段の変更が困難であるという事情をくんで,特に課税しないということですね。

木村　この法律の施行日前までに契約されているものについては,消費税法が世の中に出ておりませんので,4月1日以降に引渡し等があるものであっても,対価に消費税がオンされていないので課税しないということです。

大島　まず1項から行って,かっこ書の中で,3条の1項には,工事,製造の請負に類する政令で定める契約が含まれるといっていまして,施行令附則3条1項にその類するものが並んでいるわけですね。

その1項では測量，地質調査，工事の設計，映画の制作といったものが並んでいて，特に相手方の注文が付されているものという条件が付いているわけですけれども，ここに挙げられたものでは，およそ注文が付かないものは有り得ないのではないかと思われますが，特に相手方の「注文が付されているもの」という限定を付けたのは，どういうことを予想しているんですか。

　　木村　お話の測量，地質調査などは，請負契約の例示であって，その他の請負契約も含まれるし，またその次にかっこ書で，委任その他の請負に類する契約を含むとなっているので，こうした類する契約を含めて，全体的に相手方の注文が付されているということで，規格品の販売などは該当しないということです。

　　大島　同項ではまた，仕事の完成に長期間を要する，しかもその仕事の目的物の引渡しが一括して行われるということが条件になっているわけですけれども，例えば，測量，工事の設計などでも，その対価が月極めなどで順次払われていくといった形態もあろうかと思われますが，こういうものに対しては適用しないという趣旨ですね。

　　木村　お話は，目的物の引渡しが一括して行われるかどうかというところの判断になろうかと思います。ご質問のような場合はこの条件には該当しないでしょうね。

　それから仕事の完成に長期間を要するものであるという要件は，ここに掲げられている契約の仕事の性質上，その仕事が完成するまでに長期間を要するのが通例であろうということで定められていますが，実際に長期間であるかどうかは問わないという考え方をしています。

　　大島　結婚式場などは1年も前に予約するようですが，これなどは経過措置には当たりませんか。

　　木村　結婚式場の予約の内容によりますが，結婚式や披露宴などの請負については，昭和63年12月29日までに契約していれば，法附則3条1項が適用されることがあります。

　　大島　法附則3条は，1項では，おしまいの方に，対価が増額された部分に

対しては経過規定は適用しないといっているわけですが，2項では，施行日以後に対価が変更された場合には，根っ子から適用しなくなるということで，規定の中味が違っているんですけれども，これはどういう考え方なんですか。

　木村　1項の方は，増額前の契約金額，つまり根っ子の方については経過措置の適用があって，増額の部分だけが適用がないということです。

　2項の賃料の場合には，もともとそういう契約自体の金額が変更されるということですから，そのときに賃料自体について消費税をオンできるのではないか。請負工事の契約の場合には，契約金額の増額というよりも，むしろ契約自体に別の部分が追加されるんだということだと思います。一方，賃料を変更するということは，別の部分の賃貸借契約が追加されるというのではなくて，その賃貸借契約自体が契約金額として変わってくるということになります。

　大島　そこに請負契約と賃貸借契約との性質的な違いがあるということですね。

　同じく法附則3条1項，2項のかっこ書で，輸出関連，あるいは免税ショップの売上げについては，経過規定が適用されないという規定が入っているわけですけれども，免税の場合にはそもそも初めから課税にならないわけですから，課税にならないという点においては経過規定の適用があるのと結果的には同じになる。特にここで除外したのは，課税仕入れの取扱いについて違いがあるということですか。

　木村　お話のとおりです。ここで輸出を除いたのは，後で出てくる（533頁）4項の規定を適用しない，つまり輸出取引に対応する課税仕入れについて，必ず課税売上げ，非課税売上げ共通用とするのではなく，状況に応じて，課税売上げにのみ対応するものあるいは共通用として仕入税額控除ができるということ，更に輸出売上げは課税売上割合の計算上分母・分子に入るということ（法31条）に意味があります。

　大島　法附則3条2項では，経過規定を適用する要件として，次の条件の1，2号に該当するもの，あるいは1，3号に該当するものと書き分けていますけれども，それぞれどんな契約を頭に置いているんですか。

木村　1号と2号に該当するものというのが通常の賃貸借契約，1号と3号に該当するものがいわゆるファイナンスリースです。

大島　そのファイナンスリース関係の3号の詳細を決めた施行令附則3条2項では，契約期間中に支払われる対価が，賃貸された資産の取得費，付随費用，利子，保険料の合計額の9割以上であるということが条件になっていますが，100ではなくて，100分の90という決め方をしたのは，何か意味があるんですか。

木村　もともとファイナンスリースについては，形式上は賃貸借であっても，資産の譲渡，特に割賦販売と同じような実態にあるようなものは，法律の適用日前に譲渡しているのと同じことになるから，経過措置として課税の対象としないということですが，必ずしも資産の譲渡に当たるものばかりということでなくて，資産の譲渡に当たらないような貸付けであっても，中途解約が禁止され，しかも取得費と付随費用等の合計額の90％以上をリース料とするものはこれを取り込むという意味で，100分の90までのものに経過措置を及ぼしているということです。

大島　狭い意味のファイナンスリースより，範囲が広がっているわけですね。

木村　もともと実質的に資産の譲渡に該当するものにプラスして貸付契約になるものが一部入ってくることになります。

大島　法附則3条2項の賃貸借契約ですが，先ほど法附則2条の1項で定期券，回数券というかなり長期間にわたるものの話が出たんですけれども，この3条の2項でもかなり長期間にわたる賃貸借契約が有り得ると思いますが，こういうものも入ってもよろしいわけですか。

木村　該当するものであれば，5年であろうと10年であろうと関係ありません。

大島　貸付対価の変更が行われない限りは結構だということですね。

それから賃貸借の経過規定関係で，4月分の家賃を3月に先払で領収するという場合に，支払う方は支払日を基準にして3月の経費に計上している。受け

取る不動産業者の方は対応月として4月の収入に計上している，こういう場合に，支払った方は3月払ですから消費税はかからないものとしている。受け取った方は4月受取ですから消費税がかかるものと考えざるを得ないのではないか。そうすると，3％の上積みがないにもかかわらず，内枠で3％の消費税を払わなければならないのかということですけれども，その点は契約の締結が施行日前ならこの経過規定で救われるわけですね。施行日後であるならば，既に消費税のことは分かっていたはずだから，そのことを織り込んで契約をすべきであったと，こういうことになるわけですか。

木村 お尋ねには，今の法附則3条2項の経過措置の適用の問題と，受取家賃あるいは支払家賃の帰属する時期がいつかという二つの問題があるかと思います。

前者の方は，昭和63年12月29日までに契約をしていて貸付けの期間と対価の額が決まっており，その対価の額について変更を求めることができるという定めがないものについては，4月1日以降であってもすべて課税対象になりません。

後者の方は，3月に家賃が支払われ，受けた側が3月に受け取ったときには前受家賃と記帳し，4月以降に家賃収入に振り替えている場合は課税になるのではないか。経過措置の適用があるかどうかを別にして，その部分だけでみるとそういうことになります。

反対に家賃を3月に受け取ったときに，1年分を家賃として収入に上げているという場合には，継続適用しているなら，これは消費税の適用日前の収入ということで課税の対象にはならないことになります。

一方支払側からみると，3月に家賃として計上していれば仕入税額控除はできないが，前払家賃で払っていて4月以降それを支払家賃に振り替えていれば仕入税額控除ができる，ということになります。

3月に支払家賃としていると仕入税額控除はできない。一方これを受け取った側が3月に受け取ったときに前受家賃とし，4月以降収益に計上している場合には消費税がかかってくる。したがって，もらう場合には3％オンしてもら

わないと勘定が合わないことになります。

　ところが，支払側では3月にもう支払家賃として上げているので，これをオンして支払ったところで仕入税額控除ができないことになります。しかし，これでは問題がありますので，この仕入税額控除ができない金額については，4月以降にその分を繰り延べて，4月以降，その部分の仕入税額控除をするという方法が取扱いとしてできることにしています。

　大島　具体的にはどんなことになりますか。

　木村　例えば，3月決算法人についてみますと，今まで翌4月以降1年分の家賃120万円を前受けとして3月に受け取り，4月以降，毎月10万円ずつ家賃収入に繰り入れていたという場合，消費税が入ってきますと，家主の方は3月に123万6,000円受け取って翌4月以降毎月10万3,000円ずつ収益に上げていくことになります。ところが，支払側は3月に123万6,000円を支払家賃として経費に落としてしまっていると（税抜経理なら税額分は仮受けあるいは仮払い），3月ですから3万6,000円は仕入税額控除はできない，こういう場合はこの3万6,000円を4月分支払として4月に仕入税額控除するということです。その方がむしろバランスがとれているのではないかという感じがします。

　期間対応で4月以降に経費に落としていればよかったものを，早く計上したばかりに仕入税額控除ができないというのは，不合理ではないか。そこで今いったような扱いが出てくるわけです。

　繰り返しますと，支払側は継続的に3月の発生経費として処理していれば，継続性は守ってもらうが税額相当分は別だ，ということです。税抜方式を採る人は，この分についてだけは3月は仮払処理とし，4月以降その期の仮払消費税と合わせて仮勘定を整理する。税込方式を採る人も，この分だけは例外的に仮払処理をすることになります。

　大島　法人税はどうなりますか。

　木村　税額分を3月の発生経費としないで，4月の発生とすれば，3月決算法人はその分3月期の損金は減りますが，4月には損金になると同時に仕入税額控除ができますから，差引負担減となりましょう。もっとも非課税売上げが

多くて，仕入税額控除がごく一部分しかできないときは，損得をよく計算した上仕入控除税額の繰越控除をしなくてももちろん結構です。

　いずれにせよ，負担の少ない方法を選択すればいいわけです。

　大島　支払側が３月発生だということで，税抜きで支払っていたが，その後の交渉で，４月以降に税額分の追加払があった場合にも，この取扱いは適用できますね。

　木村　できます。この場合は「繰り越して控除する」という必要もないわけです。ただいろいろ難しい話をしましたが，実際は法附則３条２項の経過規定が働いて課税にならない場合が多いと思いますよ。

　大島　今のは，貸手と借手との間の話ですが，同じ問題が売り手と買い手との間でも起こりますね。

　例えば，売り手は毎月20日締切にしている。３月21日から４月20日までの売上げを４月に計上している。これは４月計上だから課税になります。

　ところが，仕入れ側は１日から31日までを３月の仕入れに計上していると，これは適用日前の仕入れだから，仕入税額控除はできない，３月21日以降の分についてはこういった問題が起こってきますね。

　木村　売り手は４月計上，買い手は３月計上という場合，先ほどのケースと同じように，買い手は税金分だけは４月に繰り延べて，そこで仕入税額控除をするという方法を採ることになります。一方は４月の売上げにしているのだけれども，相手は３月の仕入れにしている，この場合は，一方で納めるのだから他方は仕入税額控除をするということでいいんですよ。だから４月に入って払ったものとして仕入税額控除することができるということになるわけです。

　その場合，４月以降の売上げになるのであれば，４月の家賃なり売上代金なりを税込みでもらうのが筋だということになります。

　大島　ところが，支払側は３月発生の経費だということで，消費税分は支払っていない場合は，どうなりますか。

　木村　消費税分を区分して支払っていない場合，つまり受取側がその商品代などとは別に消費税分として区分して受け取っていない場合には，その受け

取った商品代などは消費税込みであり、その授受する商品代などの103分の3が消費税ということで納税するわけですから、支払側は、これを3月発生経費として処理していても、その払った額の103分の3は消費税額として4月に繰り延べてそこで仕入税額控除をするという方法を採ることができるでしょうね。

　大島　反対に売り手が3月31日までに売上げに計上して、仕入側が4月1日以降に仕入れに計上するという場合は、売り手の側は適用日前だから課税の対象にならない。仕入側は4月1日以降の仕入計上だが課税仕入れとしてよいかという問題がありますね。

　木村　3月31日に売上げがあって、運送の都合で仕入側へいくと4月2日になってしまった、これが仕入税額控除ができるかという話ですけれども、これは帳簿方式からいくと、4月1日以降の課税仕入れについて適用すると書いてあるのだから、仕入税額控除はできることになります。

　大島　売り手の方は課税にならない、買い手の方は仕入税額控除をするということですね。逆の場合は、先ほどの繰延べというような方法で調整をするということで、いずれにせよ納税者に不利は及ぼさないということですね。

　木村　そういうことです。

　大島　それでは、先に進みましょう。法附則3条2項2号で、この経過規定の適用を受けるには、事情変更などで対価の変更を求めるという規定がないことを要件にしていますが、借家法の7条では、事情変更があった場合には、賃料の増減請求ができることになっているので、これをまともに解釈すると、借家法が適用される場合は常にこの条件にひっかかって、経過規定は適用にならないということになるようにも取れますが、その辺はどうなんですか。

　木村　そこは賃料の増減請求が借家法でできることになっていても、その契約自体に、賃貸する者がこの貸付対価について増減することができるという定めがなければ、法附則3条2項の適用があります。このことは取扱通達16－3－7でいっています。

　大島　通達が出たついでですが、法附則3条2項柱書ただし書で、昭和63年

12月30日以後に対価の変更があったらこの経過規定は適用しないといってますが，取扱通達16－3－8では，賃貸人が修繕義務を履行しないために賃貸料の増減が行われるというように，正当な理由があるときにはこのただし書には触れないことになっていますね。賃貸人が修繕義務を履行しないというのは家賃の引下げ要素ですが，2項ただし書の対価の変更というのは，家賃の増額だけではなくて減額も念頭に置いているんですか。

　木村　資産の貸付けの対価が変更された場合は，増額であろうと減額であろうと，変更後は経過措置は適用されません。しかし，どんな変更でもダメだということはどうかと考えられるので，例えば賃貸人が修繕義務を履行しない場合の対価の変更など，正当な理由がある場合は経過措置の適用があることにしたものです。この場合，仮に対価の変更があっても新たな契約が締結されたとはみないということです。

　大島　それから，法附則3条3項にいきまして，ここに挙げている契約は，冠婚葬祭に限られているんですか。

　木村　いろいろ条件がありますけれども，これはもともとは冠婚葬祭のための施設の提供，その他の便宜の提供などの役務の提供を前提に規定しているものです。

　大島　それでは，4項にいきましょう。

　木村　法附則3条4項は，この経過措置の適用を受ける場合の読替規定です。手続的なことは省略して主なものをみますと，一つ目はこの経過規定の適用を受ける工事の請負等のために適用日以後に課税仕入れ等を行った場合には，事業者が課税仕入れ等の税額を控除するのに個別対応方式を使うときには，その課税仕入れは，課税売上げと非課税売上げに共通して要するものになるということが一つ。

　二つ目は，経過規定の適用を受ける工事の請負等の対価の額は，課税売上割合の計算上，その引渡しのときにおける資産の譲渡等の対価の額，課税資産の譲渡等の対価の額のどちらにも含めない，つまり，課税売上割合の分母にも分子にも入れないということです。

これが主なところです。

　大島　今、いわれたうちの第1点ですけれども、経過規定の適用を受けた工事のための課税仕入れ、これはその工事自体が課税になっていないわけですから、本当は課税資産の譲渡と非課税資産の譲渡の共通用でなくて、非課税資産の譲渡用と考えるべきじゃないかと思われますが、そこは規定にゆとりがあるということですか。

　木村　非課税資産の譲渡に要するものとすると、全額が控除できないし、課税資産の譲渡にのみ要するものとすると全額控除できることになりますが、いずれにしろ、4月1日以降は仕入代金については課税されています。売上げの方の資産の譲渡等については、本来は課税ですけれども特に消費税を課さないということにしている経緯から見て、課税のためでもない、あるいは非課税のみの用でもないということで、課税、非課税共通というところで落ち着いたというところだと思います。

　大島　中間を取った……。

　木村　昭和63年12月29日以前に契約されていれば、消費税を課税しないということからみると、全額引くというのも一つの考えだということにはなります。

　大島　課税仕入れを課税売上対応、非課税売上対応、共通用に分けるのは、法30条2項1号の個別対応方式による場合ですけれども、同項の一括比例配分方式による場合には当然課税、非課税共通用で一括して計算することになりますね。

　法附則3条は、1項、2項、3項を通じて、どれも「消費税を課さない」という言葉で結んでいますね。消費税を課さないということだけならば、これは本来課税なんだけれども特に課さないということであって、ほかの点には影響はしないわけなので、特に4項を設けて、課税売上割合の算定、課税仕入れの分類について特例を設けたということだと思いますが、ここで特に規定していない法9条の課税売上高については4月以降の課税売上高に入ることになりますね。

木村　そういうことです。

大島　法附則の3条5項に行って，今までは譲渡者の立場から，経過規定の適用を受けた工事などのために必要な仕入れについて，仕入税額控除の適用が受けられるか，あるいは譲渡者にとって課税売上割合の計算をどうするかという観点からの規定でしたが，5項はその工事などを注文した人，つまりその工事などの仕入れた側の立場からみて，これは仕入税額控除の対象にはならないということですね。

木村　そうです。それらの仕入れについては，適用日前に行われたものとして扱うことになります。

3　予約販売の書籍など（施行令附則4条）

大島　それではこれに類似した規定として，施行令附則4条に予約販売などについての経過規定があります。4条の1項は，例えば全集物などを昭和63年12月29日以前に契約して，3月までに対価を領収している場合には，その領収した対価の分について消費税を課税しないという趣旨のようですけれども，逆にいうと対価の領収が4月以降になる場合には課税されることになりますね。

木村　予約販売の経過措置は，適用日前に領収した譲渡対価についての規定ですから4月1日以降領収するものは，その領収部分については経過措置の適用はなく，課税ということになります。

大島　2項は，3月発売の雑誌は4月に売れても課税しないということですね。

3項は，通信販売について条件を施行日前に提示している，あるいは提示する準備を完了している場合に，3月以前に申込みを受けその条件に従って販売すれば4月以降の販売についても課税しないということですが，準備が完了しているというのは具体的にどんなことなんですか。

木村　準備が完了しているというのは，販売条件等の提示方法に応じていつでも提示することができる状態になっているということですから，例えば販売条件などを掲載したカタログなどの印刷物については，その印刷物の作成が完

了している状態だといえましょう。

4 工事進行基準の適用（法附則8条，施行令附則9条）

大島 法附則8条，令附則9条は，長期工事を請け負った事業者が，3月31日以前から工事進行基準を適用している場合には，支払対価のうち3月31日以前に支出した経費に見合う分については，既に3月31日以前に譲渡等があったものとして計算をしても結構だという趣旨の規定のようですが，この場合の請け負った人の課税売上割合，あるいは，課税売上高の計算はどんなことになるのか，もとにさかのぼって法17条をみると，工事進行基準によっていれば，収益を計上した年に譲渡があったものとするという規定であり，この附則は法17条の規定を引いていますから，課税売上げも当然適用日前にあったことになりますね。

木村 工事進行基準で計上したときに売上げに上がることになります。それが3月31日以前ですから4月以降の課税売上割合の計算にも課税売上高にも入りません。

5 小規模事業者についての現金主義の適用・基準期間の採り方
（法附則9・5条）

大島 次は法附則9条。現金主義を採用している小規模事業者についてですが，3月までに発生している取引の決済が4月に行われても，これは消費税の計算からは除外する，ということですね。

木村 現金主義を採用している小規模事業者については，決済をした日に売上げ，仕入れがあったものとするわけですが，この特例は，4月1日以後の売上げなどに適用されるので，3月31以前の売上げなどについては特例の適用はなく，したがって決済が4月1日以後であっても課税されないということです。

大島 分かりました。次に，さかのぼって，法附則5条，小規模事業者の納税義務の免除に関する経過措置についてお話し願います。

木村　法9条で基準期間の課税売上高が3,000万円以下の場合は，納税義務が免税されることになっていますが，この基準期間の採り方について，法附則5条1項と2項は，その基準期間の初日が昭和63年12月29日以前である場合には，この法律はその基準期間の初日から施行されていたものとするといっていますが，更にその基準期間の課税売上高の計算が困難な場合には，便宜上平成元年の1月と2月の売上げを6倍して，それによって3,000万円以下かどうかを判定しても差し支えない，といっているわけです。

　簡易課税の場合の5億円以下であるかどうかについても，この規定が適用されます。

　大島　では，平成2年についてはどういう扱いになりますか。

　木村　個人事業者の場合でいうと，平成2年の基準期間も昭和63年の1月1日からでこの法律の施行日前ですから，同じように平成元年1月と2月の6倍でもいいということになります。

　大島　平成2年には，例えば，平成元年の1月から6月までの2倍というようなことも考え方としては有り得るかもしれないけれども，そうはしないで，平成元年の判断と同じように，同年の1月と2月の6倍で差し支えない，平成3年になって，初めて普通の状態に戻るということですね。

　木村　そういうことです。

　大島　ここでは特に本来の基準期間における課税売上げによることが困難な場合といっているんですが，困難であることを納税者の方で立証するわけですか。

　木村　困難であるかどうかということについて，執行上はその度合いは問わないことにしていますから，事業者が自分は困難であるということであればそれでいい，結果的にみれば，選択みたいな恰好になってきます。

　大島　平成元年の1・2月で判断することが多いでしょうが，例えば昭和63年に開業している場合は，平成元年については本来の基準期間の課税売上げはゼロですから，原則計算によることになりましょうね。

　ところでこの場合，基準期間は3月以前ですが，現金主義を採用している小

規模事業者は課税売上高を現金主義で計算するんですか。

木村　そのとおりです。法附則5条1項では，基準期間における課税売上高については，この法律が施行されているものとして，となっていますから，現金主義で計算することになります。

6　各種の届出期限（法附則5・13条，施行令附則16・13条）

大島　法附則5条3項は届出についての経過規定ですね。具体的には施行令附則7条で規定されていて，平成元年9月30日までの間に手を挙げて課税事業者になりたいという届出をすれば，さかのぼって4月1日から課税事業者になれるということですが，例えば4月に事業年度が終了する法人も，9月30日までに届出をすれば，4月に終わった事業年度についても課税事業者になれるわけですか。

木村　そうです。関連して租税特別措置法の一部改正で，4月に終了する事業年度についての確定申告の期限も9月30日までに延ばされています。簡易課税についても本来は届出の翌期から有効になるのを，法附則13条と施行令附則16条で9月30日までに届出をすればさかのぼって4月1日から有効だという特例を設けています。

もう一つ，施行令附則13条で，課税売上割合に準ずる合理的な割合を採りたいという場合，本来はその課税期間中に税務署長の承認を受けなければいけないわけですけれども，これも施行令附則13条に，その課税期間中でなくて，その申告期限までに承認を受ければよろしいという特例があります。

7　仕入税額控除に関する要件の緩和など（施行令附則14・17・12条）

大島　その他の特例としては，施行令附則14条に，9月30日までの課税仕入れについては，帳簿や受け取る請求書について取引の相手方の記載が省略されていてもよろしいということ，17条に，9月30日までは売上げの対価を返還した場合の相手方の記載を省略してもよろしいということがありますが，大事な経過規定としては12条がありますね。これについて一言ご説明をお願いしま

す。

　木村　この規定は，仕入税額控除に関する経過措置として，課税仕入れとその他の支出が混在する勘定科目については，本来は当然課税仕入額を区分して仕入税額控除の計算をすべきところですが，9月30日までは区分を省略して，その勘定科目全額の103分の3の仕入税額控除ができるということです。これはコンピュータの整備その他が4月1日までには間に合わないということで認められた特例です。

　しかし，こうした特例もすべての勘定科目について認められるというわけではありません。特定科目といって，課税仕入れはもともと入らないような科目，人件費とか，保険料とか，租税公課とか，そんな科目は除外することになっています。

　大島　特定科目の問題ですけれども，普通課税仕入れが入らないような科目，例えば人件費という科目で通勤費を支給していたという場合には，人件費の中にも課税仕入れが入ってきているわけですけれども，そういう場合も人件費という科目ならば特例を適用してはいけないということですね。

　木村　科目の名前の問題ではなく，一般に公正妥当と認められる会計処理の基準に従って経理した場合に人件費，保険料などの勘定科目とされる勘定科目については，特定科目として特例を適用できないわけです。お尋ねの場合，通勤費以外の人件費を通勤費と一緒に引くことはできません。

　大島　賃借料という科目の中に非課税の地代が入っている場合はどうでしょう。

　木村　一般に賃借料勘定といった場合には，家屋の賃貸料やリース料などが入り，一見して課税仕入れが入らない科目ということはできませんので，特定科目にはならないでしょう。

　大島　そうするとその賃借料勘定科目に非課税の地代が含まれていても一括して仕入税額の計算に入れてもいいことになりますか。

　木村　そのとおりです。

　しかし，特定科目についても，一括してすべてを課税仕入れとして控除でき

ないというだけで，特定科目の中に課税仕入れがあれば，それを取り出して仕入税額控除の対象にすることができるのはもちろんです。例えば，さっきの例で人件費の中に通勤費が入っているような場合は，その通勤費を取り出して仕入税額控除をすることができるのは当然です。

大島 もう一つ大事なことは，仕入れをする相手にとって輸出免税の対象になるもの，あるいは，国外での譲受けに対する支出費用，これは原則として経過規定を適用しないということですね。

木村 そうです。1項のかっこ書でそのことを規定しています。

大島 ところが，仕入先にとって輸出になるものでも国際通信，国際旅客運輸が除かれていて，これは一括して仕入税額控除の対象にしてもかまわないということですね。

木村 そういうことです。これは通信費や旅費という勘定科目として整理されているのが普通ですから，これを輸出免税のほかのものと同じように除くとすると，それだけ煩わしくなるので，これは一括控除できる方に含めています。

大島 一括して仕入税額控除の対象にしていいというのは，課税仕入れの支払対価と，それ以外とに区分することが困難な科目ということですから，例えば交際費における慶弔費というように，非課税仕入れというのではなくて，そもそも消費税の枠外という支出についても一括して控除してかまわないということですね。

木村 そういうことです。交際費科目は特例の実益が大きいでしょうね。

大島 同じく交際費について，特別地方消費税が課税されている飲食関係の支払の場合，本来支払額の106分の3が消費税のはずですが，これをほかの支出と合わせて103分の3を消費税としても差し支えありませんか。

木村 結構です。

大島 施行令附則12条の3項は具体的にはどんなことですか。

木村 この規定は，法附則2条2項，3項，3条5項，施行令4条4項の，資産の借受けなどが適用日前にあったとみなすというスタイルの規定に適用さ

れます。例えば法附則3条2項の要件を満たして4月以降の家賃にも消費税がかからない場合，本当は借りている方も3条5項で仕入税額控除ができないわけなんですが，一取引の費用，例えば賃借料の場合には月当たり家賃の額（年払いしていれば年額の12分の1）が100万円以下で，それが賃借料としての一つの勘定科目の中に混在しているときは，施行令附則12条1項を適用して，この分を区別せずに一緒に仕入税額控除をしていいということです。一取引100万円超ならば一括仕入税額控除は認められず，原則どおり仕入税額控除は受けられません。

8 最初の中間申告（法附則17条）

大島 それでは最後に法附則17条の中間申告に関する経過措置ですが，中間申告の規定は適用日の翌日以後に開始する課税期間について適用するということですから，結局4月2日以降に開始する事業年度について適用があるわけですね。

そうすると，4月1日に事業年度が始まる法人は，9月で6か月経つことになりますけれども，これは中間申告の必要はないわけですね。

木村 前の年の確定申告がないわけですから，中間申告はしなくてもよろしいということです。

中間申告の一番早いのは，平成元年4月1日決算の法人です。

大島 事業年度が1年で4月1日決算の法人は，適用日以後1日だけ課税期間があるから，中間申告をしなければならない。その場合には，4月1日の365倍の2分の1を中間申告するのか，4月1日の1日分の半分を中間申告するのか。4月1日終了というのはめったにないでしょうけれども，普通の例で言えば，4月末で事業年度が終了する1年決算の法人は，12月に4月1か月間の12分の6を申告するのか，1か月分を12倍してその12分の6を申告するのかどちらですか。

木村 正確にいえば4月2日以後に開始した課税期間が6か月を超える場合に中間申告が必要になるわけです。そこで事業年度が1年で4月決算の法人を

採ると,平成元年は,5月1日から始まる課税期間について6か月を経過した日から2か月以内,つまり12月31日までに中間申告が要るわけですが,この場合は4月分の消費税額を12で割って6倍する,つまり4月1か月分の半分を申告するわけです。

大島 4月1か月の1で割って6倍するのではありませんね。

木村 直前課税期間,つまり事業年度(法19条)の月数で割るのであって,現実に課税された期間の月数で割るのではありませんから,1分の6ではなくて12分の6になります。

II 平成3年10月1日からの適用関係

1 経過措置の原則(改正法附則2条)

大島 平成3年5月1日,議員立法により「消費税法の一部を改正する法律案」が国会に提出され,同月8日成立,同月15日公布,改正法附則の1条によって,平成3年10月1日から施行されました。

改正点の第1は非課税範囲の拡大,第2は簡易課税制度について,適用上限を今までの「基準期間の課税売上高5億円以下」から同じく4億円以下に引き下げ,みなし仕入率の事業区分を二本建てから4本建てとしたことその他,第3に限界控除の適用上限をその課税期間の課税売上高6,000万円から同じく5,000万円に引き下げたこと,第4に中間申告を1回から直前課税期間の確定消費税額により,1回あるいは3回とし(ただし改正前後を通じて零細な事業者には中間申告義務は課されません。),関連して還付関係の規定を手直ししたこと,の4点です。

まず第1点の非課税範囲の拡大(ただし一部縮小もあります。)ですが,法別表一の8・9・10・12・13号は新設,7・11(今までの8号)号は拡大(7号は一部縮小)ですね。

それではこの7号の社会福祉事業関係,11号の教育関係の改正についてお話し願います。

木村　そうですね。社会福祉事業については，今まで，社会福祉事業法に規定する第一種社会福祉事業，児童福祉法に規定する助産施設・保育所を経営する事業，更更正緊急保護法に規定する更正保護を行う事業として行われる資産の譲渡等を非課税としていましたが，平成3年10月1日から，社会福祉事業法に規定する第二種社会福祉事業として行われる資産の譲渡等，これらに類する一定の資産の譲渡等が新たに非課税となり，一方身体障害者授産施設，精神薄弱者授産施設などで授産活動によって製作された物品の売上げなどが今までの非課税から課税になりました（69頁参照）。ただ7号イの二重かっこ書の中の「（精神保健法第10条第1項第2号……精神障害者授産施設に限る。）……」については，従来から課税であり，文章整理であって実態には変わりはありません。

また11号（今までの8号）では一定の学校の入学金，施設整備費，在学証明の手数料などが新たに非課税となりました。

大島　これらの非課税範囲の改正についての経過規定は改正法附則2条で読むわけですね。

木村　改正法附則2条は，1条の施行日の規定を受けて経過措置の原則をうたったものですが，この規定により，新たに追加されたり削除された非課税の見直しについては，10月1日以降適用され，9月30日までは見直し前の規定によるということです。このことは資産の譲渡等や保税地域からの引取りについては当然のことですが，課税仕入れについての適用関係も同様です。

大島　そこで，9月30日から10月1日にまたがる課税期間の課税売上割合の計算は，今度非課税となったものは9月30日までは課税売上げ，10月1日以降は非課税売上げとなるというわけですね。ところで見直しによって新たに課税となるものについてはどう計算しますか。

木村　新たに課税になったものについては，改正法附則2条どおりでして，今度課税となったものは9月30日までは非課税売上げ，10月1日以降は課税売上げということです。

大島　改正によって課税から非課税になるもの，非課税から課税になるもの，ともに9月30日・10月1日を境として扱いが変わるわけですね。

2 基準期間の課税売上高の計算（改正法附則3条）

大島 それでは改正法附則3条にいきましょう。

木村 改正法附則3条は、今回の非課税の見直しによって「基準期間」の課税売上高をどのようにして計算するかということを規定しているものです。消費税の納税義務の有無や簡易課税制度の適用上限額の判定は、基準期間の課税売上高によるわけですが、平成3年10月1日以後に開始する課税期間の基準期間の課税売上高を計算する際、その基準期間のうちに平成3年9月30日以前の期間が含まれている場合は、その基準期間の売上げにこの改正後の非課税規定を適用して「新法第9条第1項に規定する基準期間における課税売上高」を計算する、ということです。

大島 例えば、この改正で非課税になった教科書を販売している個人事業者が平成4年の課税期間に免税事業者になるかどうかを判定する場合には、その基準期間である平成2年の課税売上高を計算するに当たって、本来ならば当時の非課税の規定によるのであるが、そうはしないで、この改正によって非課税となった教科書の売上高はこれを非課税売上げとして、課税売上げから除外して計算する、ということですね。

木村 そうです。平成4年は全課税期間を通じて教科用図書の販売は非課税ですから、平成4年に免税事業者になるかどうか、あるいは簡易課税制度を適用することができるかどうかは、基準期間である平成2年の課税売上高から教科用図書の売上高を除外して判定した方が合理的だからです。

大島 今のお話を逆にいうと、平成3年9月から4年8月までの課税期間については、改正法施行日後の期間が11か月ですけれども、基準期間の課税売上高は改正前の規定で計算するわけですね。

木村 改正法の施行日前に課税期間が開始していますから、そういうことになります。

大島 見直しによって課税となったものについての経過措置はどうなりますか。

木村 基準期間の課税売上高を計算する場合、施行日の前日までは非課税で

あったので，課税売上高に含めません。

　大島　それはどこで読むのですか。

　木村　今度の改正で授産施設で授産活動によって製作された物品の売上げなどが非課税から課税になったわけですが，これは当然のことながら新法別表一7号から13号までの非課税規定とは関係がありません。したがって法附則3条の規定の範囲外ということになります。とすると原則にかえって基準期間の当時の非課税規定によって9月30日以前は非課税として計算するわけです。

　大島　なるほど，結局この場合，基準期間の課税売上高の計算について，課税から非課税になったものも，非課税から課税になったものも，どちらも非課税として，納税者に有利に計算するということですね。

　木村　なお，念のためですが，法附則3条とこれを受けた施行令附則2条で，この3条の規定が働くのは，旧7号と旧8号以外のものに限る，つまり旧7号と旧8号には法附則3条の規定は及ばない，といっているのは，旧7号と旧8号に規定されていて改正前から非課税であるものは，この3条の特例規定をまつまでもなく，当然非課税として基準期間の課税売上高を計算するわけですから，ダブリを排除するため法附則3条から除外しているわけです。

　大島　この経過規定は，課税期間が法19条1項の3号や4号の短縮課税期間である場合にも適用されますね。

　木村　そのとおりです。例えば法人が平成3年5月から翌年4月までの事業年度について短縮課税期間を選択した場合，3年11月から翌年1月まで，4年2月から4月までの課税期間についてはこの経過規定が適用されますが，3年5月から7月までの課税期間はもちろん，3年8月から10月までの課税期間もその初日が改正法の施行日前ですからこの経過規定の適用外で，基準期間の課税売上高は，当時課税であった売上高を含めて計算することになります。

　大島　短縮課税期間を選択していても，その基準期間は，法2条1項14号で事業年度単位ですから，本来同じ年あるいは同じ事業年度内の短縮課税期間の課否判定上，基準期間の課税売上高が違うということは起こり得ないのですが，この改正では経過的に課否判定の結果が違ってくることも有り得るわけで

すね。

3 相続等があった場合（改正法附則4条）

大島 では，改正法附則4条をお願いします。

木村 まず1項は，改正法の施行日である平成3年10月1日以後に法10条1項，11条1・3項，12条1項の相続，合併，分割があって，相続人，合併法人，分割子法人の課否について，それぞれ被相続人，被合併法人，分割親法人の基準期間の課税売上高で判定する場合のそれぞれの基準期間の課税売上高も，法附則3条の経過規定と同じようにして計算するということです。

次に2項も，合併や分割があって，改正法の施行日以後開始する合併法人，分割子（親）法人の課税期間の課否判定に，それぞれ合併法人，分割子（親）法人の基準期間に対応する期間における被合併法人，分割親（子）法人の課税売上高を一つの要素として使う場合の，それぞれの課税売上高の計算も同じであるということです。

更に，3項の委任を受けた施行令附則4条2項では，法11条4項，同12条2項の「基準期間における課税売上高」，施行令22条4項1号，同23条3項の「各事業年度における課税売上高」の計算も同じであり，施行令附則4条3項，4項では，施行令22条6項の「他の合併」がある場合のその被合併法人，同23条7項から9項の「他の分割」がある場合の兄弟法人，親の親法人，孫法人の「基準期間に対応する期間における課税売上高」についても，その計算は同じであるということです。

大島 施行令附則4条2項で法11条4項と12条2項（現行12条3項）だけ特に断っているのは，法附則3条はそもそも「法9条1項に規定する『基準期間における課税売上高』」についての規定なのですが，法11条4項と12条2項の「基準期間における課税売上高」はこれと定義が違うため（法9条4項かっこ書。本文144頁参照），また施行令22条4項1号，23条3項は文言が違う（「基準期間における課税売上高」でなく「各事業年度における課税売上高」）ため，それぞれあらためて規定したということですね。

木村　そのとおりです。

　施行令附則4条1項は，改正法の施行日前に法10条1項，11条1・3項，12条1項の相続，合併，分割があった場合，改正法施行日前に開始して改正法施行日にまたがる事業年度あるいは年のうちに開始する課税期間，これは当然に短縮課税期間ですが，この課税期間については，施行日後に開始していても——例えば平成3年2月から4年1月までの事業年度のうちの11月から1月までの課税期間——その基準期間の課税売上高，基準期間に対応する期間における課税売上高は改正前の課税範囲で計算するということです。

　大島　なかなか難しい規定なので，この規定がどんな意味を持っているのか，具体例でお話し願います。

　木村　15－1図をご覧ください。

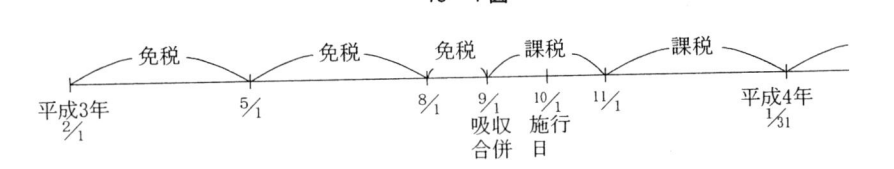

15－1図

```
┌─免税─┬──免税──┬─免税─┬─課税─┬──課税──┐
平成3年  5/1      8/1   9/1  10/1  11/1        平成4年
 2/1                   吸収  施行              1/31
                       合併   日
```

　事業年度が2月から翌年1月までの免税法人が短縮課税期間を選択していたが，平成3年9月1日に，基準期間の課税売上高が3,000万円を超える法人を吸収合併したとすると，合併日から10月末までの期間は法11条1項によって課税になりますが，施行日以後開始する11月〜翌年1月の課税期間について，法附則3条1項を適用して改正後の広い非課税範囲で基準期間の課税売上高を再計算すると，3,000万円以下になって再び免税になる可能性がでてきます。そうすると一つの事業年度のうちで免税——課税——免税というジグザグになってしまいますが，この規定があると，基準基間の課税売上高の再計算はしないで，その事業年度内の短縮課税期間は課税で一貫することになります。

　大島　なるほど。法11条1項の，基準期間の課税売上高が3,000万円を超える法人を吸収合併した場合は，合併後その事業年度中は課税だという規定と平仄が合っていますね。法10条1項，11条3項，12条1項の場合でも同じことで

すね。

　それから平成4年2月に始まる翌事業年度中の課税期間について法11条2項を適用するときの合併法人，被合併法人の基準期間の課税売上高の計算には，もちろん法附則3条が適用されるわけですね。

4　割賦販売等があった場合その他（改正法附則5～10・12・13条）

　大島　次に改正法附則5条から10条までを簡単にご説明願います。

　木村　改正法附則5条と6条は，法15条の割賦販売等と法16条の延払条件付販売について，施行日前に行った割賦販売等や延払条件付販売の賦払金の支払期日が施行日以後に到来するものは，当初の割賦販売あるいは延払条件付販売の時期で課否を判定するということ，同7条は，法18条の小規模事業者の現金主義の特例について，施行日前に売り上げ（仕入れ）ていれば施行日以後に対価を収受しても（支払っても）その売上（仕入）時基準，つまり発生主義によって課否（仕入税額控除の有無）を判定するということ，同8条，12条は，仕入対価の返還を受けた場合の法32条の適用，売上対価を返還した場合の法38条の適用について，仕入（売上）当時課税であれば，返還を受けたとき（返還をしたとき）に非課税であっても，返還を受けた（返還した）額のうちに含まれる消費税額は仕入（売上）税額から控除するということ。また非課税から課税になったものについては施行日以後税込みで仕入れた（売り上げた）ものから法32条（法38条）を適用するということで，みな当然の規定です。

　大島　改正法附則13条は，売上対価が貸倒れとなった場合の法39条の適用も，売上対価を返還した場合と同様であるということですね。

　木村　改正法附則9条は，法34条の調整対象固定資産を課税用から非課税用に転用した場合の仕入控除税額の調整について，その調整対象固定資産が引き続いて同じ業務に使用されていれば，たとえその業務が今度の改正で非課税となった物品の売上げなり役務の提供なりであっても，その調整対象固定資産は課税業務用から非課税業務用に転用されたとはみない，つまり調整はしなくてもよい，ということです。

　大島　関連して他の非課税の業務に転用されれば調整することになります

木村　法附則9条は，その固定資産が引き続いて同じ業務に使用されている場合の規定ですから，他の非課税の業務に転用されれば，それが法別表一の中の他の号の非課税の業務に転用する場合はもちろんのこと，例え法別表一の同じ号の中の他の非課税の業務への転用であっても原則どおり調整をしなければならないということです。

大島　逆に引き続き今度課税となったものの業務の用に使用する場合には規定がないので調整を行うことになりますね。

木村　そうです。今度課税となった授産活動としての作業の産物の売上げに使う固定資産については，附則に別段の規定はありませんから，法35条そのままで仕入控除税額に加算することになります。

大島　納税者に不利な調整は行わない，有利な調整は行う，ということですね。

木村　改正法附則10条は，免税事業者が課税事業者になる場合あるいはその逆の場合，その移行時に保有している棚卸資産にかかっている税額を調整するという法36条について，改正法施行日前に課税仕入れしていれば，それが今度非課税となっても従来と同じように調整するし，今度新たに課税になったものについては施行日後に課税仕入れしたものから同条の調整を行うということでこれまた当然の規定です。

大島　法36条はそもそも課税仕入れしたものについての調整規定ですから，改正法施行前に非課税仕入れしたものが改正によって課税になった場合，改正によって非課税となったものを改正後仕入れた場合は調整の問題は起こらないわけですね。

5　簡易課税制度など（改正法附則11・14・15条）

大島　今度の改正では，簡易課税制度について，(1)その適用上限が基準期間における課税売上高5億円から4億円に切り下げられた。(2)みなし仕入率が卸90％，小売80％の2本建てから4本建てとなった。(3)従来は事業者は卸売業か

小売業の主たる一方に区分され，全課税売上げに対して0.9あるいは0.8のみなし仕入率が適用されたが，改正によって業種を4分類してそれぞれのみなし仕入率を適用し，一定の計算方式によることになった。ただし一定の簡便計算が認められる。との改正が行われました。

改正法附則11条はこの改正簡易課税制度の適用についての経過措置ですね。

木村 簡易課税制度の改正は，平成3年10月1日以降開始する課税期間から適用になります。したがって短縮課税期間を選択したりしている場合を除いて，個人事業者は平成4年の課税期間から，法人は3年10月1日以降に開始する事業年度から新しい簡易課税制度が適用になります。また短縮課税期間を選択している場合は，個人事業者は3年10月から12月の課税期間から適用され，法人は3年10月1日以降に始まる短縮課税期間から適用になります。

大島 簡易課税制度が適用になるかどうかを判断する基準期間の課税売上高の計算については先ほど出た法附則3条によるわけですね。

限界控除，中間申告の改正については先に触れたとおりですが，関連の経過規定は改正法附則14条と15条ですね。

木村 改正法附則14条は，限界控除制度の改正に関する経過措置で，簡易課税制度の改正の適用関係と同じです。また，改正法附則15条は，中間申告制度の改正は3年10月1日以後に開始する課税期間から適用されるということです。

大島 例えば3年4月から翌4年3月までの課税期間については，3年10月から12月までの3か月間，翌4年1月から3月までの3か月間は改正法の施行日以後ではあるが，課税期間自体は改正法施行日以前に開始しているので改正法の適用はなく，中間申告をする場合には1回行えばよいということですね。また短縮課税期間の適用を受けているものは，そもそも中間申告は有り得ないですね。

木村 そのとおりです。

6　各種の届出など（改正施行令附則3・5・6条）

大島　非課税範囲の見直し，簡易課税制度の改正によって課税事業者の選択届出などをどうするかということが起こりますね。

これらの経過措置を簡単にお願いします。

木村　今度の改正によって，法9条の小規模事業者免税制度の適用，法30条3項2号の課税売上割合に準ずる割合の採用，法37条の簡易課税制度の適用に影響を及ぼすことになります。

そこで，これらの規定の適用を受けるための届出，すでにこれらの規定の適用を受けている場合にこれをやめる届出について，その提出期限や税務署長の承認を受ける期限，届出の効力の発生する課税期間，届出の制限の規定を緩和し，改正施行令附則3・5・6条でそれぞれ納税者の便宜を図っています。

また，簡易課税制度をやめて本則課税とする場合，今まで簡易課税制度によっていたため本則の仕入税額控除を受けるため必要な記載事項のうち課税仕入れの相手方の氏名が落ちていた場合などについての便法が講じられています。

大島　このうち法9条の小規模事業者免税制度の適用と法30条の課税売上割合に準ずる割合の承認についての経過措置は，非課税範囲の見直しに関係する事業者にだけ適用されるが，法37条の簡易課税制度についてはこのような事業者以外にも関係するので，適用を受けられる者は特に限定されていませんね。

Ⅲ　平成9年4月1日からの適用関係

1　改正内容

大島　平成6年秋の第131国会において，「所得税法及び消費税法の一部を改正する法律」が可決・成立し，同年12月2日に公布されました。

その後，平成7年9月27日に関係政令が，また，同年11月24日には関係省令が公布され，更に，同年12月25日には，これらの改正を受けた関係通達が発遣されました。

また，平成6年秋の税制改革の一環として創設された地方消費税の関係法令についても同時に公布されています。
　そのほか，平成8年度の税制改正でも，租税特別措置法及び同施行令の一部改正，消費税法施行令の一部改正がありました。
　まず，これらの改正点について簡単にお話し願います。
　木村　平成6年秋の「所得税法及び消費税法の一部を改正する法律」による消費税法の改正は，第1は消費税率を3％から4％として新しく創設された地方消費税と合わせて5％としたこと，第2に中小事業者に対する特例措置の改正として，一つは基準期間における課税売上高が3,000万円以下の事業者について納税義務を免除するという事業者免税点制度につき，資本や出資の金額が1,000万円以上である法人の設立当初2年間は納税義務を免除しないということ，二つは簡易課税制度について，適用上限を4億円から2億円以下に引き下げたこと，三つは限界控除制度を廃止したこと，第3は仕入税額控除の適用要件について，帳簿又は請求書等の保存から帳簿及び請求書等の保存，つまり帳簿，請求書等のどちらかからどちらをも保存するということになったこと，そのほか，課税事業者選択届出と簡易課税選択届出について宥恕規定が設けられたこと，確定申告書等に一定の書類の添付が義務づけられたこと，が主なものです。
　また，平成8年度の税制改正による租税特別措置法等の一部改正では，限界控除制度について平成8年4月以降の期間の限界控除税額の限度額が10万円（年換算）となったこと，更に，平成8年度の消費税法施行令の一部改正により，簡易課税制度についてみなし仕入率の事業区分として新たに第五種事業が設けられてそのみなし仕入率が50％とされたことです。

2　経過措置の原則など（改正法附則7・10条，改正施行令附則5条）

　大島　それでは本論に入りまして「平成6年の改正による」消費税法ですが，平成9年4月1日から施行され，同日以後に行われる課税資産の譲渡等と課税仕入れ，それから輸入について適用されるということですね。

木村 改正法の附則1条です。したがって，平成9年3月31日までは3％，4月1日からは4％となるわけです。

大島 税率の引上げに伴う経過措置として，各種の経過措置が設けられていますが，消費税創設時のものと同じとみてよろしいでしょうね。

木村 そうです。消費税創設時に準じた措置が設けられていて，主なものをあげると次のとおりで，その内容は，平成元年4月1日からの適用関係を参考にしていただくことにして（519頁以下参照），ここでは省略しましょう。

主なものとしては，旅客運賃など改正法附則10条1項，電気ガス料金など（同10条2項），工事の請負など（同10条3項），資産の貸付け（同10条4項），役務の提供（同10条5項），予約販売・新聞雑誌の発売・通信販売，有料老人ホームの入居一時金（改正令5条），割賦販売や延払条件付販売（改正法11条，同12条），工事進行基準（同13条），小規模事業者の現金主義の適用関係（同14条），などがあります。

3 新設法人の事業者免税点制度の不適用などの適用日（改正法附則9・17・20条）

大島 税率の適用関係とは別に，新たに設けられた新設法人の事業者免税点制度の適用開始日や簡易課税制度の上限引下げなどの適用開始日の経過措置がありますね。

読めば分かると思いますが簡単にお願いします。

木村 新設法人に対する事業者免税点制度の不適用は，平成9年4月1日以後に新設法人に該当することとなった事業者について適用になります。つまり，平成9年4月1日以後に開始する法人の事業年度に帰属する課税期間で，その課税期間について基準期間がない場合には，その課税期間の属する事業年度開始の日の資本金あるいは出資金の額が1,000万円以上であれば，納税義務は免除されないことになります。

また，簡易課税制度の適用上限の4億円から2億円への引下げは，平成9年4月1日以後に開始する課税期間から適用され，平成9年3月31日までに開始

した課税期間については4億円です。

大島 みなし仕入率の改正は平成8年度の税制改正として行われましたね。

木村 そうです。平成8年3月31日政令86号です。その附則の2で，みなし仕入率，つまり簡易課税制度の事業区分に新たに設けられた第五種事業としてのみなし仕入率50％の規定は，平成9年4月1日以後に開始する課税期間から適用されます。

大島 その附則の2にかっこ書がありますね。

木村 簡易課税制度を選択した場合には，2年間これを継続して適用することになっている点を踏まえ，平成8年9月30日までに，簡易課税制度選択届出書を提出した事業者は，平成9年4月1日以後に開始する課税期間であっても，その届出書に記載した適用開始課税期間の初日から2年を経過する日までの間に開始する課税期間については，第五種事業とされる事業についても，従来どおり第四種事業として仕入控除税額の計算をすることができるということです。

大島 平成8年9月30日までに簡易課税制度選択届出書を提出した事業者は2年間の権利を認めようということですね。それも適用開始課税期間から2年ですからずっと以前からその届出書を出している事業者で，もう2年間を使い切っている事業者は，当然ながら原則どおり，平成9年4月1日以後に開始する課税期間から適用になりますね。

木村 そのほか，平成8年10月1日以降に簡易課税制度選択届出書を新たに提出した事業者も，平成9年4月1日以後開始する課税期間について改正後のみなし仕入率が適用されることになります。

4 限界控除制度の廃止（改正法附則20条）

大島 限界控除制度の廃止は，平成9年4月1日以後に開始する課税期間からですね。

木村 そうです。そのため，平成9年3月31日までに開始し，そのうえ平成9年4月1日以後に終了する課税期間，つまり平成9年4月1日をまたいでい

る課税期間については，一定の算式による経過措置が設けられています。

また，限界控除制度については，平成8年度の税制改正によって平成8年4月1日から平成9年3月31日までの間に終了する課税期間のうち，平成8年4月1日以後の期間については，控除限度額を年換算10万円とする特例（旧租税特別措置法86条の5）が設けられていることに留意する必要があります。

これらの改正を合わせて適用関係を例で示すと15－2図のとおりになります。

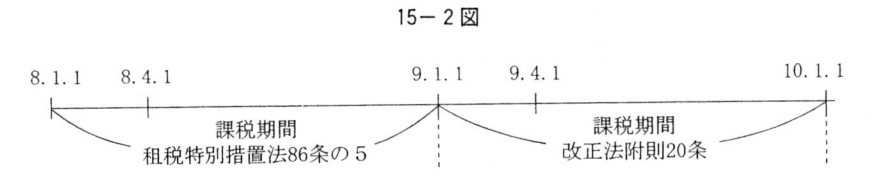

15－2図

```
8.1.1   8.4.1            9.1.1   9.4.1                10.1.1
         課税期間                   課税期間
      租税特別措置法86条の5        改正法附則20条
```

Ⅳ 平成10年4月1日及び平成11年4月1日からの適用関係

1 改正内容

大島 平成10年度税制改正で，税率の引下げ，課税ベースの見直しを中心とする法人税改正があり，法人税法の特定現物出資により取得した有価証券の圧縮額の損金算入制度の適用要件，法人税法・所得税法の割賦販売等と長期工事についての収益計上基準の見直しが行われたので，消費税法でもこれらの改正により影響を受ける分割の定義や資産の譲渡等の時期の特例について必要な改正が行われました。

これらの改正は，平成10年4月1日から施行されました。

まず，これらの改正内容について簡単にお話し願います。

木村 これは平成10年法律第24号による法人税法等の一部を改正する法律による消費税法の改正です。

その第1は，法人が分割した場合の分割親法人及び分割子法人が免税事業者に該当するかどうかについては，単に分割親法人及び分割子法人の基準期間に

おける課税売上高だけで判定するのではなく、一定の要件を満たす場合には、分割親法人及び分割子法人相互の基準期間における課税売上高相当額に基づいて判定するわけですが、この場合の法人の分割の定義については、改正前は法人税法51条1項を引用していました。ところが、法人税法が改正されたことに伴い、消費税法の方で新しく分割の定義を設けることになったことです。

第2は、法人税法・所得税法の割賦販売等と長期工事について収益計上基準等の見直しに伴い、消費税法でも見直しが行われたことです。

大島　また、これとは別に、平成10年4月1日から施行されたものとしては、外国為替及び外国貿易管理法の改正による消費税法の非課税範囲等の改正がありましたね。

木村　そうです。平成9年法律第59号の外国為替及び外国貿易管理法の一部を改正する法律による消費税法の改正です。

なお、平成11年4月1日から施行された有価証券取引税法及び取引所税法を廃止する法律による消費税法令の整備や、ＳＰＣ法の創設、証券取引法の改正等による消費税法の非課税範囲の整理などがあります。

2　経過措置の原則（改正法附則1，28条1・2・5項，改正施行令附則1条）

大島　それでは、経過措置の話になりますが「平成10年の法人税法等の一部改正による消費税法の改正」は、平成10年4月1日から施行され、同日以後の法人の分割、長期割賦販売等、長期大規模工事や工事の請負について適用されるということですね。

木村　そうです。施行期日は附則1条、法人の分割は附則28条1項、長期割賦販売等は附則28条5項、長期大規模工事や工事の請負は附則28条6項ですが、読めば分かると思います。

また、同日前の法人の分割などについては、一般原則どおり「従前の例による。」ということで、附則28条2項は削除される法15条1項による割賦販売等についての経過措置です。

3　削除される割賦販売等の経過措置（改正法附則28条3・4項，改正施行令附則2条）

　大島　今お話に出た削除される法15条1項による割賦販売等について特別の経過措置がありますね。

　木村　割賦基準による収益の計上時期を資産の譲渡等の時期とすることができる法15条の規定は，平成10年4月1日前に開始した課税期間に行った割賦販売等については従前の例によることになる，つまり，法15条を削除するという改正は，平成10年4月1日以後開始する課税期間から適用されることになりますが，平成10年4月1日以後最初に開始する課税期間の直前の課税期間において改正前の法15条の適用を受けている事業者については，平成10年4月1日から同年9月30日までの間に開始する課税期間に行う割賦販売等について，なお割賦基準により課税資産の譲渡等の時期とすることができるということで，半年間の後倒しをしているということです。

V　平成13年4月1日からの適用関係

1　改正内容

　大島　平成13年度の税制改正において，法律6号をもって「法人税法等の一部を改正する法律」の10条により消費税法の一部改正が行われ，平成13年4月1日から施行されました。

　また，これの関係政令も「消費税法施行令の一部を改正する政令」により平成13年4月1日から施行され，これらの改正を受けて消費税法基本通達の一部が改正され，平成13年5月7日付で発遣されています。

　改正の趣旨，ポイントを簡単にお願いします。

　木村　大きく分けて3点かと思います。第1点は，会社分割制度の創設等を内容とする商法の一部改正が行われ，商法に「分割」が明定されたことから，分割等があった場合の納税義務の免除の特例を定めた消費税法12条が改組され，新たな企業組織再編成に対応して会社分割の形態に応じた規定に改められ

たこと，第2点は，この会社分割制度の創設に伴って，資産の譲渡等の特例，仕入れに係る対価の返還等を受けた場合の仕入れに係る消費税額の控除の特例，調整対象固定資産に関する仕入れに係る消費税額の調整，納税義務の免除を受けないこととなった場合の棚卸資産に係る消費税額の調整，中小事業者の仕入れに係る消費税額の控除の特例，売上げに係る対価の返還等をした場合の消費税額の控除，貸倒れに係る消費税額の控除等，吸収分割があった場合における各種選択届出書（課税事業者の選択，課税期間の特例の選択，簡易課税制度の選択）の適用に関する特例及び当該職員の質問検査権の規定の改正が行われたこと，第3点は，法人税法の一部改正によりみなし事業年度について改正があったこと及び改組された分割等があった場合の納税義務の免除の特例の規定振りと平仄を図る観点等から合併があった場合の納税義務の免除の特例についての規定の整備が図られ，合併があった場合の課税資産の譲渡等の中間申告の規定が改められたこと，が改正内容です。

2 経過措置

大島 いずれも，平成13年4月1日からの適用ということですね。
木村 そうです。
大島 経過措置の点で，特に取り上げなければならないこともありませんね。

VI 平成16年4月1日からの適用関係

1 改正内容

大島 平成15年度の税制改正において，所得税法等の一部を改正する法律によって消費税法の一部の改正が行われました。
この消費税の改正は，平成16年4月1日から実施されました。
まず，この改正の内容について簡単にお願いします。
木村 今回の改正のポイントは，中小事業者に対する特例措置などの抜本的

な改革を行ったということです。

　改正点は大きく分けて五つになるかと思います。まず，一つ目は，事業者免税点の適用上限が3,000万円から1,000万円に引き下げられたこと，二つ目は，簡易課税の適用上限が2億円から5,000万円に引き下げられたこと，三つ目は，中間申告納付について直前の課税期間の確定税額が4,800万円，地方消費税を含めますと6,000万円を超える事業者は，毎月行うことになったこと，四つ目は，課税期間の短縮の特例について従来の3か月に1か月が加えられたこと，五つ目は，消費税額等を含めた価格表示が義務づけられたこと，といったことが改正内容です。

　大島　そのほか，特殊法人等の改革に伴う改正や，証券決裁制度の改革によりペーパーレスの振替制度の対象がＣＰから社債一般，国債などに拡大されたことに伴う非課税とされる国債等の範囲などの見直しも行われましたね。

2　経過措置

　大島　事業者免税点制度や簡易課税制度の適用上限の引下げ，中間申告納付制度や課税期間の特例に関する改正は，平成16年4月1日以後に開始する課税期間から適用されるということですが，事業者免税点制度の適用上限が1,000万円になるのは，具体的にはいつからですか。

　木村　個人事業者については平成17年分，事業年度が1年である法人については平成17年3月決算期から適用されます。もっとも課税期間の短縮の特例を受けている場合は違ってきます。

　大島　事業者免税点が1,000万円に引き下げられることにより多くの小規模事業者が新たに課税事業者になることに配慮して，基準期間の課税売上高の計算について経過措置が設けられていますね。

　木村　そうですね。平成16年4月1日の適用日以後最初に開始する課税期間の直前の課税期間において免税事業者，つまりその直前の課税期間の基準期間の課税売上高が3,000万円以下であった事業者が，適用日以後に開始する課税期間の基準期間における課税売上高を計算する場合には，一定の便法によるこ

とはできることになっています。

大島 事業者免税点の引下げ前に提出している課税事業者選択届出書はそのまま有効ですか。

木村 そのまま有効です。このことは，課税期間特例選択届出書や簡易課税制度選択届出書についてもいえることです。これらは，施行令附則25条3項，27条2項，28条2項です。それから，施行日（平成16年4月1日）以後最初に開始する課税期間に新たに課税事業者になった者が，その課税期間に，その課税期間から簡易課税制度の適用を受ける旨所轄税務署長に届け出たときは，その直前の課税期間に届けがあったものとみなす，つまりその課税期間の翌課税期間からでなく，その課税期間から簡易課税制度の適用が受けられるということで，つまり今まで免税だった事業者が免税限度の引下げで新たに課税になる場合，すぐに簡易課税制度の適用を受けられる途を開いたわけです。

大島 施行令附則3条ですね。ところで今「新たに課税事業者になった者」といわれたのは詳しくいうと，施行日以後最初に開始する課税期間の直前の課税期間に免税だった事業者のことで，したがって直前の課税期間より前の課税期間には課税であっても，直前の課税期間に免税ならばこの経過措置の適用が受けられるわけですね。

それから同条の二重かっこで，「新たに課税事業者になった者」から選択によって課税事業者になった者が除かれていますがこれはなぜですか。

木村 この簡易課税制度適用の特例措置は制度の改正で免税でなくなった者を救済することが目的ですから，制度改正とは関係なく自分の意思で課税になる者まで救済する必要はない，ということでしょう。

大島 そのほか，特に取り上げることがありますか。

木村 総額表示義務の規定は，平成16年4月1日からの適用ということです。

Ⅶ 平成18年4月1日からの適用関係

1 改正内容

大島 平成17年度においては消費税法の改正はありませんでした。では平成18年度に入りまして，平成18年度の税制改正において，所得税法等の一部を改正する法律によって消費税法の一部が改正されましたが，その改正内容についてお願いします。

木村 簡易課税制度について改正がありました。簡易課税制度においては，簡易課税制度選択届出書や簡易課税制度選択不適用届出書の効力は原則として，翌課税期間から生ずることとされていますから，これらの届出は，課税期間の開始の日の前日までに提出しなければならないとされています。

しかしながら，災害などにより被害を受けた場合にあっては，課税期間開始前に想定されなかった事務処理能力の低下や災害被害の復旧のために緊急の設備投資などの必要が生ずることがあるということから，そのため，災害などの被害が生じた場合に，その被害により簡易課税制度の適用の変更の必要が生じたときには，所轄税務署長の承認を受けることによりその適用の変更を認めることとされました。

大島 そのほか，政省令の改正がありましたね。

木村 介護保険制度の改革に伴う施設サービス費に係る居住費や食費の見直しなど，会社法の制定に伴う有価証券に類するものの範囲についての所要の整備，新設分割親法人の特殊関係者の範囲等の見直しなどが行われました。

2 経過措置

大島 災害などの被害を受けた場合の簡易課税制度の適用の変更の改正は，災害などのやんだ日が平成18年4月1日以後に到来する場合におけるその災害などの生じた日の属する課税期間から適用されていますね。

木村 そうです。そのほかは，それぞれの附則に定める日からということに

なります。でそれを見ていただければ分かると思います。

Ⅷ 平成19年4月1日からの適用関係

1 改正内容

大島 平成19年度の税制改正において、所得税法等の一部を改正する法律において消費税法の一部が改正されました。その改正内容についてポイントをお願いします。

木村 信託制度については、大正11年に制定された信託法が現状に沿わず、それに対応するため新たに信託法が制定されましたが、このことから新たな信託類型に対応するための信託税制の見直しが行われました。また、リース取引について会計基準が変更されたことに伴い、リース譲渡における資産の譲渡等の時期の特例について所要の整備が行われました。

大島 証券取引法等の一部改正に伴う所要の整備も行われましたね。

木村 そうです。これは施行令の改正ですが、有価証券等の範囲の見直しです。

2 経過措置

大島 信託税制関係の改正は、信託法の施行の日から、また、証券取引法の一部改正に伴う改正は、証券取引法等の一部を改正する法律の施行の日から、それぞれ施行されていますね。

木村 そうです。具体的には、信託法の施行の日と証券取引法等の一部を改正する法律の施行の日は、いずれも平成19年9月30日ということです。

それから、リース譲渡関係の施行の日は平成20年4月1日です。

大島 わかりました。

Ⅸ 平成20年4月1日からの適用関係

1 改正内容

大島 平成20年度では所得税法等の一部を改正する法律による改正がありましたが，消費税法ではさしたる改正もありませんでしたね。

木村 そうですね。所得税法等の一部を改正する法律では，公益法人制度改革に伴う別表第三の改正など，長期大規模工事に該当する工事以外の工事で損失が生ずると見込まれるものにつき工事の請負に係る資産の譲渡等の時期の特例の改正などです。

また，輸入品に対する内国消費税の徴収に関する法律について，関税制度の改正に併せて所要の整備が行われています。

2 経過措置

大島 所得税等の一部を改正する法律は，施行の日の原則を平成20年4月1日と定めていましたが，参議院では議決されないまま平成20年4月30日に衆議院で再議決となり，即日公布されました。平成20年4月1日を過ぎて公布されていますが適用はどうなっていますか。

木村 平成20年4月30日に公布，その日から施行され，原則として平成20年4月1日から適用されることとなりましたが，不利益遡及となる規定については公布の日，つまり平成20年4月30日以降の適用となっています。

Ⅹ 平成21年4月1日からの適用関係

1 改正内容

大島 平成21年度の税制改正においては所得税法等の一部を改正する法律による改正がありましたが，消費税はどうなっていますか。

木村 消費税法自体の改正はなく，割賦販売法の改正に伴って施行令の改正

があった程度で，その改正内容は，利子等に相当するものとして非課税とされる割賦販売手数料について所要の整備が行われました。

2 経過措置

木村 この非課税とされる割賦販売手数料の範囲の適用は，改正による割賦販売法の施行の日である平成21年12月1日ということになっています。

XI 平成22年からの適用関係

1 改正内容

大島 平成22年度の税制改正において所得税法等の一部を改正する法律によって消費税法の一部が改正されていますね。
この改正の内容についてお願いします。

木村 消費税の仕入控除税額の調整措置についてその適用の適正化が図られました。
消費税法上，課税事業者を選択した場合には2年間は強制適用され，また，資本金1,000万円以上の新設法人について設立当初の2年間は事業者免税点制度を適用しないこととされています。つまり，課税事業者を選択した事業者は3年目から，また，資本金1,000万円以上の新設法人について設立後3年目からは，その基準期間の課税売上高が1,000万円以下である場合は，課税事業者を選択した事業者は課税事業者の選択不適用の届出書を提出することにより免税事業者となり，また，資本金1,000万円以上の新設法人はそのまま免税事業者となります。
また，一方，課税売上割合が著しく変動した場合などの調整対象固定資産の仕入控除税額の調整は，その調整対象固定資産の取得後3年目で行うこととしています。

大島 課税事業者の選択や選択の不適用は法9条4項から6項であり，課税売上割合が著しく変動した場合などの調整対象固定資産の仕入控除税額の調整

は法33条から35条ですね。

　木村　そうです。この課税事業者の選択，選択の不適用や資本金1,000万円以上の新設法人の事業者免税点制度の不適用と調整対象固定資産の仕入控除税額の調整との関係についてその適用の適正化を図ったということです。

　大島　調整対象固定資産の仕入控除税額の調整の適正化というのはどういうことですか。具体的な例を挙げてご説明願います。

　木村　具体例を挙げますと，住宅の貸付けは非課税とされています。したがって，その住宅の取得のための建設費などは，一義的には非課税資産の譲渡等にのみ要するものになりますが，その取得した課税期間における課税売上割合が95％以上の場合，つまり，その住宅を取得した課税期間においてその住宅の賃貸料が少なく課税売上げが大半で課税売上割合が95％以上の場合には，その建設費などの課税仕入税額の全額が控除されることとなります。そして，その取得した翌課税期間から非課税の賃貸料があって課税売上割合が著しく変動したとしても，その仕入控除税額の調整は3年目で行うこととなり，その3年目において免税事業者となればその調整を行うことにはなりません。

　大島　本来非課税資産の譲渡等にのみ要するものとされる住宅の建設費などの課税仕入税額は，取得の課税期間において全額控除され，3年目では調整されない，いわば食い逃げになっているのを適正化するということですね。ではどのようになったのですか。

　木村　課税事業者を選択することにより，事業者免税点制度の適用を受けないこととした事業者のその選択の2年間の強制適用期間（簡易課税制度の適用を受ける課税期間を除きます。）や資本金1,000万円以上の新設法人について事業者免税点制度を適用しないこととした2年間の設立当初の期間（簡易課税制度の適用を受ける課税期間を除きます。）中に調整対象固定資産を取得した場合には，その取得があった課税期間を含む3年間は，引き続き事業者免税点制度を適用しないこととしたものです。

　大島　この場合，引き続き事業者免税点制度を適用しないこととされた課税期間については，事業を開始した課税期間を除き，簡易課税制度の適用を受け

られないこととされていますね。

　木村　そうですね。そしてこれ以外の改正としては，特定輸出貨物に係る保税地域間の運送についての免税範囲の追加，それからいわゆるサーバ型前払式支払手段について非課税とされる物品切手等の対象範囲に含められたということがあります。

2　経過措置

　大島　仕入控除税額の調整措置の適用の適正化の改正規定については，課税事業者を選択することにより事業者免税点制度の適用を受けないこととした事業者のその選択の2年間の強制適用期間に係るものである場合には，平成22年4月1日以後に課税事業者選択届出書を提出した事業者の同日以後開始する課税期間について適用され，資本金1,000万円以上の新設法人について事業者免税点制度を適用しないこととした2年間の設立当初の期間に係るものである場合には，平成22年4月1日以後に設立された新設法人について適用されるということですね。

　木村　そのとおりです。

著者紹介

大島　隆夫（大正9年〜平成20年）

略歴　昭和18年大蔵省入省
　　　国税庁査察課長，国税庁所得税課長，国税庁調査査察部長，国税不服審判所次長などを歴任し，昭和46年退官
　　　富士火災海上保険株式会社社長（昭和53年〜56年）
　　　税理士（昭和57年〜平成13年）
　　　株式会社税務経理協会顧問（昭和57年〜平成7年）

木村　剛志

略歴　国税庁消費税課係長，同課課長補佐，国税庁長官官房国税庁監察官，その後売上税，消費税の創設・導入事務に携わり，東京国税局調査管理課長，同局消費税課長，浅草税務署長，東京国税不服審判所部長審判官，高松国税不服審判所長を経て，平成6年7月退官。現在，税理士，元税理士試験委員

編著書　詳解消費税法（財経詳報社），消費税法取扱通達逐条解説（大蔵財務協会），消費税質疑応答集（大蔵財務協会），消費税申告書の書き方（税務研究会），印紙税実務のポイント（税務研究会），印紙税の手引（税務経理協会）など。

著者との契約により検印省略

平成3年9月10日	初版発行	**消費税法の考え方・読み方**
平成5年2月10日	改訂版発行	
平成9年8月1日	二訂版発行	**（五訂版）**
平成14年4月1日	三訂版発行	
平成16年12月10日	四訂版発行	
平成22年10月1日	五訂版発行	

　　　　　　　　　　　　　　　おお　　しま　　　たか　　　お
　　　著　者　　　　大　　島　　隆　　夫
　　　　　　　　　　　　　　　き　　むら　　　つよ　　　し
　　　　　　　　　　　　木　　村　　剛　　志

　　　発行者　　　　大　　坪　　嘉　　春
　　　整版所　　　　松澤印刷株式会社
　　　製本所　　　　株式会社　三森製本所

　　　発行所　　東京都新宿区　　　株式　税務経理協会
　　　　　　　　下落合2丁目5番13号　会社
　　　　郵便番号　161-0033　振替　00190-2-187408　電話(03) 3953-3301（編集）
　　　　FAX (03) 3565-3391　　　　　　　　　(03) 3953-3325（営業）
　　　　URL http://www.zeikei.co.jp
　　　　乱丁・落丁の場合はお取替えいたします。

　　　Ⓒ　大島隆夫・木村剛志　2010　　　Printed in Japan

本書を無断で複写複製（コピー）することは，著作権法上の例外を除き，禁じられています。本書をコピーされる場合は，事前に日本複写権センター（JRRC）の許諾を受けてください。
JRRC (http://www.jrrc.or.jp　eメール:info@jrrc:or.jp　電話:03-3401-2382)

消費税法の考え方・読み方(五訂版)(オンデマンド版)

2015年7月1日	発行
著　者	大島　隆夫、木村　剛志
発行者	大坪　嘉春
発行所	株式会社 税務経理協会 〒161-0033　東京都新宿区下落合2丁目5番13号 TEL 03-3953-3301(編集)　03-3953-3325(営業) FAX 03-3565-3391 URL http://www.zeikei.co.jp
印刷・製本	株式会社 デジタルパブリッシングサービス URL http://www.d-pub.co.jp/

Ⓒ2015,大島隆夫、木村剛志　　　　　　　　　　　　AJ328

ISBN978-4-419-07201-8　　　　　　　Printed in Japan
本書の無断複製複写(コピー)は,著作権法上での例外を除き,禁じられています